新世紀法學叢書

U0099554

商事法編⑷

金融管理法規（上）

郭土木

學歷／國立政治大學法律學系70年學士
國立政治大學法律研究所77年法學碩士
國立政治大學法律研究所87年法學博士
民國73年高考金融法務及格
民國87年證券分析人員認可合格

經歷／原財政部證券暨期貨管理委員會第二、三、四、五、
七組科員、專員、稽核、科長、專門委員、副組長、
法務室主任及第四組組長
高雄大學、輔仁大學、東吳大學、銘傳大學、淡江大
學、空中大學、臺北商業技術學院兼任講師、助理教
授、副教授
法務部專家資源資料庫諮詢顧問

現職／行政院金融監督管理委員會法律事務處副處長
輔仁大學法律研究所兼任副教授

三民書局

國家圖書館出版品預行編目資料

金融管理法規(上)／郭土木著.－－初版一刷.－－臺
北市：三民，2006
　　　冊；　公分
　　ISBN 957-14-4397-2　（上冊:平裝）
　　ISBN 957-14-4438-3　（下冊:平裝）

　　1.金融－法令,規則等

561.2　　　　　　　　　　　　　　　94023955

© 金融管理法規(上)

著作人　　郭土木
發行人　　劉振強
著作財　　三民書局股份有限公司
產權人　　臺北市復興北路386號
發行所　　三民書局股份有限公司
　　　　　地址／臺北市復興北路386號
　　　　　電話／(02)25006600
　　　　　郵撥／0009998-5
印刷所　　三民書局股份有限公司
門市部　　復北店／臺北市復興北路386號
　　　　　重南店／臺北市重慶南路一段61號
初版一刷　2006年7月
編　　號　S 562220
基本定價　拾壹元
行政院新聞局登記證局版臺業字第○二○○號

有著作權・不准侵害

ISBN　957-14-4397-2　（上冊:平裝）

http : // www.sanmin.com.tw　三民網路書店

序

　　自有人類文明以來，即有金融活動，隨著時代演進進入工商業社會，金融之往來更是日益頻繁，尤其處於科技日新月異發展之今日，伴隨著金融商品的不斷創新，已逐漸融合各種資本與貨幣市場等不同領域的工具，金融市場並跨越商品別、市場別與國界的傳統分類範疇，以往單純存放款業務之銀行運作體系，在社會大眾與時空因素之需要前提下，配合法規之鬆綁，融入了票據、匯兌、信用卡、信託與衍生性商品交易等業務，同時也為因應客戶之服務與國際競爭之態勢，整合票券、證券、保險、期貨等直接金融、間接金融及資產管理之業務，金融控股公司之成立便是應運而生之劃時代產物，而金融與不動產等資產證券化商品之問世，更是暢通直接金融與間接金融之分際，因此在這錯綜複雜之金融活動中，如何有效規劃整體之市場秩序，在兼顧客戶、投資人之權益與金融產業健全發展之空間下，達成繁榮國家經濟發展之目標，則有賴完整合理之金融管理法規方能發揮有效地規範功能。

　　然而金融管理法規之領域，由於區分認定之標準之不同，涵蓋之內容亦有所差異，對於金融活動之範圍劃分，其較大者甚至可廣泛至證券、保險、貨幣等之內容，為避免太過龐雜，本書原則上以在規範銀行業務相關活動之金融管理法規為範圍，依個別法律之規定分章節加以論述，至於獨立證券、期貨、保險等市場之規範，則留待他項論述再作深入之探討研究。也由於金融活動並未有一致客觀之範圍，且隨著時代進步，法規變動頻繁，所以各家論述皆有其獨特之處與專業所在，作者基於多年參與立法與管理工作之

實務經驗，本書在範圍上儘量求其允宜適中，以原則及理論探討為主，並輔以現行實務之管理規範，至於金融管理法規雖為因應創新與世界潮流而時有變動，但至少能提供立法過程之可循脈胳，期能為初學者或司法工作之先進提供較完整之概念與參考。

　　本書之寫作，非常感謝三民書局的邀約與陳榮隆教授的推薦，並感謝內子廖賢淑不辭勞苦地幫忙打字校對，同時對於長官同仁之指教與銀行局蕭科長善言、金管會綜合規劃處周秘書一鴻及法律事務處劉秘書萬基之提供資料在此一併致謝，本書之論述僅屬個人之見解不代表任何機關或單位之立場，但企盼能不負大家之託付與裨益於各界之參考，惟學植有限，疏漏之處在所難免，冀望各界前輩先進不吝賜正指教。

郭土木

行政院金管會法律事務處

95 年 6 月 16 日

金融管理法規
（上）

目　次

序　文

第一章　總　論

第二章 銀行法

第三章　信託法與信託業法

附 錄

一、銀行法

二、信託業法

三、證券投資信託及顧問法

第一章　總　論

第一節　金融管理法規概述

第一目　何謂金融與金融管理法規

　　金融管理法規為規範金融市場活動與金融運作之準繩，在探討金融管理法規時，首先必須了解何謂金融 (Finance)，一般所謂之金融，從文義上而言，係指資金之融通，即資金之移轉與交易，由資金 (Funds) 之供給者透過現金交付 (Payment of Cash) 或以發行 (Issuance) 股票 (Stocks)、債券 (Bonds)、票券 (Notes) 等有價證券❶，甚至以提供擔保 (Mortgages) 之方式，提供資本 (Capital) 或借貸金錢 (Loan Money) 給企業或資金需求者，這種由資金剩餘者以合理的成本之利率，移轉給資金之需求者，並由使用資金者支付利息為對價者，稱之金融❷，依經濟學角度分析，資金之供給者即是儲蓄 (Saving)，資金需求者之為投資 (Investment)，其中儲蓄可節省資金犧牲目前消費享受之欲望以滿足未來的需求，而投資者在投資效益大於支付利率之成本下，期待該提供之資金能為有效地運用，創造出高於成本之報酬，其相互間之運作形成金融市場活動❸。

　　資金供給對於資金之提供，除了私人之借貸等契約行為外，是透過金融中介機構 (Financial Intermediaries) 之參與來移轉予資金之需求者，且移轉之過程是經由各種標的之金融工具 (Financial Instrument) 來完成，例如債

---

❶　票券為短期之貨幣金融工具，但在美國、加拿大等國家認為是屬於證券交易法上之有價證券，於我國則認為係屬民刑法上廣義之有價證券，並非屬證券交易法第 6 條所定以具有投資性質之有價證券。

❷　See Black's Law Dictionary, Sixth Edition, p. 435.

❸　參閱謝劍平，《財務管理之新觀念與本土化》，第 130 頁以下，智勝文化事業出版，1997 年 4 月初版。

券、票券、股票、票券、定存單或保險單等，各該金融工具或商品依法令或契約約定，表彰證明或創設資金供給者與需求者，甚至明定其與參與中介者之金融機構間權利義務，所以從整體流程上觀之，金融在定義上應涵蓋主體、客體與參與人，其主體與客體為資金供給者及需求者，包括供給者之貸與人、投資人、存款戶、金融機構等，而資金之需求者為企業、政府、借貸人等，至於參與人之中間機構則扮演橋樑之角色，提供連結並服務主體與客體之功能，準此，金融管理法規是規範參與之主體、客體、標的及整個金融市場活動及其運作過程之法令。

第二目　金融之分類

就資金供給者與資金需求者之資金移動過程之金融體系中，是經由金融中介機構透過金融市場的機制來加以完成，而整體金融體系之結構，一般而言可依其流通管道、標的之到期日、是否合法令規範與發生地等因素，加以分類如下：

一、直接金融與間接金融

資金之流動若依其移轉的管道及程序來區分，可分為直接金融 (Direct Financing) 與間接金融 (Indirect Financing) 兩種，直接金融係指資金需求者以募集發行有價證券或其他之金融商品，由資金剩餘之供給者認購，以資作為金融性資產，來取得營運所需資金；而間接金融則是資金供給者將資金存放 (Deposit) 於中介者之金融機構 (Financial Intermediaries)，再由資金需求者向中介機構貸款融資間接取得，就法律關係而言，直接金融之資金供給者因為亦是金融工具持有人，其權利義務由於發行金融商品後，直接承受來自資金需求者之發行人；而間接金融其權利義務是發生於資金需求者與中介之金融機構間，其資金供給者與中介金融機構則是另一階段獨立之法律關係。所以有認為直接金融是供需雙方可以確定資金交易之對方是誰，並決定其交易對象者，而間接金融則是資金供需雙方並不確定交易之

對造，全憑中介之金融機構撮合❹。所以一般而言，從資本市場或證券市場籌措資金者為直接金融，而透過銀行或金融機構取得融通資金者，通常認為係屬間接金融，但這種分類也不是全然絕對的，新近金融資產證券化之商品，則是將金融機構對於出借之債權經過組合包裝 (Package) 後，再以募集發行或私募受益憑證、金融資產基礎證券之方式，由投資人認購該有價證券進行籌募資金，並分散由特定對象或一般社會大眾持有，已是結合了間接金融與直接金融❺。

二、貨幣金融與資本金融

　　金融依資金需求者所發行用以取得資金之金融資產商品到期日 (Maturity) 之長短，可分為貨幣金融與資本金融，而其區分通常以一年的期限為標準，到期日為一年以下之短期金融商品，例如國庫券 (Treasury Bill, TB)、可轉讓定期存單 (Negotiable Certificates of Deposits, CD)、支票、銀行承兌匯票 (Banker's Acceptance, BA)、商業本票 (Commercial Paper, CP)、附買（賣）回債券 (Repurchase REPO) 等，被認為屬於貨幣金融市場之商品。另外就其到期日為一年以上者，屬於中、長期之金融資產商品，例如股票 (Stocks)、政府公債 (Government Bond)、公司債 (Corporate Bond)、受益憑證 (Certificate) 等。而其區分之實益在於貨幣市場與資本市場供需與監督管理之方式，及所依據之法律規範有所不同，而貨幣金融可能涉及貨幣政策之釐訂，因此與中央銀行之設置及規範息息相關。

三、合法金融與非法金融

　　金融依其交易是否依法令之規範進行，可分為合法金融與非法金融，合法金融是正式市場中依法令規定進行，並受主管關之監督管理 (Regulated Financial)，即是通稱之地上金融，相對的，若金融活動未依法令所定之

---

❹　詳參閱楊雅惠，《貨幣銀行學》，第 55 頁，三民書局，90 年 8 月初版 3 刷。
❺　詳參拙著〈資產證券化有關之法律爭議問探討〉，第 73 頁，《月旦民商法雜誌》，第 5 期，2004 年 9 月版。

組織與程序進行，則屬非法金融，通稱為地下金融，例如未取得銀行、信託業、證券業等之設立許可，而從事吸收存款、辦理信託投資、國內外匯兌、商業之信託業務或承銷、經紀等之相關金融或證券業務者，由於事涉金融與證券市場秩序之維護與人民權益之保護，現行法律皆設有取締之規定，其刑事責任之刑度依各該法律之規定高低雖有不同，但保護投資人及客戶權益並遏止地下金融活動之目的則屬一致。

四、國內金融、國際金融與兩岸金融

鑑於國際交通與連繫往來之日益方便，金融活動除國人之進出國境外，亦難免與外國之人、事、地、物等項目相關，因此其發生或涉及外國，包括外籍人士、跨國金融交易清算、外國資金之進出、外國貨幣之匯率與兌換等，其法律應作如何規範與適用，有其明確性之必要，一般而言，依金融往來之國境區分，可分為國內金融與國際金融，同時考量我國目前由於兩岸三地尚處於特殊之關係，其金融之往來尚有特別法之規範，此一區分實益於適用法律之不同，依現行金融管理法律之有關規定，可包括境外金融業務 (OBU)、兩岸人民關係、港澳關係等不同之規範，此乃為因應各種金融往來之客觀環境所必須，而以法律加以訂定。

第三目　金融管理法規之範疇

依前述之定義與分類，金融管理法規所欲規範之金融活動包括主體、客體、行為，甚至涵蓋直接金融、間接金融、貨幣市場、資本市場、合法金融及非法金融等，由於現行法令對金融機構之定義，因規範之功能與目的各不相同，其所以涵蓋之範疇亦有差異，茲就較為常見之歸類分述如下：

一、最廣義之金融規範

從整個金融體系而言，可包括銀行、非銀行、貨幣市場、資本市場、證券期貨、金融衍生性商品市場及外匯等部分 ❻，其中銀行又可分為存放

款之商業銀行、儲蓄銀行、專業銀行、農、漁會之合作金融、信託業等；非銀行則有融資公司、租賃業者及郵政儲金匯業局、中央存款保險等；貨幣市場則包括專營、兼營之票券業；資本市場則有交易所、證券金融業、證券商、證券投資信託業等，其中尚包括金融支付系統、清算、交割系統等，而貨幣市場則包括中央銀行就信用及貨幣供給有關之活動，規範這些金融體系及其活動之法規可統稱為最廣義之金融法規。

二、廣義之金融規範

從規範金融市場及金融服務業之發展、監督、管理及檢查業務而言，行政院金融監督管理委員會組織法於 92 年 7 月 23 日由總統明令發布，並自 93 年 7 月 1 日施行，其監督管理之金融領域，涵蓋之範圍包括銀行市場、票券市場、證券市場、期貨及金融衍生性商品市場、保險市場及其清算交割系統，而在服務機構上則包括金融控股公司、中央存款保險公司、銀行業、票券業、信託業、證券業、期貨業、保險業、中小金融交易及其他金融服務業❼，因此其所規範之領域與適用之法規，除金融支付系統、貨幣市場中對信用及貨幣供給有關之業務隸屬於中央銀行所掌管之法規為規範外，其餘則為行政院金融監督管理委員會（以下簡稱金管會）所轄法令規範之領域，現行法令規定，涵蓋金融政策與金融管理監督之執行在內。

三、狹義之金融管理法規

依監督及管理機關之管轄範圍而言，狹義之金融管理法規為原財政部金融局所掌理之金融規範事項，金融局於 93 年 7 月 1 日已改隸為金管會銀行局，依行政院金融監督管理委員會組織法第 30 條第 1 項之規定，授權訂定金管會銀行局暫行組織規程，將該金融管理納入金融監理一元化，故狹義之金融法規係指現行金管會銀行局掌理之業務事項，其管轄之事項及法令，為依該組織規程第 2 條規定，可說明如後：

---

❻　參閱黃天麟，《金融市場》，第 31 頁至第 36 頁，三民書局，83 年 8 月再版。
❼　詳見行政院金融監督管理委員會組織法第 2 條之規定。

(一)管轄業務之主要事項

1. 金融控股公司之監督及管理。

2. 本國銀行之監督及管理。

3. 外國銀行分行與代表人辦事處之監督及管理。

4. 國際金融業務分行之監督及管理。

5. 票券商與票券集保公司之監督及管理。

6. 信用合作社之監督及管理。

7. 金融資產服務公司之認可及管理。

8. 信用卡業務與機構之監督及管理。

9. 信託與信託投資公司之監督及管理。

10. 金融資產與不動產證券化業務之監督及管理。

11. 經營銀行間徵信資料處理交換服務事業之監督及管理。

(二)管轄所依據之主要法律

現行行政院金融監督管理委員會所主管之法令，包括將近有 30 種法律，300 多個法規命令，而其較主要與銀行局之業務直接或間接相關之金融法律包括如下：

1. 銀行法。

2. 金融控股公司法。

3. 金融機構合併法。

4. 存款保險條例。

5. 信用合作社法。

6. 行政院金融重建基金設置及管理條例。

7. 信託業法。

8. 票券金融管理法。

9. 金融資產證券化條例。

10. 不動產證券化條例。

11. 動產擔保交易法。

12. 國際金融業務條例。

第四目　金融管理法規之主管機關

金融監督管理之主管機關，有基於各業務之專業本質，而為功能性之監理 (Functional Regulation) 之架構，對於相同之業務行為規定由相同之監理者管理並適用相同之法令規範，例如美國銀行及金融控股公司由聯邦儲備理事會 (Federal Reserve Board) 負責，證券業務由證管會 (SEC)，期貨業務由期管會 (CFTC) 負責，保險業務則由各州之管理機構負責。然而在各種金融商品之互相連結衍生，金融機構之大型化、集團化、相互跨業兼營、利益衝突之防火牆設置及整體風險控管之必要考量下，金融業務之監理已漸趨向各業務間橫的管理與同一業務縱的深度規範之整合，故有監理一元化之發展，例如英國於 1997 年成立金融服務管理局 (Financial Supervisory Authority, FSA)，日本於平成 10 年 (1998 年) 成立金融廳，澳洲政府於 1998 年成立澳洲金融管理局 (Australia Prudential Regulation Authority, APRA)，韓國於 1998 年設立金融監督委員會 (Financial Supervisory Commission, FSC)，其他如新加坡、香港、德國、丹麥、瑞典、愛爾蘭等國家亦相繼成立一元化之管理機構。

我國金融管理之主管機關，原於民國 70 年修正財政部組織法，將錢幣司改為金融司，民國 80 年 5 月修正財政部組織法及財政部金融局組織條例，將金融司改為金融局，為順應金檢一元化之趨勢，於民國 92 年 7 月 23 日訂定行政院金融監督管理委員會組織法，並訂定行政院金融監督管理委員會銀行局暫行組織規程，將財政部金融局更名改隸為行政院金融監督管理委員會銀行局，與保險局、證期局及檢查局同於 93 年 7 月 1 日正式運作，共同執行有關金融管理法令之規範。至於涉及有關貨幣、信用及外匯政策之事項，則隸屬於中央銀行之職權。

第二節　金融管理法規之法律定位

　　金融管理法規為規範金融活動之準繩，在現代工商業社會中，金融活動頻繁，為社會生活所不可或缺之重要環節，為維護金融秩序，保障投資人、存款人、委託人、受益人及金融機構等各方當事人之權益，以適應產業之經營發展並維護國家金融體制之健全運作，金融管理法規訂定之良窳，事涉整體金融環境之安定與國家經濟之發展，我國金融管理法規因散見於各相關法律及授權訂定之法規中，從而在討論金融管理法規之法律本質與定位時，必須詳細瞭解各該法規之內容，方能歸納彙整，就整體而言，金融管理法規之法律上定位可分述如下：

一、金融管理法規為以行政法為主以私法為輔之法規

　　行政法為公法，其主要本質在於規範行政公權力之行使，包括行政機關之組織職權能及作用等，金融活動往往涉及市場秩序及當事人權益之維護，因此除了私人間法律行為必須要有明確之規範外，對於有關金融機構之許可、金融業務行為、法令遵循之維持等，若有違反強制禁止或管理取締之事項時，為求有效予以懲治並遏止違規或犯罪行為之發生，法律必須賦予主管機關有行政權作為制裁依據之規定，故金融管理法規在法律上之性質，具有較強之行政法本質，係以行政法為原則，惟其間仍有部分涉及契約或侵權行為之民事法或預防其嚇阻金融犯罪之刑事法規範。

二、金融管理法規為以實體法為主以程序法為輔之法規

　　金融法規之規定，涵蓋對於金融機構設立之許可資格條件、組織運作、金融活動之操作規範，並就參與當事人間之權利義務予以明定，其中不乏民事間契約之約定，與市場秩序維護應遵循義務之規定，並就違反規定之民事、刑事及行政責任予以規範，所以就法律上而言，是以權利義務為規

範內容之實體法為主，至於在程序方面，例如在民事糾紛之解決，行政違規裁罰或刑事犯罪制裁等訴訟或非訟案件，則回歸於民事訴訟、刑事訴訟或訴願、行政訴訟等規範之程序法律規定。

三、金融管理法規為以國內法為主以國際法為輔之法規

金融管理法規以規範發生在我國境內之金融活動為主，然而在國際化與自由化之前提下，跨國金融往來頻繁，金融活動已不可能只發生在我國境內，例如國內外之匯兌、保證與外國貨幣之買賣等，皆可能涉及外國之人、事、地、物等涉外因素，因此國際金融活動之規範，不免會產生與世界各國法律適用上之爭議問題，其適用國際公法或國際私法加以解決是必須面臨之課題，例如以條約、協定、備忘錄或國際慣例為解決金融活動糾紛之依據，而我國之金融法規，原則上是針對其發生地及行為事項在我國境內之金融活動加以規範，因此外國人在我國境內之金融活動必須遵行我國之金融法規定，例如外國人在我國設立分支機構或轉投資從事業務行為之事項，而我國人民無論其為自然人或法人，亦不論其為在本國或國外所從事之金融活動亦須遵行我國之金融法令規範。

第三節　金融法規與其他法律

第一目　金融法規與行政法

由於金融活動涉及國家、社會及人民之公共利益，因此必須由具法定公權力之介入與輔助，而無論是以國家居於行政主體為行政上之行為，包括行政命令、行政處分、行政指導等行政高權之行使，或以特別組織形態設立從事營利行為之私經濟行政輔助行為，例如設立臺灣銀行、中央信託局（已改制為股份有限公司之型態）等，皆與行政組織及行政職權有關，

因此必須遵守行政法之規範，一般所謂之行政法，其涵蓋內容有行政主體之組織、職權、任務、程序，及其與人民間權利義務關係之規範，換言之，包括行政組織法、行政作用法、行政程序法及行政救濟法在內，就金融管理法規之主要內容而言，係規範主管機關對於金融活動所為之行政命令、行政處分、行政契約、行政指導、行政計畫、行政罰、行政執行、行政調查及行政程序等，其大部分為行政作用法領域，但也由於金融管理法規具有行政法之本質，所以對於行政法上之基本原理原則必須加以遵行，茲就其基本原則及一般原則分述如下：

一、基本原則

依民主法治之理論，行政機制之行政為基本上應受法律之拘束，此即依法行政之原則，依法行政之原則尚可區分為法律優位原則及法律保留原則。

㈠法律優位原則

即任一行政行為不得牴觸現行有效之法令，而規範行政行為之法令，包括法律及行政命令，行政命令又可分為職權命令及法規命令，因此就憲法、法律、法規命令及職權命令等之位階而言，我國憲法第 171 條及第 172 條明定，法律牴觸憲法者無效，命令與憲法或法律牴觸者無效，即在揭櫫此一法律優位原則，另外依中央法規標準法第 11 條更進一步明定，下級機關依法律再訂之命令不得牴觸上級機關之依法所訂定命令，亦在表明法令順位之原則，故對於行政上之行為除不得牴觸憲法、法律外，亦不得有違反條約、命令、習慣法、判例及一般通常行政法上之原則等。

㈡法律保留原則

基於人民基本權利之保障及民主法治之原則，就行政機關之行政行為必須有法律明確之授權依據，而此之法律一般指立法機關通過及經總統公布之法律，與基於法律授權訂定之法規命令，尚有位階與效力上之不同，我國憲法於第 8 條、第 19 條、第 20 條及第 23 條規定，明定的人民身體自由之權利、納稅、服兵役之義務及其他自由權利之保障等，中央法規標準

法第 5 條及行政程序法第 4 條更具體規範應以法律位階訂定之事項❽，另實務上更有多號之大法官會議解釋，涉及對金融管理法規之適用疑義加以評釋，包括第 276 號 ❾、第 402 號 ❿及第 522 號 ⓫等，皆為對於法律保留及授權明確性之原則加以訂定。

二、一般原則

通常之行政法原則，其見諸於憲法、行政程序法、中央法規標準法、司法院大法官之解釋及司法判例上，在金融管理法規之適用上，亦應一併遵行，茲舉其重要原則分述如下：

㈠平等原則

政府機關對人民行使公權力時，除有正當之事由外，原則上對於相同之事件應為相同之處理，不同之事件應為不同之處理，至於個別案件是否屬相同事件，應就其事件之事實及法令規範之立法目的作判斷，故行政程序法第 6 條規定，行政行為非有正當理由，不得為差別待遇，至於若有因個案條件之不同而須作差異化管理之必要，則應以法令明定始得為之。

㈡行政自我拘束原則

係指行政機關於行政處分時，對於相同或具有同一性質之事件，應依

---

❽ 行政程序法第 4 條規定：「行政行為應受法律及一般法律原則之拘束」。

❾ 釋字第 276 號解釋，合作社法第 15 條第 1 項第 6 款規定之解散命令，乃解散合作社之處分，對於此種處分之要件及程序如何，該法未為明確之規定，宜由主管機關妥為檢討修正。

❿ 釋字第 402 號解釋，對人民違反行政法上義務之行為予以裁罰性之行政處分，涉及人民權利之限制，其處分之構成要件與法律效果，應由法律定之，法律雖得授權以命令為補充規定，惟授權之目的範圍及內容必須具體明確，然後據以發布命令，方符憲法第 23 條之意旨。

⓫ 釋字第 522 號解釋，對公司負責人及業務人員違反其業務上禁止、停止或限制命令之行為科處刑罰涉及人民權利之限制,其刑罰之構成要件,應由法律定之；若法律就其構成要件,授權以命令為補充規定者,其授權之目的內容及範圍應具體明確,而自授權之法律規定中得預見其行為之可罰,方符刑罰明確性原則。

其經過長期、一般且持續之行政上措施通例，即受先前之案例或慣例所拘束，如無實質上之正當理由，不應使人感覺有突擊性之處理。

㈢禁止恣意及權力濫用原則

對於須法律授權之行政行為，行政機關須依其準據法及目標在授權範圍內作裁量，即使該準據法尚未完成立法，行政機關仍應依事件本質作合理推定，或依行政先例經驗法則等而為。另對於不須法律授權之行政行為，例如組織內部之指示，亦應合理且令人信服，以避免有濫用權力逾越權限或專擅等不法之行為。

㈣法令明確性原則

就法治之理論而言，法令必須具備有預見之可能性、衡量可能性及審查可能性，故立法者包括立法機關或行政機關訂定法規時，由於法令制定往往在事實發生之後，即或有預見事實發生之可能而加以規範，亦應參諸所欲規範生活事實之複雜性及個案之妥當性，在法制上適當運用法律概念或構成要件予以明確規定，俾使人民遵行，故行政程序法第 5 條規定，行政行為之內容應明確。

㈤誠實信用原則

誠實信用原則為法律之帝王條款，不僅是民法上之行使權利及履行義務應遵行之原則，依行政程序法第 8 條規定，亦明定行政行為應以誠實信用之方法為之，並應保護人民正當合理之信賴。

㈥信賴保護原則

信賴原則在行政法上之意義，係指人民對於國家公權力行使之信賴應加以保護，而不致使人民因其信賴遭受不可預計之負擔或喪失利益，例如法規不溯及既往原則之適用，行政機關不得因其錯誤之行政行為，而損及人民因善意信賴該行為所產生之利益等。

㈦比例原則

即禁止過度之原則，行政行為之手段與目的，在價值衡量上必須合乎比例，故行政機關之行政行為應採取有助於目的達成之方法，並符合影響人民權益損害最少者，同時應衡量達成目的與損害間利益之均衡❷，換言

之必須兼顧到行政行為之妥當性、必要性。

㈧不當聯結禁止原則

行政行為為追求特定之行政目的,固得依法採取課予人民一定之義務,負擔或不利益之手段, 惟手段與目的間須具有實質之內在關聯或合理正當之聯結關係, 應禁止考慮不相關之因素, 例如對於行政罰鍰僅以受處分人接到通知後之到案時間及到案與否,為設定裁決罰鍰數額下限之唯一標準,並非依其違規事實情節而為, 即為不當聯結❸。

三、金融管理法規與行政罰法

金融管理法規既然具有濃厚之行政法色彩, 其間對於違反金融管理法上之義務, 包括受警告、罰鍰、沒入或為停業、廢止或撤銷許可證照, 或對負責人與從業人員之停止執行職務、解除職務等之行政罰者, 例如銀行法第 61 條之 1、第 127 條之 3 規定以下之罰鍰、信託業法第 44 條、第 54 條規定以下之罰鍰等, 其應如何適用法律, 包括責任之認定、共同違法時之處罰、裁處之審酌、單一違規行為及數行為之處罰、時效、裁處程序等,94 年 2 月 5 日發布之行政罰法將自公布後一年之 95 年 2 月 5 日施行, 茲舉其與金融法規較為密切且與傳統之行政罰觀念較為不同之規定者, 說明如下:

㈠主觀之違規要件

違反金融管理法規上之義務而應受行政罰之行為, 從早期不以故意或過失為要件, 到大法官釋為第 275 號解釋, 認為雖不以出於故意為要件,仍須以過失為其責任條件。但對於應受行政罰之行為, 僅須違反禁止規定或作為義務, 而不以發生損害或危險為其要件者, 推定為有過失, 行為人不能舉證其無過失時, 即應受處罰, 此即為推定過失, 舉證責任之反置,

---

❷ 行政程序法第 7 條規定:「行政行為, 應依下列原則為之:一、採取之方法應有助於目的之達成。二、有多種同樣能達成目的之方法時, 應選擇對人民權益損害最少者。三、採取之方法所造成之損害不得與欲達成目的之利益顯失均衡」。

❸ 參閱司法院大法官會議, 釋字第 423 號解釋。

行政罰法第 7 條第 12 項規定,違反行政法上義務之行為非出於故意或過失者,不予處罰,對於行為人之主觀違法要件,改由國家主動負舉證責任,故未來對於違規行為之行政罰,主管機關必須對主觀之違規犯意加強蒐集並旁徵其他客觀事證之支持,予以舉證裁罰。

㈡法人或非法人團體之故意過失推定

法人、非法人團體、政府機關或其他組織,其行為必須依賴自然人推動,因此依行政罰法第 7 條第 2 項規定其代表人、管理人、其他有代表權之人或實際行為之職員、受僱人或從業人員,對於違反金融管理法規應受處罰者,各該人員之故意過失,推定為該等法人或組織之故意過失。必須舉反證無故意過失始能免除處罰。至於證券投資信託及顧問法第 117 條規定,原為參考行政罰法草案第 7 條第 2 項規定,惟該行政罰法草案所定「視為」於立法院審議時修正為「推定」,但證券投資信託及顧問法之規定卻照案通過,故就證券投資信託及顧問法之規定而言,則為行政罰法之特別規定,對於證券投資信託或顧問事業之負責人與業務人員之故意過失,視同該法人之故意過失負責。

㈢一行為不二罰原則

1.行政罰競合

民事及刑事訴訟案件有一事不再理之原則,刑法於廢除連續犯與常業犯之後,原為認定同一案件之連續犯已依各行為分別處罰,然對於同一行為之處罰,由國家行政權發動之刑罰或行政罰不宜重複,因此同一行為違反數個金融管理法規上之義務而應處罰鍰者,例如銀行之資大股東持股之異動未依規定申報者,其可能同時違反銀行法第 25 條第 3 項規定、證券交易法第 43 條之 1 第 1 項及證券交易法第 25 條第 2 項之規定,依銀行法第 132 條規定可處新臺幣 50 萬元以上 250 萬元以下罰鍰,依證券交易法第 178 條第 1 項第 1 款規定可處新臺幣 12 萬以上 240 萬元以下罰鍰,在此一行政罰競合之情形,依行政罰法第 24 條第 1 項之規定,依法定罰鍰最高之規定裁處,即依銀行法之相關規定裁處。

2.刑事罰與行政罰競合

金融機構或其負責人、從業人員違反金融管理法規，同時違反刑事罰與行政罰之情形時，以往基於行政罰與刑事罰為各自獨立互不影響，然基於國家不宜重複裁罰之原則，行政罰法第 26 條第 1 項規定，一行為同時觸犯刑事法律及違反行政法上義務規定者，依刑事法律處罰之。但其行為應處以其他種類行政罰或得沒入之物而未經法院宣告沒收者，亦得裁處之。換言之對於罰鍰之裁處，必須俟刑事處罰確定後方可得為之。

第二目　金融管理法規與刑法

　　金融管理法規雖以行政規範為主，但為維護金融秩序及保障投資人民權益，對於重大破壞國家、社會金融安定及對個人法益之不法侵害者，金融法規乃以最嚴厲之刑法法律效果加以處罰，給違犯者相當之刑罰制裁，藉刑事責任之威嚇力，予以制壓或遏止犯罪之功能，同時也因有刑法之嚇阻力，使欲違反者知所戒懼，並收預防金融犯罪之功能，因此金融管理法規中有關刑責之規定為數不少，而且從金融犯罪之猖獗與手段不斷翻新而言，金融法規中刑罰之規定有日益加重之趨勢❶。

　　由於金融管理法規本屬於刑法法典以外之刑事單行法，其有輔助刑法完成刑事處罰之刑事體系，故有學者稱之為輔刑法❺，而金融法規刑事責任之特別規定並未有類似刑法總則之規定，因此必須適用刑法總則，此從刑法第 11 條規定：「本法總則於其他法令有刑罰之規定者，亦適用之。但其他法令有特別規定者，不在此限」可知，準此，金融管理法規之刑責除有特別規定者外應適用刑法總則之規定，對於金融法規對於刑事責任有特別規定，例如易服勞役之規定，銀行法第 136 條之 1 規定，其易服勞役已

---

❶　銀行法於 89 年 11 月 1 日修正第 125 條之 1 及第 125 條之 2、93 年 2 月 4 日　增訂第 125 條之 3 及第 125 條之 4，對銀行及相關犯罪行為，最高可處 7 年以　上有期徒刑。

❺　在刑法分類上，金融法規之刑事規定為廣義刑法、特別就人、事、時、地訂定　之特別刑法與輔刑法，參見林山田，《刑法通論》，第 12 頁至第 17 頁。

可折算至 3 年，已超越刑法第 42 條第 2 項所定不得逾 6 個月之期間，自應適用銀行法之規定❶。

　　而刑法一般適用原則於金融管理法規之援用，其主觀構成要件與客觀構成要件之要求與刑法之規定並無差異，然在傳統刑法之構成要件上，對於構成要件明確性之補充，歷年來有司法院解釋、民刑庭總會決議、司法判例及大法官之解釋等，而金融管理法規之刑事責任方面，一來經濟金融事務較難以抽象有限之條文敘述，二來金融創新頻繁，變更幅度亦廣，往往無法以具體之構成要件防患於未然，因此仍有賴於司法機關對於不明確之處，以司法之方法加以填補，方能有效防止與查緝金融犯罪之行為。而在有關刑罰原理原則之探討上，首重在罪刑法定主義及犯罪構成要件之明確性，對於金融活動之行為是否構成犯罪，必須於犯罪時之法律即已明定其構成要件及法律效果，若未有明文規定，應無犯罪及刑罰可言❷，罪刑法定主義之內涵可分述如下：

一、禁止適用習慣法原則

　　習慣法為社會上一般人關於制定法所未規定之事項，反覆遵行之行為規則，即習慣具有確實存在與慣行，且一般人確信其具有遵行之效力者，由於習慣法可能隨時、空環境而變化，欠缺客觀之明確性，為保障人權與自由不得援引為刑事處罰之依據。

二、類推適用禁止原則

　　為保障人權避免羅織入罪，除了有利於行為人之事外，禁止比附援引

---

❶ 銀行法第 136 條之 2 後段規定：「犯本法之罪，……所科罰金達新臺幣 1 億元以上而無力完納者，易服勞役期間為 3 年以下，其折算標準以罰金總額與 3 年之日數比例折算」。至於罰金刑原屬犯罪情節較輕者，其易服勞役得折算至 3 年期間，已屬於較重之自由刑度，其是否妥當，則為金融犯罪量刑政策之考量問題。

❷ 同❶，第 26 頁至第 27 頁。

性質相類似之法律條文，作為科處制定法所未明確規定刑事處罰之依據，尤其準用之規定與重複準用之構成要件，不宜肆意擴張。

三、禁止溯及既往原則

對於行為時法律所規定未加以處罰者，不得於行為認定為可罰行為，行為若在行為當時係屬加重其刑之處罰，至於修正後之刑事責任減輕者，依從新從輕原則處斷❶⑧。

四、罪刑明確性原則

罪刑明確性原則，即對於犯罪之構成要件與法律效果必須明確。以避免因法律文字模糊，行為人易被羅織入罪，也由於犯罪之構成要件明確，不至於被任意、扭曲解釋，處罰法律效果明確，包括刑罰的種類之死刑、無期徒刑、有期徒刑、拘役或罰金等，與刑罰程度之有期徒刑、罰金等在內，以避免因一己之主觀好惡任意裁量。

第三目　金融管理法規與民法

金融管理法規之規範目的主要在於健全金融業務之經營與發展、保障客戶之權益、維護公共利益並促進國家經濟之發展，因此規範之重點在於建置金融體制與適切運作之架構，同時也擔負釐清各金融活動主體之權利義務，以維繫整體活動之公平、公正、公開性，雖然在性質上較傾向於行政監督、管理方面之行政法色彩，但是金融活動之過程，包括收受存款、辦理放款、信託契約之簽訂、票券之交易與證券化之實行等，都無可避免地會有相關民事契約之簽訂及私權利義務之互動，且其民事關係之法律爭議之問題發生，常屬相當複雜與專業，因此在面對金融活動所衍生錯綜複雜之法律關係與糾紛時，則有賴於法律明確之規定加以釐清，但也由於金

---

⑱　參見劉幸義，〈罪刑法定原的理論與實務批判〉(下)，《刑誌》，第 38 卷第 6 期，第 49 頁至第 52 頁。

融管理法規就民事規範相對於行政規定屬於較少者，因此必須回歸民法之規定與其原理原則來加以解決，金融管理法規對於適用民法之案例，較為常見者，除了債務不履行之違約法律責任之追究與解決部分外，則為侵權行為之損害賠償責任，尤其對於違反金融管理法規之行政責任規定或涉及債務不履行有關之刑事責任規定，可否依民法第 184 條之規定主張侵權行為及應依據之請求權基礎如何，則有待進一步釐清，甚至在舉證責任之劃分上則屢生爭議，亦宜有明確之規定。例如以詐術損害銀行或使銀行將銀行或第三人之財物交付 **❾**，除依銀行法所定之刑罰處罰外，受害人可否依侵權行為主張損害賠償，其民事責任在解釋上通常可分為契約說、侵權行為說及獨立類型說三種看法 **❷**。

一、契約說

金融活動其行為之主體，在當事人間往往皆訂定有契約關係，例如存款戶與銀行間簽訂有存款契約，信託契約其受託人與委託人亦有契約，因此當事人之行為若涉及違法，由於法令為契約訂定應遵行之一部分，故不構成侵權行為之債權債務關係或損害賠償之請求，應依契約之條款及民法債編有關債務不履行之規定，契約未規定者再適用民法債編總論或類推適用其他規定解決。

二、侵權行為說

對於契約說之民事法律責任，是建構在當事人間之存在訂定有契約關係，但如果就損害之發生不是由契約當事人所造成之情形，尤其對於虛偽、隱匿或導致誤信之行為是契約關係以外之第三人行為所形成者，將導致求

---

❾ 同前註。

❷ 參見賴英照，《證券交易法逐條釋義──總則》，第 315 頁，73 年 11 月版；劉連煜，《論證券交易法上之民事責任》，國立臺北大學論文，第 37 頁，75 年 6 月；拙著，《論期貨交易參與者之民刑事責任》，政大法律研究所博士論文，第 127 頁至第 131 頁，87 年 11 月。

償之困難，因此對於金融行為構成違犯行政及刑事責任者，被害人之損害發生與行為人違犯法令必須證明存在有因果關係，方能依民法第184條第1項所定之侵權行為規定，請求損害賠償，自屬不易，同時就一般而言，金融管理法規之行政或刑事責任係以故意或過失為要件，但民事損害賠償之請求，不受行政或刑事責任違規或違法確定判決之拘束，因此行為人不論是否為當事人或是否果真構成行政責任上之違規或刑事責任上之犯罪，皆可依侵權行為之規定請求損害賠償。但因侵權行為之損害賠償，其必須舉證具備主觀之故意過失要件，同時對於損害之發生之因果關係亦須負舉證責任，舉證責任之所在常為敗訴之所在，故求償不易。

三、獨立類型說

從個別金融管理法規之立法目的觀察，各該法規第1條皆揭櫫國家社會金融秩序之保護，經營業務之健全發展與客戶、受益人權益之保障，是以法律規範之重心，在於維護金融運作之秩序並兼顧公平、公正、公開原則，因此對於違反者，可認為是違犯保護他人之法律，依民法第184條第2項之規定，其可推定為有過失，故可認為是一種獨立類型之侵權行為。這種實務上見解與依民法第184條第1項之侵權行為類型規定尚有不同，侵權行為以故意或過失行為為損害賠償之前提，同時亦要舉證損害發生之因果關係，但對於金融行為有虛偽、詐騙之情事發生時，對象可能包括直接有關之存款人、受益人、投資人或另有其詐騙之對象，由於在認識上被害人可為無法預知之間接第三人，因此欲舉證行為人對其損害有主觀之故意或過失不無困難，所以就舉證責任與被害人之保護上而言，仍以得適用民法第184條第2項之規定作為請求權之基礎，在解釋上較妥適。

日本鑑於金融商品之多元化與複雜之結構投資人不知其風險而受損，在2000年5月31日制定公布金融商品販售法，並於次年4月1日施行，其間主要在考量侵權行為責任之成立，尚須證明販售業者，是否對於客戶之投資目的、理解能力、信用能力等，與推介之影響程度，始足以認定具有故意、過失及因果關係，其責任之成立不易，為保護投資人及客戶，故

明定課予業者之說明義務，對於本金損失之風險必須明確告知，違反者對於投資人或客戶之損失不問故意過失皆須負賠償責任，並明定說明義務之違反與投資人所生之損害，其因果關係舉證責任倒置由業者負擔，甚至對於業務人員之違反說明義務，業者不得主張選任監督之免責。足供我國未來立法之參考。

第四目　金融管理法規與公司法

公司法係規範以營利為目的社團法人之公司為對象，而公司之組織型態包括無限公司、兩合公司、有限公司、股份有限公司，其與金融管理法規之關係如何，由於金融管理法規所規範對象之金融機構，一般為考量凡集資金之需要，多採股份有限公司之組織，即使在傳統之公營金融機構在效率化及國家預算所需之前提，亦多逐漸邁向民營化，改制為股份有限公司之結構，然我國公司法在規範上雖然係以四種型態公司為內容，但就實質上觀察，由於在資本證券化、證券大眾化之前提下，為考量籌措資金之方便，其仍以股份有限公司為主❷，因此金融管理法規與公司法之規定，其關係相當密切，除金融管理法規有特別規定之外，就其公司設立之基本架構、股份發行之種類、股東會、董事會、監察人之運作、章程之訂定與變更、公司之會計與關係企業之規範等，皆有適用公司法之可能，茲就公司法之規定於金融管理法規適用者分述於下：

一、公司之設立

金融機構除依特別法係以特許或原隸屬於行政機關之組織者外，其設立一般係採行許可設立之方式❷，由行政機關依法律授權訂定許可之標準，

---

❷　現行公司法於 90 年 11 月 13 日修正後，包括增刪之條文總計 449 條，其中第五章之股份有限公司規定，從第 128 條至第 369 條已占 241 條文，及其他總則、附則之有關規定，則為整部公司法之主體規範。

❷　公司設立有採放任自由設立主義、準則主義、許可主義及特許主義，金融機構

該設置標準為金融管理法規之一部分,於取得許可後方得辦理公司之登記,而設立登記之程序, 除金融管理法規對資本額、場地設備、人員配置等另作規範外, 其他有關公司法人之登記等則依公司法之規定, 而公司設立之程序包括發起設立或募集設立,募集設立由於對不特定之投資人公開招募,故尚須依證券交易法第22條等之規定向證券主管機關申報生效後始得為之, 其章程之訂定、創立會之召開、公司之登記等, 則依公司法之規定,至於金融法規對於金融業務之許可, 由於涉及專業及經營理念的要求, 除少數資本額較大之事業外, 通常採行發起設立, 基於共同之經營理念由發起人認足股份取得籌設許可後, 方能依公司法辦理公司登記並於登記完竣後再向目的事業主管機關取得營業許可證照或登記, 始得營業❷。

二、公司之負責人規範

公司法第 8 條規定, 對於公司之負責人包括當然之負責人及職務上之負責人, 尤其就董、監事、經理人之規範, 於公司法已有基本之規定, 公司法對於公司董事、監察人及經理人之選任及其資格條件之規定, 係屬普通規範, 除非金融管理法規有更嚴格之規定外, 應適用公司法之規定, 例如:董事、監察人及經理人之資格, 在公司法僅訂定其須具備行為能力及消極資格條件而已,在消極資格上即不得具有公司法第 30 條所規定之前科或不良紀錄者, 始得擔任,而金融管理法規通常考量涉及客戶權益之保護、專業與服務品質之提昇,皆要求須進一步具備一定之學經歷積極資格條件。另外對於董事、監察人、經理人可否兼任其他公司之職務, 在考量利益衝突及專心致力於業務之前提下, 銀行法則規定必須經主管機關之許可, 此

之設立由於事涉金融秩序及國家公益,通常係採特許主義或許可主義,即使符合金融法規所定之條件標準,但仍必須經目的事業主管機關在考量經營環境與國家社會公益之前提下予以許可或特許方得設立。

❷ 未經取得營業登記或許可證照則為非法經營之地下行業,依金融法規則有相當嚴格之刑事責任,例如銀行法第 125 條第 1 項規定, 最高可處 3 年以上 10 年以下有期徒刑。其他如信託業法、保險法、證券投資信託及顧問法亦有類似之規定。

為在公司法競業禁止規定外之特別規定。此外，金融控股公司法對於金融控股公司與子公司間有關董事、監察人及經理人之規定，由於金融控股公司僅以轉投資及管理為業務，並不實際經營業務，因此對於母子公司負責人兼任之規定，又是公司法、銀行法或證券交易法等之特別規定。

三、股東會之運作

公司法有關股東會之召開，其召開之程序包括開會通知、停止過戶、決議之程序與方法、特別決議與普通決議之事項、表決權之行使與出席股東會委託書之使用等之規定，對於未公開發行股票公司之金融機構有適用，但如果公司已公開發行或上市、上櫃者，除金融管理法規已有特別規定外，應該適用證券交易法有關公開發行股票公司之股務處理準則、出席股東會使用委託書規則或股東會議事規範等之規定。另外對於股東會與董事會權責之劃分，股東會決議違反法令、章程規定之效力等，金融管理法規或證券交易法等未規定者，則依公司法規定辦理。

四、董事會與監察人之制衡

金融管理法規並未進一步規範董事、監察人之產生，故公司法有關董事、監察人之選任規定於金融機構有其適用，然董事會採行集體領導制度，必須經董事會多數董事之決議，監察人則單獨行使職權，金融管理法規對於金融機構公司營運過程中，為加強內部控管之機制，對於須提經董事會決議事項，則有更周延之規定，同時亦要求對銀行負責人、主要股東或其關係人，為避免產生利益輸送或圖利特定人之弊端，特別規範關係人借貸、交易等事項。至於監察人，職在監督董事會行使職權，故公司法有關監察人之監督權，例如調查公司財務業務權、列席董事會及通知董事停止違法行為之權限等，就金融機構亦有其適用；另外對於上市、櫃之金融機構，其有關依公司治理之要求，必須具備獨立董事、監察人，或有審計委員會之設計者，則依證券交易法之有關規定辦理。

五、關係企業之法律適用

公司法第六章之一有關公司關係企業之規定，在金融機構之整合亦常構成關係企業，較為常見者即透過轉投資之關係，或以營業讓與、合併或股份轉換等方式形成金融控股公司，金融控股公司與其子公司之關係應依金融控股公司法之規定，因此金融控股公司法之規定為公司法之特別法，其控制從屬關係之認定自優先於公司法之規定❷，而金融控股公司往往為其子公司之一人股東，其符合公司法以法人一人為股東之股份有限公司組織範疇，依公司法第 128 條之 1 規定，子公司之股東會由董事會行使，且公司之董事、監察人由政府或法人股東指派。另外有關金融機構合併法、企業併購法，對於金融機構之整合併購亦有規範，無論是從程序上或稅賦之考量上之規定，其與公司法規定不同之處，則各該特別法亦優先適用。

第五目　金融管理法規與公平交易法

一、適用公平交易法之範圍

金融管理法規所適用主體之金融機構，其可能為一般營利社團法人之公司組織，或其依商業團體法組成自律機構之同業公會，甚至非法人團體、公營之財團法人、政府機構及農漁會等，其都為公平交易法第 2 條所規範之對象❷，因此對於金融機構有關自由競爭反托拉斯行為包括獨占、寡占、結合、聯合行為維持轉售價格、妨礙公平競爭行為及仿冒商標或產品外觀之規範有其適用，另外對於不正競爭防止公平競爭維繫行為，包括不實廣告及標示、損害他人營業信譽行為、多層次傳銷及其他足以影響交易秩序

---

❷　例如依金融控股公司法第 4 條第 1 款之規定，持有金融機構已發行有表決權股份總數或資本額超過 25%，即已構成控制性持股，與公司法第 369 條之第 1 項規定須達半數以上方為控制公司不同。

❷　參見賴源河編審，《公平交易法新論》，第 90 頁，元照出版社，91 年 10 月 2 版。

之欺罔或顯失公平之行為規範亦應遵循。例如金融機事業其上一會計年度之銷售金額超過新臺幣 200 億元，且與其結合之事業，其上一會計年度之銷售金額超過新臺幣 10 億元者，其結合應依公平交易法第 11 條規定向公平交易委員會申報，金融控股公司銷售金額之認定，應併計全部具有控制性持股之子公司額度 ❷。

二、聯合定價之行為

至於金融事業或其所屬同業公會不得有聯合定價之行為，即相互約束其服務的價格水準，依公平交易法第 7 條、第 14 條及第 15 條之規定，除非有法律所定之例外情形，事業不得以契約、協議或其他方式之合議，與有競爭關係之其他事業共同決定商品或服務之價格，或限制數量、技術、產品、設備、交易對象、交易地區等，為相互約束事業之活動，例如為共同決定利率、保險費或手續費等，同業公會亦不得有藉章程或會員大會之決議，或透過理、監事會議決議或其他方法所為約束事業活動之行為，違反者依同法第 35 條規定，可處 3 年以下有期徒刑。

三、不實廣告之行為

另外對於不實廣告之規範，依公平交易法第 21 條第 1 項及第 3 項規定，一般事業及其他服務事業不得在商品或其廣告上，或以其他使公眾得知之方法，為虛偽不實或引人錯誤之表示或表徵，違反者廣告代理業與廣告主應負連帶賠償責任。例如謊稱零利率却巧立名目及現金卡業者未詳細說明現金卡的借款利率、還款方式、各項費用的計算方式、契約終止程序，與未告知消費者現金卡就是貸款，及違約之處理等，却勸誘辦理開戶等。一般而言，金融業者需要以淺顯易懂方式，具體說明利率、利息、延滯利息及違約金的計算方式，並以案例說明，否則即構成違反規定，實務上在不實金融廣告案例中，發現有業者以貸款廣告聲稱「零開辦費」、「零手續費」，但消費者實際辦理貸款後才發現金融業者另外巧立名目收取「徵信

---

❷　同前書拙著，〈事業結合之規範〉，參見第 199 頁至第 214 頁。

費」，這種欺瞞不實的行為，亦構成違反前開規定，另亦有廣告上表示申辦信用卡、現金卡等就能獲得贈品，但事後消費者才發現需要抽獎，或是還有其他限制，與郵購公司合作，寄送郵購目錄給往來客戶，但是郵購商品中的標示虛偽不實、或導致消費者誤解，亦應予以處罰❷❼。

第六目　金融管理法規與消費者保護法

金融管理法規所規範者為金融活動，而金融活動中，就金融商品之買受者或所提供金融服務之受領人，是否受到消費者保護法之保護，由於消費者為商品之使用者或服務之接受者，其對於商品或服務無論是否使用一次即歸滅失之消費，或可供連續提供之使用或服務，對消費者而言，往往涉及其權益之保護問題，雖然行政院消費者保護委員會決議，認為投資行為不適用消費者保護法，因其與消費者保護法中「不再用於生產」、「消費」定義不同，故投資風險由投資人依其投資判斷自負❷❽。

另亦有實務見解認為所謂消費者，依消保法第 2 條之立法解釋，指以消費為目的而為交易、使用商品或接受服務者而言。銀行或其他金融機構與連帶保證人間所訂立之保證契約，乃保證人擔保借款人對金融機構債務之清償責任，金融機構對保證人並未提供任何商品或服務，保證人並未因有保證契約而自銀行獲得報償，尚非屬消保法所規定有關消費之法律關係，自無該法之適用❷❾。

但對於金融活動中有關消費性貸款、信用卡之開戶、集合信託信託契約之簽訂等多項涉及定型化契約之簽訂，與資產管理或其他服務之提供，事涉消費者權益之保護，故與消費者保護法之適用息息相關，例如消費者

---

❷❼　參閱〈金融業經營行為公平會提新規範〉，《工商時報》，93 年 10 月 23 日，第 9 版。

❷❽　參閱〈透過投顧投資失利，可依民法求償〉，《自由時報》，93 年 10 月 23 日，第 26 版。

❷❾　參見 90 年臺上字第 2011 號判決。

保護法第 11 條至第 17 條有關定型化契約之規定，包括定型化契約之規整及應本平等互惠之原則，其顯失公平者無效等，於金融活動應有其適用，另就同法第 22 條以下有關消費資訊之規範，包括廣告內容之真實要求，刊登或報導廣告之媒體經營者，就其明知或可得而知者，應與刊登者負連帶賠償責任，行政院消費者保護委員會亦明定要求金融機構之主管機關，對於定型化消費借款之契約，客戶若要求提前清償，其業者所訂定提前清償違約金者，應提供「限制清償期間」與「得隨時清償」方案，並讓消費者瞭解，不同方案的貸款條件、利率計算方式、收費差異，而提前清償及違約金之收取，也應考量借款人的清償時間、貸款餘額等因素，採遞減方式計收❸⓿，即本於消費者保護法有關定型化契約之規定。

由於金融管理法規與公平交易法、消費者保護法皆有廣告之相關規範，原則上金融管理法規係屬特別法之規定應優先適用，例如對於證券投資信託基金之公開召募廣告，必須加註警語，不得以過去績效為誇大宣傳等，為證券投資信託及顧問法第 70 條規定授權主管機關及自律機構訂定。另銀行業暨保險業辦理消費者信用交易廣告應揭示總費用範圍及年百分率計算方式標準，則為依據消費者保護法第 22 條之 1 第 2 項規定授權訂定，尤其在金融機構辦理信用卡及現金卡業務時之廣告，在業者競爭激烈及徵信未確實下，浮濫開卡借貸消費及催繳引發之社會問題已屬相當嚴重，主管機關於 94 年 4 月 29 日發布金融機構辦理現金卡業務應注意事項，除對於平面及動態媒體廣告，包括海報、傳單之 DM 等，要求必須加註易懂之警語外，並對於警語之版面及時間予以要求，以提醒消費者或使用人。

第七目　金融管理法規與洗錢防制法

一、洗錢之定義與形態

所謂洗錢 (Money Laundry)，即在掩飾或隱匿因自己或他人重大犯罪所

---

❸⓿　同前註，消費提前清償，3 個月內提出收費標準。

得財物或財產上利益或為收受、搬運、寄藏、處置或牙保他人因重大犯罪所得財物或財產上利益❸。換言之，係將犯罪所得之黑錢包括財物或利益加以漂白，金融機構為貨幣金錢等流動之管道，洗錢之防制之第一線必須依賴金融機構之配合，方能竟其功，另外在美國九一一事件後打擊恐怖主義之金融措施亦為各國所重視，依洗錢防制法第 9 條規定，洗錢者可處 5 年以下有期徒刑，洗錢之常業犯，可處 1 年以上 7 年以下之有期徒刑，洗錢之模式通常係將犯罪所得財物為處置 (Placement)，透過走私、地下管道或人頭等之處理，並轉化 (Layering) 為合法之持有，例如銀行轉帳購買鑽石金飾等，再經整合 (Integration) 作財務運用或商業投資之活動，以製造資金流程查核之盲點，逃避追查，法務部調查局洗錢防制中心曾就實務案例，依主體、手段、工具等加以蒐集並歸納之洗錢方式如下❸：

㈠透過金融機構，利用人頭公司與帳戶，並串通銀行、股票市場、匯市及使用臺支、合支之票據等多重方式進行洗錢活動。

㈡透過金融機構在自己或他人帳戶結購美金匯往外國及透過國內外證券商、購買股票方式，來掩飾或隱匿其犯罪所得，進行洗錢活動。

㈢收受投資大眾資金，再以非法手段掏空資金匯入人頭帳戶提領挪為己用。

㈣假借金融機構從業人員在職務上之方便，冒用人頭詐貸，並串通將冒貸之款項轉匯至其他戶頭，為隱匿犯罪不法所得之洗錢行為。

㈤犯罪後將其不法所得資金，利用親友帳戶分散購買定存，分別解約匯入同一人頭帳戶後，再移轉至新開人頭帳戶，掩飾及隱匿其不法所得。

㈥於農漁會信用部開立之帳戶,利用洗錢人在信用部服務之職員身分，

---

❸ 洗錢防制法第 2 條之規定。而所謂重大犯罪，係指同法第 3 條所規定最輕本刑 5 年以上有期徒刑以上之刑之罪，刑法第 201 條、第 201 條之 1、第 240 條第 3 項、第 241 條第 2 項、第 243 條第 1 項、第 296 條第 1 項、第 297 條第 1 項、第 298 條第 2 項、第 300 條第 1 項、第 340 條、第 345 條之罪，及違反證券交易法、銀行法、組織犯罪防制條例規定之相關犯罪者。

❸ 參見法務部調查局，《洗錢案例彙編》，第一輯，90 年 1 月。

直接對相關帳戶內之不法資金，從事存提、匯款及購置定存等為處置，為多層化之洗錢行為。

㈦將不法所得款項投入股票集中或店頭市場，購買上市上櫃公司之股票，短時間內售出，漂白清洗黑錢後取得現金，轉匯至個人帳戶，企圖掩飾、隱匿不法所得之來源。

㈧將不法所得利用配偶及親友帳戶，進行掩飾、隱匿所得購買不動產，再以假設定抵押權真洗錢方式，製造假債權，以逃避司法機關對渠財產的追繳。

二、洗錢防制法所定之金融機構

洗錢防制法依其資金流通之管道來加以追蹤不法所得，對於構成洗錢者，除應發還被害人或第三人者外，不問是否屬於犯人均沒收之，而藉以充當洗錢管道之金融機構，其範圍如下❸：

㈠銀行：包括依銀行法設立之商業銀行及專業銀行辦理工業、農業、中小企業、不動產（土地）、地方信用之銀行❸。

㈡信託投資公司：包括原依銀行法或信託業法設立之信託投資公司或信託業。

㈢信用合作社：為依信用合作社法組織登記之合作社，並經許可經營銀行業務之機構❸。

㈣農漁會信用部：原為依農業法及漁業法之農漁會信用部，92 年 7 月 23 日農業金融法立法後，為依該法設立之農業信用部、漁會信用部及全國農業金庫。

㈤辦理儲金匯兌之郵政機構：為依郵政儲金匯兌局組織法及郵政儲金

---

❸ 洗錢防制法第 5 條規定。

❸ 依銀行法第 2 條規定，謂依銀行法組織登記，經營銀行業務之機構，而銀行業務為同法第 3 條所規定之內容，銀行之種類則為第三章及第五章所定之商業銀行暨專業銀行。

❸ 信用合作社法第 2 條之規定。

匯兌法之規定❸，辦理郵政儲金劃撥、匯兌等業務。

㈥票券公司：為依票券金融管理法之規定設立之票券商，包括兼營票券業務之證券商。

㈦信用卡公司：為依銀行法規定受託辦理金融機構信用卡、現金卡行銷，催收及其他相業務處理之公司。

㈧保險公司：為依保險法成立之人壽或財物保險公司，另外國保險業及依其他法律規定或經保險法主管機關核准設立者亦在內。

㈨證券商：為依證券交易法設立之證券經紀、自營、承銷商，包括外國證券商及兼營業務之證券商。

㈩證券相關服務事業：為依證券交易法第18條或證券投資信託及顧問法設立之證券投資信託、顧問、金融、信評、集中保管等事業。

㈦期貨商：為依期貨交易法設立之期貨經紀商、期貨自營商、槓桿交易商、期貨顧問事業、期貨經理事業等。

㈦銀樓業：金銀珠寶商之銀樓業者，其目的事業主管機關為經濟部，並由商業主管機關負責監督。

三、金融機構配合洗錢防制之措施

防止洗錢為金融機構之法定義務，而如何有效防制洗錢或適時舉發洗錢之不法行為，依洗錢防制法之規定，金融機構必須配合之事項如下：

㈠應訂定防制洗錢事項，報目的事業主管機關及財政部備查❸

1.防制洗錢之作業及內部管制程序。

2.定期舉辦或參加防制洗錢之在職訓練。

3.指派專責人員負責協調監督本注意事項之執行。

4.其他經目的事業主管機關及財政部指定之事項。

---

❸ 郵政儲金匯兌法第1條規定。

❸ 原財政部所主管證券、金融、保險之業務，已於93年7月1日改隸於行政院金融監督管理委員會，並由證券期貨局、銀行局、保險局及檢查局負責監督管理。

㈡對於一定金額之通貨交易，應確認客戶身分及申報 [38]

　　1.金融機構對於達一定金額以上之通貨交易，應確認客戶身分及留存交易紀錄憑證，並應向法務部調查局洗錢防制中心申報。

　　2.所稱一定金額以上之通貨交易係指新臺幣 1 百萬元（含等值外幣）以上之單筆現金收或付（在會計處理，凡以現金收支傳票記帳者皆屬之）或換鈔交易，金融同業之客戶透過金融同業間之同業存款帳戶所生之應付款項，如兌現同業所開立之支票，同一客戶現金交易達新臺幣 1 百萬元以上者，仍應依規定辦理。但其他金融機構間之交易及資金調度，可免依前述規定。

　　3.對於應確認留存交易紀錄憑證及申報，違反規定未申報者，處新臺幣 20 萬元以上 1 百萬元以下罰鍰。

㈢對於疑似交易之下列事項，應確認各該客戶身分及向洗錢防制中心申報 [39]

　　1.同一帳戶於同一營業日之現金存、提款交易，分別累計新臺幣 1 百萬元以上（含等值外幣），且該交易與客戶身分、收入顯不相當或與本身營業性質無關者。

　　2.同一客戶於同一櫃檯一次辦理多筆現金存、提款交易，分別累計新臺幣 1 百萬元以上（含等值外幣），且該交易與客戶身分、收入顯不相當或與本身營業性質無關者。

　　3.交易款項若源自洗錢防制中心所列舉之不合作國家名譽等地區匯入，五個營業日內提現或轉帳，且該交易與客戶身分、收入顯不相當或與本身營業性質無關者。

　　4.交易最終受益人或交易人為主管機關列舉之外國政府所提供之恐怖分子或團體者。

　　5.同一客戶於同一櫃檯一次以現金分多筆匯出、或要求開立票據（如本行支票、存放同業支票、匯票）、申購可轉讓定期存單、旅行支票、受益

----

[38]　洗錢防制法第 7 條之規定。

[39]　洗錢防制法第 8 條之規定。

憑證及其他有價證券,其合計金額超過新臺幣 1 百萬元以上(含等值外幣),而無法敘明合理用途者。

　6.符合防制洗錢注意事項所列疑似洗錢表徵之交易,經金融機構內部程序規定,認定屬異常交易者。

　7.違反規定未申報者,除能證明無故意或過失者外,處新臺幣 20 萬元以上 100 萬元以下罰鍰。同業之客戶透過金融同業間。

第八目　金融管理法規與證券交易法規

　金融管理法規與證券交易法規同屬具有濃厚行政法規之內涵,其規範內容並兼具行政、刑罰與民事契約、損害賠償之規範。而且在現行管轄之主管機關同屬行政院金融監督管理委員會,也由於證券機構與金融機構,對於籌集企業營運資金之需求,在業務多元化以提供更完整金融服務之發展潮流下,有互補之功能,故證券與金融業務之整合為時勢所趨,透過相互兼營或賦予和該機構更多得經營之業務項目,使業務之界線愈來愈模糊,例如銀行兼營或轉投資信託業、證券商、票券商、證券投資顧問事業、證券投資信託事業、證券金融事業;證券商兼營票券商業務,證券投資信託及顧問事業兼營信託業等,因此金融機構無論本於公開發行有價證券公司之本質,或基於股票上市上櫃掛牌交易之必要,或整合業務多角化經營之前提,與證券交易法規範相當密切,而且其所適用之法源依據內容亦具有相當多交互援引之處,茲就相互之關係可進一步分析如下:

一、金融管理法規與證券發行市場之規範

　金融機構往往需要透過證券發行市場來籌集營運之資金,因此其須申請公開發行上市上櫃,現行之金融控股公司、銀行、票券公司等上市上櫃者已有相當多數,其採行募集設立、增資發行新股或募集其他種類之有價證券,必須依照證券交易法有關募集發行之規定辦理,除了經特別豁免之有價證券例如部分金融債券之情形外,應依證券交易法第 22 條第 1 項規定

向證券主管機關申報生效之後始得為之，而其公開說明書之記載與交付、承銷之輔導與公開銷售之程序、有價證券之印製、股務之處理、出席股東會使用委託書與內部人員之規範等，除金融管理法規有特別規定外，須回歸到證券交易法之適用。

二、金融管理法規與證券交易市場之規範

證券市場包括發行市場與交易市場，對於發行市場所募集發行或私募交付予投資人之有價證券，必須提供其方便流動之管道，並得以簡易之變現性增加投資人持有之意願，所以就證券交易市場所提供軟硬體設備，可增進金融市場之繁榮，而證券交易市場上之參與者，涵蓋證券交易所、櫃檯買賣中心、集中清算保管機制、證券商、證券相關服務事業等之相關規範，就金融機構所募集發行或私募交付予投資人之有價證券，可透過證券交易市場流通，因此金融機構使用證券交易市場之機制部分，自須適用證券交易法之相關規範。

三、金融機構兼營證券業務之法令適用

依現行證券交易法之規定，金融機構於經主管機關之核准者，可以兼營證券商之業務❹，而兼營業務之內容包括證券經紀商、自營商、承銷商，另外對於票券業亦可兼營證券自營商以從事公債自營之業務。又依信託業法第 18 條之規定，信託業以信託財產，從事全權委託決定運用於證券交易法第 6 條規定之有價證券或期貨交易法第 3 條之期貨交易時，須申請兼營證券投資顧問業務❹；同法第 8 條規定信託業募集共同基金從事以證券交易法第 6 條有價證券投資為目的時，須依證券交易法之有關規定辦理❹；

---

❹ 證券交易法第 45 條第 2 項規定，證券商不得由他業兼營。但金融機構得經主管機關之許可，兼營證券業務。

❹ 信託業法第 18 條第 1 項後段之規定，另參照 93 年 6 月 30 日發布之證券投資信託及顧問法第 64 條至第 67 條之規定。

❹ 信託業法第 8 條之規定，另參考 93 年 6 月 30 日發布之證券投資信託及顧問法

證券投資信託及顧問法第 6 條及第 64 條至第 66 條規定，更廣泛開放證券業與金融機構就資產管理服務業務項目之互相兼營管道，因此在證券金融業務朝向整合之潮流下❹，金融管理法規與證券法規依其個別具體案例交互適用相關規範，亦為無可避免之趨勢。

四、證券機構兼營金融業務之法令適用

在證券商或證券相關機構邁向投資銀行 (Invest Banking) 發展之原則下，證券商可申請兼營票券商之相關業務，證券商可辦理融資融券之信用交易業務，另外證券商可發行店頭市場之衍生性商品，而證券投資顧問或證券投資信託事業可申請兼營信託業以從事全權委託投資業務，故在證券事業兼營其他金融有關之業務上，對於證券業務所未規範並涉及金融管理法規之部分，自須適用各該金融管理法規之規範。

第九目　金融管理法規與期貨交易法規

金融業務之進行與金融商品之創新，常常須連結 (Linked) 或運用期貨交易契約，透過其財務槓桿之效果 (Leverage Effect)，以發揮其避險 (Hedge)、價格發現 (Price-Discovering)、投機 (Speculation) 及活絡資金之功能，而所謂期貨交易，為衍生自商品、貨幣、有價證券、利率、指數或其他利益之期貨、選擇權或槓桿保證金交易等之契約，其中與貨幣、利率等金融工具之標的相對應 (Underlying)，具有密切之關係，現今金融機構所發行之連動式債券 (Structure Note) 或連結式存款，更是靈活彈性應用期貨交易契約之特性，因此金融管理法規與期貨交易法規具有相當之關聯，茲說明如後。

第 10 條之規定，已調整為必須申請兼營證券投資信託事業。

❹　美國於 1999 年廢除 Glass-Steagall Act 後，已朝歐洲銀行兼營證券之體系發展。

一、金融、貨幣、外匯有關商品之豁免

由於金融機構使用期貨交易契約之衍生性商品，在國內實務上係早在期貨交易法立法之前，且其商品交易之進行，大多透過店頭市場 (Over-The-Counter, OTC)，並非以期貨交易所 (Exchange) 之集中交易為之，亦非以一定標準化、定型化之契約，因此在期貨交易法制定後在其第 3 條第 2 項之規定，允許在經財政部或中央銀行在掌理事項範圍內公告不適用期貨交易法❹，而由簽訂各該期貨交易契約之各造當事人以約定條款訂定。至於其間涉有炒作、內線交易或交易詐欺等之犯罪行為是否適用期貨交易法，在美國商品交易法之規定就其詐欺犯罪行為予以納入規範，則可供參考。

二、金融機構兼營期貨機構

期貨交易之特性是以權利金 (Premium) 或保證金 (Margin) 從事交易，具有財務槓桿之操作，故其經營風險與一般金融機構不同，通常會認為不宜由較需注重業務穩健經營之金融機構兼營期貨交易或其相關之服務機構，而期貨服務機構包括期貨商、期貨顧問事業、期貨經理事業、及期貨信託事業等，金融機構例如銀行或信託業，在受託為客戶處理信託財產時，可否經營受託從事全權委託業務之期貨經理事業或期貨顧問事業，依信託業法第 8 條之規定，其必須兼營證券投資顧問業務似有扞格之處，但若其受託資產超過一定比率為從事期貨交易者，應以兼營期貨經理事業為妥。同理信託業若從事募集共同基金從事期貨交易為目的，更應以兼營期貨信託事業為宜，俾使能從功能性之管理，兼顧業務競爭之公平性。至於以金融機構為特別結算會員，係考量其財務之健全及結合期貨商資金流通之管道，對期貨交易市場之暢通，有相當之助益。

---

❹　依 86 年 5 月 28 日⑻⑹臺央外柒字第 0401278 號函，自期貨交易法施行日 (86 年 6 月 1 日) 起，中央銀行指定辦理外匯業務之銀行及外匯經紀商，經中央銀行同意在其營業處所經營之外幣與外幣間及新臺幣與外幣間之各種期貨交易，不適用期貨交易法之規定。

三、金融機構從事期貨交易

金融機構無論係以其自有資金從事期貨交易，或搭配商品之設計使用期貨交易之工具，作為結構式衍生性商品之開發，自應以期貨交易人之身分遵守期貨交易法規，這包括徵信、開戶、保證金、權利金之繳交、委託下單、交割結算等之規範，另外對於店頭衍生商品交易包括交換契約 (Swaps)、外幣間換匯交易、新臺幣利率選擇等，則依契約之約定，並遵守主管機關訂定之「銀行辦理衍生金融商品業務應注意事項」之規定❹。

第四節　金融管理法規之整合

隨著金融業務監督管理與金融檢查於 93 年 7 月 1 日，因行政院金融監督管理委員會組織法之實行，而為一元化之後，行政院金融監督管理委員會統合銀行、保險、證券、期貨及金融檢查之業務，其所轄之法令規範，法律部分有 30 種，法規命令則有將近 300 多種，其他行政函令更是不計其數，而各法律、法規命令或行政規則間，相同者有之，不同者亦有，甚至有互相牴觸者亦所在都有。因此如何調合各相關法令之適用，則為金融管理法令在適用上所必須面臨之課題，尤其我國金融機構在朝向跨業經營之業務整合、集團與大型化之整併過程中，相關金融商品或服務所適用法令之界線亦漸趨多元與模糊，金融管理法規之整合有其必要性。

而在金融管理法規整合上最為成功者，則為英國，英國於 1997 年以一元化之跨業合併監理方式成立金融服務管理局 (Financial Services Authority, FSA)，並於 2000 年 6 月通過金融服務與市場法 (Financial Services and

---

❹　此一注意事項並未有明確法律授權訂定之依據，為行政機關之職權命令，但因涉及當事人間之權利義務事項為數眾多，從法制上而言，宜檢討立法訂定，詳參閱拙著，《論期貨交易參與者之民刑事責任》，政治大學法律系博士論文，第 219 頁至第 229 頁，87 年 11 月。

Markets Act, FSMA)，共 30 編 433 條，其授權訂定之子法亦整合為單一之手冊 (Handbook)，堪稱為模範法典，其他國家如日本與澳洲等亦仿效英國致力於單一金融管理法規之制定，但經多年之努力都尚未完成，日本於平成 12 年 (2000 年) 就較無爭議之部分制定金融商品販售法，並於平成 17 年 (2005年) 向日本國會提交「證券交易法修正案」，將「證券交易法」名稱改為「金融商品交易法」，就銀行法、保險法、商品交易所法中有關金融商品交易納入作跨業之功能性整合，至於澳洲則先對金融管理法規提出調和性之原則與實體法，由此可見金融管理法規之整合立法有其困難度。

我國金融監督主管機關在金檢一元化之前提下，亦致力於金融管理法規之整合研議金融服務法之立法，銀行公會曾委託普華商務律師事務所研訂金融服務法草案，正朝著法規整合之方向在努力，惟鑑於除英國以外國家研擬所遭遇之困難，故整合之過程可分階段進行，第一階段以參考日本、澳洲之先例，針對各業別共通性質之原則規定加以整合，並檢討現行法律所欠缺規範依據者加以填補，先期以積極開放業務與統合管理之必需者為優先立法，再逐步擴大進行全面之整合。

第二章　銀行法

第一節　銀行法之立法沿革

　　銀行為金融活動之中介機構，並且為間接金融之樞紐，我國規範體系運作之銀行法為民國 20 年 3 月 28 日制定，當時全文共有 51 條條文，但公布卻未施行，直至 36 年作第一次修正後才正式實行，其間經過十七次之修正，從 64 年 7 月 4 日第四次修正後全文為 140 條，而在嗣後之十二次修正期間則迭有增刪，總計到 94 年 5 月 18 日止，共增訂 47 條條文，刪除 15 條條文，故實條文有 172 條❶，銀行法為典型之民生經濟及財政法案，應隨時代之需求而作相對應之調整，同時銀行之經營型態亦因經濟之潮流而不斷的改變與進步，民國 20 年及 36 年代的銀行法是在農業社會之環境下所制定之法案，隨著農業社會、工業社會到商業社會之時空變化，其原有之思維方式已有顯著之不同，銀行業務之推展更是日新月異，現今以信用卡簽帳、現金卡之借貸或網路交易的操作模式，可能是立法之初所始料未及，且更多之金融活動隨著經濟金融業務之繁榮而推陳出新，其中對於因應國際化、自由化之需求及金融犯罪之防制更是殷切，例如詐欺、掏空及擾亂金融秩序之犯罪型態已是屢見不鮮，而其危害金額更是驚人，因此如何遏止金融犯罪，為當務之急，另外為維護銀行之健全經營，消除不良放款之

---

❶　歷次修法之過程可參閱法源法律網，http://db.lawbank.com.tw/FLAW/FLAWDATO7.asp。另 94 年 4 月 29 日立法院第六屆第一會期第 10 次會議，修正通過銀行法第 20 條、第 45 條之 1、第 49 條、第 52 條、第 62 條及第 135 條；增訂第 45 條之 1、第 125 條之 5、第 125 條之 6、第 127 條之 5 及第 138 條之 1；並刪除第 60 條、第 119 條及第 124 條，該條文於 94 年 5 月 18 日由總統以華總一義字第 09400072481 號令發布，另 95 年 5 月 30 日為配合刑法修正，將共犯修正為正犯與共犯，原共犯包括共同正犯部分，則修正共同正犯屬於正犯之範疇，金融管理法規有關之規定則作相關條文之調整修正，其中包括銀行法第 125 條之 4 及第 140 條之修正。詳參 http://banking.gov.tw，行政院金融監督管理委員會銀行局網站。

呆帳，則為當今銀行法執行上之重要課題。故銀行法必須與時俱進，隨著時代的進步而作相對之修正，已是無可避免。

第二節　銀行法之立法目的

銀行法為規範銀行業經營活動之法律，其立法目的在於維護金融秩序，健全銀行業之經營，保障存款人權益，適應產業發展，並使銀行信用配合國家金融政策❷，其立法目的可分述如下：

一、維護金融秩序

金融活動由資金之供給者與需求者，透過銀行等金融機構之中介，使其各取所需，而金融活動必須在法令之規範下，遵守市場之機制與遊戲規則，始可確保其靈活順暢運作，銀行法之規定除對於合法業者之業務規範外，對於未經許可之業務行為或詐欺、關係人借貸之利益輸送行為等亦予以取締與有效遏阻，方能維護金融機構與客戶合法之權益。

二、健全銀行業務經營

銀行為金融機構，同時亦為授信之機構，以負債換取資金，故其經營之健全與否不祇涉及出資發起人或股東之權益，客戶及存款人之利益更是首當其衝，並關係國家社會之金融穩定，而銀行相關業務之進行，必須有其法律之依據，以加強法制與風險管理，並釐清應盡之義務與得享有之權利，規範此種具專業特性須經許可且高度管理之業務因此必須以特別之法律來加以適當規定。

三、保障存款人權益

銀行用以貸放款項之資金來源，除了自有之資金外，最主要來自存款

---

❷　銀行法第 1 條規定。

人，存款人來自社會，故銀行資金是社會大眾之資金，其經營之良窳涉及整體國家社會及公眾之信用與權益，因此祇有存款人之權益獲得保障，社會大眾及其資金才有信心將其存款源源不斷地存入或放置於銀行，銀行所扮演的經濟功能也才得以發揮。

四、適應產業發展

有健全之金融體制，才能充裕提供產業所需之資金，促進工商產業之繁榮，銀行所扮演之角色與工商業之發展有相輔相成之功能，而銀行之業務不斷地創新，金融之服務亦趨於多樣化、複雜化與國際化，在自由化之競爭環境中，如何引導銀行邁向健全之發展，則有賴銀行法為妥適之規範。

第三節　銀行之定義與銀行法之適用

銀行 (Bank) 之定義，通常被認為係以經營收受存款、辦理放款之借貸貨幣業務者，準此，銀行業務之進行能夠創造貨幣之供給消滅貨幣之功能❸，亦即在收受存款創造信用，並以該存款辦理放款，使貸款者得為債權債務之清理，調節資金之供需，以收取報酬，反覆以此種行為為業務者，這是從銀行之實質業務內容來看，但如果從銀行之外觀名稱上來認定者，單純以銀行為公司或機關名稱者皆可認定其為銀行，而銀行法第 2 條所規定之銀行，認為是指依銀行法組織登記，經營銀行業務之機構，其規定並不全然以實質之業務內容或外觀名稱來界定，而是限縮於經營銀行法第 3 條業務項目為業務行為之機構，同時必須符合依銀行法之規定取得許可組織登記者始得為之。於此可進一步分析銀行之定義如下：

一、經營銀行業務者，不一定是銀行法上之銀行

現行依照農業金融法設立之農、漁會信用部❹，交通部所屬之郵政儲

---

❸　參閱金桐林，《銀行法》，第 25 頁，三民書局，2004 年 3 月修正版。

金匯業局，為依郵政儲金匯業局組織法成立；另依信用合作社法成立之信用合作社、依證券交易法成立之證券金融機構等，各該機構之業務經營項目，一般皆或多或少從事部分依銀行法第 3 條所規定之銀行業務項目，但其並非全然為銀行法上之銀行。

二、名稱為銀行者，不一定是銀行法上之銀行

現行依中央銀行法成立之中央銀行，並不是銀行法上之銀行，其他依特別法成立之銀行，如中國輸出入銀行、交通銀行、中國農民銀行等，其雖有銀行之名稱，但其原立之法律依據並非銀行法，而是有其各自之法律或條例，是屬於特許事業之範圍，而非銀行法採行之許可設立，故就銀行法而言，是屬於依其他法律設立之銀行。除前述法律特別規定者外，銀行之種類或其專業，應在其名稱中表示之；非銀行，不得使用商業銀行、專業銀行之名稱或易使人誤認其為銀行之名稱❺。

三、非銀行法之銀行，應如何適用銀行法

就依其他法律設立之銀行或其他金融機構，無論是否使用銀行之名稱，若其業務為辦理銀行第 3 條所定之業務內容者，均屬於廣義之銀行，該其他法律為銀行法之特別法，自應優先於銀行法之適用，例如農業金融法第 33 條規定，對於農、漁會信用部之管理，除該法另有規定者外，準用銀行法第 5 條至第 8 條之 1、第 12 條至第 15 條……等之規定。而特別法無規定者，則適用銀行法之規定，因此銀行法第 139 條第 1 項規定：「依其他法

---

❹ 農業金融法於 2004 年 1 月 9 日由總統公布，行政院發布於 131 年 1 月 30 日施行。

❺ 94 年 4 月 29 日立法院三讀修正通過銀行法第 20 條規定，明定銀行分為三種，包括商業銀行、專業銀行及信託投資公司。銀行之種類或其專業，除政府設立者外，應在其名稱中表示之。非銀行，不得使用第一項名稱或易使人誤認其為銀行之名稱。違反前述非銀行名稱禁止之適用者，依增訂之同法第 127 條之 5 第 1 項規定，可對其行為之負責人處 3 年以下有期徒刑、拘役或科或併科新臺幣 5 百萬元以下罰金。

律設立之銀行或其他金融機構，除各該法律另有規定者外，適用本法之規定」，同時對於其他金融機構之業務經營，為考量維持金融秩序及紀律，銀行法於同條第 2 項後段規定：「前項金融機構之管理辦法，由行政院定之」，俾便行政院訂定管理之規範。

第四節　銀行之業務

　　銀行業務主要為收受存款，辦理放款，以提供服務、創造信用。依銀行法第 3 條之規定，銀行得經營之業務項目共列舉 21 款，並可依同條第 22 款規定，經中央主管機關核准辦理其他有關之業務，而這些銀行業務項目在現行銀行法採行之正面表列規定中，須由主管機關逐一核准其業務範圍及項目，未經核准者不得經營，因此並非任一銀行皆可當然經營所有列舉之業務項目，例如商業銀行、專業銀行等不同類別之銀行即各有其業務項目，故銀行法第 4 條規定，各銀行得經營之業務項目，由中央主管機關按其類別，就銀行法所定之範圍內分別核定，並於執照載明之❻。同法第 22 條及第 129 條復規定，銀行不得經營未經中央主管機關核定經營之業務，違反者，可處新臺幣 200 萬元以上 1000 萬元以下之罰鍰。

　　而銀行之業務通常可區分為負債業務、資產業務及其他之服務業務三種，負債業務部分包括存款及發行可轉讓定期存單、金融債券等；資產業務最主要在授信及投資，包括放款、透支、貼現、保證、承兌及長短期投資於企業、不動產或有價證券等；至於其他服務之業務，則以提供服務賺取管理費或手續費，包括代收款項、發行金融卡、信用卡、轉帳卡及儲值預付卡、保管箱及保管有價證券之服務、匯兌、新金融商品之提供或兼營

---

❻　銀行法主管機關為簡化營業許可證照之核發,現行祇發給經營銀行業務之概括項目,至於其詳細須經核准之項目內容,則於核准函中敘明,並於網站上揭示。但在法律未經修正明文廢止營業許可證照制度之前,是否妥適,不無商榷之餘地。

其他種經核准之業務等，依銀行法之規定可說明如下：

第一目　收受支票存款

開立支票為支票之發票人與銀行訂定存款往來約定，由存款人與金融業者簽訂支票存款之甲種活期存款帳戶存入款項，並由銀行、信用合作社、農漁會等金融業者接受委託，依存款人之指示，於見票時無條件付款與受款人或執票人❼，銀行法第 6 條明定，支票存款係指依約定存款人簽發支票或利用自動化設備委託支付隨時提取不計利息之存款，而自動化設備包括自動櫃員提款機 (Automatic Teller Machine, ATM) 或電腦網路終端機之提供服務等，亦可作為金融機構與客戶在商務及帳務流程之處理。

第二目　收受其他各種存款

支票存款以外之其他各種存款，包括活期存款得由存款人憑存摺或依約定方式，隨時提取之存款❽，而定期存款則有一定時期之限制，存款人可憑存單或依約定方式提取存款❾。所謂約定之方式如綜合存款，其並不使用定存單，而是將各筆定期存款記載於存款之存摺中，定期存款原則上於到期前不得提取。但存款人得以之為質借，或於七日以前通知銀行中途解約❿。一般而言，存款係以金錢為寄託物者，依民法第 603 條規定推定為消費寄託，銀行為受寄人，對於寄託物之保管可約定可對存款人收受報酬，但由於銀行依存款契約及法令之規定可使用存款辦理放款並收取價差利益，其使用該存款之報酬，存款人可依其存款之種類約定收取利息。另依銀行法第 5 條之 1 規定，所稱收受存款，係指向不特定多數人收受款項

---

❼　票據法第 4 條、第 125 條及第 135 條規定。

❽　銀行法第 7 條。

❾　銀行法第 8 條。

❿　銀行法第 8 條之 1。

或吸收資金，並約定返還本金或給付相當或高於本金之行為。所以隨時可以提領本金或本金以上之款項者，始得稱為存款，若中途解約提領不到本金者，不宜稱之以存款，例如結構式存款❶，中途解除契約可能虧蝕本金應以理財之資產管理行為視之為當，但保本型之商品如保本型基金 (Guaranteed Fund)，則為受益憑證之有價證券投資商品，非屬存款。

第三目 受託經理信託資金

銀行得以信託關係受託人之地位，收受信託款項為信託人經理信託資金指定之受益人之利益而經營信託資金❷，此為營業信託並以指定受益人之利益為經營目的。至於受託經理信託資金於信託業法立法之後，應屬信託業專屬之業務，銀行若未依規定申請兼營信託業，並依信託業法之規定，自不得經營是項業務，準此，就本項業務而言，並非銀行當然得經營之業務，而是必須申請兼營之業務範圍❸。

第四目 發行金融債券

金融債券為銀行籌措供給中期或長期信用及貸放款項所需資金之工具，銀行得以發行有價證券為金融商品等募之方式為之，依銀行法第 72 條之 1，商業銀行得發行金融債券，其開始還本期限不得低於 2 年，並得約定此種債券持有人之受償順序次於銀行其他債權人，即所謂之次順位金融

---

❶ 結構式存款 (Structure Deposit)，為存款連結 (Linked) 其他衍生性金融商品 (Derivative) 之契約，非單純以存款認定，詳參本書第七章。

❷ 銀行法第 10 條。

❸ 銀行未申請兼營本項業務而為經營，則違反銀行法第 22 條規定，不得經營未經中央主管機關核定之業務，依銀行法第 129 條第 1 款規定，可處新臺幣 2 百萬元以上 1 千萬元以下罰鍰，至於其是否違反信託業法第 33 條及第 48 條有關非信託業不得辦理不特定多數人委託經營信託業務，若其對象為特定人，依信託業法第 33 條之反面解釋，似不構成此一罪刑。

債券；另銀行法第 90 條第 1 項規定於專業銀行準用之，由於發行是屬於對不特定人公開招募，涉及社會大眾之權益，故銀行法第 11 條規定應報經中央主管機關之核准始得發行。主管機關依銀行法之授權訂定有銀行發行金融債券辦法，而該債券為證券交易法第 6 條所定之有價證券，以方便未來發行後透過證券市場之流通，但因其發行事涉銀行財務管理，故須經銀行法主管機關之核准，而部分金融債券未涉及股權者，可豁免證券交易法第 22 條第 1 項所定發行程序之限制 ❶，但對於轉換金融債券、交換金融債券及其他涉及股權之金融債券，則尚須另依證券交易法第 22 條第 1 項之規定辦理 ❶。

第五目　辦理放款

放款為融資之行為，銀行為借貸放款業務，其為貸與人，與借款人客戶間之法律關係為消費借貸契約，並收取利息為對價，至於銀行之業務進行借貸放款所需之資金除自有資金之運用外，尚得向不特定多數人收受款項或發行金融債券等吸收資金，並約定返還本金或給付相當之利息，而銀行就所收受之存款，主要目的在辦理放款，貸放資金給資金需求者，以賺取利差並取得經營之利潤，而放款之種類甚多，例如有短、中、長期放款之分；有擔保、無擔保放款之分；亦有商業放款、房地產放款、消費放款等之區分，就一般而言，辦理放款為銀行主要業務項目之一，但辦理放款並非銀行專屬之業務 ❶，民間之借貸典當業，非銀行之融資公司等，亦有

---

❶ 證券交易法第 22 條第 1 項規定，對於發行有價證券籌募資金者，必須依發行人募集發行有價證券處理準則之規定，於準備公開說明書等書件向證券主管機關申報生效後始得為之，故銀行發行金融債券本應依此規定辦理，但事涉主管機關管轄權之重疊，於經協商後對於不涉及股權部分，由銀行之主管機關核准即可，不須再向證券管理機關申報生效。

❶ 參見 93 年 12 月 20 日金管銀㈡字第 0938012056 號令修正發布之銀行發行金融債券辦法第 3 條之規定。

❶ 辦理放款為資金之出借行為，依銀行法第 29 條第 1 項之規定，除法律另有規

以借貸款項為業，然除其他法律有特別規定外，祇要無違反詐欺、暴力或重利等犯罪行為，並未限制以銀行業始得為之，至於非銀行之融資業務如何加以規範，擬議中之融資公司法將列入規定。

第六目　辦理票據貼現

銀行對於遠期匯票或本票，為方便執票人得以變現以因應緊急資金之融通，得以折扣方式 (Discount) 預收利息而購入，就未到期之票據出售予銀行，並補貼未到期日數之利息，通常稱之為貼現[17]，而貼現之主要功能即在提供流動性之需求。

第七目　投資有價證券

為有效運用資金，銀行可以自有或短期性之資金運用投資有價證券，包括公債、短期票券、固定收益特別股、金融債券、認股權憑證及認購 (售) 權證、受益憑證或上市櫃公司之股票、新股權利證書、債券換股權利證書等，至於其餘額及利害關係人或關係企業間之投資限制，則以法令規定規範之，例如原則上投資上市櫃之有價證券，不得超過銀行核算基數之 20% 等[18]。

定外，非銀行不得經營收受存款、受託經理信託資金、公眾財產或辦理國內外匯兌業務，其中並未將辦理放款業務列入，此乃放款人為資金之提供者，風險建立及存在於放款人之授信行為，較不影響金融秩序及客戶權益，故辦理放款非銀行專屬業務。

[17] 銀行法第 15 條第 4 項規定。

[18] 財政部金融局 84 年 8 月 12 日臺融第 84728693 號函發布，儲蓄銀行投資有價證券之種類及其限額規定，86 年 9 月 10 日以臺融第 86641276 號函修正。另於 92 年 4 月 22 日及 93 年 6 月 30 日分別訂頒工業銀行及商業銀行投資有價證券之種類及限額規定，至於其投資之額度及計算由於隨銀行業務之需要時有變動。

第八目　直接投資生產事業

銀行除可投資於短期性有價證券之買賣外，為配合國家產業之發展，亦得以自有資金或發行市場籌募之資金直接投資於其他之生產事業。此乃轉投資之一種，惟其轉投資之對象及資金之比例仍應受相關法令之限制。

第九目　投資住宅建築及企業建築

銀行為配合國家建之政策及其本身業務之需要，得以其自有之資金投資於一般住宅用建築及企業辦公或生產用之建築商品，惟對於不動產及建築宜有適度之規範，以避免投資之風險及保持銀行資金流通性之需要。

第十目　辦理國內外匯兌

由於經濟及交易活動而有債權債務之發生，債權人與債務人間可能因使用貨幣種類之不同，或是因所在地區之差異，其相關款項之收付則有必要透過銀行體系利用匯票或款項劃撥等清算交割之功能，以達成清償之目的，因此辦理國內外資金匯兌之業務，為銀行業務項目之一，而匯兌因事涉匯率與貨幣之清算交割等有關之業務，與中央銀行之業務有關，故應遵守外匯管理之相關法令。另外銀行亦得依國際金融業務條例之規定[19]，經主管機關及中央銀行之核准經營國際金融業務，包括外匯存款，外幣授信、外幣匯兌、外匯交易等之業務。

第十一目　辦理商業匯票承兌

客戶由於業務上之往來而開立匯票以為款項之支付，匯票之付款人可

---

[19]　95 年 1 月 27 日總統以華總一義字第 09500011651 號令修正公布。

能委託銀行辦理，銀行依契約對於請求付款之執票人據上為承諾支付，並載明願依票載內容付款之承兌表示，承兌後使銀行為票據之主債務人，並應履行承兌後擔保付款之責任，此亦為銀行業務項目之一❷。

第十二目　簽發信用狀

銀行為服務客戶，得接受客戶之委任，依客戶之通知並授權指定受益人，在該受益人履行約定條件後，依照一定款式，開發一定金額以內之匯票或其他憑證，由該銀行或其指定之其他代理銀行負責承兌或付款❷。

第十三目　辦理國內外保證業務

保證為擔保債務人履約之法律行為，為增強客戶之信用能力，銀行得接受客戶之委託，就其所應負責履行給付之款項或清償之債務，依約定向債權關係所存在之相對債權人出具書面文件，擔保債務人無力清償時由其承擔付款或履行責任，一般常見者有商業票據之保證，公司債發行之保證等❷，另外證券化商品信用加強之保證或擔任保本型基金之保證機構等亦屬是項業務之範圍。

第十四目　代理收付款項

代理為代理人以本人名義為法律行為，其效力歸屬於本人，銀行為資

---

❷　為推行票據承兌、保證及貼現業務，以活潑金融運用，原財政部於 91 年 2 月 20 日以臺財融㈠字第 0911000048 號令修正發布，銀行辦理票據承兌、保證及貼現業務辦法。

❷　參照銀行法第 16 條。

❷　依證券交易法第 29 條規定，公司債之發行如由銀行擔任保證人者，得視為有擔保之發行。

金之中介服務機構，得代理客戶或代理其他同業之金融機構為收取或支付款項，尤其是客戶有跨區域之各種款項往來，或方便款項之繳交等，例如水電瓦斯費、電話費、稅款、股款、保險費等之收取。

第十五目　承銷及自買賣或代客買賣有價證券

銀行為金融機構可經主管機關之許可兼營證券商之業務，證券商之業務其種類有從事包銷、代銷之承銷商業務 (Underwriter)，亦得兼營以自有資金從事買賣有價證券之自營業務 (Dealer)，另外還包括就客戶委託為有價證券之買賣時，以行紀、居間或代理之法律行為從事經紀商之業務 (Broker) ❷。但由於承銷及自營或經紀業務，一般而言，除早期已經核准者外只能兼營其中兩種業務。至於證券之經營風險與銀行之存放款業務風險不同，且較屬於資產管理方面，故通常是由銀行兼營信託業，再由兼營之信託業再兼營此類證券商業務。

第十六目　辦理債券發行之經理及顧問事項

銀行得參與辦理債券發行之相關業務，包括為本身或受託為客戶實際從事對不特定人之公開招募之業務行為，或辦理該債券發行在程序、財務、業務或申請申報等相關事項之提供專業諮詢意見或建議。

第十七目　擔任股票及債券發行之簽證人

公司發行股票或公司債券，為確保發行之印製在數量、金額上與法令章程或主管機關核准發行總額之規定額相符，依公司法或證券交易法第 35 條規定應經簽證，由簽證機構就公司應登記事項、有價證券之內容、紙質、

---

❷ 依證券交易法第 45 條第 2 項但書規定，金融機構得經主管機關之許可，兼營證券業務。

公司印鑑式樣、編號、面值、張數、總額等詳為審核並認證之簽證機構依規定由銀行或信託投資公司為之❷。

第十八目　受託經理各種財產

銀行依主管機關之規定，於經核准後可接受客戶之委託交付或信託移轉之委託投資資產,從事保管或為各種商品之全權委託投資代客操作業務,而所謂的各種財產，包括動產、不動產或無實體財產權皆涵蓋在內，至於經理之業務行為係指依客戶授權之範圍，而賦予相當投資判斷與決定權之投資或交易管理與運用並收受報酬之業務。但其投資標的若為以有價證券為主，則必須依照證券投資信託及顧問法之規定申請兼營證券投資之全權委託投資業務❷。

第十九目　辦理證券投資信託有關業務

所謂證券投資信託，依證券投資信託及顧問法第 3 條第 1 項之規定，係指向不特定人募集證券投資信託基金 (Mutual Funds) 發行受益憑證，或向特定人私募證券投資信託基金交付受益憑證 (Certificates)，從事有價證券相關商品或其他經主管機關核准項目之投資或交易，依證券投資信託及顧問法之規定，銀行在符合一定之條件並經主管機關許可者，得申請兼營證券投資信託事業❷，並依規定辦理證券投資信託有關之業務，包括證券投資信託基金之經營與全權委託投資業務，但此一部分由於屬於資產之管

---

❷　參考 91 年 3 月 8 日由原財政部與經濟部會銜修正發布之公開發行公司發行股票及公司債券簽證規則第 2 條第 1 項規定。

❷　依證券投資信託及顧問法第 65 條、第 66 條，及 93 年 10 月 30 日發布之證券投資信託事業證券投資顧問事業經營全權委託投資業務管理辦法第四章之規定，銀行或信託業得依規定申請兼營證券投資信託事業或證券投資顧問事業，從事有價證券全權委託投資業務及其他有關之業務。

❷　同前註，第 66 條第 3 項規定。

理服務之業務，在信託業法通過施行之後，已劃分由信託業兼營。

第二十目 買賣金塊、銀塊、金幣、銀幣及外國貨幣

　　國內外之銀行於經中央銀行洽商金融機構之主管機關同意後❷，在取得外匯經紀商之營業執照者，得辦理外匯買賣、外幣拆款、換匯交易或其他經中央銀行許可之外匯業務。至於黃金條塊、銀塊及金銀幣等之買賣，原為 75 年 11 月 1 日施行之黃金進口及買賣管理辦法所規範，限制只有中央信託局、經中央銀行特許之外匯指定銀行及銀樓業經登記為貿易商者，始得進口。其買賣價格並逐日掛牌，該管理辦法已於 81 年 7 月 30 日廢止，廢止後由經濟部訂定金銀珠寶商管理辦法作規範。廢止後已不限制祇有銀行或經特許者始得經營是項業務，但實務上對於現行眾多之銀樓業應如何有效之管理，仍屬金融業務規範之重要一環。

第二十一目 辦理有關之倉庫、保管及代理服務業務

　　銀行為金融服務業，除可中介資金之融通外，尚可經營與各項業務有關之附屬業務，例如匯票支票之承兌、付款業務、質押擔保品或其他資產管理所需之保管或倉庫業務，另外亦可受客戶之委託代理為其他服務，如押匯或為客戶代理扣繳稅金、電費等之業務，因此除非在各該業務項目有特別法作規範者外，銀行可於經主管機關之核准後從事各該項之業務行為。

---

❷　外匯經紀商管理辦法第 3 條規定，外匯經紀商辦理居間業務之對象，除國內外銀行外，包括其他經中央銀行洽商財政部同意之金融機構。該規定之財政部部分於 93 年 7 月 1 日後，銀行法之主管機關已改隸為行政院金融監督管理委員會。

第二十二目 經主管機關核准之其他有關業務

為擴大銀行得營業之範圍與服務之項目,銀行法 3 條第 22 款及第 71 條第 16 款,授權主管機關得視銀行之財務、業務狀況,彈性申請經營之業務項目,使達到服務客戶一次購足 (One-shop Stop) 及百貨化之需求,而現行主管機關更採行負面列表之申請方式,對於最近六個月每月逾放比率(含應予觀察放款)均未超過 2.5%、備抵呆帳覆蓋率均達 40% 以上、最近一期自有資本與風險性資金比率高達 10% 以上及最近一年未被主管機關裁罰新臺幣 100 萬元以上者,得先開辦金融相關業務,並於 15 日內檢具相關文件,向主管機關申請即可❷。除不核准外,得繼續經營,故可達自由開放之彈性需求,並可鼓勵銀行改善逾放呆帳比率之差異化管理目的,因此例如財務顧問、財富管理、合作推廣等業務,均為經核准之項目。

第五節 銀行之種類

銀行法所規定之銀行可分為本國銀行與外國銀行,而本國銀行又可分為商業銀行、專業銀行、信託投資公司及儲蓄銀行等四種,86 年 3 月原銀行法之主管機關財政部鑑於臺灣地區並無單純之儲蓄銀行,且商業銀行可設置儲蓄部來經營是項業務,經提議並立法刪除,故依現行銀行法第 20 條規定,銀行只有三種,而有關銀行之種類或其專業,除政府設立者外,應在名稱中表示之。

一、商業銀行

依銀行法第 70 條規定,有關商業銀行經營業務之項目,包括收受支票

---

❷ 所謂負面表列即除主管機關明令禁止之事項外,其餘業務項目皆可為之。參閱行政院金融監督管理委員會 94 年 3 月 23 日金管銀㈠字第 0941000228 號函。

存款、活期存款、定期存款、供給短期、中期信用為主要業務外，依同法第 71 條所規定之業務，尚包括發行金融債券、辦理票據貼現、投資有價證券、辦理商業匯票之承兌、簽發國內外信用狀、保證發行公司債、辦理國內外保證業務、代理收付款項、代銷有價證券、辦理業務有關之倉庫、保管、代理服務及經主管機關核准之其他有關業務。

二、專業銀行

專業銀行依其專業分工可分類為工業銀行、農業銀行、輸出入銀行等。雖現行主管機關依法令得賦予核准之業務項目，除專業範圍外，尚可涵蓋其他商業銀行之業務或跨屬其他專業銀行之業務，所以在區分專業銀行之界線亦漸趨模糊，但依銀行法之規定，其主要之專業仍屬存在，茲進一步分述如下：

㈠依銀行法第 91 條規定，工業銀行為供給工、礦、交通及其他公用事業所需之中、長期信用。

㈡依銀行法第 92 條規定，農業銀行為調劑農業金融及供應農村金融、供應農、林、漁、牧之生產及有關專業對信用之所需。

㈢依銀行法第 94 條規定，輸出入銀行則主要在供給中、長期信用，協助拓展外銷及輸入國內工業所必需之設備與原料。

㈣依銀行法第 96 條規定，中小企業銀行其主要任務為對中小企業供給中、長期信用，協助其改善生產設備及財務結構，並健全其證券管理。

㈤依銀行法第 97 條規定，不動產信用銀行，例如土地銀行或開發銀行，為供給土地開發、都市改良、社區發展、道路建設、觀光設施及房屋建築所需中、長期信用。

㈥依銀行法第 98 條規定，國民銀行主要在供給地方性信用，包括供給地區發展與其他國民所需短、中期信用。

三、信託投資公司

信託投資公司原以就受委託人之移轉或交付之信託財產，從事投資有

關之業務，但信託投資公司嗣後有演變為以信託方式收受存款，已類似於銀行之經營，依銀行法第 100 條規定，信託投資公司為依其與客戶簽訂商業之信託契約，以受託人之身分，收受、經理及運用客戶委託之信託資產或以中間人之地位，依契約之授權與約定從事與資本市場有關特定目的之投資。由於兼具銀行及信託業之特性，管理上定位不明，故信託業法第 60 條規定，信託投資公司應於 94 年 7 月 21 日起依銀行法或信託業法之規定，改制為銀行或信託業。

四、外國銀行

外國銀行為總公司在國外，經過認許之程序在中華民國境內設置分支機構者，若其準據之法律為依照中華民國銀行法設立之部分外資或純外資股東之銀行，其僅為外國人投資之銀行，仍為中華民國之銀行。故外國銀行係指依照外國法律組織登記之銀行，經中華民國政府認許，在中華民國境內依公司法及銀行法登記營業之分行。

第六節　銀行之設置

銀行 (Bank) 為法人，其取得法人人格必須依公司法、銀行法或其他特別法之規定設置，而銀行之設置除了早期專案核准或依特別法之規定取得特許者外，必須依銀行法之規定取得許可，設立程序中之銀行非經許可並取得營業許可證與不得營業❷⁹，但非銀行業者，除法律另有規定外，不得經營收受存款，受託經理信託資金、公眾財產或辦理國內外匯兌業務，對於以借款收受投資，使加入為股東或其他名義，向多數人或不特定之人收受款項或吸收資金，而約定給付與本金顯不相當之紅利、利息、股息或其

---

❷⁹　銀行法第 21 條規定，銀行及其分支機構，非經完成該法第二章所定之設立程序，不得開始營業。違反者依銀行法第 129 條第 1 款規定，處新臺幣 2 百萬元以上 1 千萬元以下罰鍰。

他報酬者，以收受存款論❸，違反此一禁止規定者，依銀行法第 125 條規定，最高可處三年以上十年以下之有期徒刑，故銀行法為保護存款客戶之權益及金融秩序，對於取締非法經營銀行規範相當嚴厲。

除特許之銀行其設立依各該特別法規定外，銀行法對於銀行之設立採行許可主義，即必須依主管機關在銀行法授權之下所訂定設立標準規定之條件及程序辦理，而所謂之許可主義，即使依設置標準所定申請之資格條件都符合規定，但主管機關仍可斟酌市場之客觀經濟環境及競爭狀況，考量得容納之銀行家數，而為准駁，早期開放商業銀行及工業銀行設立之際，曾經由 19 家取其 15 家予以許可或駁回其他申請者，其為主管機關依許可主義原則予以裁量。

而銀行為法人，法人之設立需要有資本、場地設備及人員始能營業及對外從事法律行為，對於前述許可之需要，銀行法第 52 條規定，銀行為營利之社團法人，其組織除法律另有規定或銀行法修正施行前經專案核准者外，以股份有限公司為限，依銀行法或其他法律設立之銀行或金融機構，其設立標準，由主管機關定之❸。其中商業及工業銀行設立標準為依此一規定授權訂定而來，茲就銀行設立所需實踐之程序、資金額、發起人及從業人員之資格條件等分述如下。

一、設立之程序

㈠取得籌設之許可

銀行之設立第一階段為取得主管機關核准得以進行籌備設立之工作，應由發起人依規定檢附申請書，載明銀行之種類、名稱及其公司組織之種類、資金總額、營業計畫、營業所在地及發起人名冊，向主管機關申請籌

---

❸ 銀行法第 29 條及第 29 條之 1 規定。

❸ 參閱原財政部於 90 年 6 月 29 日以臺融㈠字第 90708153 號令修正發布銀行設立標準；另行政院金管會於 89 年 12 月 30 日以臺融㈣字第 89773060 號令修正發布工業銀行設立及管理辦法；該辦法並於 94 年 11 月 30 日以金管銀㈣字第 0944000982 號令修正在案。

設許可，其中商業銀行之設立由於 20% 之實收資本額股份應公開招募，其申請籌設許可必須同時副送證券管理機構。另外對於須由發起認足之股份部分，至少應有存入新臺幣 20 億元證明之設立保證金，發起人並應說明資金之來源。

(二)募集設立之公開募集股份

由於對一般投資人為公開募集股份之對象為社會大眾，為使投資人有充分揭露之資訊可供投資判斷與決定，因此必須踐行證券交易法有關發行之規定，所以銀行之設立，發起人應自許可設立之日起二個月內繳足發起人所應認足之股款，對於公開招募 20% 資金部分，需檢附下列申請書，申請證券管理機構之核准公開招募股份，並副知銀行局：

1. 募集設立申請書。
2. 核准銀行籌備設立許可之函件。
3. 營業計畫書。
4. 發起人名冊。
5. 發起人會議記錄。
6. 代收股款之銀行名稱、地址及發起人已依規定繳足股款之證明。
7. 發起人之資金來源說明。
8. 招股章程。
9. 證券交易法第 30 條規定公開說明書。
10. 證券承銷商就營業計畫書所出具之評估意見書。
11. 包銷或代銷契約草本。
12. 本申請書暨附件所載事項無虛偽、隱匿之聲明。

(三)向經濟部申請公司設立登記

公司登記為取得法人人格之開始，銀行其為股份有限公司者，依公司法第 17 條規定，該銀行之業務為依法律或基於法律授權所定之命令須經政府許可者，故須於領得籌設許可文件及收足股款後，向公司法主管機關申請辦理公司登記。

(四)申請營業許可證照

設立銀行者，應於辦妥公司設立登記後 3 個月內，檢同下列書件向銀行局申請核發營業執照，於取得營業許可證照並加入銀行業商業同業公會後，始得營業：

1. 營業執照申請書。

2. 公司登記證件。

3. 驗資證明書。

4. 銀行章程。

5. 創立會會議記錄。

6. 股東名冊及股東會會議記錄。

7. 董事名冊及董事會會議記錄。

8. 常務董事名冊及常務董事會會議記錄。

9. 監察人名冊及監察人會議記錄。

10. 經理人名冊。

11. 銀行章則及業務流程。

12. 董事、監察人及經理人無第 4 條各款情事之書面聲明。

13. 兩週以上之模擬營業操作記錄。

二、商業銀行及工業銀行設立之資本額

申請設立商業銀行，其最低實收資本額為新臺幣 100 億元，申請工業銀行，其最低實收資本額為新臺幣 200 億元，而發起人及股東之出資以現金為限，商業銀行發起人應於發起時按銀行實收資本額認足發行股份總額80%，而工業銀行發起人應於發起時按實收資本額認足發行股份總額90%，其餘股份應公開招募。招募後為認足股份及已認而未繳股款者，應由發起人於銀行法第 25 條第 2 項規定範圍內連帶認繳❸，其已經提出設立申請而

---

❸ 依銀行法第 25 條第 2 項規定，同一人或同一關係人持有同一銀行之股份，超過銀行已發行有表決權股份總數 15% 者，應通知銀行，並由銀行報經主管機關核准。但同一人或同一關係人持有同一銀行之股份，除金融控股公司、政府持股及為處理問題金融機構之需要，經主管機關核准者外，不得超過銀行已發

經撤回者亦同。另發起人所認股份與公開招募之股份，其發行條件應相同，價格應歸一律。每一申購人之申購數量不得超過一萬股，又工業銀行對於認股人繳納所認之股份資金來源中，其借入資金總額不得超過 30%。

三、場地設備

銀行設立後，其營業上必須有場地設備，包括本行或分行，至於場地應否符合商場、辦公室或一般住宅使用之區分標準，現行法令並未明定，由於其為客戶進出頻繁之場所，宜有較高之安全標準，現行在商業銀行及工業銀行設立標準之要求，僅明定應於開始營業前完成本行存款、放款業務、電腦連線作業設施，並經主管機關或指定機構認定合格即可❸。

四、發起人之消極資格條件

銀行為金融服務事業，其收受存款、辦理放款等業務與金融秩序息息相關，故其參與設立銀行之發起應有較高品質之經營理念，始能健全金融體質與保護存款人，故有下列各款之不良紀錄或前科資料等之消極資格條件者，不得充任銀行之發起人、董事、監察人及經理人：

　㈠無行為能力或限制行為能力者。

　㈡曾犯組織犯罪防制條例規定之罪，經有罪判決確定者。

　㈢曾犯偽造貨幣、偽造有價證券、侵占、詐欺、背信罪，經宣告有期徒刑以上之刑確定，尚未執行完畢，或執行完畢、緩刑期滿或赦免後尚未逾十年者。

行有表決權股份總數 20%。另依金融控股公司法第 16 條第 1 項及第 2 項規定，金融機構轉換為金融控股公司時，同一人或同一關係人持有金融控股表決權股份總數超過 10% 者，應向主管機關申報；金融控股公司成立後，同一人或同一關係人擬持有該金融控股公司有表決權股份總數超過 10% 者，應事先向主管機關申請核准，或通知金融控股公司，由該公司報經主管機關核准。

❸ 參照商業銀行設立標準第 10 條及工業銀行設立及管理辦法第 19 條規定，至於對於資格條件之限制，事涉人民工作權之權利義務，除非法律有明文授權之依據，否則應以法律明文規定較妥，銀行法修正草案已提議納入規範。

㈣曾犯偽造文書、妨害秘密、重利、損害債權罪或違反稅捐稽徵法、商標法、專利法或其他工商管理法規定，經宣告有期徒刑確定，尚未執行完畢，或執行完畢、緩刑期滿或赦免後尚未逾五年者。

㈤曾犯貪污罪，受刑之宣告確定，尚未執行完畢，或執行完畢、緩刑期滿或赦免後尚未逾五年者。

㈥違反銀行法、保險法、證券交易法、期貨交易法、管理外匯條例、信用合作社法、洗錢防制法或其他金融管理法，受刑之宣告確定，尚未執行完畢，或執行完畢、緩刑期滿或赦免後尚未逾五年者。

㈦受破產之宣告，尚未復權者。

㈧曾任法人宣告破產時之負責人，破產終結尚未逾五年，或調協未履行者。

㈨使用票據經拒絕往來尚未恢復往來者，或恢復往來後三年內仍有存款不足退票紀錄者。

㈩有重大喪失債信情事尚未了結，或了結後尚未逾五年者。

(十一)因違反銀行法、保險法、證券交易法、期貨交易法、信用合作社法或其他金融管理法，經主管機關命令撤換或解任，尚未逾五年者。

(十二)受感訓處分之裁定確定或因犯竊盜、贓物罪，受強制工作處分之宣告，尚未執行完畢，或執行完畢尚未逾五年者。

(十三)擔任其他銀行、信用合作社、農（漁）會信用部、票券金融公司、證券商、證券金融公司、證券投資信託公司、證券投資顧問公司、期貨商或保險業（不包括保險輔助人）之負責人者。但因銀行與該等機構間之投資關係，並經財政部核准者，除董事長、經理人不得互相兼任外，得擔任其他銀行之董事、監察人或銀行以外其他機構之負責人。

(十四)有事實證明從事或涉及其他不誠信或不正當之活動，顯示其不適合擔任銀行負責人者，包括因經濟犯罪行為被起訴尚未判決確定，但有具體事證者在內。政府或法人為股東時，其代表人或被指定代表行使職務之自然人，擔任董（理）事、監察人（監事）者。

第七節　銀行之負責人與從業人員

第一目　銀行之負責人

　　銀行為法人，法人人格綜合擬制或組織體說，可認為係由法律擬制之組織體，所以必須有自然人代表，代為從事法律行為，而代表銀行為法律行為之負責人，無論是依公司法、銀行法或其他特別法之規定產生，其行為規範皆應依銀行法規或其他有關之法規命令所定得為或不得為行為之範圍內，而所謂之銀行負責人，係指依公司法或其他法律或其組織章程所定應負責任之人❸❹，例如董事、監察人或經理人，又銀行法為法人，其組織除法律另有規定或早期經專案核准者，例如中央信託局、合作金庫等之外❸❺，通常係以股份有限公司為限❸❻，準此，依公司法及銀行法之規定其負責人範圍可歸納如下：

一、銀行為股份有限公司之型態者

　　股份有限公司之負責人，依公司法第 8 條第 1 項及第 2 項之規定，包括當然之負責人及職務上負責人在內，董事為當然負責人，發起人、監察人、經理人之清算人、檢查人、重整人或重整監督人為職務上之負責人，在執行職務範圍內亦為負責人，在現行公司法除經理人在公司章程或契約授權範圍內，有為公司管理事務及簽名之權，不以外觀名稱為唯一認定標準外，其餘之負責人仍以法令明定之名義人為認定標準❸❼。

---

❸❹　參閱銀行法第 18 條規定。

❸❺　合作金庫已於 90 年 1 月 1 日改制為股份有限公司；另臺灣銀行及中央信託局亦於 92 年 7 月 1 日改制為股份有限公司。

❸❻　參閱銀行法第 52 條第 1 項規定。

二、特殊型態之法人

依其他法律設立或經專案核准之銀行，其負責人應依該銀行所核准設立之特別法律或其組織章程所定應負責之人。實務上如中央信託局、合作金庫、臺灣銀行等原非屬公司組織型態之銀行，其章程內應載明負責人之範圍，包括董（理）事、監察人（監事）、總經理（局長）、副總經理（副局長、協理）、經理、副經理。（銀行法施行細則第 3 條）

三、政府或法人為股東並當選為董事或監察人者

依公司法第 27 條第 1 項之規定，應指派自然人代表行使職務；另依同條第 2 項規定，政府或法人為股東時，亦可指派自然人分別當選為董事或監察人，甚至於同條第 3 項規定，對代表人得依職務關係，隨時改派補足原任期，此一規定固有其歷史背景與方便性，但與董、監事制衡之理念有差異，不但世界上無其他國家之立法例如此規範，在國內向為各界所爭議，但從代表人與本人一元化觀之，各該自然人代表亦為當然或職務上之負責人。

第二目　銀行負責人之資格條件

銀行之經營事涉存款人之權益與國家金融秩序，其良窳與成敗攸關社會大眾之權益與國家之公益，為確保銀行穩健經營及維護存款人利益，故銀行法於 78 年 7 月修正時特增列對於銀行負責人應具備之資格條件，授權由中央主管機構定之。而所謂資格條件包括積極資格及消極資格條件，積

---

❸⓻　負責人是否以實質職權為認定，例如公司或集團企業之總裁、主席、名譽董事長等，雖在非經選任亦未在章程記載範圍內且未經登記，在形式上不符公司法負責人之範疇，但卻是決策者，其應否參考美國有關最終受益人 (Benificial Qwnership) 將其納入規範，則屬立法之問題。其除民刑事責任依實質行為負責外，在行政罰方面，則難以課責。

極資格上必須具備學經歷達到一定程度以上，同時尚須具有專業知識及豐富之銀行實務經驗；在消極資格方面，則以不具有犯罪、違規債信不良等之前科或不良紀錄為主，此乃考量銀行負責人之品格與道德修養亦為重要適任之因素，而有關消極資格條件除同於前開第六節第四目銀行設立發起人之資格條件中所敘明者外，尚包括兼任禁止之情形，茲就銀行負責人消極資格條件及積極資格條件，分述如下：

一、消極資格要件

㈠銀行相互間之負責人及職員兼任之禁止

　　銀行負責人及職員對銀行經營狀況及業務應專心致力於本業與職責，如兼任其他銀行任何職務可能導致分心或引起利益衝突，將直接間接影響銀行之經營與營業競爭之進行，故銀行法第 35 條之 1 明定，銀行之負責人及職員不得兼任其他銀行任何職務，由於銀行法就兼任禁止並無例外之情形，故實務上對於銀行因轉投資關係，其負責人不能兼任轉投資公司負責人，間接影響銀行之大股東無法行使投資權利及執行監督責任，尤其在早期國營銀行之相互投資情形相當頻繁，故阻礙公營銀行政府之監督，故銀行法於 68 年 12 月修正時，於同條項增訂因投資關係，並經中央主管機關核准者，得兼任被投資銀行之董事或監察人之但書規定，使主管機關得在不影響經營及無利益衝突之情況下，彈性核准負責人之兼任，至於投資關係可解釋為只要有轉投資即可，即使是一股也算，但依解釋例外規定應採從嚴之原則，其投資關係應認為是轉投資之後以政府或法人之身分當選為董事或負責人時，其指派之代表行使職務自然人，方有本條規定但書之適用為當。

㈡監察人近親任職之限制

　　銀行監察人（監事）職司董事、經理人等業務執行之監督與糾舉，故其配偶、二親等以內之血親或一親等姻親，不得擔任同一銀行之董（理）事、經理人，以迴避可能產生之利益衝突。

㈢公開發行公司與兼營證券商銀行之兼任禁止

銀行依證券交易法第 45 條規定可兼營證券商業務，兼營證券商之銀行，其亦屬證券商，而證券交易法對於證券商之負責人在考量專心致力於本業及壟斷防止之情形，於第 51 條明定證券商之董事、監察人或經理人不得投資於其他證券商，或兼為其他證券商或公開發行公司之董事、監察人或經理人。但兼營證券業務之金融機構，因投資關係，其董事、監察人或經理人，得兼為其他證券商或公開發行公司之董事、監察人或經理人。此一規定於 95 年 1 月 11 日修正時，已調整為證券商之董事、監察人及經理人，不得兼任其他證券商之任何職務。但因投資關係，並經主管機關核准者，得兼任被投資證券商之董事或監察人。除放寬得兼任公開發行股票公司之董事、監察人及經理人外，並賦予管機關彈性准駁之空間，本條規定但書所定之因投資關係，由於是例外規定，在現行實務上採行依例外規定應採較嚴格之解釋原則，係指無論是專業之證券商或兼營證券商之金融機構因投資關係而以法人身分當選被投資公司之董事、監察人者，金融機構指派之自然人代表始得兼任證券商之董事、監察人或經理人。

二、積極資格要件

銀行負責人之總經理、副總經理、總稽核、協理、副理等，直接負責與客戶款項往來有關之業務，故應有較高之品德修養與專業能力，因此銀行法第 35 條之 2，授權主管機關訂定銀行負責人應具備資格條件準則，其主要內容如下：

㈠銀行總經理

其應具備領導及有效經營銀行之能力，並具備下列資格之一並於事先經主管機關審查合格後，始得充任：

1.國內外專科以上學校畢業或具有同等學歷,銀行工作經驗九年以上,並曾擔任三年以上銀行總行經理以上或同等職務，成績優良者。

2.國內外專科以上學校畢業或具有同等學歷，擔任金融行政或管理工作九年以上，並曾任三年以上薦任九職等以上或同等職務，成績優良者。

3.銀行工作經驗五年以上，並曾擔任三年以上銀行副總經理以上或同

等職務，成績優良者。

　　4.有其他經驗足資證明其具備主管領導能力、銀行專業知識或銀行經營經驗，可健全有效經營銀行業務者。

㈡銀行副總經理、總稽核、協理、總行經理

　　其應具備領導及有效經營銀行之能力，並具備下列資格之一：

　　1.國內外專科以上學校畢業或具有同等學歷，銀行工作經驗五年以上，並曾擔任銀行總行副經理以上或同等職務，成績優良者。

　　2.國內外專科以上學校畢業或具有同等學歷，擔任金融行政或管理工作五年以上，並曾任薦任八職等以上或同等職務，成績優良者。

　　3.銀行工作經驗三年以上，並曾擔任銀行總行經理以上或同等職務，成績優良者。

　　4.有其他事實足資證明其具備銀行專業知識或銀行經營經驗，可健全有效經營銀行業務者，並事先報經主管機關認可者。

㈢銀行總行副經理及分行經理

　　其應具備有效經營銀行之能力，並具備下列資格之一：

　　1.國內外專科以上學校畢業或具有同等學歷，銀行工作經驗三年以上，並曾擔任銀行總行襄理以上或同等職務，成績優良者。

　　2.國內外專科以上學校畢業或具有同等學歷，擔任金融行政或管理工作三年以上，並曾任薦任七職等以上或同等職務，成績優良者。

　　3.銀行工作經驗二年以上，並曾擔任總行副經理以上或同等職務，成績優良者。

　　4.有其他事實足資證明其具備銀行專業知識或銀行經營經驗，可健全有效經營銀行業務，並事先報經主管機關認可者。

㈣較高品德之條件之董事或監察人

　　銀行之董（理）事、監察人（監事）應具備良好品德，且人數在五人以下者，應有二人，人數超過五人者，每增加四人者應再增加一人，其設有常務董（理）事者，應有二人以上具備下列資格之一：

　　1.銀行工作經驗五年以上，並曾擔任銀行總行副經理以上或同等職務，

成績優良者。

2.擔任金融行政或管理工作經驗五年以上，並曾任薦任八職等以上或同等職務，成績優良者。

3.銀行工作經驗三年以上，並曾擔任銀行總行經理以上或同等職務，成績優良者。

4.有其他事實足資證明其具備銀行專業知識或銀行經營經驗，可健全有效經營銀行業務，並事先報經主管機關認可者。

第三目　銀行從業之職員

銀行之從業人員為第一線直接與客戶接觸提供服務者，為提升服務之品質及保障客戶權益，銀行應聘僱較高素質之從業人員，銀行法及特許銀行所依據的法律，包括合作金庫條例、交通銀行條例、中國農民銀行條例、中央信託局條例、中國國際商業銀行條例及中國輸出入銀行條例等，除對於銀行之發起人及負責人有資格條件之要求外，對於銀行行員之資格條件規範付之闕如，故對於銀行之行員或受僱人員之甄選並無一定之具體標準。

早期對於公營銀行因其行員為公務人員，必須依公務人員考試、考績及服務法之規定，有較嚴格之規範，民營化後之銀行或私人銀行，在考量銀行與客戶往來有賴行員之服務，故行員之品德操行、專業與服務之態度，關係客戶之權益，並與銀行經營之良窳息息相關，故可自行以較高之標準來甄選適足適任之行員，一般而言，銀行之授信或重要事項常常需要由經理部門之分層負責或授權由董事會決議行之，但直接碰到客戶與資金者，仍為銀行行員，因此其行員之重要性並不亞於銀行負責人，而銀行法與其各該特別法並未對於行員資格條件作進一步規範。銀行法雖未對銀行從業人員資格條件作規定，並不代表可隨意聘僱，各國對於銀行從業之職員通常祇要求銀行需聘僱適足適任 (Fit and Proper) 之從業人員，至於何謂適足適任之資格條件則由銀行自行要求與規範，並以內部控制制度落實，我國銀行法亦然，為提升銀行服務之安全與品質，茲擬進一步釐清銀行從業人

員之地位與職責如下:

一、銀行法有關職員之規定

我國銀行法並未如負責人般對銀行職員有定義性之規定,其適用之範圍如何,不無爭議,而銀行法則有多處提及銀行職員者,例如第 32 條第 1 項及第 33 條第 1 項之關係人授信限制;第 35 條之 1 銀行負責人與職員之競業禁止;第 61 條之 1 第 1 項第 3 款、第 62 條之 1 及第 62 條之 2 第 2 項對銀行職員之處分或限制出境;第八章罰則第 127 條之 3 至第 129 條之 1 等各該刑事及行政罰之規定等,皆存在有關職員之規定,因此有釐清銀行職員範圍之必要。

二、銀行法職員之範圍

何謂銀行職員,一般而言,係指受聘僱從事銀行法第 3 條所定業務之人員,因此銀行職員可從外觀職位名稱及主觀實質從事業務內容來認定,而聘僱之受僱人依公司法實務上之認定,並非僅限於僱傭契約所稱之受僱人,凡客觀上被他人使用為之服勞務而受其監督者皆是❸,至於非關業務之行政人員或其他庶務人員是否亦屬銀行之職員,由於銀行屬於高誠信之業務,故對於受僱於銀行,提供業務並收受報酬者皆應涵蓋在內,銀行亦負有監督之責任,另銀行委外之人員是否亦在範圍之內,例如催收帳款或代收他行之款項者,考量銀行對於委外之業務仍屬可監督控管之範圍,各該受託或受任人員亦應在範圍之內,以防止規避法令之監督與責任。

三、銀行職員之資格條件

銀行職員之積極與消極資格現行法律並無強制性之規定,故實務上委由各銀行訂定與甄選錄用,然隨著銀行業務之轉型,傳統存放款授信業務,

---

❸ 依最高法院 45 臺上第 1599 號判例,受僱人係以事實上僱傭關係為標準,僱用人與受僱人間已否成立書面契約,在所不問。另 57 臺上第 1663 號判例,則以實質上是否有提供勞務並受監督為認定。

已逐漸趨向資金流通、商品規劃、投資理財、資產管理等全面多樣化的業務，所以銀行職員之資格條件，其涉及信託、證券、期貨、保險業務者，依各該主管之法令，皆須具備消極與積極資格條件之要求，而銀行法對於銀行職員卻無明文規定，衡諸銀行業務與客戶權益、國家金融秩序相關，故各銀行在考量適足適任人員之甄選職員時應審慎為之，以往各銀行大都委託行政院青年輔導委員會為銀行雇員之考試，嗣後因青年輔導委員會之調整，已改委由財團法人臺灣金融研訓院辦理，至於其應考人之消極與積極資格條件，通常訂定如下：

㈠消極資格

僅列示不得有刑事、民事不良前科或有債信不良之情事，例如退票、破產宣告等記錄者等，但此之規範仍嫌過於抽象疏鬆，其實對於違反銀行法或其他金融法規之規定，而被行政處分有案者亦應列入考量，因此銀行法宜參考其他金融法明定消極資格之限制。

㈡積極資格

由於公營銀行其職員必須具有公務人員之身分，因此皆應經過國家高普考之合格考試，至於民營銀行，隨著各家銀行對於人員員額及素質之偏好而有所不同，大都以英文、國語文、金融貨幣銀行、會計學、商事法、民法等之考試為科目，並針對職業道德、工作態度與能力為甄選之標準。至於學經歷之要求上，對於已在金融機構有一定之相關金融工作經驗年限者，亦得列為積極資格條件。為避免銀行行員素質之良莠不齊，宜參考其他證券、保險行業，對於銀行行員宜以法律明定授權主管機關訂定其積極資格條件，並以限定最低之專業及道德門檻。

第四目　銀行負責人與職員之管理

銀行負責人與職員為執行銀行業務者，其業務上經年累月都與金錢在一起，可能舞弊之空間相當大，銀行法為防範其壟斷、利益衝突、監守自盜或擅用職權，圖利自己或其他關係人等弊端，同時也考量能專心致力於

銀行業務之推展，故訂定以下之相關措施。

一、關係人授信之限制

㈠無擔保授信之限制

無擔保授信對銀行而言，其風險加大，為防範銀行負責人、職員或關係人濫用優勢地位圖利自己或關係人，銀行法第 32 條第 1 項規定，銀行除消費者貸款及對政府貸款外，不得對其持有實收資本總額 3% 以上之企業，或本行負責人、職員、或主要股東，或對與本行負責人或辦理授信之職員有利害關係者，為無擔保授信。同條第 3 項並界定主要股東係指持有銀行已發行股份總數 1% 以上者，主要股東為自然人時，應將本人之配偶與其未成年子女持股應一併計入。

㈡有擔保授信之限制

有擔保之授信雖風險相對較小，但對銀行業務之經營考量對待客戶之公平性與銀行之健全體質，銀行法第 33 條第 1 項明定，銀行對其持有實收資金總額 5% 以上之企業，或本行負責人、職員、或主要股東，或對與本行負責人或辦理授信之職員有利害關係者為擔保授信，應有十足擔保，其條件不得優於其他同類授信對象，如授信達中央主管機關規定金額以上者，並應經三分之二以上董事之出席及出席董事四分之三以上同意，以為適當之管控。

㈢利害關係人之範圍

為避免以人頭戶、運用戶或其他有利害關係者，規避法令限制或禁止之目的，銀行法第 33 條之 1 明定，對利害關係人列入規範，並明確界定前開所稱有利害關係者，為有下列情形之一而言：

1.銀行負責人或辦理授信之職員之配偶、三親等以內之血親或二親等以內之姻親。

2.銀行負責人、辦理授信之職員或前款有利害關係者獨資、合夥經營之事業。

3.銀行負責人、辦理授信之職員或第一款有利害關係者單獨或合計持

有超過公司已發行股份總數或資本總額 10% 之企業。

4.銀行負責人、辦理授信之職員或第一款有利害關係者為董事、監察人或經理人之企業。但其董事、監察人或經理人係因投資關係，經中央主管機關核准而兼任者，不在此限。

5.銀行負責人、辦理授信之職員或第一款有利害關係者為代表人、管理人之法人或其他團體。

二、負責人交互授信之限制

為防範其銀行間以脫法安排交互對負責人授信，規避利害關係人授信之限制，故銀行法第 33 條之 2 規定，銀行不得交互對其往來銀行負責人、主要股東或對該負責人為負責人之企業為無擔保授信，其為擔保授信應依有關需受董事會之特別決議之規定為之，且不得優於其他同類授信對象。

三、兼任及競業之禁止

銀行負責人及職員，除依金融控股公司法或其他法令之規定外，不得兼任其他銀行任何職務。但因投資關係，並經中央主管機關核准者，得兼任被投資銀行之董事或監察人。至於銀行之監察依公司法第 222 條之規定，不得兼任公司董事、經理人或其他職員，而所謂其他職員包括在監督上有利益衝突之顧問等在內。

第五目　銀行股權之管理

銀行除原非屬股份有限公司組織者外，為國際化、民營化及效率化之需求，皆朝向股份有限公司之組織發展，依銀行法第 25 條第 1 項規定其股票應為記名式，此乃銀行除自有之資金外，其授信之款項往往是來自存款戶之資金，由於融通資金創造信用為社會大眾所倚賴，故其經營之安全與安定，涉及國家金融之秩序及所有存放款人之權益，為發揮有效之自律監督其勾稽控管機能，以股份有限公司之組織，發揮股東會、董事會與監察

人相互制衡之功能，因此股權之管理應依公司法與證券交易法之規定，例如董、監事持股之轉讓，內部人員股權之管理或公開收購股份 (Tender Offer) 等，此外，銀行法為避免銀行因股權過度集中，防範經營者有利用職權謀取不當利益之空間，故有股權分散之限制與管理機制，茲再進一步分析如下：

一、同一人或同一關係人持股 15% 之管理

為有效掌握銀行經營權之異動，以督促銀行之經營者能善盡職責，銀行除其為公開發行股票公司,應遵守證券交易法第 43 條之 1 有關單獨或與他人共同取得公司股權超過公司股份總數之 10% 者，應申報其目的及資金來源外，銀行法第 25 條第 1 項前段明定，同一人或同一關係人持有同一銀行之股份，超過銀行已發行有表決權股份總數 15% 者，應通知銀行，並由銀行報經主管機關核准。又同條第 2 項規定，同一人或同一關係人持有同一銀行已發行有表決權股份總數超過 15% 者，應於每月五日以前，將其上個月之持股變動及設定質權之情形通知銀行；銀行應於每月十五日以前，彙總向主管機關申報。

二、同一人或同一關係人持股 25% 之管理

為避免銀行為少數股東所操縱，影響客戶之權益，銀行法第 25 條第 1 項後段規定，同一人或同一關係人持有同一銀行之股份，不得超過銀行已發行有表決權股份總數 25%，但也考量控股公司、政府持股及處理問題金融機構之特殊需要，明定除金融控股公司、政府持股、及為處理問題金融機構之需要，經主管機關核准者，得不受此限制。

三、同一人或同一關係人之認定

為合理規範股權之計算範圍，對於可能受影響股權之行使者，亦予以納入規範，銀行法第 25 條第 3 項及第 4 項規定，就所稱同一人，係指同一自然人或同一法人；而同一關係人之範圍，包括本人、配偶、二親等以內

之血親，及以本人或配偶為負責人之企業。另外對於同一人或本人與配偶、未成年子女合計持有同一銀行已發行有表決權股份總數 1% 以上者，應由本人通知銀行。

第八節　銀行業務之管理

銀行為應經高度監督管理之業務，於設立並取得營業許可證照，或經主管機關核准辦理銀行之業務之銀行，其經營銀行業務必須遵行銀行法令之規範，對於存續營運中之銀行，現行銀行法令對業務上之管理，可分別說明如後。

一、存款業務

銀行之存款業務係由存款人之客戶以消費寄託或委任等之法律關係，將其款項存放於銀行，並依約定計算利息，銀行居於受託人、受任人及債務人之地位，踐行與客戶存款契約約定條款之義務，銀行經營收受存款業務並辦理放款，其收受報酬無論是來自存放款利差或其他特別直接或間接之約定，皆須善盡善良管理人之注意義務，銀行法對於銀行存款業務有如下之規定：

㈠利率之計算及揭示

為方便存款戶之知悉並符國際慣例，銀行法明定銀行存款利率應以年率為準，並規定銀行之利率應於營業場所揭示 ❸❾ 。

㈡禁止以贈品吸收存款

為避免誤導存款人及造成銀行業間之惡性競爭，銀行法規定不得於規定利息外，以津貼、贈與或其他給與方法吸收存款，但對於其他基於信託關係，依信託契約之約定就管理、運用信託財產所產生之孳息，發放予受益人者，並不在此限，另為考量銀行之宣導說明與廣告，對於以贈品或抽

---

❸❾　參照銀行法第 41 條規定。

獎之方式為開戶促銷者，在不牴觸吸收存款之範圍內，銀行仍得為之 ❹。

(三)禁止向存款人收受不當利益

客戶之存款尤其在資金較為充裕浮濫時，或利率低檔期間，銀行往往考量市場之因素，不願意收受存款，或銀行對於支票存款戶開戶之限制，在設定之條件及徵信上較為嚴格，因此客戶反而有以佣金、酬金或其他不當利益方式向銀行負責人或職員行賄之行為，此種不當行為對於公營行庫將造成貪污、收受賄賂之犯罪行為，將構成貪污治罪條例及刑法上貪污之罪刑，對於私人行庫之負責人或從業人員亦將產生弊端，故銀行法明文禁止之 ❹。

(四)保護客戶權益與不得洩漏客戶之機密

對於客戶存放於金融機構之存款或財產，其所有權仍屬客戶本身所擁有，存款人有依約定之內容保有所有權與支配權限，且各該財產之資料為個人之隱私權，應受法律之保障，銀行應善盡保護客戶權益之義務，因此銀行法第 48 條明定，除非依法院之裁判或其他法律之規定，不得接受第三人有關停止給付存款或匯款、扣留擔保物或保管物或其他類似之請求，並不得洩漏客戶有關存款資料。而所謂依法院之裁判，係指法院對於已有明確命令並有執行名義之停止給付或提供資料確定判決或裁定，至於其他法律之規定，包括司法機關依刑事訴訟法之蒐集、調查權或特別法另有賦予行政機關準司法權之行使，如監察委員之行使監察權、行政院金融監督管理組織法第 5 條之規定、洗錢防制法、稅捐稽徵法第 30 條及第 31 條之規定等。

(五)應為客戶簽訂存款保險契約

為保障存款客戶之存款安全，凡經依法核准收受存款或受託經理具保本保息之代為確定用途信託資金之金融機構，依存款保險條例第 3 條規定應參加存款保險為要保機構，故銀行應為每一存款戶投保存款保險，而每一客戶存款保險之額度為新臺幣 1 百萬元 ❹。

---

❹　參照銀行法第 34 條規定。

❹　參照銀行法第 35 條及第 127 條之規定。

二、放款業務

銀行辦理放款、保證、承兌、貼現、開發信用狀等授信業務，包括以自有之資金或中介客戶存款之貸放，為有效控管授信風險，提升授信品質，以健全銀行經營之體質安全，維護金融秩序，故現行銀行法對於銀行放款業務之進行有嚴格之規定。

㈠利害關係人放款之規範

1. 無擔保授信之禁止

無擔保授信風險較高，為避免銀行內部人員圖利自己或用以掏空銀行資產不當行為發生，銀行法第 32 條對於銀行負責人、內部職員、主要股東以及銀行轉投資之企業等利害關係人，由於執掌貸放款項之業務，為考量其可能濫用職權或利用職務上之方便借款，使銀行蒙受風險，故明定銀行不得對其持有實收資本總額 3% 以上企業，或本行負責人、職員、或主要股東，或對與本行負責人或辦理授信之職員有利害關係者，除消費者貸款及對政府貸款外 ❹ ，為承作無擔保授信。

2. 有擔保授信之限制

有擔保授信雖較無擔保授信風險低，但其涉及資產之估價亦有濫權發生可能之空間，為有效勾稽控管必須有相當之程序之踐行，故銀行法第 33 條明定，銀行對其持有實收資本總額 5% 以上之企業，或本行負責人、職員、或主要股東，或對與本行負責人或辦理授信之職員有利害關係者為擔

---

❷ 依存款保險條例第 9 條第 1 項規定，中央存款保險公司，對於要保機構每一存款人最高保額，由主管機關會同中央銀行定之。依中央存款保險公司於 88 年 1 月 22 日第 5 屆第 9 次董事會修正通過之存款保險契約，其第 2 條有關承保之範圍，對每一存款人本金債權最高保額以新臺幣 1 百萬元為限。

❸ 依行政院金管會 93 年 10 月 4 日金管銀㈠字第 0930028311 號令，明定銀行法第 32 條所稱之消費者貸款，係指對於房屋修繕、耐久性消費品（包括汽車）、支付學費與其他個人之小額貸款，及信用卡循環信用。而得為消費者貸款額度，合計以每一消費者不超過新臺幣 1 百萬元為限，其中信用卡循環信用，係指信用卡循環信用餘額計算，銀行並應注意上述額度之控管。

保授信，應有十足擔保，其條件不得優於其他同類授信對象，如授信達中央主管機關規定金額以上者，並應經三分之二以上董事之出席及出席董事四分之三以上同意。

3.交叉放款之限制

　　為避免銀行內部人員以交互進行方式為不當關係人授信，規避利害關係人放款之限制，用脫法手段達到圖利之目的，故銀行法亦明定，銀行不得交互對其往來銀行負責人、主要股東，或對該負責人為負責人之企業為無擔保授信，其為擔保授信應依前述有關有擔保授信之限制，並經董事會三分之二以上董事之出席及出席董事四分之三以上同意。

4.大額授信之限制❹

　　為避免授信之風險集中，並就銀行資金作合理分配，銀行法第 33 條之3 授權予主管機關，就同一人、同一關係人或同一關係企業之授信或其他交易得予以限制，其限額由主管機關，現行如下：

　　⑴銀行對同一自然人之授信總餘額，不得超過各該銀行淨值之 3%，其中無擔保授信總餘額不得超過該銀行淨值之 1%。

　　⑵銀行對同一法人之授信總餘額，不得超過該銀行淨值之 50%，其中無擔保授信總餘額不得超過該銀行淨值之 5%。

　　⑶對公營事業之授信總餘額，不受前比率之限制，但不得高過各該銀行之淨值。

　　⑷銀行對同一關係人之授信總餘額，不得超過該銀行淨值 40%，其中對自然人授信，不得超過 6%，對同一關係人無擔保授信總餘額不得超過銀行淨值 10%，其中對自然人無擔保授信，不得超過 2%。至於同一及同一關係人之範圍，準用第 25 條第 4 項之規定，同一人包括同一之自然人或法人；同一關係人包括本人、配偶、二親等以內之血親，以及本人或配偶為負責人之企業。

㈡覈實借貸

　　為避免浮濫借貸，危及銀行經營之風險，故銀行法明定銀行對於借貸

---

❹　參閱原財政部 90 年 4 月 10 日臺財融㈠字第 90903480 號函。

人所提供質物或抵押物最高金額之放款值，必須根據其當時價值、折舊率及銷售性覈實決定,現行規定刪除原銀行法第 37 條規定抵押放款不得超過抵押品時價 70% 之規定限制，主要考量擔保物種類不同，性質與估價差異大，故很難有一致性之規定，但為避免過度浮濫，故同時明定中央銀行在必要時，得選擇若干種類之質物及抵押物等擔保標的物，規定其最高放款率，以適用控管信用，例如土地係以單位時價乘面積乘 90% 再減除其增值稅；建物係以單位時價乘面積 80% 再減去折舊金額；機器設備係以購進成本減去折舊金額之 70%；上市股票以最近三個月市場平均收盤價之 60% 與前一營業日收盤價孰低者為準❺。

㈢商業銀行中長期放款之規範

1.購屋或建築放款年限之限制

房屋或土地屬於不動產，對於購買或建造住宅或企業用建築之放款，事涉貨幣供給政策 (Monetary Policy)、工業發展與國家住宅政策等，故銀行法第 38 條明訂銀行對於購買或建造住宅或企業用建築，得辦理中、長期放款，其最長期限不得超過三十年。但對於無自用住宅者購買自用住宅之放款，不在此限。另依銀行法第 14 條規定，銀行得依據借款人償還能力，經借貸雙方協議，於放款契約內明定分期還本付息辦法，及借款人應遵守之其他有關條件，而適用中長期分期償還放款之方式。

2.購屋或建築放款總額之限制

商業銀行辦理住宅建築及企業建築放款之總額,銀行法第 72 條之 2 規定，除另有規定外❻，不得超過放款時所收存款總餘額及金融債券發售額

---

❺ 參閱黃獻全，《金融法講義》，輔大法學叢書，第 107 頁，92 年 9 月修訂版。

❻ 依銀行法第 72 條之 2 但書之規定，其例外情形如下：

　一、為鼓勵儲蓄協助購置自用住宅，該主管機關核准辦理之購屋儲蓄放款。

　二、以中央銀行提撥之郵政儲金轉存款辦理之購屋放款。

　三、以行政院經濟建設委員會中長期資金辦理之輔助人民自購住宅放款。

　四、以行政院開發基金管理委員會及行政院經濟建設委員會中長期資金辦理之企業建築放款。

　五、受託代辦之獎勵投資興建國宅放款、國民住宅放款及輔助公教人員購置自

之和之 30%。

3. 中期放款總額之限制

為考量商業銀行在存放款業務進行中其短中期資金之來源與應用，在流動性上能相互支應之控管，對於商業銀行辦理中期放款之總餘額，銀行法第 72 條明定其不得超過其所收定期存款總餘額。

4. 發行金融債券之限制

為使商業銀行能彈性調度資金，以因應業務之發展，89 年 11 月修正銀行法時，於第 72 條之 1 明定賦予商業銀行得經中央主管機關核准發行債券，對外界借貸款項，且其開始還本期限不得低於兩年，並得約定此種債券持有人之受償順序次於銀行其他債權人，但考量避免過度之信用擴張，故同時增定其發行辦法及最高發行餘額，由主管機關洽商中央銀行定之。並於同法第 90 條規定，專業銀行準用之。準此主管機關依規定頒布銀行發行金融債券辦法，依該辦法第 6 條規定，銀行申請發行金融債券金額加計前已發行流通在外之餘額不得超過其發行前一年度決算後淨值之二倍；而工業銀行發行之金融債券經過信用評等者，其發行總餘額在不超過調整後淨值之六倍範圍內得為之。

㈣專業銀行之規範

1. 放寬期限之規劃

專業銀行一般而言皆以供給中長期事業信用為主要業務，但銀行法第 98 條第 2 項規定，國民銀行得例外以供給地區發展及當地國民所需之短中期信用為主，而工業銀行依銀行法第 91 條第 3 項規定，得辦理短期之投資有價證券為例外。

2. 借款人對象用途之限制

通常工業銀行係以工具信用所需要之工、礦、交通及其他公用事業為對象；農業銀行係以農、林、漁、牧之生產及有關事業對於農業用途有需要者為對象；中小企業銀行以未改善生產設備及財務結構所需之中小企業為對象；國民銀行以協助地區發展需要之當地國民為對象；輸出入銀行及

用住宅放款。

不動產信用銀行之放款對象，一般係以中小企業為主且借款人需要以協助拓展外銷及輸出入信用者 **❹**。

3.放款總數之限制

工業銀行對生產事業中、長期授信總餘額，不得少於其授信總餘額 60 ％ **❹**。

三、有關財務業務事項之申報與公告

銀行有關財務業務應行申報或公告之事項，除其為公開發行股票公司，應依公司法及證券交易法之有關規定踐行公開揭露 (Full Disclose)，其應揭露公告之資訊中，包括依證券交易法第 36 條所定之定期或不定期報告與資訊，另銀行法對於銀行之表冊申報、公告、簽證與其他事項亦有進一步規範，茲分述如下 **❹**：

㈠年報及表冊之申報與公告

1.申報之項目

銀行之年報、營業報告書、資產負債表、財產目錄、損益表、股東權益變動表、現金流量表、盈餘分配或虧損撥補之決議及其他經主管機關指定之項目。

2.申報之時序

於每營業年度終了並經股東會承認後十五日內，無股東會之銀行於董事會通過後十五日內。

3.公告事項及查閱處所

銀行除應將資產負債表、損益表、股東權益變動表、現金流量表及其他經主管機關指定之項目，於其所在地之日報或依主管機關指定之方式公告外，並應備置於每一營業處所之顯著位置以供查閱。但已符合證券交易

---

❹ 參照銀行法第 91 條、第 92 條、第 96 條及第 98 條規定。

❹ 參照行政院金管會 94 年 11 月 30 日金管銀㈣字第 0944000982 號令修正之工業銀行設立及管理辦法第 7 條規定。

❹ 參照銀行法第 49 條規定。

法第 36 條規定者，得免辦理公告。

4.簽　證

銀行應行公告之報表及項目，應經會計師查核簽證，其為公開發行公司者，應有二人以上會計師之聯合會計師事務所簽證。

㈡銀行業務上應申報核准或公告事項

1.營業事項之公告

銀行為許可行業，必須取得營業許可證照始得營業，其於開始營業時，應將中央主管機關所發營業執照記載之事項，於本行及分支機構所在地公告之❺，現行主管機關為簡化申請換發許可證照之方便，故規定於取得營業證照後只要在網站登記其營業項目以代替所欲達到公示之效果。

2.業務項目或其他事項變更之許可與公告

銀行對於銀行之種類、名稱、公司組織之種類、資本額、本行及其分支機構所在地之變更，應先報請中央主管機關許可，並辦理公司變更登記及換發執照，且應於換發營業執照十五日內，在本行及其分支機構所在地公告之。現行主管機關已明定公告得以網站之登記代替之。

3.合併之公告

銀行之合併應依銀行機構合併法之規定辦理，並經中央主管機關許可後，申請換發營業執照，另亦應於換發營業執照十五日內公告之。

4.營業時間之公告

銀行之營業時間及休假日，得由中央主管機關規定，並公告之。但此一營業時間之規定係主管機關之權限，銀行只是負責將主管機關核定之日程加以公告。

第九節　銀行財務之管理

銀行自設立並取得營業許可證照開始營運後，其自有資金除參與放款

---

❺　參照銀行法第 55 條規定。

業務外，並得依公司法、銀行法或其他法律之規定加以運用，但考量存款
人之權益、銀行股東之利益及銀行經營之風險，涉及金融秩序，故銀行法
對銀行之財務有極為嚴格之規範。

第一目　轉投資之限制

銀行若屬一般公司組織者，其轉投資自應受公司法第 13 條之限制，不
得為他公司無限責任股東或合夥事業之合夥人，如轉投資為他公司有限責
任股東時，其所有投資總額，除公司章程另有規定或經有限責任股東全體
同意，或三分之二以上股東出席，過半數出席股東表決權之同意外；公開
發行股票公司得以過半數股東出席，出席股東表決權三分之二以上同意行
之，不得超過實收資本額 40%，但銀行法就商業銀行及工業銀行轉投資之
限制，從穩健經營及風險控管上之考量，則有較嚴格規範之必要❺，茲分
述如下：

一、投資非金融機構之限制

㈠商業銀行投資總額不得超過投資時銀行實收資本總額扣除累積虧損
之 40%，其中為配合政府經濟發展計畫，得經主管機關之核准轉投資於非
金融相關事業，但其中投資非金融相關事業之總額不得超過投資時銀行實
收資本總額扣除累積虧損之 10%，且不得參與該相關事業之經營。

㈡商業銀行投資非金融相關事業，對每一事業之投資金額不得超過該
被投資事業實收資本總額或已發行股份總數之 5%。

㈢工業銀行直接投資生產事業、金融相關事業、創業投資事業及投資
不動產之總餘額，不得超過該行上一會計年度決算後淨值。前開直接投資
之總餘額，工業銀行應於計算自有資本與風險性資產比率時，從自有資本
中扣除；扣除直接投資總餘額後之自有資本與風險性資產之比率，不得低
於 10%。

---

❺　參照銀行法第 74 條至第 76 條規定。

㈣工業銀行對任一生產事業直接投資餘額，不得超過該行上一會計年度決算後淨值5%，及該生產事業已發行股份或資本總額20%。但為配合政府重大經建計畫，經專案核准者，不在此限。其對任一創業投資事業直接投資餘額，不得超過該行上一會計年度決算後淨值5%，其直接投資創業投資事業超過被投資事業已發行股份或資本總額20%以上者，應經主管機關核准。

二、投資於金融機構之限制[52]

㈠投資金融相關事業，其屬同一業別者，除配合政府政策，經主管機關核准者外，以一家為限，另對於投資之額度只要合計不超過實收資本額扣除累積虧損之40%及公司法之規定即可。

㈡前述金融相關事業，指銀行、票券、證券、期貨、信用卡、融資性租賃、保險、信託事業及其他經主管機關認定之金融相關事業。

三、轉投資申請核准程序之規範

㈠商業銀行於向主管機關申請投資於金融相關事業時，為考量時效，主管機關自申請書件送達之次日起十五日內，未表示反對者，視為已核准。但於前揭期間內，銀行不得進行所申請之投資行為。

㈡商業銀行申請投資於非金融相關事業，主管機關自申請書件送達之次日起三十日內，未表示反對者，視為已核准。但於前揭期間內，銀行不得進行所申請之投資行為。

四、轉投資利益衝突之防範

㈠為考量銀行與被投資事業之合併監督管理，並防止銀行與被投資事

---

[52] 為符合金融控股公司之成立以經營投資或管理為專業之原則，依金融控股公司法第36條第8項規定，銀行轉換設立為金融控股公司後，銀行之投資應由金融控股公司為之。同條第9項規定，銀行於金融控股公司設立前所投資之事業，經主管機關核准者，得繼續持有該事業股份。但投資額度不得增加。

業間之利益衝突，確保銀行之健全經營，銀行以投資為跨業經營方式應遵守主管機關所定利益衝突禁止之規範。

㈡被投資事業之經營，有顯著危及銀行健全經營之虞者，主管機關得命銀行於一定期間內處分所持有該被投資事業之股份。

㈢投資總額及對非金融相關事業之投資金額在銀行法修正前已超過比率者，在符合所定比率之金額前，其投資總額占銀行實收資本總額扣除累積虧損之比率及對各該事業投資比率，經主管機關核准者，得維持原投資金額。

㈣二家或二家以上銀行合併前，個別銀行已投資同一事業部分，於銀行申請合併時，經主管機關核准者，亦得維持原投資金額，在業務方面亦同。例如合作金庫與農民銀行之合併，雖農民銀行為被消滅之銀行，但得保留原農民銀行部份專屬之業務。

第二目　投資有價證券之限制

銀行得投資有價證券，其較屬於短期資金之運用，故其投資之種類及限制，由主管機關定之，現行主管機關限制其投資之標的包括公債、短期票券、金融債券、上市櫃之股票、公私募之金融資產或不動產證券化商品、信託業及證券投資信託轉發行之受益憑證等，但為考量分散投資風險，其投資有價證券之額度對於上市櫃股票、受益憑證等不得超過該銀行核算基數之 25%，上櫃股票則不得超過 5%。另外為考量避免風險過度集中，其投資每一公司股票、新股權利證書及債券換股權利證書之股份總額，不得超過該公司已發行股份總數 5%，以達投資股權分散之效果。

第三目　投資不動產之限制

銀行由於資本雄厚，再加上存放款之資產龐大，其放款投資與自有資金之投資對貨幣、證券、房地產市場有相當影響力，為避免藉轉投資而操

縱或炒作不動產之價格，或閒置其資金於單一資產，因此銀行法第 75 條及第 76 條規定對於銀行投資不動產有相當之限制，而其限制包括營業用或非營業用之不動產，茲分析如下：

一、營業用不動產

為避免炒作房地產，商業銀行原則上不得投資非自用不動產，其投資自用之不動產，除營業用倉庫外，不得超過其於投資該項不動產時之淨值，投資營業用倉庫，不得超過其投資於該項倉庫時存款總餘額 5%。

二、非營業用不動產

㈠商業銀行除有下列例外情形，原則上不得投資非營業用之不動產：

　1.營業所在地不動產主要部分為自用者。

　2.為短期內自用需要而預購者。

　3.原有不動產就地重建主要部分為自用者。

㈡商業銀行依前述規定投資非自用不動產總金額不得超過銀行淨值 20%，且與自用不動產投資合計之總金額不得超過銀行於投資該項不動產時之淨值。

三、利益輸送之禁止規範

㈠商業銀行與其持有實收資本總額 3% 以上之企業，或與本行負責人、職員或主要股東，或與銀行負責人之利害關係人為不動產交易時，需符合營業常規。

㈡銀行為與利害關係人有不動產交易時，除不得有非常規交易外並應經董事會三分之二以上董事之出席及出席董事四分之三以上同意。

第四目　承受擔保品之限制

銀行放款業務，因債務人未能清償而行使抵押權或質權為依強制執行

法規定拍賣或依規定承受該不良資產時，其取得之不動產或股票，除已符合前開對轉投資與投資不動產限制之規定者外，為避免變相為長期使用或轉為規避投資之限制，應自取得四年內處分之。但主管機關對於特殊之因素經考量將予核准者，則得不受必須在四年內處分規定之限制。

第五目　銀行之存款及負債準備

銀行除自有資金與發行金融債券募集外，其放款之資金來源為來自對客戶存入存款，為增加營業收入銀行通常會僅保有一部分之準備金 (Reserves)，以供客戶提領之需，其餘資金則供放款、貼現或投資以賺取利潤，而其準備用以支應存款利息、各種營業費用及客戶領回之資金則為銀行經營業務所必須者，其中提存一定比率於中央銀行或指定機構以備不時之需，此即為存款準備金。存款準備金所占比率壓得越低，可提高銀行放貸及獲利能力，但相對的也增加銀行因流動性不足甚至產生擠兌等之風險，並危及存戶存款之安全。故在法令上有訂定存款及負債準備規定之必要，以保障存戶存款之安全。我國銀行法及中央銀行法對於此之規定如下：

一、銀行法

依銀行法第 42 條規定，銀行各種存款及其他各種負債應依法律規定比率提準備金，而由於存款及負債準備之規定與調整關係銀行貸放政策，與中央銀行貨幣管理政策有關，故對於所訂比率及其他各種負債之範圍，明定由中央銀行洽商主管機關定之。

二、中央銀行法

依中央銀行法第 23 條規定，金融機構應提存款及負債準備金之比率範圍，存放之機構及運用規定如下：
(一)最高存款及負債準備金比率之規定

中央銀行收受應適用銀行法規定之金融機構存款及其他各種負債準備

金,並得於下列最高比率範圍內隨時調整各種存款及其他負債準備金比率,由中央銀行公告,其調整及查核辦法,授權由中央銀行定之:

1. 支票存款: 25%。

2. 活期存款: 25%。

3. 儲蓄存款: 15%。

4. 定期存款: 15%。

5. 其他各種負債: 25%。

(二)金融機構應提存款準備金之存款範圍

1. 支票存款,包括支票存款、領用劃撥支票之郵政劃撥儲金、保付支票、旅行支票等。

2. 活期存款,包括活期存款、未領用劃撥支票之郵政劃撥儲金、金融機構辦理現金儲值卡業務預收之現金餘額或備償額。

3. 儲蓄存款,包括活期儲蓄存款、行員活期儲蓄存款、郵政存簿儲金;整存整付儲蓄存款、零存整付儲蓄存款、整存零付儲蓄存款、存本付息儲蓄存款、行員定期儲蓄存款、郵政定期儲金之定期儲蓄存款等。

4. 定期存款,包括定期存款、可轉讓定期存單、郵政定期儲金之定期存款等。

5. 但同業存款、公庫存款、軍公教人員退休金及優惠存款、基層金融機構收受之定存轉存農業銀行、要保機構收受依中央存款保險公司依規定所為之存款及其他經中央銀行核可之存款免提存。

(三)金融機構應提存準備金之其他各種負債範圍

包括外匯存款、透支銀行同業、銀行同業拆放、金融債券、同業融資、聯行往來、期付款項或附買回債(票)券借款,一般係指金融機構辦理債(票)券附買回條件之交易餘額,及其他依中央銀行規定之負債。

(四)提存準備金之資產與存放機構

金融機構就應提存準備金項目所提存之實際準備金,原則上以庫存現金、在中央銀行業務局或受託收管機構所開準備金帳戶之存款、在中央銀行國庫局所開中央登錄公債存款帳戶之存款,及撥存於中央銀行業務局之

跨行業務結算擔保專戶或受託收管機構之同性質專戶存款，經中央銀行認可者為限。

㈤提存準備金之運用

金融機構發生存款人異常提領或配合央行貨幣政策等資金需求時，得於其準備金餘額內，並以之為設定質權，向其準備金收管機構申請融通。必要時，受託收管機構得於其受理質借金額範圍內，以其彙存在央行之受託收管準備金轉存專戶相當於該質借金額部分為質，向央行申請再融通。

第六目 法定盈餘公積之提列與現金盈餘分配之限制

銀行為保持資產流動性，以備隨時應付緊急之提領，期能以穩健之償債能力維繫客戶之信心，並能充足地應付客戶提領款項及支付應給付之利息，故銀行法對於現金資產及一般流動性資產，必須有適當之規範，方能保障存戶利益及維護金融之安定。銀行法除規定要提存各種存款及其他各種負債準備金外，並規定要提列法定盈餘公積與限制現金盈餘之分配，以保持其流動性之需要，而所謂法定盈餘公積為依法律之規定強制其提存，不許公司以章程或股東會之決議予以取消或變更，依現行銀行法第 50 條之規定，應提列之比率，及得依所得稅法第 66 條之 9 之規定得列入費用，就營業總所得中扣除，免繳納營利事業所得稅，茲分述如下：

一、提列法定盈餘公積之比率

銀行於完納一切稅捐後分派盈餘時，應先提 30% 為法定盈餘公積。而提列之法定盈餘公積除非已達資本總額時，否則應繼續提列。

二、法定盈餘公積之運用

法定盈餘公積未達資本總額前，其最高現金盈餘分配，不得超過資本總額 15%，但已達資本總額時，其超過部分得不受此限制，得超過部分之

公積及原資本額 15% 之限度分派股息紅利。

三、特別公積之提列

除法定盈餘公積外，銀行得於章程規定或經股東會決議，另提特別盈餘公積，以保留較多可用之資金。至於特別公積之提列目的在於損失填補、打消呆帳、償還債務或增加流動性等皆可，其運用依銀行章程規定或股東會決議為之。

第七目　流動資產與負債比率之規範

為促使銀行對其資產保持適當之流動性，銀行法第 43 條規定授權中央銀行經洽商中央主管機關後，得隨時就銀行流動資產與各項負債之比率，規定其最低標準。而此一指標比率之規範，係以流動資產除以各項負債，即表示對於各該負債有多少流動資產之保障，比率愈高，對負債愈有清償能力，至於未達最低標準者，中央主管機關應通知限期調整之。中央銀行法第 25 條亦有類此授權規定，中央銀行爰依此授權訂定金融機構流動準備查核要點❸，其內容如下：

一、應提流動準備之對象

對於金融機構之銀行、農漁會信用部及信用合作社之支票存款，包括支票存款、保付支票、旅行支票、活期存款、儲蓄存款、定期存款、公庫存款、金融業互拆貸款及票債券附買回交易餘額等，其儲蓄存款則包括活期儲蓄存款、整存整付儲蓄存款、零存整付儲蓄存款、整存零付儲蓄存款、存本付息儲蓄存款、行員儲蓄存款等，但應扣除其中已質借部分；定期存款，則包括一般定期存款、可轉讓定期存單等，但應扣除其中已質借部分；公庫存款，於扣除轉存本行國庫局轉存款後之淨額；票債券附買回交易餘額等各種新臺幣負債餘額，各該銀行應行隨時提足法定最低比率之準備。

---

❸　參閱中央銀行 91 年 8 月 7 日修正發布之金融機構流動準備查核要點。

二、流動準備之項目

對於金融機構應保持之流動準備，其項目可包括下列範圍：

㈠超額準備。

㈡金融業互拆借差，包括各銀行對信託投資公司及票券金融公司之短期融通款項。

㈢國庫券、公債、公司債、金融債券及次順位之金融債券。

㈣可轉讓定期存單，於各銀行持有部分扣除其本身發行後之淨額。

㈤商業承兌匯票及銀行承兌匯票，為各銀行持有部分扣除其本身承兌後之淨額。

㈥商業本票，為各銀行持有部分扣除其本身保證後之淨額。

㈦金融債券，包含次順位金融債券，以持有他行發行之金融債券與其自行發行之金融債券兩者相抵後之借差淨額為限。

㈧農會信用部、漁會信用部轉存各指定農業行庫一年期以下之轉存款。

㈨信用合作社轉存各指定行庫一年期以下之轉存款。

㈩經央行核准之流動資產。

(十一)第㈤至第㈥所列票券，以依票券金融管理法第 4 條第 1 款規定所發行之短期票券，並以自貨幣市場買入者為限。

(十二)第㈢至第㈩所列各項資產，應扣除已設質或供作擔保之部分。但提供央行作為日間透支之擔保者，僅於其日間透支未能於當日清償時，就其未清償之數額，逐日自流動準備資產中扣除。

三、提流動準備之最低比率

各種存款應提流動準備之最低標準，通常稱之為流動比率，由中央銀行洽商銀行之主管機關後訂定之，現行規定為 7%[54]。

[54] 參閱中央銀行 67 年 6 月 30 日以(67)臺央銀字第 0788 號發布函。

第八目 銀行資本適足性比率

一、定 義

㈠1988 年巴塞爾資本協定

在 1988 年 7 月 11 日由美國、英國、法國、德國、日本、瑞士等十一個國家在巴塞爾 (Basel) 召開之 G10 央行總裁會議，一致通過國際清算銀行（Bank for International Settlements，簡稱 BIS）所提出之有關自有資本測定及基準之國際統一化[55]，並決定由各國依其制定國內法律規範落實執行，根據風險程度設定權數計算之資產應保有 8% 以上之自有資本比率限制，此協定將為各國銀行從事業務應遵循之標準[56]，因此所謂銀行自有資本與風險資產比率，一般稱之為銀行資本適足率，為衡量銀行是否得以持續經營，而於不特定損失發生時仍可填補損失有效控制風險管理之客觀標準，經簡化為計算公式後，係指銀行合格自有資本淨額除以風險性資產總額之比率，而所謂銀行合格自有資本淨額，為第一類資本、合格第二類資本、合格且使用第三類資本之合計數額，減除對其他銀行持有超過一年以上得計入合格自有資本總額之金融商品投資帳列金額等，而風險性資產總額係指信用風險加權風險性資產總額，加計市場風險應計提之資本乘以十二點五之合計數。依此公式可訂定合理之銀行自有資本與銀行營運中持有風險資產之比率，作為最低客觀且一致追蹤管理之標準。此協定於 1992 年開始實施，並於 1996 年將銀行所持有之債券、股票、外匯與商品期貨等交易部分，從信用風險架構中予以獨立出來，另以市場風險規定其所應計提之適足資本。

---

[55] 英文名稱為 "International Convergence of Capital Measurement and Capital Stan-otards"。

[56] 參閱林秀貞譯，《金融機構風險管理與自有資本》，財政部金融局儲委會金融研究小組編印，第 104 至 123 頁，82 年 6 月版。

㈡新巴塞爾資本協定

原巴塞爾協定實行後，國際金融客觀環境已有顯著的進步與改變，銀行產業結構、風險管理方法、主管機關監理措施以及金融市場等也累積相當之經驗，因此 1999 年 6 月國際清算銀行巴塞爾銀行監督管理委員會經研究後公布一個更具風險敏感度的「新資本適足性架構」(A New Capital Adequacy Framework)，其後歷經 2001 年 1 月及 2003 年 4 月修正，新修正公告「新巴塞爾資本協定」修正草案諮詢文件第三版 (CP3)，其間並分別於 2000 年至 2002 年 10 月間對新巴塞爾資本協定舉行第一次、第二次、第二・五次及第三次之「量化影響研究」(QIS)。國際清算銀行巴塞爾銀行監督管理委員會業於 2004 年 6 月公告新巴塞爾資本協定定案版，將於 2006 年底開始實施標準法及基礎內部評等法之信用風險衡量方法，至於進階內部評等法之信用風險衡量係自 2007 年年底開始實施❺。

二、銀行之風險與訂定資本適足率之目的

㈠銀行經營過程中面臨之風險可能涵蓋之範圍如下

1.信用風險 (Creditrisk)

金融機構因放款或貸出資金或有價證券等融資授信，但借貸者可能因財務狀況惡化而求償無門產生信用之風險，即一般所稱之違約呆帳。

2.利率風險

金融機構在持有資產或負債時，由於利率之變動，可能發生損失，例如在低利率時持有之債券，在利率上升時債券貶值，其所得將受損。

3.匯率風險

通常是外匯銀行持有外匯之買超金額，在外幣貶值時，或相反的在持有賣超部位時，而外幣升值時造成之損失。

---

❺ 參閱金管會銀行局網站 (http://www.boma.gov.tw)，金管會銀行局與銀行公會所共同成立之「新巴塞爾資本協定研究小組」之相關研究報告可至金管會銀行局全球資訊網——新巴塞爾資本協定專區內查詢，另有關新巴塞爾資本協定之相關資訊亦可至國際清算銀行網站 (http://www.bis.gov) 查詢。

4.流動性風險 (Availability Risk)

係銀行因籌措資金及運用資金時期無法銜接，或資金流出導致短期無法支應等必須以較高成本取得資金，甚或周轉不靈造成擠兌之風險。

5.事務風險

係指金融機構營運中，在事務之處理上因人為或怠於注意產生金融機構信用受損之風險，這包括銀行負責人或從業人員侵占、背信或掏空公司可能產生之風險。

6.系統性風險

系統性風險係指在銀行短中長期存放款業務之進行中，其債權及債務關係錯綜複雜，若當中有某環節支付不能或破產，將造成整個金融體系瓦解之風險，例如民國 87 年東南亞金融風暴中泰國、韓國等所面臨金融體系無法運轉之情形。

㈡自有資金適足率之訂定目的

為因應前開風險，銀行必須以有充足之支付能力 (Solvency) 及流動性 (Liquity) 來支應，而支付能力通常是比銀行資產足以擔保負債之清償，但銀行之資產有現金、動產、不動產、有價證券甚至衍生性商品等，如何能事先預算其負擔清償之能力，因此必須有一客觀之標準來加以衡量，其目的在維持銀行體系之健全性與安定性之強化，及銀行競爭條件同一化之目的下，提供統合各國對銀行資本適足率規範之標準❸。

三、銀行法之規定

我國銀行法參考國際上巴塞爾協定之內容，訂定銀行資本適足率之規定（銀行法第 44 條）如下：

㈠資本適足性之比率

銀行自有資本與風險性資產之比率，不得低於 8%；必要時，主管機關得參照國際標準，提高比率。銀行經主管機關規定應編製合併報表時，其合併後之自有資本與風險性資產之比率，亦同。

---

❸ 參閱同❸。

(二)自有資本與風險性資產之範圍與計算

自有資本與風險性資產，其範圍及計算方法，由主管機關定之。主管機關於必要時，得對銀行之風險性資產予以限制。

(三)對於違反之處置

凡實際比率低於規定標準之銀行，主管機關得限制其分配盈餘並為其他必要之處置或限制；其辦法，由主管機關定之。

四、國際上 BIS 自有資本適足率之計算[59]

(一)計算公式

依 BIS 銀行管理監督委員會於 1988 年之報告，其自有資本適足率之計算公式為：

資本適足率 = 自有資本 / 風險資產總額（帳內資產 + 帳外資產）>8%

(二)自有資本之定義

自有資本 =（基本項目 – 扣除項目 A）+ 補充性項目 – 扣除項目 B

1. 基本項目包括普通股、非累積優先股、公開列示準備金、被連結轉投資子公司之持股。

2. 補充性項目包括公開列示準備金、營業用不動產重估準備、備抵呆帳、混合式憑證（包括累積優先股、永久劣後債、附轉換義務之有價證券等）、長期劣後債。

3. 扣除項目 A 為商譽。

4. 扣除項目 B 為對非連結轉投資子公司之出資，及相互投資之持股等。

(三)風險資產之帳內資產

1. 計算公式

風險資產（帳內）= 資產額 × 該資產所屬類別之風險權數

2. 風險權數為 0% 者如下

現金、對中央銀行、央行本國貨幣債權、對中央銀行、央行其他債權、

---

[59]　參閱同[53]。

以現金或中央銀行債券所擔保或中央政府保證之債權。

3.**風險權數為 20% 者如下**

(1)對國際開發銀行（世界銀行、美洲開發銀行、亞洲開發銀行、非洲開發銀行、歐洲投資銀行，至於 G10 諸國出資銀行則由各國裁量）之債權，以及上述銀行發行之債券擔保之債權。

(2)對銀行之債權，及由銀行保證之貸款。

(3)對銀行殘存期間一年以內之債權，及由上述銀行保證殘存期間一年以內之貸款。

(4)對本國以外之公共部門之債權，由上述部門保證之貸款。

(5)未完成託收手續之票據。

4.**風險權數為 50% 者如下**

由債務者現在或將來居住之住宅，包括自用或租賃中之抵押權完全擔保之貸款。

5.**風險權數為 100% 者如下**

(1)對民間部門之債權

(2)銀行殘存期間一年以上之債權

(3)中央政府之債權

(4)對公共部門關係專業之債權

(5)營業用土地、建築、動產及其他固定資產

(6)不動產投資及其他投資

(7)其他銀行發行之資本籌措工具

(8)其他所有的資產

㈣**風險資產之帳外資產**

1.**計算公式**

風險資產（帳外）＝信用風險相當額（交易額×轉換係數）×該資產所屬類別之風險權數

2.**轉換係數為 0% 者如下**

原契約期間一年以下或隨時可無條件取消之融資約定。

3.**轉換係數為** 20% **者如下**

與貿易有關之短期且流動性高之或有負債（跟單信用狀等）。

4.**轉換係數為** 50% **者如下**

⑴交易有關之或有負債

⑵原契約期間一年以上之融資約定（正式的保證契約與授信額度）

5.**轉換係數為** 100% **者如下**

⑴直接替代授信之交易（債務保證、承兌票據等）

⑵附買回條件及附求償權資產之出售

⑶遠期資產購入、特定存款契約及部分付款股票及債券之購入

五、我國銀行資本適足率之計算方法

我國於 81 年 4 月 16 日依據銀行法第 44 條之授權,訂定銀行資本適足性管理辦法，參照國際巴塞爾協定有關 BIS 之計算，明定銀行自有資本與風險性資產之範圍及資本適足率之計算方法，該辦法最近於 92 年 12 月 9 日修正，茲就其規範進一步加以說明。

㈠**計算方式（辦法第 2 條第 1 款）**

資本適足率 = 合格自有資本淨額 / 風險性資產總額

㈡**合格自有資本淨額之範圍（辦法第 2 條第 2 款）**

合格自有資本淨額 = 第一類資本 + 合格第二類資本 + 合格且使用第三類之合計數額 – 扣除金額

1.**第一類資本之範圍（辦法第 4 條第 2 項第 1 款）**

第一類資本 = 普通股 + 永續非累積特別股 + 無到期日非累積次順位債券 + 預收資本 + 資本公積(固定資產增值公積除外)+ 特別盈餘公積 + 累積盈虧(應扣除營業準備及備抵呆帳提列不足之金額)+ 少數股權 + 權益調整 – 商譽

2.**第二類資本之範圍（辦法第 4 條第 1 項第 2 款）**

第二類資本 = 永續累積特別股 + 無到期日累積次順位債券 + 固定資產增值公積 + 未實現長期股權投資資本增益之 45% + 可轉換債券 + 營業

準備＋備抵呆帳（不包括對特定損失提列者）＋長期次順位債券＋非永續特別股

3. 第三類資本之範圍（辦法第 4 條第 1 項第 3 款）

第三類資本＝短期次順位債券＋非永續特別股

4. 資本減除項目之範圍（辦法第 6 條）

(1)對其他銀行持有超過一年以上得計入合格自有資本總額之金額商品投資帳列金額。

(2)對於依法令投資銀行以外之其他企業之帳列金額，合併資本適足率之合格自有資本總額，應再扣除銀行對其他銀行持有超過一年以上得計入合格自有資本總額之金融商品投資帳列金額，但被投資之銀行已依規定計算合併資本適足率者除外。

(3)對於依法令投資銀行以外之其他企業之帳列金額，但被投資企業已依規定計算合併資本適足率者除外。已自合格自有資本總額中減除者，不再計入風險性資本總額。

㈢風險性資本總額（辦法第 2 條第 11 項第 12 款）

風險性資本總額＝資本負債表內資產 × 風險權數＋資本負債表外資產 × 轉換係數 × 風險權數

1. 表內風險性資產額

係以資產負債表內所列項目依其風險度大小，分別乘上主管機關所定之不同權數，例如現金、存放中央銀行之款項為 0%；短期債權 2%；抵押放款 5%；固定資本及公司貸款等為 10%。

2. 表外風險性資產額

係資產負債表以外項目，並具有信用者，如擔保信用狀及信用狀之開立乘上 100% 及 20% 之轉換係數，再乘上主管機關所定 10% 至 100% 之風險係數。其他表外項目之交易如具有匯率、利率風險時，如換匯遠期外匯契約、外匯交易等，則以往後暴露風險金額乘以風險權數即可❻。

---

❻　參閱金桐林，《銀行法》，第 144 頁，三民書局，2004 年 3 月修正版。

六、試算及申報

㈠定期申報

各銀行應按該辦法第 9 條規定依主管機關訂頒之計算方法及表格，經會計師覆核於每半年結（決）算後二個月內，填報本行之資本適足率，並需檢附相關資料。

㈡合併資本適足率之申報

每營業年度終了之合併資本適足率，應於決算後二個月內，併同本行資本適足率填報主管機關。主管機關於必要時得令銀行隨時填報。

七、資本適足率不足之處分

依該辦法第 10 條規定填報之合併資本適足率及銀行資本適足率均不得低於 8%，銀行資本適足率在 6% 以上未達 8% 者，以現金或其他財產分配盈餘之比率，不得超過當期稅後淨利之 20%，主管機關並得命其提報增加資本、減少風險性資產總額之限期改善計畫。銀行資本適足率低於 6% 者，盈餘不得以現金或其他財產分配，主管機關除前述處分外，得視情節輕重，為下列之處分：

㈠限制給付董事、監察人酬勞金、紅利及車馬費。

㈡限制依本法第 74 條、第 74 條之 1 或其他法令規定之股權投資。

㈢限制申設分支機構。

㈣限制申請或停止經營將增加風險性資產總額之業務。

㈤令銀行於一定期間內處分所持有被投資事業之股份。

㈥令銀行於一定期間內撤銷部分分支機構。

八、新巴塞爾資本協定之基本架構

新巴塞爾資本協定之基本架構，係於現行銀行適足資本協定之「最低資本需求」外，增加「監理審查」及「市場紀律」，使成為三大支柱相輔相成的架構。並在規定應計「最低資本」之信用及市場風險外，增加對「作

業風險」計提適足資本的規定。其中對信用風險衡量方法，以授信對象信用評等取自外部信用評等機構之標準法及以內部評等模型進行評等者，稱為內部評等法；其次為透過適當的監理審核作業，確保銀行自有資金額與其整體風險特質相吻合，並協助主管機關在銀行資本無法支應風險時，及早採取處置干預措施，最後則以要求銀行要揭露有關資本種類、風險部位及應有之資本適足率等資訊，使市場參與者能評估銀行之償付能力、資本適足性、風險控管及營運是否健全，借助市場參與者之影響力，督促銀行產生自我約束的作用，以發揮市場紀律之功能❻ 。

第十節　銀行違反財務業務管理規範之處分

　　銀行經營事務過程中，因負責人或從業人員故意或過失行為，而涉及前開財務業務管理之法令時，應為如何之處分，銀行法除依第 44 條規定資本適足率不足主管機關得為限制分配盈餘及其他必要之處置外，另於第八章罰則中設有行政罰鍰及刑事處分之規定，此外銀行法第 61 條之 1 並訂定賦予主管機關得對罰鍰以外之行政罰，茲分述如下：

一、違反規定之內容

㈠法令規範

　　法令涵蓋法律、法規命令或職權命令在內，故有法律明文規定者，例如銀行法、信託業法、證券交易法、期貨交易法、證券投資信託及顧問法等，當然得援引適用，由法律授權訂定子法之法規命令亦在範圍內，包括依銀行法或其他法律授權訂定之子法者皆屬之，至於行政上之職權命令，在解釋上亦應包括在內。

㈡章　程

---

❻　參閱同❺❹。

　　章程為法人或公司應遵行之規範，有類似國家憲法之制定，為全民行為所應遵循之準繩，章程記載事項包括絕對必要記載事項、相對必要記載事項及任意記載事項皆然，銀行或其負責人與從業人員不得違犯，但通常對於違犯章程之規定，在不涉及違反法令之情形時，認為屬於自律規範事項，除非法令要求將其自律事項提昇並列為行政規範，否則不得依章程規定處以行政罰，而法令通常是最低之道德標準，較屬於道德面之自律規範，自然可訂定高於法令規範之對內自我要求與約束。

二、違反規定之處分種類

㈠糾　正

　　糾正是否屬行政處分，向有爭議，並涉及得否提起行政救濟之程序，雖然在現行實務上認為糾正僅是提醒業者注意其有輕微違規之情節存在，宜檢討改進而已，並非有處分之意思，但由於糾正留有不良缺失之紀錄，通常對銀行之業務推展有所影響，應予以有不服救濟之申訴管道，故以行政處分認定為宜。

㈡命令改善

　　命令改善僅是要求業者就其較輕微之偏差營業行為作適度之調整，其情節應較達到糾正之程度為輕，是屬於要求能符合規定之觀念通知，應不以行政處分認定之，但為命令改善銀行之營運缺失而有業務輔導之必要時，主管機關得指定機構辦理。

㈢其他較為重大之行政處分

　　1.撤銷法定會議之決議，包括股東會、董事會、監察人會議等。

　　2.停止銀行部分業務。

　　3.命令銀行解除經理人或職員之職務，解除董事、監察人職務時，由主管機關通知經濟部撤銷其董事、監察人登記。

　　4.解除董事、監察人職務或停止其於一定期間內執行職務。

　　5.其他必要之處置，包括對負責人或職員為停止業務之處分。

第十一節 經營不善銀行之處置

　　銀行業務之經營，尤其在收受存款並辦理放款業務之進行，其放款由於與客戶簽訂有借貸契約，包括短中長期之貸放，必須面臨徵信不周、客戶信用減損或其他可抗力或不可抗力之因素，導致無法清償或遲延給付之呆帳情事，即使客戶信用保持良好無呆帳之疑慮，但在銀行急需運用資金時，除經客戶同意或金融資產證券化過程中依特別法規定，得以解約或以證券化方式預先回收長期貸放之債權外，仍須遵行與客戶間契約之約定，然在存款方面，存款客戶包括活期存款戶或定期存款戶，活期存款戶自得隨時提領款項，定期存款戶亦得犧牲利息提前解約提領款項，因此即使銀行法第 43 條、第 44 條及其他規定，有相關因應之措施，且在制度設計上儘量維持銀行之資金流動性及償付能力，但仍不免因客戶之擠兌而產生給付不能或經營上之困難，再加上銀行之經營者或從業人員若有徇私舞弊或經營不善，往往動搖存款戶之信心，而導致銀行系統性危險及金融風暴之可能發生，因此銀行法必須明白授權賦予主管機關對於經營惡化銀行為必要處置之權限，以備採取緊急因應措施，預防及消弭危機發生之未然，而這些措施包括勒令停業並限期清理，停止一部業務，派員監管或接管或為其他必要之處置等。

第一目　命令停業、派員監管或接管[62]

一、發生原因

　　銀行因業務或財務狀況顯著惡化，不能支付其債務或其損及存款人利益之虞時，而此一規定原因不必俟事實發生支付不能或果真產生銀行不能

---

[62] 參閱原財政部於 90 年 10 月 2 日修正發布之金融機構監管接管辦法。

撥補其應付票據差額，經退票或不能支付其即期債務時才符合，故所謂之虞係指只要有發生不能支付或損及存款人利益危險之可能性即構成，是屬抽象危險之發生。

二、主管機關之處置

為維繫經營已出現惡化銀行之正常運作,保護存款人及國家金融秩序,對經營不善之銀行授權中央主管機關為下列處置:

㈠勒令停業並限期清償。

㈡停止其一部業務。

㈢派員監管或接管。

㈣為其他必要之處置，並得洽請有關機關限制其負責人出境。

㈤主管機關得視情節輕重，選擇防範危險發生之最當方法。

三、監管或接管之措施

㈠監 管

監管為對業務進行之監督與輔導，包括改善業務經營方針及業務財務缺失，應收債券之確保，資產、權狀、憑證、合約及權利證書之控管，資產提列備抵損失或轉列呆帳，要求更換經理人，列席董、監事會議及放款投資審查會議，要求監察人行使職務，要求提出財務業務報告，查核帳簿文件等。

㈡接 管

接管為整個財務業務之承接，包括接管股東會、董事會及監察人職權，對於委託他銀行、金融機構或中央存款保險公司經營全部或部分業務，並得依規定動用金融重建基金介入營運，甚至可要求增資、減資或減資後再增資，讓與全部或部分營業及資產負債、合併、重大權利之拋棄、重大義務之承諾、重要人事之任免等，依銀行法第 43 條規定，接管人或接管小組必須先研擬具體方案，報經中央主管機關之核准。

四、銀行或金融機構受讓接管中銀行營業及資產負債之程序優惠

銀行或金融機構對於接管中銀行為受讓營業及資產負債或合併時，豁免公司法及其他特別法之有關規定，其得以排除適用下列特別規定：

㈠股份有限公司經代表已發行股份總數過半數股東出席之股東會，以出席股東表決權過半數之同意行之；排除公司法及特別法上有關特別決議及少數股東請求買回股份之規定，故不同意之股東不得請求收買股份；農會、漁會經會員（代表）大會以全體會員（代表）二分之一以上之出席，及出席會員（代表）二分之一以上之同意行之，免依公司法第 185 條至第 188 條、第 316 條、第 317 條、農會法第 37 條、第 39 條、漁會法第 39 條及信用合作社法第 27 條規定辦理。

㈡債權讓與之通知以公告方式辦理之，免依民法第 297 條規定必須個別通知債務人之程序。

㈢承擔債務時，免依民法第 301 條經債權人之承認規定辦理。

㈣解散或合併之通知得以公告方式辦理之，免依公司法第 316 條第 4 項規定有關之通知及公告程序。

㈤經主管機關認為有緊急處理之必要，且對金融市場競爭無重大不利影響時，免依公平交易法第 11 條第 1 項規定向行政院公平交易委員會申請結合許可之程序❸。

㈥接管中已動用金融重建基金參與經營者，接管期間免除繳交主管機關之監理年費，以避免以國庫編置之金融重建基金預算，支付監理年費再繳入國庫。

五、銀行接管人之權限及帳簿文件之移交

依銀行法第 62 條之 2，為使接管能順利進行，必須賦予接管人相當之

---

❸ 參閱拙著，〈事業結合之規範〉，收錄於賴源河編審，《公平交易法新論》，第 199 至 227 頁，元照出版，2002 年 10 月 2 版。

權限，同時對於接管之手續包括相關帳冊移交之配合，其規定主要內容如下：

㈠接管人之權限

銀行經主管機關派員接管者，銀行之經營權及財務之管理處分權均由接管人行使之。

㈡帳簿文件之移交

銀行負責人或職員於接管處分書送達銀行時，應將銀行業務、財務有關之一切帳冊、文件、印章及財產等列表移交予接管人。

㈢銀行負責人與職員之告知義務

銀行之負責人或職員應將債權、債務有關之必要事項告知接管人或應其要求為接管之必要行為，銀行負責人或職員對其就有關事項之查詢，不得拒絕答覆或為虛偽陳述。

六、監管及接管之開始與結束

監管及接管主要在於解決經營困難之銀行，因此有賴政府各部門之配合，銀行法第 62 條第 4 項規定，主管機關依法派員開始監管或接管時，應通知有關機關，並刊登於新聞紙及主管機關網站，如經監管、接管後已恢復經營能力，而財務業務已能健全運作時，則得解除監管或接管，至於情節較為嚴重被勒令停業並進行清理之銀行，如於清理期限內，已回復支付能力者，得申請復業，逾期未經核准復業者，應撤銷其許可，並自停業時起視為解散，原有清理程序視為清算。故經接管、清理之程序後，即不再經清算程序，此乃銀行法之特別規定，優先於公司法之適用。

第二目　銀行權利行使之保全

為避免相關事證之滅失，以維護監管或接管程序之順利進行，法律上有必要賦予主管機關有關權利行使保全之權限，而所謂保全為暫時之處分，以防範因脫逃、脫產或其他之安排而屆時無法執行，銀行法第 62 條之 1 規

定銀行經主管機關派員監管、接管或勒令停業進行清理時，主管機關對銀行及其負責人或有違法嫌疑之職員，進行保全之程序，而保全之措施包括如下：

　　㈠得通知有關機關或機構禁止其財產為移轉、交付或設定他項權利。

　　㈡函請入出境許可之機關限制其出境，限制銀行負責人或職員逃走出境。

第三目　銀行之清理

　　銀行因業務或財務狀況顯著惡化，不能支付其債務或有損及存款人利益之虞時，中央主管機關得勒令停業並限期清理，清理與接管不同，接管主要為營業之繼續，清理之目的在於計算現有之資產，又清理與清算亦不同，清理係就發生問題之財務或業務，予以釐清計算，清理主要申報債權查明財務狀況，能澄清被勒令停業中之銀行，能儘速清償債務並期恢復支付能力，申請復業或迅速終結債權債務關係以撤銷銀行許可，然清算係為解散中之公司，為了結公司之法律關係，而處理其完結之財務並加以分配所履行之程序，清算之程序主要規定於公司法中，至於銀行法所規定之清理，其如何進行則有進一步之規範，茲說明如後。

一、清理人之選任與指定

　　依存款保險條例第 16 條規定，主管機關為勒令要保機構之銀行為停業時，應即指定中央存款保險公司為清理人進行清理，其清理適用銀行法有關清理之規定。

二、清理人之職權

　　清理人之功能在了結現務，清償債權，其職權依銀行法第 62 條之 5 規定如下：

　　㈠接管銀行之經營權及財產之管理處分權。

㈡接收銀行負責人或職員對銀行業務、財務有關之帳冊、文件、印章及財產列表。

㈢要求銀行負責人或職員將債權、債務有關之必要事項告知，並得就有關事項加以查詢。

㈣了結現務。

㈤收取債權、清償債務。

㈥有代表銀行為訴訟上及訴訟外一切行為之權。但將銀行營業及資產負債轉讓於其他銀行或機構，或與其他銀行合併時，應報經主管機關核准。

㈦清理人執行職務得聲請假扣押、假處分，並得免提供擔保，此為依法律規定之保全程序。

三、清理程序

㈠催告申報債權

清理人就任後，應即於銀行總行所在地之日報為三日以上之公告，催告債權人於三十日內申報其債權，並應聲明逾期不申報者，不列入清理。但清理人所明知之債權，不在此限。

㈡查明銀行財產狀況並公告

清理人應即查明銀行之財產狀況，於申報期限屆滿後三個月內造具資產負債表及財產目錄，並擬具清理計畫，報請主管機關備查，並將資產負債表於銀行總行所在地日報公告之。

四、對各項債權之處理

清理人對於經查明後之各項債權債務應為如何之處理，依銀行法第62條第3項等之規定，可分述如下：

㈠清理人於催告申報債權之期限內，不得對債權人為清償。但對信託財產、受託保管之財產、已屆清償期之職員薪資（包括退休金）及依存款保險條例規定辦理清償者，不在此限。

㈡銀行經主管機關勒令停業進行清理時，第三人對該銀行之債權，除

依訴訟程序確定其權利者外，非依規定申報債權之清理程序，不得行使。

㈢經申報之債權因涉訟致分配有稽延之虞時，清理人得按照清理分配比例提存相當金額，而將所餘財產分配於其他債權人。

㈣銀行清理期間，其重整、破產、和解、強制執行等程序當然停止。

㈤有些債權因與原經營不善無關者，不列入清理之範圍，包括下列項目：

　1.銀行停業日後之利息。

　2.債權人參加清理程序為個人利益所支出之費用。

　3.銀行停業日後債務不履行所生之損害賠償及違約金。

　4.罰金、罰鍰及追繳金。

㈥在銀行停業日前，對於銀行之財產有質權、抵押權或留置權者，就其財產有別除權，有別除權之債權人不依清理程序而行使其權利。但行使別除權後未能受清償之債權，得依清理程序申報列入清理債權。

㈦清理人因執行清理職務所生之費用及債務，應先於清理債權，隨時由受清理銀行財產清償之。

㈧依規定申報之債權或為清理人所明知而列入清理之債權，其請求權時效中斷，自清理完結之日起重行起算。

㈨債權人依清理程序已受清償者，其債權未能受清償之部分，請求權視為消滅。

㈩清理完結後，如復發現可分配之財產時，應追加分配，於列入清理程序之債權人受清償後，有剩餘時，債權人仍得請求清償。

五、清理完結及申報撤銷銀行許可

清理人清理完結後，應依銀行法第 62 條之 8 之規定，於十五日內造具清理期內收支表、損益表及各項帳冊，並將收支表及損益表於銀行總行所在地之日報公告後，報主管機關撤銷銀行許可。

六、清理費用之負擔

對於主管機關指定機構或派員執行輔導、監管、接管或清理任務所生之費用，依銀行法第 62 條之 9 規定，應由受輔導、監管、接管或清理之銀行負擔。

第四目　嚴重虧損之處置

依公司法第 211 條第 1 項規定，公司虧損達實收資本額二分之一時，董事會應即召集股東會報告，若銀行屬公司組織者，自應依規定提出股東會報告，但銀行法第 64 條規定為考量銀行存款戶之權益與金融體系之安全，應有較為周延之預警制度，故明定對嚴重虧損者得命令補足及勒令停業，其條件如下：

一、申報主管機關

銀行虧損逾資本三分之一者，其董事或監察人應不待召集股東會報告，應即申報中央主管機關。

二、命令補足

中央主管機關對具有此一情形之銀行，得限期命其補足資本；逾期未經補足資本者，應勒令停業。

第五目　勒令停業

勒令停業為主管機關命令有關銀行停止營業強制處分，對於銀行之違法行為，強制銀行必須遵照辦理，同時必須等停業之原因消滅或改善後，始得恢復銀行之營業，其影響銀行權益甚鉅，屬於行政處分之一種，為行政罰法中所定之懲戒罰，故可對之提起行政救濟。

一、銀行被勒令停業之原因

(一)未依規定申報許可事項者

銀行之合併或對其種類、名稱、公司組織之種類、資本總額、本行及分支機構所在地等之變更，未報經主管機關許可，並辦理公司變更登記及申請營業執照者，主管機關應限期補正，屆期不補正，其情節重大者，得勒令其停業❻❹。

(二)經營顯著惡化情節重大者

銀行因業務或財務狀況顯著惡化，不能支付其債務或有損及存款人利益之虞時，中央主管機關得勒令停業，限期清償❻❺。

(三)嚴重虧損未補足者

銀行虧損逾資金三分之一，而未能於中央主管機關所定期限內補足資金者，應勒令停業❻❻。

(四)罰鍰未繳者

銀行或其分行違反有關規定，被裁定罰鍰，而罰鍰逾 30 日仍不繳納，經移送法院強制執行者，中央主管機關得勒令該銀行或分行停業❻❼。

二、被勒令停業之處理

(一)再次命令補正

銀行經勒令停業，並限期命其就有關事項補正，除已補正並回復得為營業狀況，得申請復業外，逾期不為補正者，應由中央主管機關撤銷其許可❻❽。

(二)解散清算

銀行經中央主管機關撤銷許可者，許可證照被撤銷後，所營事業已不能成就，故應即解散，進行清算❻❾。

---

❻❹　參照銀行法第 59 條規定。
❻❺　參照銀行法第 62 條規定。
❻❻　參照銀行法第 64 條規定。
❻❼　參照銀行法第 135 條規定。
❻❽　參照銀行法第 64 條規定。

㈢繳銷註銷執照

銀行經核准解散或撤銷許可者，應限期繳銷執照；逾期不繳銷者，由中央主管機關公告註銷之 [70]。

第六目　銀行之清算

依公司法第 24 條規定，解散之公司除因合併、分割或破產而解散外，應行清算，公司法第 5 章第 12 節有關清算之規定，包括普通清算及特別清算，除銀行法有特別規定外應予適用，而清算目的在了結現務、公告催報債權、收取債權、清償債務、分派賸餘財產及聲請宣告破產等，除前述公司法之規定外，銀行法對於銀行之清算尚有特別規定，可分述如下：

一、特別清算之監督

法院為監督銀行之特別清算，應徵詢主管機關之意見；必要時得請主管機關推薦清算人，或派員協助清算人執行職務 [71]。

二、退還股本或分配股利之限制

銀行進行清算後，非經清償全部債務，不得以任何名義，退還股本或分配股利 [72]。

三、存款及信託財產之保護

銀行之清算，存款人之款項通常解釋為消費寄託，為一般之債權，因此存款人除非有存款保險，在保險之範圍內取得理賠，否則與一般債權之處理相同，又銀行清算時，關於信託資金及信託財產之處理，依信託契約

---

[69]　參照銀行法第 66 條規定。

[70]　參照銀行法第 67 條規定。

[71]　參照銀行法第 68 條規定。

[72]　參照銀行法第 69 條規定。

之約定 **⑦**。信託財產具有其獨立性，不得為其他債權之分配。

第七目 存款保險及金融重建基金

為健全金融機構之經營及安定金融秩序，以促進國家經濟成長，保障存款人權益、鼓勵儲蓄、維護信用秩序為各國政府一致努力之方向，我國仿照美國 1933 年依聯邦存款保險法 (Federal Deposit Insurance Act) 成立聯邦存款保險公司 (Federal Deposit Insurance Corporation)，於 1985 年 1 月 9 日由總統公布存款保險條例，並由財政部會同中央銀行共同出資設立中央存款保險公司 (Center Deposit Insurance Corporation, CDIC)，資本額新臺幣 100 億元。其運作規範如下：

一、存款保險之標的與對象

依存款保險條例第 4 條之規定，除指對於以本國貨幣為限之支票、活期、定期、儲蓄、信託資金及其他經主管機關核准承保之存款；其保險對象包括本國一般銀行、中小企業銀行、信託投資公司、外國銀行在華分行、郵政儲金匯業局、信用合作社及農、漁會信用部等。

二、存款保險之最高保額

中央存款保險公司，對於要保機構每一存款人最高保額，依存款保險條例第 9 條規定，係指在同一要保機構存款總額要保之最高金額，由主管機關會同中央銀行定之。其金額為新臺幣 100 萬元。

三、保險費率

保險費為承擔風險之對價，其基數依存款保險條例第 12 條規定，每半

---

⑦ 同前註。又依信託法第 12 條第 1 項規定，對於信託財產不得強制執行。但基於信託前存在於該財產之權利，因處理信託事務所生之權利或其他法律另有規定者，不在此限。

年計算一次,以 6 月 30 日及 12 月 30 日為計算基數之基準日。並以資本適足率及檢查資料評等綜合得分為風險指標,將費率分為三級,分別為萬分之五、萬分之五點五及萬分之六。

四、金融重建基金

為讓經營不善之金融機構能夠平和順利退出市場,以消弭金融風暴,我國參酌美、日、韓等國以公共資金挹注方式,於一定期間內適度實施全額保障存款人權益及彌補問題機構財務缺口等機制,爰於 90 年 6 月 27 日通過「行政院金融重建基金設置及管理條例」,成立金融重建基金 (Resolution Trust Corporation, RTC),基金規模預計最高為新臺幣 1500 億元,基金財源包括政府金融營業稅收入及金融業者繳納之存款保險費收入。其中金融營業稅收入方面,係包括 91 年至 99 年期間金融營業稅稅款。存款保險費收入,則為自 91 年 1 月起 10 年內,以全額賠付經營不善金融機構之存款債權及非存款債權,不受存款保險最高保額一百萬元之限制。金融重建基金之設置期間係自該條例公布施行日 90 年 7 月 11 日起為期三年,惟於 93 年 6 月 11 日經立法院決議延長一年至 94 年 7 月 10 日止。另為擴大基金財源,提高基金運作效能,於 94 年 5 月 31 日經立法院三讀通過修正草案,並於 94 年 6 月 22 日公布施行,基金規模預計最高可增提新臺幣 1100 億元,依規定得列入金融重建基金處理之經營不善金融機構有三類:

1.經主管機關或農業金融中央主管機關檢查調整後之淨值或會計師查核簽證之淨值為負數。

2.無能力支付其債務。

3.有銀行法第 62 條第 1 項所定業務或財務狀況顯著惡化,不能支付其債務,有損及存款人權益之虞或第 64 條虧損逾資本三分之一,經限期改善而屆期未改善,並經主管機關及本基金管理會認定無法繼續經營。

4. 94 年 6 月 22 日修正條例施行後所增加財源之 20% 應專款作為賠付農、漁會信用部使用,不受本基金設置期間之限制。

五、金融重建基金與存款保險賠付之順序

㈠法律之規定與爭議

由於依行政院金融重建基金設置及管理條例第 10 條之規定,金融重建基金得委託存款保險公司處理經營不善之金融機構,包括賠付負債承受資產或賠付負債超過資產之差額,故以往實務上解釋為存款保險公司係以金融重建基金從事賠付,而未動用存款保險準備金, 然修正後之該條例第 4 條第 2 項後段明定,存款保險公司依存款保險條例第 15 條第 1 項、第 17 條第 2 項前段辦理理賠時,得申請運用金融重建基金,全額賠付經營不善金融機構之存款及非存款債務,並由金融重建基金承受該機構資產⋯⋯。遂產生應以保險金先賠付, 或以金融重建基金全額賠付, 或以比例賠付等之爭議, 可分述如下:

1.金融重建基金全額優先賠付

為考量及時穩定金融市場之秩序, 並透過移轉或併購解決金融危機之發生, 應先由該基金全額優先賠付。

2.存款保險準備金優先賠付

存款保險之概念在分擔風險, 存款保險公司收受存款戶及業者之保險費, 並注入國家之補助,故應有自律之機制,在發生經營不善而有危機時, 應先自助, 故保險準備金應優先賠付。

3.金融重建基金與存款保險準備金按比例賠付

有認為為確保金融危機之解決, 應先由金融重建基金賠付,不足之部分再按比例由存款保險準備金賠付。

㈡解決之方案

前開爭議依以往案例, 係由金融重建基金全額賠付, 基於存款保險準備金雖有部分資金來源是國家預算, 但存款人及金融機構仍有按其財務狀況支付保險金之對價, 而金融重建基金全由國家預算支應, 屬於全國買單, 故應以存款保險準備金依規定額度先行賠付為宜, 再者, 存款保險公司受託介入重建事宜, 若都以國家預算支應, 與其應有部分由其保險準備金賠

付，在職責上當能促其更謹慎辦理接管或監督事務，同時若以存款保險準備金優先賠付，存款人之受賠附有法定新臺幣 100 萬元之額度限制，當能預防其為貪圖高額利率而將存款存放在體質不良之金融機構，所造成劣幣逐良幣之不合理現象。唯實務上為考量完全有效地避免擠兌及時效之爭取，先前採行金融重建基金完全賠付，嗣後為考量金融重建基金可能不足之疑慮，故擬改採不足之比例由存款保險準備金賠付。

第十二節 銀行內部控制、內部稽核與自律

第一目 規範目的

為促進銀行建全經營，確保營運效率及維護銀行資產安全，達成提供財務業務資訊之可靠性與完整性，督促銀行內部對相關法令之遵循，銀行法第 45 條之 1 第 1 項明定，銀行應建立內部控制及稽核制度，並授權主管機關訂定銀行內部控制及稽核制度實施辦法，提供銀行必須訂定與執行自律規範之依據，而在新巴塞爾資本協定中亦強調以市場紀律之方式，採用銀行內部自有系統評估風險暴險，並計以據提所需資本，銀行若能健全內部控制及法律遵循之制度，自能減少違規與行政機關公權力介入之處分。

第二目 法律之適用

依證券交易法第 14 條之 1 規定，亦規範對於公開發行公司及證券相關事業應建立財務業務之內部控制制度，並授權主管機關訂定內部控制制度之準則，銀行若屬於公開發行股票公司是否有其適用，則不無疑義，在原則上由於銀行法是對個別行業所規範之法律，依特別法優於普通法，自屬優先適用銀行法之規定，但考量銀行業務涵蓋甚多兼營證券有關之業務，

例如兼營債券自營買賣之證券自營商業務、銀行兼營證券經紀商、承銷商、證券投資信託或顧問之業務，除非銀行內部控制及稽核制度已有納入，否則仍應適用證券相關服務事業內部控制制度處理準則之規範❼。

第三目　內部控制及稽核制度之內容

一、銀行應訂定內部控制之範圍

㈠訂定組織規程或管理章則

包括訂定明確之內部組織系統、部門職掌業務範圍與明確之授權及分層負責辦法。

㈡訂定相關制度規範及業務處理手冊

包括出納、存匯、授信、外匯、信託、投資、新種金融商品、會計、總務、資訊、人事管理及其他業務之政策及作業程序。

㈢建立法令遵循制度

銀行為確保所為之營業行為符合法令之規定及防杜金融犯罪及詐欺，應建立遵守法令主管制度 (Legal Compliance)，以事先過濾可能之違規行為，以得依其規模、業務性質及組織特性，指定一隸屬於董事會或總經理之單位，負責該制度之規劃、管理及執行，俾利各單位遵守法令事務之諮詢、協調、溝通及有效執行。

二、內部稽核單位之建立

㈠內部稽核單位

---

❼ 經原財政部於 92 年函示，股票發行公司之金融控股公司、銀行及票券金融業，已依金融控股公司、銀行、票券業內部控制及稽核實施辦法規定辦理者，得免再依公開發行公司建立內部控制制度處理準則之規範辦理，但仍應以網際網路方式申報內部稽核人員名冊、年度稽核計畫及執行情形，年度稽核計畫異常事項改善情形，並出具內部控制制度之聲明書。

為避免各業務部門相互掩護，內部稽核部門應隸屬董（理）事會，以超然獨立之精神，執行稽核業務並應定期向董（理）事會及監察人報告。

㈡總稽核制

1.積極資格條件

銀行應建立總稽核制，綜理稽核業務。總稽核之資格應符合主管機關訂定銀行負責人應具備資格條件準則規定，其職位應等同於副總經理，且應專任，並不得兼任與稽核工作有相互衝突或牽制之職務。

2.人事任免之保障

總稽核應由董（理）事會聘任，非經董（理）事會全體董（理）事三分之二以上之同意，並應先報主管機關核准，不得解聘或調職。

㈢稽核人員

稽核人員亦為銀行之從業人員，可分為領隊稽核人員及一般稽核人員，稽核人員在糾舉公司業務之進行是否符合規定，雖屬於事後之監察，但其品行操守與熟悉之專業能力為所應具備之條件，茲分述如下：

1.積極資格

領隊稽核人員原則需三年以上之稽核或金融檢查經驗，或一年以上之稽核經驗及五年以上之金融業務經驗，一般稽核人員須具有二年以上之金融檢查經驗或大專院校畢業、高等考試或相當於高等考試之考試及格並具有二年以上之金融業務經驗；或至少有五年之金融業務經驗曾任會計師事務所查帳員、電腦公司程式設計師或系統分析師等專業人員二年以上之經驗，經施以三個月以上之金融業務及管理訓練，視同符合規定。

2.消極條件

除不得有不良前科紀錄或被處分紀錄者外，其不良紀錄為最近三年內應無記過以上之處分，但其因同仁違規或違法所造成之連帶處分，已功過相抵者，不在此限。

第四目　銀行內部控制制度之執行

一、法令遵循每半年自評一次

銀行業務之進行必須隨時徵詢法令遵循主管之合法性外，並應依據遵循計畫，設計相關遵循事項自評工作底稿據以自評，其自評頻率至少每半年乙次，並得替代專案自行查核乙次。

二、內部檢查之頻率

實務上銀行常有發現內部控制及稽核制度未能落實之情形，例如主辦會計偽造會計交易分錄挪用公款，此一違規情形，可能包括會計被授予存款權限，未落實離櫃簽退、作業系統設計疏漏及未從嚴踐行覆核機制等之缺失，因此為加強銀行牽制藉以防止弊端之發生，銀行應建立自行查核制度，各銀行營業、財務保管及資訊單位應每半年至少辦理一次一般自行查核，每月至少辦理一次專案自行查核。但已辦理一般自行查核或稽核單位已辦理一般業務稽核或遵守法令事項自行評估之月份，該月得免辦理專案自行查核。

第十三節　金融業務之檢查與調查

第一目　檢查權與調查權

主管機關為落實法令之執行，以維護金融秩序，並保障客戶之權益，因此對銀行財務狀況以及其業務經營是否遵行銀行法及相關法令之規定，應依職權加以認定，而事實證據之掌握，必須有檢查或調查權之工具，因此有賴於法律賦予檢查權或調查權限，一般所謂行政調查權，係指主管機關有實地查核其財務業務之運作是否符合法令之權限，其通常為認定是否違反行政法規之事證。而調查權係指有強制命令提供資料之權限，包括行

政調查權與司法調查權，其區別在於不接受調查時之強制力，行政調查之拒絕僅得為行政罰鍰或其他行政處分，司法調查之執行為司法機關或法律賦予有準司法地位司法警察官等方得為之，其拒絕不接受調查者，則得為罰鍰、罰金或拘提等具有強制力，我國法律除刑事訴訟法明定司法調查權之行使外，間或有以其他法律賦予行政機關有類似司法機關之調查權及搜索權，由於金融秩序之維護，事關國家、社會及存款戶大眾之權益，所以在金融法規中授予較強之準司法權。

第二目　授與檢查權與調查權之法律依據

一、銀行法第 45 條規定

㈠行政檢查權

中央主管機關得隨時派員，或委託適當機構，或令地方主管機關派員，檢查銀行或其他關係人之業務、財務及其他有關事項，或令銀行或其他關係人於限期內據實提報財務報告、財產目錄或其他資料及報告。

㈡指定專業人員進行檢查

中央主管機關於必要時，得指定專門職業及技術人員，例如是會計師或律師，就前項規定應行檢查事項、報表或資料予以查核，並向中央主管機關據實提出報告，其費用由銀行負擔。

㈢拒絕檢查之處罰

銀行或其他關係人之負責人或職員對於主管機關依規所為檢查，或令銀行或其他關係人於限期內據實提報財務報告、財產目錄或其他有關報告時，有拒絕檢查或拒開啟金庫或其他庫房者；隱匿或毀損帳冊文件；無正當理由不為答覆或答覆不實者；或逾期提報；或提報不實、不全；或未於規定期限內繳納查核費用者，依銀行法第 129 條之 1 規定、可處新臺幣 200 萬元以上 1000 萬元以下罰鍰。

二、行政院金融監督管理委員會組織法第 5 條規定

㈠行政調查權

　　主管機關及所屬機關辦理金融檢查，於必要時，得要求金融機構及其關係人與公開發行公司提示有關帳簿、文件及電子資料檔等資料，或通知被檢查者到達指定辦公處所備詢。

㈡準司法搜查權

　　主管機關及所屬機關對涉有金融犯罪嫌疑之案件，得敘明事由，報請檢察官許可，向該管法院聲請核發搜索票後，會同司法警察，進入疑為藏置帳簿、文件及電子資料檔等資料或證物之處所，實施搜索；搜索時非上述人員不得參與。經搜索獲得有關資料或證物，統由參加搜索人員，會同攜回本會及所屬機關，依法處理。

㈢妨礙規避或拒絕檢查

　　依組織法同條第 6 項規定，主管機關及所屬機關對於妨礙、規避或拒絕檢查、拒不提示有關帳簿、文件及電子資料檔等資料或無正當理由而拒不到達備詢者，除其他法律另有規定外，處新臺幣 5 萬元以上 25 萬元以下罰鍰，並得按次連續處罰至接受檢查、到場備詢或提出有關帳簿、文件及電子資料檔等資料為止。由於銀行法第 129 條之 1 之規定較本規定為重，若有競合之情形，則優先適用銀行法之規定。

第三目　檢查之分工與項目

一、檢查之分工

㈠93 年 7 月 1 日以前

　　在行政院金融監督管理委員會成立前，在金檢工作上，有分屬財政部金融局第六組、中央銀行金檢處及中央存款保險公司，係依據銀行法第 45 條及中央銀行法第 38 條規定所為之檢查，其分工如下：

1.臺灣省合作金庫

由中央銀行委託辦理基層金融機構，包括信用合作社及農漁會信用部之檢查。

2.中央存款保險公司

⑴依存款保險條例第 21 條規定，報請主管機關核准辦理之一般性檢查及專案檢查。

⑵經財政部、中央銀行與中央存款保險公司洽商決定由中央存款保險公司辦理之一般性檢查及專案檢查。

3.原財政部金融局

⑴辦理 80 年以後新設商業銀行一般性檢查及專案檢查。必要時，得會同中央銀行等單位檢查。

⑵依銀行法等規定單獨或會同中央銀行等辦理金融機構之一般性檢查及專案檢查。

4.中央銀行金檢處

⑴辦理 80 年以前原有金融機構除由中央存款保險公司及臺灣省合作金庫檢查者以外之一般性檢查及專案檢查。

⑵依中央銀行法等規定單獨或會同財政部等辦理金融機構之一般性檢查及專案檢查。

㈡93 年 7 月 1 日以後

行政院金融監督管理委員會已正式運作，金融監督已歸於一元化，除中央銀行仍保留其對於銀行貨幣政策及外匯有關業務運作之檢查權限外，其餘金檢工作劃歸金管會檢查局辦理，甚至對於農業金融法所規範之濃漁業信用部之金檢工作亦委託金管會檢查局執行，其檢查工作金管會於 93 年 8 月 19 日第 8 次委員會會議核定有「檢查金融機構業務要點」，其重要內容如下：

1.檢查目標

⑴健全金融機構之業務經營及風險管理，以保障存款人、投資人、期貨交易人及被保險人之權益。

(2)評估及檢查金融機構業務經營方針、風險管理、遵守金融法令及配合政府政策情形。

(3)評估金融機構之資本適足性、資產品質、管理能力、盈利狀況、流動性及風險控管等制度。

(4)由金融機構之業務運作中檢討現行法令之利弊得失及修正建議事項。

2.檢查方式與內容

包括一般實地檢查、專案實地檢查表報書面稽核及業務座談，一般檢查為對財務、業務及整體營運情形作以風險為重心之檢查；專案實地檢查，為對特定業務項目作檢查；表報書面稽核，對各金融機構報送之相關報表或報告予以審核；業務座談為洽請金融機構負責人或主辦業務人員，就特定事項提出報告及意見。

3.檢查之頻率

就總機構得視營運狀況調整檢查頻率，但至少二年檢查一次。分支機構則依對總機構最近一次之檢查結果及其他分析資料，辦理抽樣檢查；至於證券業、期貨業及其他金融服務業依其業務狀況，則於認為必要時辦理專案之檢查。

4.檢查結果之處理

(1)檢查報告之提出

檢查完竣後，除有特殊原因應先陳報外，對金融控股公司、銀行等應於十四個工作日，證券業、期貨業、保險業應於十個工作日，受其他委託檢查應於五個工作日內提出檢查報告。

(2)檢查報告工作底稿之保存

檢查人員於完成檢查報告後，應將工作底稿編頁並裝訂成冊，除有涉嫌違法案件之受檢機構工作底稿保存年限為十年外，餘自檢查報告發文日後五年解密，並得視狀況需要簽報銷毀。

(3)檢查報告之保存

檢查報告應分類妥善保管，自發文日後十年解密，其保存年限總機構

為三十年、分支機構為二十年，若以電子方式儲存者，其原件保存年限為十年。

(4)建議違規案件之處分

檢查完竣並作成檢查報告，應同時建議業務主管局處作行政上之處分，其涉有刑事責任者，並應移送由司法機關偵辦，至於業務主管局處對於檢查局之建議處分案件，其行政處分輕重之裁量或認事用法有不同意見時，應提金管會委員會討論決議。

第十四節　銀行之信用卡與現金卡業務

第一目　信用卡與現金卡之定義與功能

一、信用卡

所謂信用卡 (Credit Card) 係指持卡人憑發卡機構之信用，向特約之第三人取得金錢、物品、勞務或其他利益，而得延後或依其他約定方式清償帳款所使用之卡片。信用卡與現金儲值卡、金融卡等同為塑膠貨幣，為科技發展衍生之金融工具，持卡消費者可免付現金，具信用之功能 (Pay After)，同時信用卡消費後可以分期或延後付款，具有透支貸款金融之功能，另信用卡之發行是以發卡機構所徵信過之特定人，特約商店可透過發卡機構識別持卡人個人信用，並可蒐集顧客之資料，同時信用卡可附加價值使用，例如附帶停車、保險、升級服務、打折等之運用，故信用卡已普遍受到顧客之使用❼❺。此外，對於提款卡或轉帳卡則具有提領現金之功能 (Pay Now)，得替代現金之支付或攜帶，而現金儲值卡或財金公司之 IC 電子錢

---

❼❺　參閱嚴漢明譯，《現代信用卡業務》，財政部金融局儲委會金融研究小組編印，第 32 頁至第 35 頁，82 年 1 月版。

包，則具有儲值之功能 (Pay Before)。故銀行發行現金儲值卡預先吸收款項者，為銀行法所定收受存款之行為，為存款保險條例第 4 條之保險標的，亦應提列準備金及受發行額度不得超過銀行上年度淨值 10%，單張儲存金額上限為新臺幣一萬元之限制。反之非屬多用途支付使用者，並不受銀行法規範，其對客戶權益之保護與發行運用之規範，則付諸闕如。

二、現金儲值卡

　　所謂現金儲值卡係指銀行及信用合作社等金融機構，提供一定金額之信用額度，供持卡人憑銀行及信用合作社等金融機構本身所核發之卡片於自動化服務設備 (Automatic Teller Machine, ATM) 或其他方式借領現金，且於額度內循環動用之無擔保授信業務，依銀行法第 42 條之 1 規定，銀行發行現金儲值卡，應經主管機關許可，並依中央銀行規定提列準備金，此一規定之現金儲值卡依同條第 2 項規定，係指發卡人以電子、磁力或光學形式儲存現金價值，持卡人得以所儲存金錢價值之全部或一部交換貨物或勞務，並得作為多用途之支付使用者，至於多用途之使用，依銀行發行現金儲值卡許可管理辦法第 3 條規定，為可跨越不同營運系統間使用者，或應用於不同商業體系者。換言之，係以卡片或晶片等網路電腦連線方式向金融機構預借現金使用之工具❼⑥。

第二目　經營信用卡業務之種類與法律依據

❼⑥　參閱金管會 94 年 4 月 29 日金管銀㈣字第 0944000230 號令發布之金融機構辦理現金卡業務應注意事項第 1 點。然此一注意事項之訂定，並未有銀行法之明確授權，屬行政規則之一種，至於非屬於作為多用途之支付者，並非銀行法第 42 條之 1 鎖定之現金儲值卡，例如臺北智慧卡票證公司所發行之悠遊卡，因僅限於臺北大眾捷運系統、臺北縣市公車及臺北市公有路外停車場之交通事務單一用途，故非屬銀行法所規範，而適用公司法之規定。換言之，單一用途支付使用之現金卡業務尚非專屬之許可業務項目。若其他行業從事發行類此現金卡以貸放款項者，其未有詐欺或暴力脅迫等刑法上犯罪行為，則尚非屬違法行為。

一、法律依據

經營信用卡業務為應經許可之業務,依銀行法第47條之1規定,經營信用卡業務之機構應經中央主管機關之許可,其管理辦法由中央主管機關洽商中央銀行定之,準此原財政部於82年6月20日於洽商中央銀行後訂定信用卡業務管理辦法,於92年10月7日修正為信用卡業務機構管理辦法,從原為銀行業務內容之規範,變更為對信用卡業務機構之管理。

二、信用卡之業務與機構

㈠信用卡業務

金融機構經許可得經營之信用卡業務項目,包括發行信用卡、辦理信用卡循環信用、預借現金業務、簽訂特約商店、代理收付特約商店信用卡消費帳款、授權使用信用卡之商標或服務標章、提供信用卡交易授權或清算服務及辦理其他經主管機關核准之業務。至於金融機構在符合僅辦理行銷信用卡業務、受單一發卡機構委託,且不得再委外或轉包其他事業或個人以往收件品質良好應按季提出查核報告及送件品質評估之行銷公司,得委託辦理行銷,但該行銷公司並非信用卡業務機構,屬依公司法成立之一般公司。

㈡信用卡業務機構

參與信用卡業務之相關機構,包括發卡及辦理相關業務項目者,有信用卡公司,為經許可專業經營信用卡業務之股份有限公司,國內多家信用卡公司如安信、臺灣美國運通、友邦、大來國際、臺灣永旺及奇異等信用卡股份有限公司。另亦有外國信用卡公司,其乃依照外國法律組織登記,經中華民國政府認許,在中華民國境內專業經營信用卡業務之分公司,而國內之信用卡發卡機構很多是由銀行等金融機構所兼營,現行銀行、信用合作社或其他相關機構得經主管機關許可兼營信用卡業務,例如中國信託、台新銀行、國泰世華銀行、玉山銀行等。另收單機構為經各信用卡組織授權辦理特約商店簽約事宜,並於特約商店之請求支付持卡人交易帳款予特

約商店之機構，例如聯合信用卡處理中心、美國運通國際信用卡公司等，其為國際信用卡組織之授權辦理是項業務。至於國際組織例如 VISA（威士）、Mastercard（萬事達卡）、JCB（吉世美）、Diners（大來卡）等。

第三目　信用卡業務機構之設立與管理

一、設立之資格條件

信用卡業務之經營採行許可主義，主管機關除要求必須符合設立之資格條件標準外，並得視國內經濟、金融情況，限制信用卡業務機構之增設，其設立之資格條件如下：

(一)**資本額**

對於專營信用卡業務之機構，包括辦理發行信用卡、信用卡循環信用、預借現金、簽訂特約商店、代理收付特約商店信用卡消費帳款之發卡或收單業務者，其最低實收資本額或捐助基金及其孳息或專撥營運資金為新臺幣 2 億元，主管機關並得視社會經濟情況及實際需要調整之。

(二)**採行發起設立**

其組織型態若為股份有限公司者，採發起設立，發起人應於發起時一次認足，不得對外公開募集發行有價證券以籌集資金。

二、設立之程序

(一)**籌設之許可**

應由發起人、外國信用卡公司或兼營業務之銀行、信用合作社或其他機構檢具申請書、營業計畫書、章程、業務章則及流程、各關係人間權利義務約定書等書件向主管機關申請設立許可。

(二)**向經濟部辦妥公司登記**

信用卡公司及外國信用卡公司其為公司法所規定之法人者，應自主管機關許可設立之日起，六個月內辦妥公司設立登記。

(三)營業執照之許可

已設立登記之信用卡公司或外國公司,應檢具營業執照、申請書、公司登記證件、資本或專撥營運資金繳足證明及其他應備之書件,於公司籌設許可後六個月內,向主管機關申請核發營業執照,並於取得營業許可證照後,始得營業。

三、信用卡或現金卡業務機構業務之管理

(一)結算之幣別

信用卡以新臺幣為結算者,其在我國境內發行之國際通用信用卡於國內使用時,應以新臺幣結算,並於國內完成清算程序。至於以外幣為結算者,其在我國境內發行之國際通用信用卡於國外使用時,或國外所發行之信用卡於國內使用時,應以外幣結算,其涉及外幣部分,應依據中央銀行有關規定辦理。

(二)未經申請原則上不得發卡

發卡機構未接到信用卡或現金卡申請人書面或電子文件申請前,不得製發信用卡。但已持有原發卡機構製發之信用卡且有下列情形之一者,不在此限:

1.因持卡人發生信用卡遺失、被竊、遭製作偽卡或有遭製作偽卡之虞等情形或污損、消磁、刮傷或其他原因致信用卡不堪使用而補發新卡。

2.因信用卡有效期間屆滿時,持卡人未終止契約而續發新卡。

3.因聯名卡、認同卡或店內卡合作契約終止,依發卡機構與持卡人原申請契約規定換發新卡,惟應事先通知持卡人。

4.因原發卡機構發生分割、合併或其他信用卡資產移轉等情形而換發新卡,惟應事先通知持卡人。

5.因發卡機構將信用卡由磁條卡升級為晶片卡或將晶片卡功能調整而換發新卡,惟應事先通知持卡人。

(三)未經核准業務不得廣告促銷

信用卡或現金卡發行浮濫將造成資力不夠者,亦得持卡刷卡,而終究

無力清償，形成所謂之卡奴，而銀行為相對營運風險之提高而提升遲延或循環利息，造成惡性循環，演變成社會問題，截至 94 年 12 月底卡債已達新臺幣八千億，其循環利息高達年利率 20%，已影響銀行經營之風險及國家社會之金融秩序，為避免予人誤解為不用徵信審核程序，對於未經核准辦理信用卡業務前，不得為任何有關之廣告或促銷之行為，其為現金卡行銷時，禁止以快速核卡、以卡辦卡、以名片換卡及其他類似之行銷行為等為訴求，並不得對現金卡以給予贈品或獎品為促銷行為。

四應確實徵信

　　發卡之金融機構為降低違約及呆帳風險，應確實徵信，代理收付特約商店信用卡消費帳款之收單機構於簽立特約商店時，亦應確實徵信，並加強教育訓練及稽核管理。現金卡申請人應年滿 20 歲，全職學生申請應以 2 家為限，每家發卡機構不得超過新臺幣 1 萬元，但經父母同意者最高可到新臺幣 2 萬元。

五保守秘密

　　信用卡業務機構及特約商店因信用卡申請人或持卡人使用信用卡而知悉關於申請人或持卡人之一切資料，除其他法律另有規定者外，應保守秘密。

六資訊揭露

　　發卡機構應依據下列規定辦理信用卡相關資訊之揭露：

　　1.信用卡循環信用利率應於營業場所牌告。

　　2.信用卡循環信用利率、年費、各項費用、帳款計算方式、遺失或被竊處理、持卡人之權益或服務等相關資訊，應於刊物或網路刊登。

　　3.其他經主管機關或中央銀行規定之事項。

七金融機構辦理信用卡或現金卡業務應遵守之規範

　　1.金融機構僅能對債務人本人及其保證人催收，不得對與債務無關之第三人干擾或催討。

　　2.金融機構以電話催收時，需裝設錄音系統，並至少保存 6 個月以上，以供稽核或爭議時查證之用。

3.自行或委託他人催收債權，不得有暴力、脅迫、恐嚇、辱罵、騷擾、誤導、欺瞞或造成債務人隱私受侵害之不當催收行為。

4.金融機構對於與債務無關之第三人資料，不得提供予委外催收機構。同時對於委外催收，應書面通知債務人，告知委託之單位、催收金額。

5.出售不良債權時，應查證並約定資產管理公司之催收標準與金融機構一致，且不得再轉售與涉及犯罪、暴力等非法組織或個人。

四、信用卡業務財務之管理

㈠兼營機構會計應獨立

兼營信用卡業務之銀行、信用合作社及其他機構，其會計應獨立。

㈡逾期帳款之備抵呆帳提列及轉銷

發卡機構應依下列規定辦理逾期帳款之備抵呆帳提列及轉銷事宜：

1.備抵呆帳之提列

當期應繳最低付款金額超過指定繳款期限一個月至三個月者，應提列全部墊款金額 2% 之備抵呆帳；超過三個月至六個月者，應提列全部墊款金額 50% 之備抵呆帳；超過六個月者，應將全部墊款金額提列備抵呆帳。

2.呆帳之轉銷

當期應繳最低付款金額超過指定繳款期限六個月者，應於三個月內，將全部墊款金額轉銷為呆帳。

3.逾期帳款之轉銷

應按董（理）事會授權額度標準，由有權人員核准轉銷，並彙報董（理）事會備查。但外國信用卡公司得依其總公司授權程序辦理。

㈢函報主管機關虧損原因

專營信用卡業務機構辦理發卡或收單業務者，有下列情形者，應即將財務報表及虧損原因，函報主管機關：

1.累積虧損逾實收資本額、捐助基金及其孳息之三分之一。

2.淨值低於專撥營運資金之三分之二。

3.主管機關對具有前述情形之信用卡業務機構，得限期命其補足資本、

捐助基金或其孳息、專撥營運資金，或限制其營業；屆期未補足者，得勒令其停業。

五、建立消費金融債務之健全機制

由於近年來消費金融在各金融機構之積極推廣下，卡債族及卡奴已在浮濫發卡下形成社會之隱憂，再加以銀行對於卡債逾放之不良資產出售於資產服務公司 (AMC)，透委外催收逼迫還債之手段時有暴力介入之傳聞，造成諸多不幸事件之發生，立法院於 94 年 12 月曾提案修正銀行法第 47 條之 1，限制信用卡、現金卡與存款利差不得逾 10%，此舉引起一片譁然，雖然立法院從照顧持卡人之權益而言，其立意良善，但將因此一立法，可能造成金融市場自由度退化，國家信用評等被調降，銀行也將因風險提高及獲利驟降面臨信評被調降之危機，並影響外資之投資意願牽動股票市場之劇烈反映，對於消費者也將因銀行緊縮信用，有資金需求者轉向地下金融，衍生更多之社會問題，因此經一再溝通協調，以下列機制取代該項限制：

㈠強化現行債務協商機制

對已逾期戶及無充分還款能力之客戶，依實際狀況提供調降為低率之貸款，並建立單一專業協商單位，統籌辦理。

㈡嚴格遵守債務催收之相關規定

應依主管機關所訂相關評鑑項目及評比標準辦理委外催收機構之評鑑，由於催收債權機構可能為中盤之資產管理機構 (AMC)，或一般依公司法成立之公司，甚或個人，良莠不齊，易導致以暴力威嚇手段逼收債務，形成另一社會問題，因此委託之銀行應審慎選擇，淘汰過濾不良之催收單位，並暫停將不良之卡債出售，以緩和催收之壓力。

㈢嚴控信用風險，避免過度授信或發卡

建議訂定債務人之銀行無擔保債務總額除以月收入後之比率，不得超過 22 倍，卡債應至少每半年覆審一次，並提高最低之應繳金額為消費金額之 10%，同時也禁止於街頭行銷開卡及以贈品開卡。

第十五節　商業銀行

第一目　商業銀行之定義

　　商業銀行 (Commercial Banks)，依銀行法第 74 條規定，係指以收受支票存款之活期存款、定期存款，以供給短中期信用為主要任務之銀行，在早期認為其主要是供給短期商業上之資金周轉，融通商人貨物運銷期間之資金需求者，然商業銀行因時空之變遷及競爭上需要之，已發展成為多樣化業務經營之銀行，其業務種類繁多尚可從事長期之放款、投資、保證及發行金融債券等。

　　商業銀行與一般所稱之商人銀行 (Merchant Bank) 尚有不同，商人銀行係指投資銀行 (Investment Bank)、資產管理機構 (Securities Houses)、證券商等，除其不得辦理一般收受存款之業務外，可經營一部分銀行得經營之業務，包括貼現、承兌、保證及股權投資等❼，主要是在對於需要短期資金或信用支援者，予以保證、承兌或融通資金，現行在證券商得發展成為投資銀行之前提下，其扮演之角色較像商人銀行，若要經營包括銀行存款之業務，則必須取得銀行之執照。

第二目　商業銀行之業務範圍

　　商業銀行在現行業務經營之多樣化 (Diversification) 之後，其得經營之業務種類與其他種類銀行已無多大區別，銀行法第 71 條所規定商業銀行經營之業務，與同法第 3 條規定銀行得經營之業務項目，除資產管理與投資

---

❼　參閱黃獻全著，《金融法講義》，輔仁大學法學叢書編輯委員會編輯，第 157 頁，92 年 9 月修訂版。

標的等少數範圍外，大致相類**❼**，然商業銀行之最大特色，則在於能收受活期存款、支票存款及定期存款，並發行金融債券，創造支付工具或消滅貨幣之功能，晚近考量銀行經營之競爭與業務之開放，商業銀行已發展成類似百貨公司之多角化經營，以滿足對客戶之服務，茲就商業銀行其主要業務內容分述如下：

一、經營原儲蓄銀行之業務

銀行法第四章原為儲蓄銀行之規定，89 年 11 月修正銀行法時，考量長短期金融已很難嚴格劃分，且各類型銀行已漸趨綜合化，故刪除該儲蓄銀行之有關規定，而同時擴大商業銀行之業務範圍，並刪除商業銀行附設儲蓄部之規定，而改為經營信託或證券業務予以規範，因此商業銀行對於原儲蓄部所辦理之長期放款投資公司股票、保證發行公司債券等業務，則得繼續經營。

二、辦理短期及中長期放款業務

依銀行法第 5 條規定，銀行之授信，其期限在一年以內者為短期信用，超過一年以上而在七年以內者為中期信用，超過七年者為長期信用。商業銀行以供給短期、中期信用為主要任務，而原儲蓄銀行所得辦理之長期放款得由商業銀行繼續經營，故其業務範圍涵蓋短、中、長期之放款。

三、發行金融債券

商業銀行得發行金融債券為籌措中長期資金之方法，而發行金融債券為類似公司發行公司債，該債券屬於有價證券之一種，雖現行有部分非涉

---

❼　銀行法第 3 條較第 71 條之規定，在業務項目之規定上多出受託經理信託資金、直接投資生產事業、投資住宅建築及企業建築、辦理債券發行之經理及顧問事項、辦理證券投資信託有關業務、受託經理各種財產、買賣金塊、銀塊、金幣、銀幣及外國貨幣等外，餘多所相同，且依各該條文之最後款授權主管機關核准辦理有關業務或兼營有關業務，所以其區別已不明顯。

及股權性質之金融債券,得豁免其依證券交易法第 22 條所定之募集發行程序辦理,但仍屬證券交易法第 6 條之有價證券範圍,其可用以吸收社會投資大眾之游資,並有其變現性與流通性,故對於金融債券在流通市場上之交易、交割等仍有適用證券交易市場規範之必要,由於銀行發行金融債券不需提存款準備,資金成本較低,為現行適用於提供融通長期信用之重要工具。

四、兼營其他金融相關事業之業務

由於依銀行法第 71 條第 16 款之規定,銀行得經主管機關核准辦理其他有關之業務,商業銀行在銀行自由化 (Deregulation)、國際化之前提下,主管機關已考量朝向放寬銀行業務經營範圍之趨勢,現行商業銀行經主管機關及其他目的事業主管機關之核准,已得經營或兼營信託業務、證券投資信託、證券投資顧問、票券、證券商、期貨商、信用卡、融資性租賃、保險及其他金融有關事業之業務。

五、投資有價證券之業務

商業銀行亦得從事投資業務,依銀行法第 74 條之 1 之規定,商業銀行得投資有價證券;其種類及限制,由主管機關定之。因此主管機關訂定商業銀行投資有價證券之種類及限額(依中央法規標準法規定宜修正為種類及限制辦法)規定,依此規定,其主要內容如下:

1.得投資之有價證券種類包括公債、短票、金融債券、上市櫃股票、新股權利證書、興櫃及私募股票、受益證券及資產基礎證券、固定收益特別股、依各國法令規定募集發行及私募之基金受益憑證等。

2.投資額度之限制除公債、中央銀行之定存單及國庫券外不得超過收受銀行存款總額及金融債券發售額之和之 25%;投資每一公司之股票及權益證券總額,不得超過該公司已發行股份總數 5%。

3.其他限制:為確保投資之品質及防範利益衝突,商業銀行投資之有價證券如為私募公司債、股票或興櫃股票,其發行人或該有價證券之信用

評等，須達長期信用評等 BBB⁻ 或相等等級以上；另商業銀行不得投資於其負責人擔任董事、監察人或經理人之公司所發行之短票、固定收益特別股或公私募之有價證券。

第三目　商業銀行發行金融債券之規範

商業銀行發行金融債券為固定收益之債券 (Fix Income Bond) 類似國家發行政府債券或公司發行公司債，為籌集供給中期或長期授信所需之融資資金，銀行法規定專業銀行及商業銀行在發行此種金融商品時，為考量資金之用途、銀行償債之能力及貨幣供給之政策，故授權對其發行辦法及最高發行餘額，由主管機關洽商中央銀行定之，主管機關爰於洽商中央銀行後訂定銀行發行金融債券辦法❼❾，茲就其發行之存續期間 (Duration)，發行之額度及種類等設有相當之規範，茲說明如下：

一、存續期間與發行種類

為考量金融債券是籌集長期及借貸款項資金之有價證券，為確保中長期資金來源，而其得發行之種類包括一般金融債券、次順位金融債券、轉換金融債券、交換金融債券及其他經主管機關核准之金融債券，故對於銀行還本付息之期限宜有較長之要求，依銀行法第 72 條之 1 規定，商業銀行發行金融債券，其開始還本期限不得低於二年，至於最長期限不得超過二十年。

二、發行之額度

商業銀行申請發行金融債券金額加計前已發行在外之餘額，不得超過其前一年度決算後淨值之二倍，此為公司法第 247 條公司債發行額度，就有擔保公司債不得逾其全部資產減去全部負債及無形資產餘額，無擔保為

---

❼❾　參見行政院金融監督管理委員會 93 年 12 月 20 日金管銀㈡第 0938012056 號令修正發布之銀行發行金融債券辦法。

餘額二分之一之特別規定 ⑧ 。

三、得發行次順位金融債券

商業銀行得約定金融債券的受償次序次於銀行之其他債權人與存款人，即所謂次順位金融債券，此一約定對持有金融債券者，其清償履約較不受保障，故其風險較高，相對之報酬利率也較好，但亦可透過信用評等 (Rating) 為信用增強之措施，通常對於信用評等較優者，其次順位金融債券較受歡迎。

四、採申報生效制之精神

發行金融債券就如同公開發行股票公司發行公司債，依證券交易法第 22 條及發行人募集與發行有價證券處理辦法之規定，銀行法規定對未涉及股權者採行核准制，但具申報生效制度之精神，申請人依規定準備表件，並於申請之日起屆滿十二個營業日，主管機關未表示反對者視為核准，並豁免依證券交易法規定申報與申請，以避免申請之重複。而所謂未涉及股權者，係指一般金融債券、次順位金融債券，涉及股權者，包括轉換金融債券、交換金融債券及附認股權金融債券等，其屬於涉及股權金融債券之發行，除應依銀行發行金融債券辦法之規定外，尚應依證券交易法第 22 條規定授信訂定之發行人募集與發行海外有價證券處理準則辦理。至於銀行發行外幣金融債券，除應經主管機關核准外，應另依中央銀行規定辦理。

五、不得發行金融債券之情形

為考量銀行還本付息之能力與健全經營之管理需要，對於下列情形，

---

⑧ 另依證券交易法第 28 條之 4 規定，公開發行股票之公司，募集與發行有擔保公司債、轉換公司債或附認股權公司債，其發行總額，除經主管機關詢問目的事業中央主管機關同意者外，不得逾全部資產減去全部負債餘額之 200%，不受公司法第 247 條規定之限制。換言之，公開發行股票公司對於公司債額度，在經目的事業主管機關之同意者，更可超過二倍以上。

不得申請發行金融債券：

(一)備抵呆帳提列不足者。

(二)申請發行前一年度有累積虧損者。但為改善銀行體質轉銷呆帳或因折價發行股票而致者，不在此限。

(三)申請前一季逾放比率高於全體金融機構逾放比率平均數者。但銀行為轉銷呆帳致自有資本與風險性資產比率低於銀行法規定標準，擬以發行金融債券提高至符合銀行法規定標準者，不在此限。

(四)申請發行前一年內有新臺幣壹億元以上舞弊案件發生者。

六、金融債券之股務處理

(一)銀行發行金融債券得無實體發行，並採登記形式。

(二)銀行發行金融債券，其最低面額為新臺幣 10 萬元，並得申請櫃臺買賣中心掛牌交易。

(三)金融債券除私募者應依規定辦理者外，得自由轉讓及提供擔保。但記名債券須先向原發行銀行或其指定之代理機構辦理過戶手續後方得為之，其無實體發行者應依有價證券帳簿劃撥方式為之，為透過臺灣證券集中保管公司之相關操作辦法辦理，並得向臺灣集中保管公司及櫃臺買賣中心申請分割交付為分割債券，包括為分割本金債券 (Principal Obligation, PO) 及分割利息債券 (Interest Obligation, IO) 等 ❽。

(四)持有人為信託過戶登記，原無記名式應改為記名式，無實體發行者，其以證券集中保管事業保管之金融債券為信託標的者，其信託之表示及記載事項，應依有價證券集中保管帳簿劃撥作業辦法規定辦理。

第四目　銀行辦理財富管理業務

為符合商業銀行業務大眾化及多樣化之潮流，並期商業銀行能透過理

---

❽ 參閱蔡宛玲，〈分割公司債及分割金融債券制度作業規則〉(上)(下)，《證券櫃檯》，第 104 期及第 105 期，第至 12 頁及第 4 至 15 頁。

財服務，為利企業能經由銀行獲取有效率的企業財務規劃、諮詢顧問、企業併購等多元化的專業服務，其為控股公司之子公司者，依金融控股公司法第 43 條規定，得與其他子公司為共同業務推廣，非金融控股公司關係者，得為共同行銷，又商業銀行及其他銀行依銀行法第 3 條第 22 款及第 71 條第 16 款所定，經中央主管機關核准辦理之其他有關業務之規定，得經主管機關核准銀行得辦理財務顧問業務，故財富管理並非專屬業務，保險業及證券業亦得為之，惟考量此類業務之擴大，尚涉及其他證券交易法、公平交易法、證券投資信託及顧問法等多項法規之規定，故必須配合為下列相對之規範 ❽ 。

一、財富管理之範圍

財富管理業務係指銀行針對自行依據經營策略訂定之高淨額客戶 ❽ ，透過理財業務人員，依據客戶需求作財務規劃或資產負債配置，以提供銀行經核准經營業務範圍內之各種金融商品及服務。

二、專業許可證照之取得

本項業務如涉及證券投資顧問或期貨顧問之諮詢服務者，另應依證券投資顧問事業設置標準或期貨顧問事業設置標準之規定，經主管機關核准兼營證券投資顧問或期貨顧問業務。且其所提供之金融商品或服務涉及外匯業務之經營者，應經中央銀行之同意。

---

❽ 行政院金管會於 94.02.05 以金管銀㈤字第 0945000054 號令發布相關規範，並於同年 7 月 21 日以金管銀㈤字第 0945000509 號令修正在案。

❽ 所謂高淨額客戶其訂定主要目的在於過濾有承擔風險能力之客戶，至於其標準為何？原參考國外實務運作，授權由各銀行自行依內控制度徵信及訂定標準，惟有部分業者將其標準降到新臺幣 5 萬元、10 萬元者，已與規範本旨相違，嗣經討論以新臺幣 3 百萬元或代客操作之標準門檻 5 百萬元為標準，最後主管機關曾決議以參考私募之應募人標準為高淨額客戶之標準。惟業者有不同看法，並認為違背自由化之原則，最後仍回到原點，由業者自行考量訂定，不加強制規範。

三、設置專門部專人專責辦理

　　銀行辦理理財顧問業務應設立獨立於其他部門外之專責部門及人員，負責業務之規劃與執行及理財業務人員之管理。理財業務人員應具備之資格條件，除辦理證券投資顧問、期貨投資顧問或其全權委託投資之代客操作業務，應符合證券及期貨法規所定之資格要件外，由中華民國銀行商業同業公會全國聯合會訂定並報主管機關核定，但通常仍以提供服務之商品其所屬各行業所規定之從業人員應具備之資格條件為準。

四、禁止搭售

　　公平交易法第 19 條規定妨害公平競爭之行為❽，其中第 6 款規定，禁止對於以不正當限制交易相對人之事業活動為條件，與其為交易之行為，而所謂之限制，依公平交易法第 27 條第 1 項進一步解釋，係指以搭售、獨家交易、地域顧客或使用之限制，及其他限制事業活動之情形，至於是否不正當，依同條第 2 項規定，應綜合當事人之意圖、目的、市場地位、所屬市場結構、商品特性及履行情況對市場競爭之影響加以判斷。銀行辦理理財顧問業務，亦應禁止前述妨害公平競爭之行為，尤其對於搭售 (Tying)，銀行在從事某項服務時，將理財顧問之服務一併安排出售，若業務人員以提供授信或投資等承諾，或以其為條件作為取得業務之相對條件，則為禁止之行為。

五、應建立內部控制及風險管理制度

　　銀行辦理財富管理業務，應建立適當之內部控制制度及風險管理制度，並落實執行，其內容包括從業人員之人事管理辦法、充分瞭解客戶之作業準則、監督不尋常或可疑交易之作業準則、業務推廣及客戶帳戶之風險管理作業準則、內線交易及利益衝突之防範機制與客戶紛爭之處理程序。

---

❽　參閱賴源河編審，《公平交易法新論》，元照出版社，第 317 頁以下，2002 年 10 月 2 版。

㈠作好徵信 (Know Your Customer)

應訂定客戶最低往來之條件及金額，並訂定開戶審查作業程序，充分瞭解客戶財務背景及交易經驗之資料。

㈡定期及不定期稽核

銀行應建立內控內稽制度，並落實執行，尤其對於理財業務人員應定期以電話或親訪客戶制度，以瞭解客戶財務、業務變動狀況，並即時更新客戶資料檔。

㈢注意防制洗錢之行為

對於不尋常或可疑交易應予以過濾，對於高風險客戶應建立例外及差異化管理機制。

㈣保密客戶之資訊

銀行專責部門作業人員與相關資訊應與其他部門有效區隔，建立內部資訊控管流程及制度，防止資訊不當流用。

六、設置防火牆

銀行應建立兼營部門或關係企業間之集團子公司防火牆機制，就各專業之特殊性，督導相關人員依規定執行業務。同時要防範內線交易及利益輸送行為之發生，其防範機制，其內容至少應包括下列事項：

㈠為防止資訊不當流用，銀行辦理本項業務之部門或人員，需與其他部門或人員有適當之資訊隔離政策，避免資訊不當流用予未經授權者。

㈡應訂定一套員工行為守則，其內容至少應包括禮品或招待之申報、客戶資訊之保密、內線交易之禁止、洗錢之申報等事項。

㈢辦理本項業務之人員，不得直接或間接要求、期約或收受不當之金錢、財物或其他利益，致影響其專業判斷與職務執行之客觀性；另應確保所訂定之獎勵報酬制度，不得影響理財業務人員推介特定商品予客戶之客觀與公正性。

㈣銀行辦理本項業務如以銷售客戶某項商品作為提供授信或投資之條件時，應向客戶揭露授信或投資之收入分配情形，並不得違反公平交易法

相關規定。

㈤辦理本項業務之人員，從客戶獲知其買賣某標的商品之相關訊息，致有利益衝突或不當得利之虞者，不得從事該等標的之買賣。

第五目　商業銀行之證券融資業務授信

有價證券之融資融券業務，一般稱之為信用交易，亦屬於金融授信業之一種，但因其專對有價證券之買賣交易為授與資金買進，或融券借貸有價證券供客戶賣出放空，現行依證券交易法規定之融資融券制度，其限制以融資買進之有價證券為提供擔保，並以該融資買進有價證券為融券之標的，即所謂以資養券，與銀行之有價證券授信尚有差別，故有價證券之信用交易業務隸屬於證券交易法第 18 條及同法第 60 條之規範❽❺，而我國有價證券之信用交易係採行雙軌制❽❻，故客戶可向證券金融公司或證券商借貸取得資金或有價證券，而有價證券之信用交易既以採行以資養券之方式，就融資買進之有價證券作為融券放空賣出之券源，皆為同一標的之有價證券，此與一般銀行以有價證券設定權利質權之方式借貸亦有區別❽❼，然而證券金融事業及證券經紀商受限於自有資金之額度，在面臨大量融資之需求時，則有向銀行請求轉融資之必要，此亦屬於轉融通之間接授信方式，因此在銀行法第 73 條規定，商業銀行得就證券之發行與買賣，對有關證券商或證券金融公司予以資金融通。有關資金融通之管理辦法，由中央銀行定之。中央銀行援本條及依中央銀行法第 30 條之授權規定，於 84 年 1 月

---

❽❺　參閱臺灣證券交易所編印，《證券商辦理有價證券買賣融資融券業務訓練教材》，第 3 頁，92 年 9 月版。

❽❻　由於有價證券之信用交易與貨幣之供給有關，故證券交易法第 61 條規定，對於有價證券買賣融資融券之額度、期限及融資比率、融券保證金成數，授權由主管機關商經中央銀行同意後定之。

❽❼　所謂雙軌制，即證券金融公司可直接透過證券經紀商之代理授信予客戶，亦可透過轉融資之方式，間接由證券經紀商授信予客戶，故此種轉融資方式是由證券經紀商向證券金融公司融通資金或有價證券，再轉融資融券予客戶。

18 日訂頒中央銀行對銀行辦理證券金融公司或證券商資金融通之管理辦法，其主要內容如下：

一、融資額度之限制

㈠對證券金融公司之授信限制

銀行對同一證券金融公司辦理資金融通，其額度限制如下：

1. 全體銀行對其融資總餘額不得超過該公司淨值六倍者。

2. 該公司對外負債不得超過其淨值十一‧五倍者。

3. 證券金融公司向個別銀行申貸時，填具未超過前開限額及倍數之切結書，否則銀行不得受理。

㈡對證券經紀商之授信限制

1. 全體銀行對辦理有價證券融資業務之證券商，其融資總餘額不得超過該證券商淨值一‧五倍者。

2. 證券商向個別銀行申貸時，非經填具未超過前項限額之切結書，銀行不得受理。

二、融資率之限制

㈠證券商以自己投資之有價證券之融資

銀行對證券商辦理以其自有之有價證券為擔保，且以自行投資有價證券為目的之資金融通，其最高放款率不得超過證券主管機關依證券交易法第 61 條商經中央銀行同意之融資比率，現行融資比率上市有價證券為六成、上櫃有價證券為五成。

㈡證券商非以自己投資之有價證券之融資

銀行對證券商辦理以其自有之有價證券為擔保，而非以自行投資有價證券為目的之資金融通，不受有關融資比率之限制。但應要求借款人出具借款非以自行投資有價證券為目的之切結書。

㈢對包銷有價證券之融資

銀行對證券承銷商因包銷股票，於承銷期間為履行包銷責任所需支付

之價款得予以融通，其融資比率以承銷價格之 60% 為限。

三、證券金融公司及證券商淨值、得投資之有價證券暨融資總餘額之範圍

(一)淨 值

所稱證券金融公司及證券商之淨值，係指上一會計年度決算後淨值，年度中之現金增資准予計入淨值計算，證券金融公司以取得中央銀行驗資證明書為計算基準日，證券商以證券主管機關核發增資後許可證照日為計算基準日。證券商係由金融機構兼營者，指其所撥營運資金。

(二)有價證券之範圍

所稱有價證券，除依該辦法第 6 條及第 7 條另有規定者外，係指經證券主管機關依證券交易法第 61 條核准公告得為融資融券交易之有價證券。

(三)融資總餘額

所稱融資總餘額，係指證券金融公司或證券商為辦理有價證券融資業務，而向銀行借入之資金。而此額度並未含括承兌與保證❽，但銀行代理證券公司股款收付劃撥交割業務時，為協助證券公司完成股款之結算交割而墊付股款，若該項墊付股款係支應證券公司自辦有價證券融資業務之資金需求，則應計入❾。

第十六節 專業銀行

第一目 專業銀行之定義與種類

專業銀行主要在考量國家經濟之均衡發展，加強對於較需扶植之特定

---

❽ 參閱中央銀行業務局 84.06.22 以(84)臺央業字第 748 號函示。

❾ 參閱中央銀行業務局 87.05.27 以(87)臺央業字第 0200534 號函示。

專業領域，設立不同之專業銀行以提供專業信用，故銀行法第 87 條規定，為便利專業信用之供給，中央主管機關得許可設立專業銀行，或指定現有銀行擔任該信用之供給，主管機關可受理專業銀行之設立，或指定其他銀行擔任專業銀行之功能。而專業信用依同法第 88 條規定，可分為工業信用、農業信用、輸出入信用、中小企業信用、不動產信用及地方性信用，各該特定對象之信用，可再進一步分析如下：

一、工業信用

為供給工業信用者為工業銀行，工業銀行以工、礦、交通及其他公用事業所需之中、長期信用為主要業務[90]。

二、農業信用

為供給農業信用之專業銀行為農業銀行，農業銀行以調劑農村金融，及供應農、林、漁、牧之生產及有關事業所需信用為主要任務[91]。

三、輸出入信用

供給輸出入信用之專業銀行為輸出入銀行，為協助拓展外銷及輸入國內工業所必需之設備與原料，而供給其中、長期信用者為主要任務[92]。

四、中小企業信用

供給中小企業信用之專業銀行為中小企業銀行。中小企業銀行以供給中小企業中、長期信用，協助其改善生產設備及財務結構，暨健全經營管理為主要任務[93]。

---

[90] 參照銀行法第 91 條規定。

[91] 參照銀行法第 92 條規定。

[92] 參照銀行法第 94 條規定。

[93] 參照銀行法第 96 條規定。

五、不動產信用

供給不動產信用之專業銀行為不動產信用銀行。不動產信用銀行以供給土地開發、都市改良、社區發展、道路建設、觀光設施及房屋建築等所需中、長期信用為主要任務❾❹。

六、地方性信用

供給地方性信用之專業銀行為國民銀行。國民銀行以供給地區發展及當地國民所需短、中期信用為主要任務❾❺。

第二目 農業銀行

一、農民銀行

現行我國銀行中雖無專業之農業銀行，但對於農、林、漁、牧等可辦理融資業務者，有農民銀行、合作金庫、土地銀行，依中國農民銀行條例特許之農民銀行，其設定宗旨為供給農業信用、發展農村經濟，促進農業產銷之農業專業銀行，雖該條例已於 94 年 12 月 21 日經總統以華總一義字第 09400206071 號令廢止，但因銀行法並未一併修正，故可進一步說明其業務種類及業務管理如下：

（一）**得經營之業務種類**

收受各種存款、辦理農業性放款及保證、辦理國內外匯兌及貨物押匯、投資農業生產運銷事業、辦理農業性證券之認購、承銷及保證、輔導協助其所授信或投資之事業改進生產技術與經營管理，及其他經主管機關核定或中央銀行特許辦理之業務❾❻。

---

❾❹ 參照銀行法第 97 條規定。

❾❺ 參照銀行法第 98 條規定。

❾❻ 參照原中國農民銀行條例第 5 條規定。

㈡轉投資農業生產運銷事業

農民銀行對農業生產運銷事業之投資，除經主管機關核准者外，總額不得超過本行淨值 30%，其對每一企業之投資金額，不得超過本行淨值 5% 及該企業資本總額 25% ❾ 。

第三目　工業銀行

工業銀行 (Industrial Bank) 主要在供給產業對於設廠、製造、周轉等所需要之資金，而其供給資金之方式，除了授信融資之外，亦可直接參與投資，而由於工業銀行可從事投資，可投資於具開創性之產業，例如資本密集、技術較高之電子業或石化產業，其建設廠、還本之期間較長，故需要由具專業性之工業銀行來提供中、長期信用或直接參與投資，以扶助工業之升級與發展，而有關工業銀行之設立，前已加予說明，茲就我國現行銀行法及工業銀行設立及管理辦法中 ❾ ，有關工業銀行之規定，說明如下：

一、經營業務項目

㈠收受支票存款及其他各種存款，但不得收受金融機構之轉存款。

㈡發行金融債券。

㈢辦理放款。

㈣投資有價證券。

㈤辦理直接投資生產事業、金融相關事業及創業投資事業。

㈥辦理國內外匯兌。

㈦辦理國內外保證業務。

㈧簽發國內外信用狀。

㈨代理收付款項。

---

❾　參照原中國農民銀行條例第 6 條規定。

❾　該辦法由行政院金管會於 94 年 11 月 30 日以金管銀㈣字第 0944000982 號令修正發布。

㈩承銷有價證券。

㈡辦理政府債券自行買賣業務。

㈢擔任股票及債券發行簽證人。

㈣辦理與前列各款業務有關之倉庫、保管及各種代理服務事項。

㈤經主管機關核准辦理之其他有關業務。

二、服務之對象

工業銀行放款之對象為大型企業，且銀行法明定其對生產事業中、長期授信總餘額，不得少於其授信總餘額之 60%，至於工業銀行辦理存款及外匯業務對象，限於與其有業務往來公司組織之投資戶與授信戶、依法設立之保險業與財團法人及政府機關。

三、發行金融債券之特別規範

工業銀行發行之金融債券應接受主管機關認可之信用評等機構予以信用評等，其發行總餘額並不得超過該行調整後淨值之六倍。而所謂調整後淨值，係指銀行上一會計年度決算後淨值，扣除直接投資生產事業、金融相關事業及創業投資事業之帳面淨額及當年度新增直接投資生產事業、金融相關事業及創業投資事業之原始取得成本後之餘額。

四、工業銀行投資生產事業之範圍

工業銀行投資所稱生產事業，係指生產物品或提供勞務之下列事業：

㈠製造業：以人工與機器製造或加工產品之事業。

㈡礦業及土石採取業：從事地表、地下、水底之礦物與土石之探勘、採取及初步處理之事業。

㈢農、林、漁、牧業：以自動化機器設備從事農藝及園藝作物之栽培，提供各種農事服務，林木之種植與採伐、水產之養殖、採捕、家禽、家畜等之飼育、放牧之事業。

㈣運輸、倉儲業：利用機動運輸工具之能力，從事水、陸、空客貨運

輸，或從事獨立經營租賃取酬之各種堆棧、棚棧、倉庫、冷凍冷藏庫、保稅倉庫等事業。

㈤公用事業：為公眾需用之市區交通、電話、衛生、水利、自來水、電力、煤氣等事業。

㈥國民住宅興建業：投資興建大量現代國民住宅之事業。

㈦技術服務業：提供專門技術或專利權、協助製造國內尚未能自行生產之產品之事業。

㈧國際觀光旅館業：合於政府所定新建國際觀光旅館建築及設備標準要點之事業。

㈨重機械營造業：以重機械從事土木工程營造之事業。

㈩通信業：從事函件及包裹等之郵遞，及有線及無線電話、光學或電磁系統、人造衛星等傳送及接收數據、文字、影像、語音等事業。

(十一)資訊服務業：利用資料處理設備，從事代客設計資料處理程式，規劃系統分析作業，處理資料、製備報表，提供網路服務，開發套裝軟體及諮詢之事業。

(十二)醫療保健服務業：從事醫療保健服務之事業，如醫療機構、醫事放射、物理治療、職能治療及其他醫療保健服務等之事業。

(十三)環境衛生及污染防治業：從事廢棄物清除、處理、廢污水清除、處理、房舍害蟲防除與清潔以及環境污染防治等之事業。

(十四)配合政府經濟發展計畫，經本部專案核准之事業。

五、投資事業之投資金額限制

㈠工業銀行直接投資生產事業、金融相關事業、創業投資事業及投資不動產之總餘額，不得超過該行上一會計年度決算後淨值；而直接投資之總餘額，工業銀行應於計算自有資本與風險性資產比率時，從自有資本中扣除；扣除直接總餘額後之自有資本與風險性資產比率，不得低於 10%。

㈡工業銀行對任一生產事業直接投資餘額，不得超過該行上一會計年度決算後淨值 5%，及該生產事業已發行股份或資本總額 20%。但為配合政

府重大經建計畫，經專案核准者，不在此限。

㈢工業銀行對任一創業投資事業直接投資餘額，不得超過該行上一會計年度決算後淨值 5%，其直接投資創業投資事業超過被投資事業已發行股份或資本總額 20% 以上者，應經主管機關核准。

六、投資關係人事業之限制與程序

依銀行法第 91 條之 1 規定，工業銀行對有下列各款情形之生產事業直接投資，應經董事會三分之二以上董事出席及出席董事四分之三以上同意；且其投資總餘額不得超過該行上一會計年度決算後淨值 5%：

㈠本行主要股東、負責人及其關係企業者。

㈡本行主要股東、負責人及其關係人獨資、合夥經營者。

㈢本行主要股東、負責人及其關係人單獨或合計持有超過公司已發行股份總額或實收資本總額 10% 者。

㈣本行主要股東、負責人及其關係人為董事、監察人或經理人者。但其董事、監察人或經理人係因銀行投資關係而兼任者，不在此限。

㈤所稱之關係企業，適用公司法第 369 條之 1 至第 369 條之 3、第 369 條之 9 及第 369 條之 11 規定。

㈥所稱關係人，包括本行主要股東及負責人之配偶、三親等以內之血親及二親等以內之姻親。

七、兼任負責人或職員

工業銀行因投資關係得派任其負責人或職員，兼任生產事業之董事或監察之人。但不得兼任董事長。

第四目　輸出入銀行

輸出入銀行主要為提供中長期信用之政策性專業銀行，其功能在協助企業拓展對外貿易，及輸出國內工業所必需之設備與原料，以加速經濟成

長；另為便利國內工業所需重要原料之供應，其經中央主管機關核准，得
提供業者向國外進行生產重要原料投資所需信用。現行中國輸出入銀行係
依據中國輸出入銀行條例設立之輸出入信用專業銀行，於 68 年 1 月 11 日
正式成立 ❾，以辦理專業性之中長期輸出入融資、保證及輸出保險業務，
並配合政府經貿政策，提供金融支援，以協助廠商拓展對外貿易與海外投
資，賡續國家經濟穩定成長為宗旨。而輸出入銀行得經營之業務種類，經
參照中國輸出入銀行條例及現行經主管機關得經營之業務，可分析如下 ❿：

一、貸款業務

輸出入銀行得經主管機關之核准辦理之貸款業務，包括中長期出口貸
款、中長期輸入貸款、海外投資貸款、海外工程貸款、造船貸款、技術輸
出貸款、短期出口貸款、一般出口貸款、轉融資 ⓭、國際聯合融資 ⓮，而
其主要之功能如下：

---

❾　中國輸出入銀行條例於民國 73 年 4 月 16 日修正。

❿　依中國輸出入銀行條例第 4 條規定，中國輸出入銀行得經營下列業務：

　一、辦理輸出機器設備及其他資本財所需價款或技術服務費用之保證及中、長
　　　期融資。

　二、辦理出口廠商為掌握重要原料供應或為拓展外銷從事對外投資及工程機
　　　構承包國外工程所需資金與合約責任之保證及中、長期融資。

　三、辦理出口廠商輸入與其外銷有關之原料、器材、零件所需價款之保證及中
　　　期融資。

　四、辦理出口廠商短期融資之保證。

　五、辦理主管機關核准之輸出保證。

　六、辦理國內外市場調查、徵信、諮詢及服務事項。

　七、其他經主管機關核准辦理之業務。

⓭　依中國輸出入銀行條例第 5 條規定，中國輸出入銀行為籌措資金，經主管機關
　核准，得向國外借貸或國內外發行短期票券及中、長期金融債券。

⓮　依中國輸出入銀行條例第 6 條規定，中國輸出入銀行得將其辦理融資所獲得之
　債權轉讓與其他金融機構，亦得受讓其他金融機構因辦理與輸出入有關融資之
　債權。

㈠就企業之需要得以分期付款方式輸出整廠、整線機器設備等資本財或政府鼓勵出口之其他產品，提供輸出之信用，協助廠商對外拓展經貿合作。

㈡協助輸出廠商輸入信用，引進國外精密機械設備或生產技術，以促進產業升級。

㈢協助廠商設立外銷據點或發貨倉庫或開發與掌握重要資源。

㈣藉國內外金融機構之廣泛分支機構，以優惠利率之轉融資，鼓勵外國買主購買我國機器設備等工業產品，協助國產機械之外銷。

二、保證業務

為增強廠商在國外之競爭能力，爭取外銷訂單及承包海外工程之機會，以帶動相關產業發展，輸出入銀行得辦理之保證業務包括海外營建工程保證、船舶輸出保證、整廠輸出保證與輸入保證。

三、輸出保險

分擔我國廠商從事對外貿易之風險，使業者得以更具競爭力之付款條件，爭取貿易機會，並積極開拓新興市場，分散外銷市場。

四、專案輸出保險

另為配合政府政策，使出口廠商能順利押匯及獲得融資，以爭取商機，提振出口貿易，輸出入銀行得經主管機關核准辦理託收方式輸出綜合保險、中長期延付輸出保險、輸出融資綜合保險、記帳方式輸出綜合保險、海外投資保險、普通輸出保險、中小企業安心出口保險、海外工程保險、信用狀出口保險、臺灣接單、大陸出口境外貿易保險，及國際應收帳款輸出信用保險等之保險。

第五目　中小企業銀行

我國企業除公開發行之上市、上櫃公司，其資本額須達一定標準外[103]，仍以中小企業居多，依經濟部之統計，截至 94 年 11 月底將近有一百一十六萬家之多，而中小企業對我國產業與經濟之穩定發展具有極為重要之地位，然由於中小企業資本短少，業務基礎薄弱，財務、管理及會計制度未上軌道且投信風險較大，不易獲一般金融機構之融資，其若轉向地下融資，更容易造成經濟金融與社會秩序之危害，爰有必要予以特殊之融資管道。銀行法第 96 條規定，中小企業銀行為對於提供中小企業中、長期信用之專業銀行，其主要任務在協助中小企業改善生產設備、財務結構及健全金融管理，至於中小企業之範圍，由中央經濟主管機關擬訂，報請行政院核定，茲就中小企業之範圍、中小企業銀行貸款之內容及現況分析如下：

一、經濟部中小企業處於 89 年 5 月 3 日依本條及中小企業發展條例第 2 條第 2 項之授權，明定中小企業之認定標準[104]

所稱中小企業，係指依法辦理公司登記或商業登記，並合於下列標準之事業：

㈠製造業、營造業、礦業及土石採取業實收資本額在新臺幣 8 千萬元以下者。

㈡農林漁牧業、水電燃氣業、商業、運輸、倉儲及通信業、金融保險

---

[103] 依臺灣證券交易所股份有限公司有價證券上市審查準則第 4 條至第 6 條之 1 規定，除科技事業及中央目的事業主管機關之出具明確意見書，得以實收資本額達新臺幣 3 億元以上申請上市外，一般公司申請上市實收資本額新臺幣 6 億元以上；另依財團法人中華民國證券櫃臺買賣中心證券商營業處所買賣有價證券審查準則第 3 條規定，申請上櫃必須實收資本額在新臺幣 5 千萬元以上。

[104] 參閱經濟部中小企業處(89)企字第 89340202 號函修正之中小企業認定標準。

不動產業、工商服務業、社會服務及個人服務業前一年營業額在新臺幣 1 億元以下者，而營業額係以認定時前一年度稅捐稽徵機關核定之數額為準 ⑩。

　　㈢各行政或其他相關機關基於輔導業務之性質，就該特定業務事項得以左列經常僱用員工數為中小企業認定標準，不受前㈠㈡規定限制：

　　1.製造業、營造業、礦業及土石採取業經常僱用員工數未滿二百人者。

　　2.農林漁牧業、水電燃氣業、商業、運輸、倉儲及通信業、金融保險不動產業、工商服務業、社會服務及個人服務業經常僱用員工數未滿五十人者。

　　㈣視同中小企業之情形如下：

　　1.中小企業經輔導擴充後，其規模超過第 2 條所定標準者，自擴充之日起，二年內視同中小企業。

　　2.中小企業經輔導合併後，其規模超過第 2 條所定標準者，自合併之日起，三年內視同中小企業。

　　3.機關、輔導體系或相關機構辦理中小企業行業集中輔導，其中部分企業超過第 2 條所定標準者，輔導機關、輔導體系或相關機構認為有合併同輔導之必要時，在集中輔導期間內，視同中小企業。

二、中小企業銀行放款業務

　　中小企業銀行除經主管機關核准之個人購屋貸款、政府低利房貸、消

---

⑩　未有稅捐稽徵機關核定者，依下列規定認定：

　　一、以事業加蓋稅捐稽徵機關收件戳之最近年度所得稅結算申報書所列之營業收入之數額為準。

　　二、事業未取得前款之證明文件者，以最近全年度營業人銷售額與稅額申報書之銷售額扣除受託代銷及非營業收入後之數額為準。

　　三、依法由稅捐稽徵機關查定課徵營業稅之營業人，前一年度之營業額推定為新臺幣八千萬元下。

　　四、事業於前一年度始登記設立未滿一年或當年度設立登記者，依各期已申報之數額換算為全年度之數額。

費金融貸款外，尚有提供協助企業成長類之貸款與以低融資利率提供企業節約成本之一般貸款，就協助企業成長之貸款業務，包括購買營業場所貸款、綜合周轉金貸款、墊付國內票款、匯票承兌、發行商業本票保證、各種保證業務、外銷貸款、透支及擔保透支、出口押匯、貼現、外幣進口融資、國外遠期信用狀之貸款等。

另就其他中小企業之貸款，可包括微型企業創業貸款、中小企業小額簡便貸款、輔導中小企業升級貸款、購買自動化機器設備優惠貸款、振興傳統產業優惠貸款、促進產業研究發展貸款、數位內容產業及文化創意產業優惠貸款、協助中小企業紮根專案貸款、青年創業貸款、本行自有資金辦理傳統產業專案、購置節約能源設備優惠貸款及促進東部地區產業發展優惠貸款等，其種類相當多。

三、現行中小企業銀行經營狀況

㈠中小企業銀行之沿革

臺灣中小企業銀行為民國 65 年 7 月 1 日由臺灣省營之臺灣合會儲蓄公司改制而來，另外尚有七家地區性民營合會儲蓄公司，亦分別改制為臺北區、新竹區、臺中區、臺南區、高雄區、花蓮區及臺東區中小企業銀行❿，至於其中臺中區中小企業銀行於民國 86 年改制為臺中國際商業銀行，新竹區中小企業銀行於民國 88 年 4 月 20 日改制為新竹國際商業銀行，高雄區中小企業銀行已於民國 94 年為玉山銀行所購併。

㈡授信額度限制

中小企業銀行以提供中小企業信用為主要任務，其對中小企業之授信不得低於授信總額 60%，其辦理中長期放款總額不得超過其所收定期存款、定期儲蓄存款及金融債券發售額之和❿。

---

❿　參閱金桐林，《銀行法》，第 223 頁，三民書局，2004 年 3 月增訂 4 版。

❿　參閱原財政部 84 年 9 月 15 日臺財融字第 84728039 號函。

第六目　不動產信用銀行

　　依民法第 66 條之規定，不動產包括土地及其定著物，銀行以供給不動產之信用者為不動產信用銀行，依銀行法第 97 條規定，不動產信用銀行係以供給土地開發、都市改良、社區發展、道路建設、觀光設施及房屋建築等所需中長期信用為主要之專業銀行，而前述信用之提供，由於不動產之開發在用途上需要較長期之資金，而不動產信用銀行亦囿於不能收受存款以籌措較長期之資金，因此必須仰賴發行金融債券，加以不動產信用銀行得經營業務項目有限，故我國尚未有單純之不動產信用銀行之設立，而現行土地銀行原以發展不動產及農業金融長期融通資金業務為主，可謂為國內不動產及農業之專業銀行，但主管機關亦授予其他一般商業銀行得經營之業務❿，而通常所謂不動產授信，可涵蓋土地、建築、住宅及法院拍賣動產貸款，可進一步分析如下：

一、土地貸款

㈠購買工業用地及構建廠房貸款

　　1.貸款對象以實際從事工業或有興辦工業意願及能力者。

　　2.貸款用途，包括購買工業用地、購買廠房及基地、興建廠房。

㈡市地改良放款

　　1.貸款對象，包括政府機關或公營事業機構、民營企業或財團法人及個人。

　　2.貸款用途以新社區用地開發費用或市地改良工程相關費用，以及市地重劃工程及整地費用或區段徵收之地價補償等相關費用。

二、建築業貸款

㈠建築業預售房屋履約保證

---

❿　參閱土銀簡介網址 http://www.landbank.com.tw/bank/about/a_l.htm。

1.對象以興建房屋出售業務並為建築物起造人之法人組織或具完全行為能力之自然人為限。

2.保證額度以建築經理公司審查通過之個案興建計畫總銷售金額中，購屋人應繳自備款總額為保證額度，並以已繳之自備款為保證責任範圍。

㈡**購地貸款**

1.貸款對象以購買公、私有建築用地之法人或個人為限。

2.貸款額度以在擔保品查估價值九成範圍內核貸，但最高以所購買之土地取得費用成本七成為限。

㈢**興建房屋貸款**

1.貸款對象以興建房屋之法人或個人。

2.貸款額度以放款總額度（含擔保、無擔保放款）最高以建物預估造價六成為限。

㈣**法院拍賣不動產貸款**

1.貸款用途以標購本行聲請各地方法院或銀行聲請法院委託臺灣金融資產服務股份有限公司拍賣本行逾期放款戶之房地。

2.貸款對象以具有完全行為能力之本國國民皆可申請之。

3.貸款額度之限制如下：

⑴所有權移轉登記前以無擔保放款方式辦理，最高不得超過借款人投標金額加計投標金額 5% 之總額。

⑵所有權移轉登記後以無擔保放款方式辦理，最高不得超過借款人投標金額之九成，且不得超過該房地原擔保（含副擔保）借款之逾期放款本金。

三、住宅貸款

可分為一般住宅貸款及政策性住宅貸款，一般住宅貸款包括指數型房屋貸款、購置房屋貸款、房屋修繕貸款、無自用住宅者購買自用住宅貸款、購屋儲蓄貸款、成屋交易履約保證及法院拍賣不動產貸款等，而政策性住宅貸款，隨著配合政府政策之需要而實施，可包括輔助人民自購國民住宅

貸款、勞工住宅貸款、勞工第二順位住宅及修繕貸款、輔助原住民建購修繕住宅貸款、國民住宅貸款、公教住宅貸款、國軍官兵購置住宅貸款基金輔助官兵購宅貸款、協助震災災區民眾建購修繕住宅貸款、天然災區房屋修繕、重建貸款等。

第七目　國民銀行

我國銀行法第 98 條規定，以供給地方性信用之專業銀行為國民銀行，其以供給地區發展及當地國民所需之短、中期信用為主要業務。同法第 99 條復規定，國民銀行應分區經營，在同一地區內以設立一家為原則，國民銀行對每一客戶之放款總額，不得超過一定之金額。國民銀行設立區域之劃分，與每戶放款總額之限制，由中央主管機關訂之。

銀行法有關國民銀行之設立與規範，原為參考美國鄉村銀行 (Country Bank)、日本相互銀行及韓國國民銀行之體例而來，由於國民銀行是屬於地方性金融業務範圍為限，資金吸收不易，為考量周轉之需要，其不得辦理長期放款，且為考量地區國民之公平與普遍性，故對單一客戶之授信，宜有所限制。現行在臺灣地區由於幅員不大，再加以商業銀行、專業銀行、信用合作社、農漁會信用部及郵局等之總分支機構已遍布各地區，實已具備並取代國民銀行之功能，所以實務上並無專業之國民銀行設立，而主管機關對於原依銀行法第 99 條授權應訂定之區域劃分與每戶放款總額限制等截至目前亦尚未有訂定之必要。

第十七節　信託投資公司

我國信用投資公司在全盛時期有國泰、中國、第一、華僑、中聯、亞洲及台開等七家，另中央信託局依中央信託局條例特許之信託投資機構，之後由於陸續發生弊案及整併，截至 94 年初僅剩亞洲、中聯及台開等少數

幾家，其中台開信託業務部門並將出售，加以信託業法訂有落日條款[109]，信託投資公司將不復存在，故銀行法第六章有關信託投資公司之規定，於94 年 7 月 21 日以後配合刪除，惟為瞭解信託投資公司，在未刪除前仍就其業務規範作簡要敘述。

第一目　定義與業務範圍

一、定　義

信託投資公司顧名思義，除從事以接受委託人委託移轉所有權之信託財產，依照信託契約之約定，為經營信託財產之投資或管理、運用，而就其收益分配予收益人為業務之公司，銀行法第 100 條第 1 項規定，所稱信託投資公司，謂以受託人之地位，按照特定目的，收受、經理及運用信託資金與經營信託財產或以投資中間人之地位，從事與資本市場有關特定目的投資之金融機構。換言之，信託投資公司是資產管理事業，就資產管理與銀行業務最大不同之處為銀行以收受存款必需支付利息，但信託投資並不以利息之支付為條件，而其對資金投資運用之盈虧由受益人承擔，在法律適用上而言，銀行法之規定仍為信託法之特別法，銀行法就信託投資行為未規範者，再依其他有關法律之規定，而所謂其他法律包括信託法及信託業法等。

二、業務範圍

我國銀行法對於信託投資公司之業務項目規範，從早期希望透過信託

---

[109] 依信託業法第 61 條規定，信託業將於 94 年 7 月 21 日前調整為其他銀行或改制為信託業，其規定如下：本法施行前依銀行法設立之信託投資公司應於 89 年 7 月 21 日起五年內依銀行法及其相關規定申請改制為其他銀行，或依本法申請改制為信託業。主管機關得於必要時，限制於一定期間內停止辦理原依銀行法經營之部分業務。

投資公司以信託名義吸收中、長期資金幫助整體經濟之發展，嗣後引發民國 71 年之亞洲信託，74 年之國泰信託及華僑信託弊案，由於各該信託投資公司變相吸收活期存款介入他公司之經營、炒作股票不動產以致發生嚴重擠兌之危機，所以銀行法對於信託投資公司之業務範圍時有增刪，現行銀行法第 101 條規定，就信託投資公司之業務並不包括吸收存款，其業務內容除信託及投資外，尚涵蓋授信及證券等項目，可分述如下：

㈠**信託投資公司經營下列業務**

　　1.辦理中、長期放款。

　　2.投資公債、短期票券、公司債券、金融債券及上市股票。

　　3.保證發行公司債券。

　　4.辦理國內外保證業務。

　　5.承銷及自營買賣或代客買賣有價證券。

　　6.收受、經理及運用各種信託資金。

　　7.募集共同信託資金。

　　8.受託經管各種財產。

　　9.擔任債券發行受託人。

　　10.擔任債券或股票發行簽證人。

　　11.代理證券發行、登記、過戶及股息紅利之發放事項。

　　12.受託執行遺囑及管理遺產。

　　13.擔任公司重整監督人。

　　14.提供證券發行、募集之顧問服務，及辦理與前列各款業務有關之代理服務事項。

　　15.經中央主管機關洽商中央銀行後核准辦理之其他有關業務。包括信用卡業務及得以非信託資金辦理對生產事業直接投資或投資住宅建築及企業建築。

㈡**授信業務**

　　前述㈠1. 3. 4.為一般銀行之授信業務，惟其放款須以中、長期放款為限，且對任一客戶之授信總額不得超過公司淨值 20%，其中無擔保授信之

總額不得超過公司淨值 5%，至於辦理保證之總額，不得超過淨值之十倍，其中無擔保保證之總額，不得超過淨值之二倍。

(三)信託業務

前述(一) 6. 7. 8. 9. 12. 13.等六項為信託之業務，信託投資公司得經營信託資金之業務種類包括由信託人指定用途之信託資金及由公司確定用途之信託資金，其中對由公司確定用途之信託資金，得以信託契約約定，由公司負責，賠償其本金損失⑪，而在業務上必須依銀行法第 104 條規定信託契約所約定之資金營運之方式及範圍、財產管理之方法、收益之分配、信託投資公司之責任、會計報告之送達、各項費用收付之標準及其計算之方式、其他有關協議事項，以改善管理人之注意受託經理信託資金或信託財產。

(四)投資業務

前述(一) 2. 15.為投資業務，為避免信託投資公司吸收大量游資，投資於不動產或直接投資於生產事業，造成炒作或介入經營權之惡性併購，爰規定其投資於須以非信託資金，並經主管機關洽商中央銀行之同意，另外亦限制信託投資公司不得投資非自用之不動產，對自用不動產之投資，不得超過其投資該項不動產時之淨值。

(五)證券業務

前述(一) 5. 10. 11. 14.為證券事業，其中信託投資公司經營證券承銷商或證券自營商業務時，至少應指撥相當於其上年度淨值 10% 專款經營，該項專款在未動用時，得以現金貯存，存放於其他金融機構或買賣政府債券⑪。

第二目　信託投資公司業務之管理

信託契約之受託人依信託法之規定，應親自處理信託事務，負有善良管理人之注意義務⑫，同時應依信託財產所具有之獨立性⑬，對受託人之

---

⑪　參照銀行法第 110 條第 1 項及第 2 項規定。

⑪　參照銀行法第 102 條規定。

⑫　信託法第 22 條規定，受託人應依信託本旨，以善良管理人之注意，處理信託

固有財產與信託財產分別管理❶❶❹，並基於與信託人之高度信賴關係，受託人具有忠實之義務 (Fiducary Duty)，不得圖利自己或他人 ❶❶❺，準此，信託投資公司在業務之運作上，應遵守下列規範：

一、設置獨立帳戶分別管理

㈠信託投資公司在未依信託契約營運前，或依約營運收回後尚未繼續營運前，其各信託戶之資金，應以專戶存放商業銀行或專業銀行為限。

㈡信託投資公司應就每一信託戶及每種信託資金設立專帳；並應將公司自有財產與受託財產，分別記帳，不得流用。信託投資公司不得為信託資金借入款項❶❶❻。

二、信託財產之評價

信託投資公司應設立信託財產評審委員會，將各信託戶之信託財產每三個月評審一次；並將每一信託帳戶審查結果，報告董事會❶❶❼。

三、由具有專業資格條件之人員負責管理

信託投資公司之經營與管理，應由具有專門學識與經驗之財務人員為之；並應由合格之法律、會計及各種業務上所需之技術人員協助辦理❶❶❽。

事務，並未區分是否以受有報酬或利益為基礎。

❶❶❸ 依銀行法第 112 條規定,信託投資公司之債權人對信託財產不得請求扣押或對之行使其他權利。

❶❶❹ 信託法第 24 條第 1 項前段規定，受託人應將信託財產與自有財產及其他財產分別管理。

❶❶❺ 參閱賴源河、王志誠合著,《現代信託法論》，第 99 至 119 頁，五南圖書出版，85 年 2 月初版。

❶❶❻ 參照銀行法第 111 條規定。

❶❶❼ 參照銀行法第 113 條規定。

❶❶❽ 參照銀行法第 106 條規定。

四、利益衝突行為之禁止

(一)利益衝突之行為

　　信託投資公司除因裁判之結果，或經信託人書面同意，並依市價購讓，或雖未經信託人同意，而係由集中市場公開競價購讓者外，不得為下列行為：

　　1. 承受信託財產之所有權。

　　2. 於信託財產上設定或取得任何權益。

　　3. 以自己之財產或權益讓售與信託人。

　　4. 從事於其他與前三項有關的交易。

　　5. 就信託財產或運用信託資金與公司之董事、職員或與公司經營之信託資金有利益關係之第三人為任何交易。

(二)例外之許可

　　信託投資公司依前述除外規定所為之交易，應依規定報請主管機關核備，並應受下列規定之限制：

　　1. 公司決定從事交易時，與該項交易所涉及之信託帳戶、信託財產或證券有直接或間接利益關係之董事或職員，不得參與該項交易行為之決定。

　　2. 信託投資公司為其本身或受投資人之委託辦理證券承銷、證券買賣交易或直接投資業務時，其董事或職員如同時為有關證券發行公司之董事、職員或與該項證券有直接間接利害關係者，不得參與該交易行為之決定。

第三目　信託投資公司財務之管理

一、賠償準備金之繳存

　　現行銀行法並未對信託業繳存賠償準備金之目的作規定，但依信託業法第 34 條第 1 項規定，信託業為擔保其因違反受託人義務而對受託人或受益人所負之損害賠償、利益返還或其他責任，應提存賠償準備金，同條第

4 項復規定，委託人或受益人就賠償準備金，有優先受償之權，至於繳存標的及金額，銀行法第 103 條則規定如下：

㈠信託投資公司應以現金或中央銀行認可之有價證券繳存中央銀行，作為信託資金準備。其準備與各種信託資金契約總值之比率，由中央銀行在 15% 至 20% 之範圍內定之。但其繳存總額最低不得少於實收資本總額 20%。

㈡信託資金準備，在公司開業時間，暫以該公司實收資本總額 20% 為準，俟公司經營一年後，再照前述標準於每月月底調整之。

二、定期會計報告

信託投資公司應依照信託契約之約定及中央主管機關之規定，分別向每一信託人及中央主管機關作定期會計報告[119]。

第四目　信託投資公司申請改制為商業銀行之條件

為配合信託業法第 60 條有關信託投資公司落日條款之規定，信託投資公司必須在 94 年 7 月 20 日前依銀行法及其相關規定申請改制為其他銀行或信託業，主管機關並訂有信託投資公司申請改制為商業銀行審核要點，該要點在性質上為行政程序法第 159 條第 2 項第 2 款之裁量性行政規則，其改制之主要條件如下：

一、信託投資公司符合下列要件，得改制為商業銀行：

㈠實收資本額及淨值皆應達 50 億元以上。

㈡自有資本與風險性資產之比率，不得低於 8%。

㈢逾期放款比率低於 5%。

㈣股東持股比率應符合銀行法第 25 條之規定。

二、信託投資公司申請改制為商業銀行時，得依信託業設立標準第 9

---

[119]　參照銀行法第 114 條規定。

條規定申請兼營信託業務。

　　三、經核准改制為商業銀行之信託投資公司，於申請換發營業執照前，應將原持有之證券自營商營業執照依有關規定辦理註銷。

第十八節　外國銀行

第一目　外國銀行之定義

　　一般所謂外國公司，係指依照外國法律設立登記之公司，並經中華民國政府認許，在中華民國境內經營業務之分支機構 (Branch)，因此所謂外國銀行為外國銀行在我國境內設置並經認許之分行，至於外國轉投資在中華民國境內設立之銀行，因其設立之準據法為中華民國公司法、銀行法或其他法律，其為中華民國之銀行，僅為外資銀行並非外國銀行。

第二目　外國銀行之設立條件與程序

一、外國銀行在我國設立分行之許可條件

　　依行政院金融監督管理委員會 94 年 12 月 13 日修正發布之外國銀行分行及代表人辦事處設立及管理辦法第 2 條規定，外國銀行須具備下列條件者，始得申請許可在我國境內設立分行：

　　㈠最近五年內無重大違規紀錄。

　　㈡申請前一年於全世界銀行資本或資產排名居前五百名以內或前三曆年度與我國銀行及企業往來總額在十億美元以上，其中中、長期授信總額達一億八千萬美元。但其母國政府與我國簽訂之經貿協定另有特別約定者，從其約定。

㈢從事國際性銀行業務，信用卓著及財務健全，自有資本與風險性資產之比率符合主管機關規定之標準。

㈣擬指派擔任之分行經理人應具備金融專業知識及從事國際性銀行業務之經驗。

㈤母國金融主管機關及總行對其海外分行具有合併監理及管理能力。經母國金融主管機關核可前來我國設立分行並同意與我國主管機關合作分擔銀行合併監督管理義務。

㈥無其他事實顯示有礙銀行健全經營業務之虞。

二、經主管機關認許

外國銀行之申請認許，除依公司法第 435 條規定報明並具備各款事項及文件外，並應報明設立地區，檢附本行最近資產負債表、損益表及該國主管機關或我國駐外使領館對其信用之證明書。其得代表或代理申請之人應檢附之說明文件，準用公司法第 434 條之規定（銀行法第 119 條）。

三、向經濟部申請認許辦理公司登記

外國銀行經主管機關許可設立後，應依公司法之規定，向經濟部申請外國公司認許及辦理公司登記。

四、向主管機關申請核發營業執照

外國銀行應於辦妥公司登記後，依銀行法第 54 條規定，檢附規定文件向主管機關申請核發營業執照。

五、公告營業及加入公會

開始營業之前應加入銀行業同業公會之自律組織，營業時應將主管機關核發營業執照記載事項，於設立所在地公告之。

第三目　外國銀行得經營業務範圍

一、外國銀行之業務範圍

外國銀行得經營之業務，由主管機關洽商中央銀行後，於商業銀行及信託投資公司得經營業務之範圍內以命令定之。其涉及外匯業務者，並應經中央銀行之許可，中央主管機關實際核予外國銀行經營之業務，得辦理商業銀行、信託投資及其他附帶業務，其業務範圍包括收受各種存款、辦理放款、辦理票據貼現、投資公債、短期票券、公司債券、金融債券及以債券短期票券為投資範圍、投資信託基金之受益憑證、辦理國內外匯兌及外幣收兌、辦理商業匯票之承兌、簽發信用狀、辦理國內外保證業務、代理收付款項、辦理保管及倉庫業務、辦理與營業執照上各款業務有關或經主管機關核准之代理服務業務、辦理信用卡業務、辦理出口外匯、進口外匯、一般匯出及匯入匯款、外匯存款、外幣貸款、保付款之保證業務、辦理主管機關核准辦理之衍生性金融商品業務、辦理外幣間保證金業務、辦理依信託業法核准辦理之業務：金錢之信託、辦理與融資業務相關之財務顧問業務、提供有價證券發行、募集之顧問服務、受託保管證券投資信託基金、擔任債券及股票發行簽證人、代理證券發行、登記、過戶及股息紅利之發放事項、及辦理短期票券經紀及自營業務等。前述得經營之業務項目，由主管機關依其申請項目核定，並於營業執照上載明之。

二、國際金融業務[120]

外國銀行之經營涉及外匯業務者，應經中央銀行許可，其涉及證券業

---

[120]　依國際金融業務條例第 1 條及第 3 條之規定，為加強國際金融業務，建立區域性金融中心，特許銀行在我國境內，設立會計獨立之國際金融業務分行，經營國際金融業務，其得申請特許之銀行包括如下：

一、經中央銀行指定，在中華民國境內辦理外匯業務之外國銀行。

二、經政府核准，設立代表人辦事處之外國銀行。

三、經主管機關審查合格之著名外國銀行。

四、經中央銀行指定，辦理外匯業務之本國銀行。

務者，並應依證券交易法有關規定取得許可，而其得從事之國際金融業務依國際金融業務條例第 4 條之規定，通常可包括如下：

㈠收受中華民國境內外之個人、法人、政府機關或金融機構之外匯存款。

㈡辦理中華民國境內外之個人、法人、政府機關或金融機構之外幣授信業務。

㈢對於中華民國境內外之個人、法人、政府機關或金融機構銷售發行之外幣金融債券及其他債務憑證。

㈣辦理中華民國境內外之個人、法人、政府機關或金融機構之外幣有價證券買賣之行紀、居間及代理業務。

㈤辦理中華民國境外之個人、法人、政府機關或金融機構之外幣信用狀簽發、通知、押匯及進出口託收。

㈥辦理該分行與其他金融機構及中華民國境外之個人、法人、政府機關或金融機構之外幣匯兌、外匯交易、資金借貸及外幣有價證券之買賣。

㈦辦理中華民國境外之有價證券承銷業務。

㈧境外外幣放款之債務管理及記帳業務。

㈨對中華民國境內外之個人、法人、政府機關或金融機構辦理與前列各款業務有關之保管、代理及顧問業務。

㈩經主管機關核准辦理之其他外匯業務。

三、外國銀行業務經營之限制

㈠收付款項之限制

1.外國銀行收付款項，除經中央銀行許可收受外國貨幣存款者外，以中華民國國幣為限。其為國際金融業務分行辦理外匯存款者，不得有收受外幣現金之情形，並不得以外匯存款兌換為新臺幣提取。另外除非經中央銀行之核准，否則不得辦理外幣與新臺幣間之交易及匯兌業務●。

2.外國銀行經營存款業務，其收受新臺幣存款總額不得超過其匯入資

● 參照銀行法第 112 條規定、國際金融業務條例第 7 條及第 8 條規定。

本之十五倍。超過前項限額時，其超過部分應無息轉存中央銀行。

(二)授信之限制

主管機關於必要時，經洽商中央銀行後，得對外國銀行之授信，予以適當之限制。

(三)購買不動產之限制

外國銀行在我國購置其業務所需用之不動產，依公司法第 376 條之規定，必須先申請地方主管機關轉呈中央主管機關核准，並應以其在本國法律准許我國公司在其國內享有同樣權利者為條件。

(四)營業地區之限制

依銀行法第 118 條規定，中央主管機關得按照國際貿易及工業發展之需要，指定外國銀行得設立之地區，另外國銀行設立分行，限臺北市或高雄市，但因市場發展需要，經主管機關核准者，不在此限。且同一外國銀行設立分行，以一家為限。又外國銀行已在中華民國境內設立分行營業滿五年，且最近一年內未因違反銀行法有關規定受處分者，得申請許可增設分行。同一銀行在同一市內已設立分行者，不得再在該市申請增設分行，但因市場發展需要，經主管機關核准者，不在此限。

(五)經營基金之限制

外國銀行應專撥其在中華民國境內經營所用之資金，其最低資本額以國幣計算之規定與我國各種銀行之規定相同，所以其專撥在我國營運之資金，其實與我國銀行法所規定之資本額相當，另外國銀行經許可在我國設立分行，應專撥最低營業所用資金新臺幣 1 億 5 千萬元，其經許可增設之每一分行應增撥新臺幣 1 億 2 千萬元，並由申請認許時所設分行或主管機關所指定之分行集中列帳❷。

---

❷ 參照銀行法第 120 條規定及外國銀行分行及代表人辦事處，設立及管理辦法第 3 條第 1 項規定。

第四目　外國銀行之代表人辦事處

　　外國銀行為蒐集商情及方便業務之聯絡，得依銀行法第 117 條第 1 項及公司法第 386 條之規定，申請主管機關核准指派代表人在我國境內設置代表人辦事處，除經依國際金融業務條例之規定申請特許經營國際金融業務分行業務外，在我國境內不得從事銀行或其他之業務行為。而外國銀行申請核准設立代表人辦事處之條件如下：

　　㈠最近三年內無重大違規紀錄。

　　㈡申請前一年於全世界銀行資本或資產排名居前一千名以內或前三曆年度與我國銀行及企業往來總額在三億美元以上。但其母國政府與我國簽訂之經貿協定另有特別約定者，從其約定。

　　㈢信用卓著及財務健全，並經母國金融主管機關同意前來我國設立代表人辦事處。

　　㈣同一外國銀行設立代表人辦事處，以一家為限。

第三章　信託法與信託業法

第一節　前　言

　　信託 (Trust) 之制度，源於英、美國家已有數百年之歷史，且英美法系國家已將信託制度普遍運用於日常生活中，我國於 85 年 1 月 26 日信託法立法之前，或有認為國內在司法實務上已存在有類似信託之案例，例如計程車靠行、利用人頭戶買賣農地等，而在法律規範方面則有民國 57 年公布之證券交易法第 18 條規定，並於民國 72 年開放設立及經營之證券投資信託業務，另 57 年制定動產擔保交易法亦有信託占有之規定，此外銀行法中有關投資信託公司之經營亦以信託為基本之法律架構，以上雖有法律之外觀名稱，但相關配套與實行之具體規範則付諸闕如，例如公示之登記制度，稅制之規定等仍未釐訂，以致未能普遍實施，時至今日除了信託法之立法外，信託業法、證券投資信託及顧問法、金融資產及不動產證券化條例等法律相立法繼通過並付諸實行，稅法與相關公示登記或過戶之配套措施亦已擬具，信託制度已燦然大備，並能靈活運用於商業理財之行為中，尤其是在財經金融領域中更是不可或缺之基礎工具，準此本章擬就信託之定義、種類、受託人權利義務之法律規範加以說明，另進一步就金融業在從事信託業務行為時之規範進一步論述。

第二節　信託之意義與種類

第一目　信託之定義

　　信託依傳統英美學者之通說，認為信託是衡平法上之債權債務關係，債務人之受託人 (Trustee) 有為受益人 (Beneficiaries) 或委託人 (Trustor) 自

己之利益，基於當事人之約定而為處分信託財產 (Trust Property) 之信賴關係 (Fiduciary Relation)，我國信託法第 1 條亦明定，信託是委託人將財產權移轉或為其他處分，使受託人依信託本旨，為受益人之利益或為特定之目的，管理或處分信託財產之關係。準此可分析信託關係之定義及內容如下：

一、信託是一種信賴關係

委託人本於信賴或信任關係 (Fiduciary Duty) 經合意或授權移轉財產權於受託人，受託人有為他人之利益或信託契約約定之特定目的而管理處分信託財產。

二、信託是一種財產權之關係

信託將財產之形式上所有權與實質之受益權分離，並使信託之財產具有獨立性。受託人受讓信託財產為名義上之所有人，受益人為實質上之所有人。財產權經分離成兩種權限，包括管理、處分、使用權及收益權，各自歸屬於不同之人後，信託財產與受託人自己之固有財產分別獨立，受託人之債權人不得對信託財產強制執行，受託人破產時，信託財產有別除權。

三、信託行為之意思自治

信託關係之發生得依委託人意思自由或遺囑為約定或授權。亦得依法律之規定而發生，而信託契約為民法債編各論各種契約外之另一型態民事契約，信託法是民法之特別規定，有關法律行為方面，信託法未規定者，自得適用依民法之有關規定。

四、受益人之地位受法律保護

受益人享有衡平法上之利益，而受託人則負有依衡平法上之義務管理處分信託財產。受託人如違背信託 (Breach of Trust)，受益人得基於契約約定或法律特別規定請求損害賠償。

第二目　信託之種類

　　信託為法律行為之一種，基於意思自由及私法自治之原則，自得適用民法有關法律行為及契約等相關之規定，然信託依現行各國之實務運作可區分為下列之不同方式。

一、任意信託與強制信託

　　依信託行為發生之原因可分為任意信託與強制信託，任意信託係依當事人的意思表示而設定之信託，強制信託係依法律之規定而成立之信託。我國信託法第 2 條規定，信託，除法律另有規定外，應以契約或遺囑為之。故原則上是以任意信託為主，而任意信託包括以契約或遺囑為之，至於強制信託部分，依信託法第 66 條規定，信託關係消滅時，於受託人移轉財產於歸屬權利人前，信託關係視為存續，以歸屬權利人視為受益人。此乃法律上擬制規定之信託，我國原在制定公職人員財產申報法時曾擬議要求有利害關係之公務人員財產需交付信託，係屬強制信託；另依信託法第 79 條規定，公益信託關係消滅，而無信託行為所訂信託財產歸屬權利人時，目的事業主管機關得為類似之目的，使信託關係存續，或使信託財產移轉於有類似目的之公益法人或公益信託，也是強制信託之一種。準此，任意信託僅可在探求當事人間明示或默示之自由意思之範圍內成立，尚無法律以強制規範擬制成立之空間。

二、公益信託與私益信託

　　依當事人信託之目的，可分為私益信託與公益信託，公益信託是以慈善、文化、學術、技藝、宗教、祭祀或其他以公共利益為目的之信託。私益信託為特定人利益為目的而成立者，為公益信託以外的其他信託。依信託法第 75 條規定，公益信託應置信託監察人；至於私益信託則法無明文規定，可依約定或由其他法律訂定其必須有信託監察人之設置，例如金融資

產及不動產證券化條例所定之監督機構或信託監察人之設置與選任。

三、自益信託與他益信託

依受益人是否為委託人之關係，可分為自益信託與他益信託。信託上的利益，歸屬委託人本身者為自益信託，歸委託人以外之人者為他益信託，自益信託與他益信託區別實益，主要在於自益信託不涉及贈與之問題，他益信託則由於信託利益之移轉而涉及贈與之法律實質內容，並因而產生贈與稅與所得稅繳納之問題。其次，他益信託原則上於信託成立後，委託人不得變更受益人或終止其信託，亦不得處分受益人之權利，除非委託人於信託行為另有保留或經受益人同意者外，否則應遵守此一規定，在自益信託就沒有類似之限制規定。

四、商業信託與民事信託

依信託授受行為有無營業性，可分為商業信託（或稱營業信託）與非營業之民事信託，商業信託除受信託法為普通性之規範外，尚須受信託業法及其他特別法，如證券投資信託及顧問法、不動產證券化條例、金融資產證券化條例等之規範。民事信託原則上適用信託法及民法之規定，並受法院監督，而商業信託則尚需依特別法規定及目的事業主管機關監督。

五、個別信託與集合信託

信託依是否從大眾集合財產分為集合信託與個別信託，集合信託 (Collective) 為以相同信託目的集合大眾的財產於同一資產池 (Pool) 而加以運用，管理運用之所得，按照受託原本比率分配，現行信託業得就其銀行客戶另訂次契約，提撥一定金額加以管理運用，屬典型之集合信託，而個別信託是指就個別的委託人所交付的信託財產，只為單獨的、個別的受益人而運用的一般的信託。證券投資信託，向一般的投資者集資，於信託設定之際將受益權分割給多數受益人，就這一點而言是集合信託，但另外一方面，從一般投資者集資的證券投資信託公司本身以委託人身分，指示受託

人之保管機構運用資金，在形式上又屬個別信託。

六、管理信託與擔保信託

依信託財產使用之目的為標準，管理信託之受託人是為了他人（受益人），或特定目的而對受委託之信託財產為管理使用、收益，而擔保信託則是為了擔保債權，而由委託人（即債務人）將財產權移轉給受託人（即債權人），例如信託的讓與擔保。過去我國有關信託的判決，承認信託的讓與擔保為信託行為之一種。

七、契約信託、遺囑信託及宣言信託

信託為依當事人之意思表示而設立之法律行為，在信託法上稱為信託行為。信託行為是一種民法上所定之法律行為，其型態可分為三種，其依契約設定，及依當事人間意思表示合致而成立之雙方行為者為契約信託，若依委託人單方法律行為而成立者，除遺囑外，尚有所謂宣言信託。後者係由委託人就其自己的財產權，為第三人之利益，對外表示其自為受託人管理處分信託財產而成立之信託。依信託法第71條規定，我國現行法令僅承認法人所設定之宣言信託中之公益信託。至於自然人所設定之宣言信託或法人設定非公益之宣言信託皆不被承認。

八、積極信託與消極信託

信託依其受託人是否有管理、使用、收益及處分權限來劃分，若受託人僅有保管及控管之權能，而未能對信託財產加以處分者為消極信託，我國信託法對於是否存在有消極信託並未規定，但依證券投資信託及顧問法所規範之證券投資信託契約，其保管機構則為消極信託之受託人，有關基金資產之管理處分權則保留在委託人之證券投資信託事業本身，此為特別法上之規定。

第三目　信託法之受託人權利義務

一、受託人資格條件

(一)受託人之資格條件

依信託法第 21 條規定未成年人、禁治產人及破產人，不得為受託人。由於信託係委託人將財產權移轉或為其他處分，受託人必須依信託本旨，為受益人之利益或為特定之目的，管理或處分信託財產，而財產權之移轉或其他處分，必須具有法律上之行為能力，且受託人以自己名義為形式上的所有權，故必須為法律上適格之權利義務主體。自然人及法人依法享有權力能力，其有行為能力者得為受託人，非法人團體無權利能力，雖設有代表人或管理人，並有一定組織及財產者，惟其是否可擔任受託人則有疑問。有認為非法人團體實質上可以享有財產權，並在訴訟法上有當事人能力，認其具備任受託人之資格；另依我國信託法第 21 條之規定，未成年人、禁治產人及破產人，不得為受託人，其必須為自然人或法人方能為受託人，故認為非法人團體既非法律上所稱之人，故不認為其得為受託人，至於信託業法上之受託人，其為信託業務經營之主體，故必須以法律明定或信託業法所許可者始得為之。

(二)受託人之辭任與解任

受託人具有專屬性與信賴關係，因此除非信託行為另有訂定外，非經委託人及受益人之同意，不得辭任。但有不得已之事由時，得聲請法院許可其辭任。受託人違背其職務或有其他重大事由時，法院得因委託人或受益人之聲請將其解任。在受託人辭任或解任時，為使信託事務持續進行，委託人得指定新受託人，如不能或不為指定者，法院得因利害關係人或檢察官之聲請選任新委託人，並為必要之處分。已辭任之受託人於新受託人能接受信託事務前，原受託人仍有受託人之權利及義務。

二、受託人之義務

㈠善良管理人之注意義務

受託人無論其是否收受報酬，皆應依信託本旨，以善良管理人之注意處理信託事務。此乃基於受託人與委託人間之信賴關係，為信託目的而管理處分他人財產，在執行職務時應課以較高的注意義務，其應注意之程度不僅應高於一般人，且不以與處理自己事務同一具體之注意程度而已，更應擔負善良管理人之注意義務，以小心謹慎之態度為委託人管理信託財產，但受託人能證明已盡善良管理人之注意義務，縱因判斷錯誤致未能達到信託目的時，受託人不負擔保之責。至於受託人是否已善盡善良管理人之注意義務應由受託人舉證證明。

㈡忠實義務違反之損害賠償

受託人因管理不當致信託財產發生損害或違反信託本旨處分信託財產時，委託人、受益人或其他受託人得請求以金錢賠償信託財產所受損害或回復原狀，並得請求減免報酬。此為受託人賠償責任，兼具違反忠實義務之債務不履行責任與侵害信託財產之侵權行為責任。所謂忠實義務，其於信託行為之信賴關係，受託人不濫用自己之權利地位，以侵害委託人或其他社會大眾之利益。

㈢信託財產分離存放之義務

受託人應將信託財產與其自有財產及其他信託財產分別管理。信託財產為金錢者，得以分別記帳方式為之。由於信託財產具有獨立性，應獨立於受託人自有或其他委託人之資產，故除非不同信託之信託財產間，信託行為已經明確訂定得不必分別管理者外，應分別存放，受託人違反獨立存放之規定獲得利益者，委託人或受益人得請求將其利益歸於信託財產。如因而致信託財產受損害者，受託人即使無過失，也應負損害賠償責任，但受託人能證明縱為分別管理，而仍不免發生損害者，不在此限。而此項請求權之消滅時效，自委託人或受益人知悉之日起，二年間不行使而消滅。自事實發生時起，逾五年者亦同。至於信託財產是否另須存放於第三人之

保管機構 (Custodian)，以發揮制衡及勾稽控管效果，則依特別法之規定。

㈣載明帳冊及報告義務

受託人就各信託應分別造具帳簿，載明各信託事務處理之狀況，並應於接受信託時作成信託財產目錄，每年至少定期一次作成信託財產目錄，編製收支計算表送交委託人及受益人。

㈤提供信託財產資料供閱覽之義務

受託人應委託人或受益人之請求，應提供信託財產之相關資料供閱覽、抄錄或影印，並應依請求說明信託事務之處理情形，利害關係人，包括委託人或受益人之債權人、繼承人等，於必要時亦得請求閱覽、抄錄或影印相關文件。

㈥受託人原則上不得複委託

信託關係具有當事人間信賴基礎，委託人並相信受託人之專業性，故受託人應自己處理信託事務，除非信託行為另有訂定或有不得已之事由者外，不得使第三人代為處理。而這種信賴關係主要為對於受託人之人格、聲譽、知識、能力、操守及社會經驗有較高的期待，以維繫及建立其間之信賴關係，故受託人個人色彩濃厚，準此受託人原則上應為委託人親自執行信託事務之義務。除非信託契約另有規定，或其他法律之特別規定，例如受託人不能處理信託事務時，得為移轉第三人代為處理，而受託人使第三人代為處理信託事務者，受託人僅就對第三人之選任與監督其職務之執行負其責任，該第三人負與受託人處理信託事務同一之責任，此際該第三人所為代理行為效力直接歸屬於受託人，而受託人形式上為信託財產的所有人，故第三人所為行為之效果及於信託財產。但受託人之行為若有違反未經法律強制禁止之規定或符合例外之情形，使第三人代為處理信託事務者，就該第三人之行為與就自己行為負同一責任，且該第三人應與受託人負連帶責任。

㈦受託人之履行責任範圍

受託人因信託行為對受益人所負擔之債務，僅於信託財產限度內負履行責任。受託人雖為信託財產之形式上所有權人，但信託財產之經濟上利

益卻歸屬於受益人享有，受託人對於信託財產之增減既不承受其利益，亦不負擔其損失，故受託人僅於信託財產限度內，負履行責任。

三、共同信託

同一信託之受託人有數人時，信託財產為其公同共有。在共同信託之情形，信託事務之處理除經常事務、保存行為或信託行為另有訂定外，由全體受託人共同為之。受託人意思不一致時，為避免信託事務無法進行，故以應得受益人全體之同意方式取代，但受益人意思不一致時，為使信託事務得以推動，得聲請法院裁定之。至於第三人對共同信託受託人之行為，在受託人有數人時，只要對其中一人所為之意思表示，對全體受託人發生效力。

而在受託人有數人時，對受益人因信託行為負擔之債務及其因處理信託事務負擔債務者，由各受託人負連帶清償責任，共同受託人為信託行為或處理信託事務，受託人如因信託行為有特別約定或有不得已之事由，使他人代為處理事務者，該共同受託人除法律另有規定外，其應負監督選任之責，自應與其他受託人共負連帶責任，且該受託之第三人亦應與其他共同受託人同負連帶清償責任。

四、利益衝突之防範

(一)為受信託利益之禁止

為防範利益之衝突，除與其他人為共同受益人時之情形外，受託人不得以任何名義，享有信託利益，由於受託人為依信託關係負有管理處分信託財產之人，受益人為依信託關係對信託財產享有利益之人，在利益上是相對立，為避免受託人為自身之利益而為違背信託本旨之行為，並損害第三人權益，故信託法明文禁止，但受託人與他人為共同受益人時，得享有信託利益，且有其他共同受益人仍可監督受託人，故屬於例外之情形。

(二)移轉信託財產為己有之禁止

為遵行善良管理人之注意義務及忠實履行信託之本旨，受託人除因繼

承、合併或其他事由，概括承受信託財產上之權利及下列情事外，不得將信託財產轉為自有財產，或於該信託財產上設定或取得權利：

1. 經受託人書面同意，並依市價取得者。
2. 由集中市場競價取得者。
3. 有不得已事由經法院許可者。

受託人違反規定，使用或處分信託財產者，委託人、受益人或其他受託人，除得請求損害賠償、回復原狀及減少報酬外，並得請求行使歸入權，將其所得之利益歸於信託財產，於受託人有惡意者，應附加利息一併歸入，而其消滅時效期間，自委託人或受益人知悉之日起二年間不行使而消滅，自事實發生時起逾五年者亦同。

五、受益權之有價證券化

依信託法第 37 條規定：「信託行為訂定對於受益權得發行有價證券者，受託人得依有關法律之規定，發行有價證券。」此為受益權之有價證券化 (Securitization) 之依據。

按信託制度是英美法系國家固有的法制，而起源於英國的信託制度原來係以民事信託及個別信託為主，日本、韓國等國家的信託法也是以一般民事信託為主要規範對象，但從世界各國信託制度的發展歷程來看，營業信託及集合信託已成為信託實務上之主流，為促進信託資金流通及活潑金融市場，訂定受益權有價證券化之法律依據確實有其必要❶。

信託制度關於信託財產所有權與利益分立的結果，對於我國民法所規定一物一權之傳統，造成衝擊，而在這種理論架構下，必須排除民法之相關規定，因此從特別法角度而言，信託法應優先於民法及民事訴訟法之適用，但是信託法未規範的部分，應回歸到民法，或應如何解決法律適用之問題，本來應在總則中釐清，信託法並未作進一步規定，而卻在第四章第 37 條規定，就其受益權發行有價證券之情形，方得依有關法令之規定，在

---

❶ 詳見法務部長馬英九，〈於立法院對信託法草案之口頭報告資料〉，法務部 82 年 5 月編。

體例上似宜在總則章就規定「本法未規定者，適用民法及其他有關法律之規定」，俾便標明信託法為民法之特別法之概念。

　　至於信託行為訂定對於受益權得發行有價證券者，為美、日等國家所常見，在美、日等國之法令架構下，或依證券交易法之規定發行，或依特別法之個別規定，但在我國現行體制下，除證券投資信託事業所發行之受益憑證有較明顯之法令依據外，其他尚屬未來規劃之金融商品，茲就美國發展情形加以介紹如後，至於我國部分晚近則有都市更新條例、信託業法、不動產證券化條例、金融資產證券化條例及證券投資信託及顧問法等相關以信託法律關係為證券化之案例，為信託法之特別法，容於以後各章說明。

(一)美國共同基金市場現況介紹

　　一般而言，投資人皆在尋求最大之投資報酬與最低之投資風險，而由於個人之能力有限，並由於時間及專業知識不足之因素，往往無法達到理想，因此常須借重於專家幫忙從事投資理財，而資產管理機構正是專家理財的最佳託付選擇，就以美國證券市場為例，美國證券交易市場機構法人之投資交易所作比率將近八成，而共同基金 (Mutual Fund) 在美國是成長最迅速的專業投資資產管理機構 (Institutions) 的一種，其規模從 1980 年的 1500 億美元 ($150 Billion)，到 1997 年已經達到 4 兆美元 ($4 Trillion)，並在 1996 年超過銀行存款 (Bank Deposit)，而於 2003 年底其規模更達到 7 兆美元 ($7 Trillion)，高居世界之冠，而在 2004 年 6 月並超越 7 兆 5 千億美元以上且不斷地成長之中。

(二)美國共同基金運作之流程

　　共同基金為美國人民用此為投資理財之管道與金融商品 (Financial Intermediaries)，其運作之規範如何，事關眾多投資人之權益，因此，實有必要就其操作之架構及操作之程序為詳細之說明，俾使能更進一步地瞭解其運作之原委。

　　美國證券投資信託共同基金一般係採行公司型的制度，所謂公司型是由投資人募集設立投資公司，投資人成為公司之股東 (Shareholders)，而以籌集之資金從事為投資組合就有價證券等加以投資與運用，投資公司就以

投資組合所獲得之利潤與報酬，分配股息給投資人；投資公司所募集基金資金之投資與運用，通常是再委由證券投資顧問公司為受託人，或由投資公司所屬之從業人員提供顧問或操作，而提供操作顧問之資產管理機構、顧問公司或受託人則為實際之操盤人，在此一運作過程之結構上可圖示如圖 3-1：

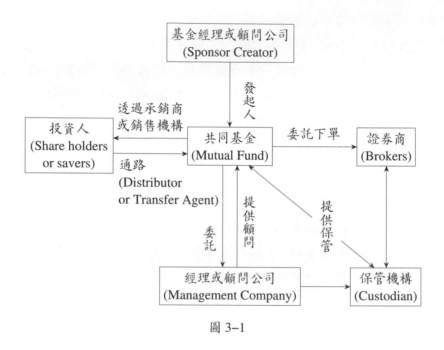

圖 3-1

　　前開結構圖示，投資人或股東依據投資公司所揭露的公開說明書，透過承銷商、證券經紀商或投資公司自我之銷售，參與投資並提供資金以匯集成為基金 (Pool)，而共同基金之股東或投資人透過股東會或受益人大會選舉共同基金之獨立董事會 (Independent Directors)，嗣後共同基金之董事會每年與經理顧問公司簽訂經理顧問契約，投資經理顧問根據基金公開說明書所揭露之方針與範圍從事有價證券之操作，一般而言，經理或顧問公司 (Management Company) 通常是參與共同基金之發起人或創造者 (Sponsor Creator)；另外承銷商是銷售者，負責銷售基金股份給投資人，是基金銷售之通路與代理 (Transfer Agent)，承銷商在美國共同基金之運作上，常

常是經理顧問公司之關係人 (Affiliate)；而共同基金之保管機構 (Custodian) 是保管基金資產者，大部分由銀行所擔任，就存放在基金保管機構之基金資金與有價證券，必須與保管之金融機構分別獨立設帳 (Segregated Account)，使其受到法律上之保障，至於證券經紀商 (Brokers) 是扮演於共同基金持有有價證券交易過程中之受託買賣者，其可能是獨立之公司也可能是共同經理顧問公司之關係企業。

㈢美國共同基金之操作結構 (Organization and Operation)

公開募集之共同基金由於涉及廣大投資人之權益，在美國是屬高度管理之金融機構 (Financial Entities)，必須遵守聯邦之法律與相關規定，特別是在 1940 年投資公司法規範下，受美國證管會嚴格之管理，而 1940 年之投資公司法及投資顧問法科予共同基金之管理，其不僅在共同基金本身外，還涵蓋到投資經理顧問、主辦承銷商、董事會、重要職員及其他之受僱人員在內，尤其是對基金的操作管理，茲就參與共同基金操作之相關參與者之角色扮演，作進一步分析如下：

1.董事 (Directors)

共同基金是由董事會負責管理，董事會須負監督基金業務之管理事項之責任，他們必須盡到合理小心謹慎的注意義務去執行職務，而且須肩負周延的商業判斷 (Sound Business Judgment) 之責任，同時也必須為投資公司有關基金之管理運用建立完整的程序，承擔所有監督投資經理顧問，主辦承銷商及其他基金相關業務的操作，在 1940 年投資公司法規定共同基金的董事會至少須有 40% 以上是要具有獨立董事身分者始能擔任，在 2002 年有關之共同基金弊案發生後，美國證管會 (SEC) 甚至要求達到 75% 的獨立董事，而且須與投資經理顧問或主辦承銷商分別獨立，而獨立董事為股東利益須扮演看守者 (Watchdogs) 之立場，隨時注意基金經理之顧問公司及其他關係人是否有損及共同基金之利益，投資經理顧問公司為資產管理者，通常為參與共同基金募集之發起人，因此共同基金之投資公司之董事會，與共同基金投資公司所屬發起人之投資顧問公司尚屬有別，一般而言，一家投資顧問公司可能參與募集有好幾個不同型態或種類之共同基金，由

於各該共同基金皆可能是公司型的基金，因此各個別的共同基金投資公司有其所屬的董事會與股東會，再由董事會決定委託證券投資顧問之經理公司從事投資之操作。

2. 股東 (Shareholders)

共同基金之股東就如同一般股份有限公司之股東一樣，股東擁有其股東之權利，包括有限責任、股東之配息、出席股東會之權限，美國 1940 年投資公司法更規定有出席股東會選舉董事之權利，而對於共同基金經理顧問及操作等重大事項尚須經股東會之投票通過，這包括投資政策、投資標的之改變等，而股東股份之轉讓除有特別規定外是自由的，股東在開放式之共同基金 (Open-end) 可隨時要求公司以當時之同基金淨值 (Net Asset Value, NAV) 買回其股份，一般稱之為贖回 (Redeem)，而封閉式基金 (Close-end) 由於有限制贖回之條款規定，僅能透過市場買賣。

3. 經理顧問 (Investment Adviser)

經理顧問公司 (Investment Company) 通常稱之為資產管理公司，是負責蒐集分析研判，並選擇符合共同基金公開說明書所記載之最佳投資組合 (Portfolio)、投資標的及投資策略，經理顧問公司之基金經理人員依據分析研判的投資組合，交付執行人員下單委託證券商 (Broker-Dealers) 買賣有價證券，而執行人員必須負責儘量取得最好價位的執行委託。就存在於經理顧問公司與共同基金投資公司間，必須以書面契約訂明其權利義務關係，包括經理顧問之服務事項及管理費用；一般之經理顧問契約會訂定管理之年費，其年費之計算是依基金平均淨資產的一定比率。而基金之經理顧問公司在法令上亦有嚴格之規範，美國 1940 年投資顧問法亦有相當的規定，特別是有關本身與共同基金間可能產生利益衝突之防止事項。

4. 後檯行政管理人員 (Administrator)

基金之後檯行政管理人員負責庶務之處理，一般是由與共同基金有關人員擔任，例如經理顧問公司或委由相關之第三人為之，而後檯行政管理工作之服務內容包括監督其他運作過程中之參與者操作，以確保基金之運作能符合法令上要求，其服務事項除辦公處所之管理及人事薪資之支付等

之外，也包括提供會計上之服務，同時也涵蓋了應付主管機關要求有關檔案申報之準備、稅務之處理、股東之服務及其他報告之撰寫等。

5.主辦承銷商 (Principal Underwriter)

大部分的美國共同基金是屬於開放式基金 (Open-end)，除了第一次之募集外，其基金可隨時要求申購或贖回，因此基金可繼續對不特定社會大眾公開招募新股東之參與，而其申購之價格是以最近的基金資產減去賣出之費用，即淨資產 (NAV) 為基準，而共同基金通常是由主辦承銷商對外公開銷售其股份，主辦承銷商就如同向證券商 (Broker-Dealers) 委託買進一樣，都是屬於銷售之通路，必須遵行美國證券商協會 (National Association of Securities Dealers, NASD) 之規範。

6.保管機構 (Custodian)

美國共同基金依法律規定必須將基金資產存放在保管機構 (Custodian)，以保護投資人之權益，因為保管機構係操作之經理顧問公司以外之第三人，並獨立於共同基金之投資公司，可發揮相互勾稽控管之制衡功能，以避免監守自盜、流用、挪用等舞弊之機會，而通常之共同基金保管機構是由信用良好之銀行來擔任，美國證管會 (SEC) 更要求共同基金存放之保管銀行，必須將基金之資產與銀行之其他資產分別設帳，獨立保管，而且不得與投資經理顧問之資產管理機構有利益衝突之行為。

7.銷售機構 (Transfer Agent)

共同基金通常會由董事會指定銷售機構或僱用股務代理人以辦理一般之庶務，包括相關交易記錄之保存及服務過戶登記等事項，尤其是對於股東名簿及其帳戶之開立、分配股息之計算、股東會之召開、稅務繳交之通知皆得委託其辦理。另外對於基金股份之銷售，可由投資人向承銷商、證券經紀商、銀行及其代理機構為之，為通常所謂之銷售機構。

㈣美國之不動產投資信託 (Real Estate Investment Trust，簡稱 REIT)

美國不動產投資信託制度，係將不動產投資轉變為有價證券之方式，透過信託制度，使一般擁有小額資金之投資人，得以投資鉅額之不動產市

場，並以受益權有價證券化向社會大眾募集所得之基金，直接投資參與不動產之經營，或貸款給不動產經營者而間接參與不動產之經營，其法律依據主要是 1960 年國會通過之不動產投資信託法，而此一法案對於符合規定之信託事業排除於課稅主體之外，對建築業市場占有相當大比率❷。

美國之不動產投資信託亦可分為契約型及公司型兩種，契約型是指投資人因投資而取得受益憑證，選舉為管理業務之受託人 (Trustees)，依信託契約負責投資與經營決策，並監督該基金之資產與負債，亦可委託第三人專家擔任顧問，負責基金之管理與運作。公司型是指投資人取得股票而成為公司之股東，選舉董事，依公司章程經營或監督該信託財產。

有關規範不動產投資信託基金之來源，除了依美國內地稅法第 856 條A 之 2 規定股份必須是可轉讓之外，尚可發行的有價證券包括信託受益憑證、普通股、優先股、認股權證、不可轉讓與可轉讓債券及擔保抵押債券，而除證券之發行外，其本身基金之運用還可向企業投資人私下募集，發行商業本票或向銀行借款，故籌措資金之範圍相當廣。

由於 REIT 為一免稅主體，又為公開發行有價證券，故其主要法令規範為稅法、證券交易法及相關之法令，在稅法方面規定在內地稅法第 856 條至第 860 條中，證券交易管理法令則有 1932 年證券法、1934 年證券交易法，以及各冊之相關法令，甚至有證券交易所之自律規則，例如北美證券管理協會 (North American Securities Administrators Association, NASAA) 制訂之綱領 (Guidelines) 亦有約束之效果。

㈤美國之其他債權之證券化

1.抵押擔保債權之證券化

不動產抵押擔保之證券化，在美國 1970 年以後迅速地發展，主要是由於當時美國利率上升及變動幅度過大，而使資金流向債券市場及短期金融市場，使得原本辦理住宅貸款的儲蓄金融機構，面臨資金短缺及流通性不

---

❷　參見鄭寶琳著，〈美國不動產投資信託業務與日本土地信託業務介紹〉，財政部金融局、儲委會金融研究小組編印，《出國研習考察報告選輯》，第 1 輯，第 35 頁。

足之情形，而導致經營上的困難，美國政府為了振興住宅金融市場，改善儲蓄金融機構流通性之不足，於是由三大聯邦政府機構：美國政府全國抵押協會、聯邦全國抵押協會及聯邦住宅貸款抵押公司收購住宅金融機構所承作的住宅貸款債權，並進行標準化使之成為基金，並以政府之信用作擔保，發行抵押擔保證券 (Mortgage-Backed Securities)，公開銷售給投資人，在架構上儲蓄之金融機構將其抵押擔保債權出售，或透過信託制度，受託人為政府機構，經過信用加強後，以發行有價證券方式募集資金，投資人持有有價證券者為受益人❸。

2.金融資產之證券化 (Asset Securitization)

由於美國抵押擔保債權有價證券化在證券市場上的成功發展，1980 年代中期更將抵押擔保債權證券化之方式，推展至金融機構的汽車貸款、信用卡貸款、工商貸款等一般性的放款，甚至企業的應收帳及租賃貸款亦有適用，將其有現金流量 (Cash flow) 之債權透過證券化先加以回收運用，而其可能所涉及的有關法令包括稅法、證券交易法規及銀行法等相關規範。

六、受託人之報酬

㈠受託人之報酬請求權

受託人係信託業或信託行為訂有給付報酬者，得請求報酬。至於約定之報酬，依當時之情形或因情事變更顯失公平者，法院得因委託人、受託人、受益人或同一信託之其他受託人請求增減其數額。

依日本信託法第 35 條規定，受託人除以營業接受信託者外，非有特約，不得收受報酬。韓國信託法第 41 條亦規定，受託人除以營業信託外，未有特別約定，不得收受報酬。所以信託之受託人處理信託事務，以無報酬為原則，但營業信託及另有約定者除外，而信託法第 22 條規定受託人無論是有無報酬，皆須負擔善良管理人之注意義務，因信託是基於信賴關係為基礎，有課以受託人較高注意義務之必要。惟信託契約當事人有委託人、受

---

❸ 參閱張國銘著，〈美國資產證券化概論〉，財政部金融局、儲委會金融研究小組編印，《出國研習考察報告選輯》，第 1 輯，第 187 頁。

託人及受益人，在營業信託時，若無支付受託人報酬之約定，依前開規定，受託人仍得請求報酬，可是在委託人與受益人並非同一人時，其報酬應由何人負擔則有疑義，在理論上受託人管理處分信託財產，係基於委託人之委託行為，故應由委託人支付報酬，而且依信託法第 40 條第 2 項之規定：「信託行為訂有受託人得先對受益人請求補償或清償所負之債務或要求提供擔保者，從其所定」，在未有訂定時，受託人之報酬請求權應先向委託人請求為妥 ❹。

(二)情事變更原則之適用

報酬是否有情事變更原則之適用，依民事訴訟法第 397 條第 1 項規定，法律行為成立後，因不可歸責於當事人之事由致情事變更，非當時所得預料，而依其原有效果顯失公平者，法院應依職權公平裁量為增減給付，或變更其他原有效果之判決。同條第 2 項又規定，前項規定，於非因法律行為發生之法律關係準用之。學者一般認為情事變更原則，為私法上之原則，民法第 265 條、第 418 條及第 442 條亦有類此明確之規定，但依職權而為是對民事實體法所為之裁量，卻又訂定在民事訴訟法上有所不妥 ❺。準此見解，本條第 2 項之規定應屬一般民事法律之通則，對於信託行為亦應有其適用，惟除對受託人之報酬外，其他之給付行為是否有其適用，不無疑義，例如受益人之受益權（利息分配）可否適用，尤其信託財產為有波動價格者，例如在股價波動過劇時，受益人對證券投資信託之基金經營公司，可否請求情事變更之增減給付，由於在信託契約之架構下，既經約定之事項，似不宜以情事變更原則來破壞原有之法律秩序，以避免將不可預知之風險責任強加於委託人或受託人身上。

---

❹ 但有學者認為受益人因負有補償信託財產所生費用及損害之義務，故可對受益人及委託人擇一為之，見史尚寬著，《信託法論》，第 53 頁，臺灣商務印書館發行，61 年 6 月臺 1 版。

❺ 參閱姚瑞光著，《民事訴訟法論》，自版，第 433 頁，75 年 7 月版；王甲乙、楊建華、鄭健才著，《民事訴訟法新論》，第 467 頁，三民書局，76 年 6 月印行。

七、受託人之費用償還請求權

(一)外國立法例

由於受託人為他人管理或處分信託財產，因此對於信託財產所負擔的稅捐及其他費用，或處理信託事務並非出於自己過失所致之損害，理論上不應由受託人負擔，而且受託人不得享有信託利益，對信託財產亦不得取得任何權利，因此為擔保上述費用及補償債權，應允許受託人出售信託財產或抵充之。

(二)費用債權之優先權

對於所支出之費用受託人對於信託財產有優先權，在日本信託法第 36 條規定，此項費用受償之優先權與日本民法第 306 條第 1 款共益費用之先取特權相同，優先於無擔保債權人受償，此項規定僅就支出之費用有適用，其他負擔之債務則排除在外，即使是對於不可歸責於自己之事由所造成之債務，由受託人給付損害賠償之請求後，其為費用或負擔之債務則有疑義，換言之，以形式上所有權人之受託人或以信託財產為債務清償之對象，在解釋上為避免受託人巧立名目製造假債權，以清償後之費用編列，而侵害信託財產之其他債權人之權利，故仍以信託財產為清償對象為宜，至於其清償順位則不具有優先權。

而日本民法第 306 條第 1 款所定共益費用之先取特權，依該法第 307 條規定，係為各債權人之共同利益，對債務人財產實行保存、清算或分配等有關費用而存在。此項費用就債務人財產，有先於其他債權人受自己債權清償之權利❻。因此在優先順位上與質權保有同一順位之權利❼。就我國信託法第 39 條第 2 項規定而言，優先於無擔保債權人受償之權利，在順位上是否與日本規定相同，與質權有同一功能，由於信託財產在受託人占有及管理處分下，因此受託人應對於支付之費用有類似質權之地位，而且依同法第 41 條規定，對於受益人，在受託人之權利未獲清償滿足之前，得

---

❻ 見王書江、曹為合譯之《日本民法》，第 49 頁，五南書局出版。

❼ 同註❹，第 52 頁。

留置信託財產拒絕支付受益人，所以信託財產對於受託人而言，具有物上擔保之效力，在解釋上應與日本持相同之見解。

另外對受託人權利行使之限制，受託人因管理上之失當，致信託財產受有損失，或違反信託目的處分信託財產，或未將信託財產分別管理時，非於填補損失或回復信託財產後，受託人不得行使優先權及其他損害之賠償請求權，以符合受託人應擔負的善良管理人注意義務。

八、對受益人之補償請求權

信託財產不足清償費用或債務，受託人有不便或不得行使費用償還請求權情形時，除非信託行為另有訂定外，受託人得向受益人請求補償或清償債務或提供相當之擔保。至於信託行為訂有受託人得先對受益人請求補償或清償所負之債務或要求提供擔保者，應從其所定。對於受託人之權利而言，信託法規定應先對信託財產請求，而在信託財產不足償還或清償時，始得向受益人請求，但受益人不確定或尚未存在時通常是發生在依特別法規定之信託行為，例如受益憑證之持有人，在信託契約訂定時尚未存在，或未受讓受益憑證前尚屬不確定，受益人無論依證券投資信託相關法令或依其事實狀態，皆不應該課有補償之義務。又受益人在一般信託契約中亦屬當事人之一，此與民法上第三人利益之契約不同，依私法自治之原則，自得允許在不妨害其他法益之下，由信託契約訂定受託人得先對受益人請求，至於權利之拋棄者，並不當然使其應擔負的義務免除，但是在權衡保障受託人權利之同時，受益人既已拋棄其受益權利，是否仍勉強其負擔義務，從受益之本質言已無此必要，因此以法律明文排除其義務。

九、拒絕交付信託財產之權利

受託人在其權利未獲滿足前，得拒絕將信託財產交付受益人。由於受託人依信託法第 39 條第 1 項及第 40 條規定，就信託財產或因處理信託事務所支出之費用或負擔之債務，得以信託財產抵充，或於一定條件下，向受益人請求補償、清償債務或提供相當之擔保，為確保受託人之順利行使

其權利，法律賦予受託人有拒絕交付信託財產之權利。但前開信託法對受益人所課以之義務，從法理上而言，受益人除了拋棄其受益權之權利，其相對義務隨之免除外，受益人有無擔負比受益權更大義務的可能，例如受益的金額小於應負擔之費用或分攤受託人之債務，其合理性則不無疑義，依信託契約之約定或依現行法令規定，確實存在有此一可能，而法律更無明文規定在受益權小於應負擔之義務時，視為拋棄其權利，此時似乎與受益之本質相違背，而且是否應該認為受託人未盡到善良管理人之注意義務，才導致這種實質不受益的情形，假設無法認定受託人未盡義務，在理論上似可參考拋棄繼承之法理，受益人既不拋棄其受益權而主張免負擔義務，自然仍應擔負上開之義務。

十、受託人權利行使之限制

受託人之權利行使，非履行其所應付之損害賠償、回復原狀或返還利益之義務，不得行使。而受託人違反信託義務的事由，可分為三種：

㈠受託人未盡善良管理人之注意義務，管理失當，致使信託財產發生損失。例如未將現金加以利用而收藏於金庫，未將受託之房屋為修繕而導致損壞，未繳納股款致喪失認股權利或未依期限上訴或主張權利等。

㈡受託人違反信託之目的處分信託財產，例如從事危險投資導致喪失本利，或以不相當的對價，廉價出售信託財產等情形。

㈢受託人未將自有財產及其他的信託財產分別管理，例如以自有財產資格當選董、監事，而對於信託財產之該上市公司股票為買賣之行為，導致被依證券交易法第 157 條規定行使歸入權❽。

就上述違反信託行為義務時，委託人、受益人及其他受託人得對受託人行使填補及回復信託財產之請求權，因此在受託人尚未履行其應負擔之義務時，不得讓受託人有行使信託法所規定信託財產抵充或償還之優先權等，才能使委託人、其他受託人或受益人之權益得到平衡的保障，並促使

❽　詳參拙著，《證券商公開發行股票公司上市公司董事監察人經理人大股東股權之管理》，第 161 頁，78 年 9 月 14 日版。

受託人善盡忠實的義務。

十一、受託人任務之終止及新受託人之選任

㈠受託人任務之終止

受託人之任務，因受託人死亡、受破產或禁治產宣告而終了。其為法人者，經解散、破產宣告或撤銷設立登記時，亦同。新受託人於接任處理信託事務前，原受託人之繼承人或其法定代理人、遺產管理人、破產管理人、監護人或清算人應保管信託財產，並為信託事務之移交採取必要之措施。法人合併時，其合併後存續或另立之法人亦應盡此義務。

由於受託人死亡、受破產宣告或禁治產宣告時，其人格已經消滅，或其權利能力及行為能力受有限制，因此自不宜再為受託人，法人經解散、破產宣告或撤銷設立登記之情形也是一樣。有疑義者為以特別權利能力為受託人資格時，受託人之資格喪失，是否為信託任務終了之事由，例如以律師為資格之受託人，比如被判刑一年以上時，在喪失律師資格，該受託人是否因而喪失受託人資格,依信託行為具有特定資格始得為受託人之人，喪失其資格時，其任務即因之終了。

㈡新受託人之選任

受託人因信託法所定之事由發生而任務終了時，為達成信託之目的，有必要選任新受託人繼續處理信託事務，而有指定新受託人之適用，但除信託契約已另有規定外，委託人得指定新受託人，如不能或不為指定時，法院得因利害關係人或檢察官之聲請選任新受託人，並為必要之處分。惟前述所規定之利害關係人,如同第 32 條第 2 項所定「利害關係人於必要時，得請求閱覽、抄錄或影印前條之文書」，其定義及範圍不明確，因此在解釋上委託人、受益人或其債權人之繼承人皆在範圍內，至於其交易相對人是否在範圍內，此不僅牽涉到個人隱私權及財產權之問題，在認定上非常困難，即使法院在接受聲請上亦有同樣問題，在體制上似可參考公司法第 210 條第 2 項規定，股東及公司之債權人得檢具利害關係證明文件，指定範圍，隨時請求查閱或抄錄，以明文訂定利害關係人之範圍為宜，以避免爭議，

至於在新選任受託人未接任前，對於過渡期間有關信託財產之管理及移交事宜，原受託人仍應負責，以避免形成法律上之空檔而導致信託財產之損害。

十二、遺囑指定新受託人之選任

依遺囑指定之受託人拒絕或不能接受信託時，除原遺囑另有訂定外，利害關係人或檢察官得聲請法院選任受託人。由於遺囑指定之受託人，為單方行為，其信託行為是基於遺囑而產生，遺囑信託由於被指定之受託人仍有拒絕接受之權利，如有拒絕接受信託情事，為達遺囑信託之目的，乃有指定或選任其他之人為受託人之必要，所以利害關係人或檢察官得聲請法院選任受託人。惟如遺囑訂明於此情形該信託無效或另有指定選任其他之人為受託人之方法者，自當尊重委託人之意見。

十三、信託財產之移轉

受託人變更時，信託財產視為於原受託人任務終了時，移轉於新受託人。共同受託人中之一人任務終了時，信託財產歸屬於其他受託人。受託人因辭任、解任或有死亡、受破產宣告、禁治產宣告、解散或撤銷登記之情形時，信託關係之受託人任務因而終了，為達成信託目的，因此必須要有繼承受託人之存在，但在新受託人尚未指定或選任交接前，可能存在有一段空檔時間，使其信託財產之歸屬產生問題，所以用法律之明文規定加以填補，將信託財產視為於原受託人任務終了時，溯及地移轉於新受託人，而所謂視為移轉於新受託人，係指不需任何之轉讓行為存在，即可發生讓與行為同一效力，但由於法律明定溯及生效，該新受託人應對於信託財產為權利移轉之登記，同時亦應將受託人之變更以公示方法公示之。否則不得以之對抗第三人。

共同受託人中若有人因前面所敘述之事由而任務終了時，除非全部受託人皆有任務終了之情形，而需再選任或指定新的受託人外，由於共同受託人對於信託財產為公同共有，且對受益人負連帶清償債務之責任，因此

信託財產之管理事務，應由其他受託人來加以處理。換言之，信託財產對於共同受託人之公同共有，在概念上與民法第 827 條至第 831 條所規定之公同共有不同，共同受託人對於信託財產並無分割之請求權，亦不發生受託人死亡時，是否繼承信託財產之公同共有權利之問題❾。

十四、新受託人之債務承擔及損失補償請求權

㈠新受託人之債務承擔

受託人變更時，由新受託人承受原受託人因信託行為對受益人所負擔之債務。原受託人因處理信託事務負擔之債務，債權人亦得於新受託人繼受之信託財產限度內，請求新受託人履行。受託人變更時，原受託人因信託行為對於受益人所負擔之債務，基於信託行為前後之同一性，應由新受託人概括承受，例如受託人於信託行為定有應支付受益人生活費時，受託人任務終了，新受託人已選任或指定後，已到期生活費支付之債務，由新受託人承擔，原受託人即因而免責。

㈡原受託人之損失補償請求權

在受託人變更時，委託人所選任或指定之新受託人，在不能或不為指定時，由法院依聲請而選任新受託人，在新受託人未接任以前，法院得依聲請為必要之處分，或由原受託人之繼承人或其法定代理人等保管信託財產，並為移交採取必要之措施，但如前面所提之受益人生活費支付，應繼續不間斷支付才能維持其生活，此時是否必須由法律明定處理過渡時期信託事務之人，以確實保障受益人之權益，例如規定辭任者在新受託人未到任前，其信託行為仍視為存在，或由原受託人之繼承人、法定代理人、遺產管理人等仍有代理新受託人履行其權利及義務。至於原受託人因處理信

---

❾ 民法對於繼承人於被繼承人死亡時，其繼承人同一順位之繼承有拋棄時，歸屬於其他之繼承人，但共有人應有部分於共有人中一人死亡時，歸於其繼承人，此與信託行為受託人對於信託財產，不發生分割及繼承之關係不同，故適用所謂殘存原則及所有權彈力說之理論不同。見何孝元著，〈信託法之研究〉，《中興法學》，第 10 期，第 63 頁。

託事務所負的債務，應由新的受託人在其繼受信託財產之限度內，負其有限的責任，例如僱工修繕屬於信託財產之房屋，而負有債務，新受託人有清償此項債務之責任，係因信託財產歸屬其所有管理、處分而產生，所以新受託人在受託人變更時，對於前受託人因處理信託事務負擔之債務，僅負在信託財產有益限度內，以信託財產清償之責任而已。

十五、信託事務之移交

受託人變更時，原受託人應就信託事務之處理作成結算書及報告書，連同信託財產會同受益人或信託監察人移交於新受託人。前開文書經受益人或信託監察人承認時，原受託人就其記載事項，除非原受託人有不正當行為者，對受益人所負之責任視為解除。

所謂信託事務之移交，係指信託財產之登記、點交，信託帳簿書類等之移交等，而且在移交時，應為信託事務之結算，如有受益人或信託監察人時，應使其到場參與移交之事務。

而前述之文書經受益人或信託監察人承認時，原受託人對於受益人所負之責任視為解除，而所解除之責任只限於移交之文書所記載之事項為限，因此受益人或信託監察人就其所承認原受託人關於信託事務之結算，縱使以後發現計算錯誤，亦不得再追究原受託人之責任，但如果原受託人係以不正當行為，蓄意虛偽詐騙等方法作成信託事務之移交時，並不能因此而免責。

十六、原受託人之留置權

受託人變更時，原受託人有因信託財產管理所生之費用、損害補償或報酬債權之存在，為行使權利，縱使信託任務終了已有新受託人的產生，為確保其權益，信託法參考韓國、日本立法例，明定原受託人有留置信託財產之權利。

但此種法定留置權之存在，依日本民法第 295 條規定，對於不動產亦可能成立，我國民法第 929 條之留置權規定卻僅限於動產，因此本條規定

之適用在解釋上即產生疑義，而從信託法有關留置信託財產規定之說明欄所作特別解釋，得留置占有之信託財產亦以動產為限，因此對於不動產之情形，即無從適用，但從日本立法例及實務上信託財產包括不動產，因此參考信託法第 41 條規定，宜明定「得留置或拒絕移轉登記」以涵蓋動產不動產之情形。

惟原受託人留置或拒絕移轉登記之情形，新受託人固然可提供相當之擔保，使原受託人留置及拒絕移轉登記之權利消滅，但新受託人為達到信託目的，應得由各個信託財產提供相當之擔保，使原受託人能儘速移轉各該信託財產。

另原受託人對於留置占有之信託財產，仍應以善良管理人之注意，管理信託財產，除了為信託財產之保存所必要之使用外，不得為信託財產之使用、租借或以之供擔保❿，同時依民法之規定，就信託財產所生之孳息，得用以抵償其債權，而且應先充作利息，有剩餘時，充作本金（民法第 933 條至第 935 條），這些規定，若本條留置權之對象為動產者，自然不必在信託法另加以規定，而直接適用民法之規定，但若為不動產則無從適用。

第三節　信託業法

第一目　前　言

信託業法之立法與證券交易法修正案同時於民國 89 年 6 月 30 日經立法院第四屆第三會期三讀通過，並經總統於同年 7 月 19 日明令公布⓫，誠

---

❿　見史尚寬著，《信託法論》，第 62 頁。

⓫　總統於民國 89 年 7 月 19 日以(89)華總一義字第 890017873 號令制定公布，但隨即於同年 12 月 20 日以華總一義字第 8900304150 號令修正第 60 條規定，使原依銀行法設立之信託投資公司，應於 89 年 7 月 21 日（信託業法正式生效實施

為繼信託法於民國 85 年 1 月 26 日公布實施以來 ⑫，在信託法制上又邁進一步，嗣後相繼於民國 90 年制定信託登記規定及信託相關稅制，民國 91 年發布金融資產證券化條例，92 年發布不動產證券化條例，93 年 6 月發布證券投資信託及顧問法，故信託法制逐漸成熟發展，信託業法在這一連串立法中可謂承先啟後確立信託法制之基礎。

　　信託業法共分為七章 63 個條文，而該法實施以來，截至 94 年第二季為止，我國雖無專業之信託業誕生，但卻有 57 家銀行兼營信託業務，包括 46 家本國銀行及 11 家外商銀行。其信託財產規模已達新臺幣 2 兆餘元，主要業務項目為金錢之信託業務有新臺幣 2.2 兆元，有價證券之信託有新臺幣 1034 億元，至於其他金錢債權及其擔保物權信託業務約計新臺幣 599 億元 ⑬，其信託業務市場之發展正朝向多樣化及國際化努力。

　　由於信託業為資產管理之服務事業，其與銀行收受存款辦理放款之金融業務尚有不同，而信託業與證券商之自營、承銷或經紀亦有差異，一般而言，信託事業是居於受託人之地位，依委託客戶之指示及信託契約之本旨，為受益人利益從事信託財產之管理、運用、收益及處分，其盈虧由委託人及受益人承擔，信託業者僅依其服務約定收取報酬，與銀行藉資金之存放利差賺取利潤，損益由銀行自行負擔，客戶之本金與利息是受到法律上保障的，在本質上即有不同，另證券經紀商係受客戶委託下單買賣有價證券，與信託業有指定用途信託、特定標的之金錢信託與非指定用途信託運用客戶之信託財產亦有所區隔 ⑭，至於證券自營商是以自有資金買賣有

日）起五年內依銀行法及其相關規定申請改制為其他銀行，或依信託業法申請改制為信託業。主管機關並得於必要時，限制於一定期間內停止辦理依銀行法經營之部分業務。

⑫　總統於民國 85 年 1 月 26 日以⑻華總字第 8500017250 號令發布。

⑬　參見行政院金管會銀行局網站 http://www.boma.gov.tw，93 年 12 月 10 日更新。

⑭　有認為指定用途信託及特定標的之金錢信託其實為依客戶之指示買賣商品，在有價證券與其相關之金融商品 (Financial Instrument) 方面，與證券經紀商應無區別，都是在擔任銷售者 (Distributor)，為金融商品及有價證券等之買賣行紀、

價證券，證券承銷商是輔導上市上櫃公司並包銷及代銷該公司發行之有價證券，更是獨立之業務。

然現行在金融商品與服務百貨化與方便化之下，如何架構一個有競爭力又能提供高品質之金融服務業，則為主管機關、業者及投資人所共同期待，信託業法如何因應這個時代潮流所賦予之任務，則有待大家共同努力，本節擬就現行信託業法之規範，作一簡要之敘述，至於指定用途信託之部分，則與證券投資信託及顧問法所定之境外基金管理一併探討，有價證券之信託部分則與全權委託投資業務一同說明。

第二目　立法目的與法律之適用

一、立法目的

信託業法為規範信託業之設立、財務、業務及從業人員管理之法律，信託業為委託人及受益人管理信託資產，為專業之資產服務事業，其經營之良窳牽涉同業間業務之競爭及客戶權益之保護，故需要有明確之法令規範，由主管機關為嚴格之監督及管理，並由業者以誠信及忠實信賴之精神遵行法令與履行義務，才能發揮專業，創造績效 (Performance)，而客戶之利益及業者本身之業務發展，本為相得益彰，故信託業法第 1 條揭櫫本法係以健全信託業之經營與發展，保障委託人及受益人之權益為立法目的。

二、法律之適用

㈠信託業法為公司法、信託法及民法之特別法

信託業法為規範信託事業設立及其業務之管理監督事項，故優先適用於公司法、信託法及民法之規定，故於其第 1 條第 1 項後段明定，信託業

代理或居間之行為，故在管理上應有相同之規範。但信託業除指定或特定用途之信託外，尚可以共同基金或集合信託等方式營業，在業務上有更彈性之發展空間，容於後再作說明。

法未規定者，適用其他有關法令之規定，惟有關信託業務之管理監督事項，銀行法第六章有關信託投資公司中亦有規定，而現行信託業又都為銀行所兼營，準此規定銀行法與信託業法之優先適用關係為何，由於信託業法制訂於後，屬於後法，且信託法立法本來就有意區隔信託業與銀行業不同之屬性，尤其是信託業法之立法有意區隔信託業、資產管理及銀行間接金融之本質，使信託業不再類似信託投資公司以變相吸收信託資金演變成又像銀行之金融混淆情形，故信託業法除有明定適用或準用銀行法之規定，例如第 10 條第 2 項、第 14 條、第 15 條及第 43 條等之規定外，應優先適用信託業法之規定。至於全國農業金庫股份有限公司，依農業金融法第 22 條第 1 項第 4 款規定，得辦理銀行法第 71 條各款之銀行業務，且依同法第 8 條規定，應依存款保險條例參加存款保險，性質與銀行無異，經農業委員會與金管會協商後，亦得比照銀行申請兼營信託業。

㈡信託業法、證券交易法、證券投資信託及顧問法 ❶⑮

我國證券投資信託事業設立之初，尚無信託法、信託業法，而係適用證券交易法為法源及授權行政院訂定之管理規則及管理辦法。同時為考量證券投資信託基金資產之安全性，經由證券交易法第 18 條之 2，明定基金資產與證券投資信託公司資產及保管機構財產分別獨立，使受益憑證持有人之權益足獲保障。

依據信託業法第 33 條規定，非信託業不得辦理不特定多數人委託經理信託業法第 16 條之信託業務，但其他法律另有規定者，不在此限。證券投資信託事業已另有證券交易法或證券投資信託及顧問法規範，從事證券投資信託方面之專業經營，已符合信託業法第 33 條所定法律另行規定之豁免條件，既然證券投資信託及顧問已有特別法規定，自然優先於信託業法規定之適用。

另參考美、日兩國立法例，亦均採信託業、證券投資信託業分治之管

---

⑮　參閱儲委會金融研究小組編印，《信託業法立法資料彙編》，〈金融研究參考資料之 63〉，第 110 頁至第 122 頁，91 年 12 月。財政部金融局研商信託業法草案第 1 條第 2 項相關事宜會議記錄，本文作者在會議中發言資料。

理，且證券投資信託事業如不專業立法並排除信託業法之普通法適用，將有下列問題發生：

1.雙重法律適用問題

證券投資信託事業已有證券投資信託及顧問法、證券交易法及依各該法授權訂定之證券投資信託事業管理規則及證券投資信託基金管理辦法規範，信託業則適用信託業法之規範。信託業法如不排除證券投資信託事業，則證券投資信託事業勢將產生證券投資信託及顧問法、證券交易法、信託業法等多種法律適用之衝突問題。

2.雙重主管機關權責不明之問題

證券投資信託事業及信託業之主管機關，在 93 年 7 月以後為行政院金管會，但信託業行政業務之管理由銀行局負責，而證券投資信託事業則為證期局擔任，於主管機關權責劃分上則產生不同之業務規範內容，在金檢一元化之前提下，須重作適度之調整。

3.資本額之規定不一致

信託業法對於信託業之設立標準，現行要求信託業之資本額規定為新臺幣 20 億元，目前證券投資信託事業之資本額，則僅為新臺幣 3 億元。如將證券投資信託事業納入信託業法規範，由於業務項目與基礎不同，不但專業範圍有區隔，且證券投資信託事業將需增資。

4.信託業法與證券投資信託事業之業務運作

在實務運作及管理上對於信託業法與證券投資信託及顧問法有未盡契合之處，可進一步敘述如下：

⑴依信託業法第 3 條規定，銀行經許可者，得兼營信託業務。但證券投資信託事業為專業經營，對於董事、監察人、經理人與關係人利益輸送之防止，有嚴格之規定。信託業如經營證券投資信託業務，應有適當利益衝突防阻之防火牆 (Firewall) 或中國牆 (Chinese Wall) 規定。

⑵依信託業第 16 條、第 17 條規定，信託業得經營及兼營之業務範圍廣泛，且兼有金融業之性質與證券投資信託及顧問法所規定之證券投資信託事業之業務功能，其事業在性質原本並不是能完全融合。證券投資信託

事業如須納入信託業法規範，將失去證券投資信託事業專業經營之特色。

⑶依據信託業法規定，信託業應設立信託財產評審委員會，將信託財產每三個月評審一次。證券投資信託事業經理之基金，則係每日計算淨資產價值並予公告，其淨資產價值之計算，有一定之公式。

⑷依據信託業法規定，信託業可以契約約定，將委託人所信託之資金與其他委託人之信託資金集合管理及運用。由於信託業本身被視為金融業之一種，信託資金（財產）自委託人移轉後，均係由信託業自行保管運用。但證券投資信託基金，其性質即係集合特定（私募）或不特定多數人（公開招募）之資金而成。依據證券投資信託事業負責人與業務人員管理規則之規定，證券投資信託事業對每一基金之運用，均必須指定由符合管理規則所定資格條件之專任基金經理人負責，且證券投資信託事業必須將基金交由基金保管機構保管，不得自行保管。每一基金之資產亦必須獨立以專戶保管，亦即證券投資信託事業之各個基金，不得集合保管及運用。至於證券投資信託事業從事全權委託投資業務，針對個別特定委託人之資金，原則上亦須專戶個別保管及運用。因此，證券投資信託事業於業務上之特性與一般信託業仍有區別。

⑸依信託業法規定，信託業辦理委託人不指定營運範圍或方式之金錢信託，其營運範圍並包括辦理放款；但證券投資信託事業所募集之證券投資信託基金，除法令另有規定外，在原則上其運用範圍則不得為放款或提供擔保。

⑹信託法第 23 條及信託業法之規定，信託業因管理不當致信託財產發生損害或違反信託本旨處分信託財產時，委託人、受益人或其他受託人，得請求金錢賠償信託財產所受損害或回復原狀，並得請求減免報酬。而信託業為擔保其因違反受託人義務，對委託人或受益人所負之損害賠償、利益返還或其他責任，應提存賠償準備金。賠償準備金之額度，由主管機關依信託業實收資本額另行規定，並於取得營業執照後一個月內，以現金或政府債券繳存於中央銀行。目前證券投資信託事業經理投資信託基金，無論依現行證券投資信託契約或信託法，雖亦有損害賠償責任，但並無提存

賠償準備金機制之規定。

(7)依信託業法規定，信託業公積金之提存準用銀行法第 50 條之規定，即應提列 30% 法定盈餘公積，並得由章程及股東會決議，另提特別盈餘公積，證券投資信託事業除現行債券型基金有特別之規定外，則無此一要求。

(8)兼營信託業務之銀行其自有資金得辦理擔保授信，與證券投資信託事業管理規則之規定，對於證券投資信託事業自有資金之規範限制不同。

(9)信託業法規範銀行兼營信託業之相關條款甚多，準用銀行法相關規定之處亦甚多，與證券投資信託事業純屬資本管理業務須依專業營業仍有差異。

綜合以上說明，證券投資信託事業仍宜回歸證券投資信託及顧問法與證券交易法之規範而不適用信託業法，也因此信託業法第 1 條第 2 項規定，即排除證券投資信託事業及都市更新投資信託公司，不適用該法之規定 ❶❻。

第三目　信託業之業務種類

信託業依信託業法第 2 條之規定，係指依信託業法經主管機關許可，並以經營信託為業務之機構，然何謂以信託為業務，由於信託業法所規定之信託行為種類繁多，是否不限制為主要業務或附屬業務都屬之，又業務行為如何認定，都有待進一步規範，況且對於從事非信託行為但與信託行為有關者，是否皆須經許可亦不無疑義，茲就信託業得經營之業務種類，說明如下：

---

❶❻　本文作者曾建議為信託業法第 29 條規定，信託業可公開募集共同信託基金，又可擔任金融資產及不動產證券化之受託機構，故對於都市更新條例第 50 條有關都市更新信託基金之募集可透過由信託業募集，以達到以證券化之方法完成都市更新及開發之目的，並可使信託業多一種業務，惟因考量都市更新為開發型之不動產證券化案例，應有較審慎周延之規劃，所以有認為須先修法，故尚在研議中。但相較於證券投資信託事業而言，證券投資信託事業反而先行開放可兼營都市更新信託事業，募集開發型之都市更新信託基金。

一、主要業務與附屬業務

㈠經營之主要業務項目

1.金錢之信託

以金錢為信託財產之信託，並就金錢之指示運用、管理及處分權依約定之方式辦理，而信託財產於運用之後取得之孳息或投資之報酬分配與受益人，而此之金錢包括新臺幣及外幣皆可，例如特定標的之金錢信託、指定範圍之金錢信託及保險金之信託等，至於金錢信託，經受託人以金錢為對價取得之標的或賺取之孳息等之運用，亦在金錢信託之範疇內。

2.金錢債權及其擔保物權之信託

此乃以金錢債權及其所附屬之擔保物權信託予受託人，使受託人成為名義上的債權人及抵押權人，執行金錢債權的催收、保全、管理、處分，而將所得金錢交付受益人的信託。實務上之金融資產及不動產證券化其以資產信託，信託讓與受託機構之運作，屬於此種信託。

3.有價證券之信託

以有價證券為信託財產之信託，依證券交易法第6條之規定，稱有價證券者，謂政府債券、公司股票、公司債券及經主管機關核定之其他有價證券。新股認購權利證書、新股權利證書及前項各種有價證券之價款繳納憑證或表明其權利之證書，視為有價證券，是屬於投資性質之有價證券，至於民法所規定之指示證券，即指示他人將金錢、有價證券或其他代替物，給付第三人之證券，如倉單、載貨證券等，亦可為信託財產。

4.動產之信託

委託人將其所有之動產，信託移轉予受託人管理、運用或處分，對於信託財產之動產的種類並無限制，舉凡車輛、船舶、汽車、航空器、電子計算機等皆可信託。

5.不動產之信託

以土地或其定著物為信託財產之信託，不動產受託在土地及建築物方面多為管理處分，例如出租以取得租金，或將其分割出售等。

6.租賃權之信託

租賃物包括動產、不動產皆可發生，甚至無體財產權亦可，以土地租賃權之信託是受託人以土地之租賃權為信託財產，委託人將其所擁有在他人土地上的租賃權，移轉予信託業，由信託業為受益人利益，就該租賃權為管理處分。

7.地上權之信託

所謂地上權，係指在他人土地上有建築物，或其他工作物，或竹木為目的而使用其土地之權，以地上權為信託財產之信託，由委託人將其所有之地上權，移轉予受託人，由受託人為受益人利益，將地上權為出租或讓售等管理處分之信託。

8.專利權的信託

專利權是智慧財產權之一種，以專利權為信託財產之信託，其無論是發明專利、新型專利及新式樣專利，其專利申請權及專利權，皆得為信託財產之標的。

9.著作權之信託

著作權是精神創作物，其以著作權為信託財產之信託，依我國著作權法規定，指因著作完成所生之著作人格權及著作財產權，著作人於著作完成時，享有著作權，其範圍包括語文、音樂、戲劇、舞蹈、美術、攝影、圖形、視聽、錄音、建築及電腦程式製作等。

10.其他財產權之信託

其他有形或無形之財產權，得為管理、使用或處分之標的者，皆得為信託財產，並為信託之營業項目範圍。例如依公司法第 177 條及公開發行公司出席股東會使用委託書規則所定，擔任受託出席股東會行使表決權之委託書受託徵求人。

㈡經營之附屬業務項目

1.代理有價證券發行、轉讓、登記及股息利息紅利之發放事項，例如擔任股務代理業務。

2.提供有價證券發行、募集之顧問服務。

3.擔任股票及債券發行簽證人。

4.擔任遺囑執行人及遺產管理人。

5.擔任破產管理人及公司重整監督人。

6.擔任信託法規定之信託監察人。

7.辦理保管業務，例如證券投資信託基金或全權委託投資資產之保管業務。

8.辦理出租保管箱業務。

9.辦理與信託業務有關下列事項之代理事務：

⑴財產之取得、管理、處分及租賃。

⑵財產之清理及清算。

⑶債權之收取。

⑷債務之履行。

10.與信託業務有關不動產買賣及租賃之居間。

11.提供投資、財務管理及不動產開發顧問服務。

12.經主管機關核准辦理之其他有關業務，例如從事以委任法律關係之有價證券全權投資業務。

二、指定範圍之金錢信託、特定標的之金錢信託與不指定範圍之金錢信託

信託業務中之金錢信託係以金錢為信託財產，委託人得於信託行為中明定，對於受益人以金錢給付，或以運用取得之信託財產現狀交付，通常在金錢信託行為中，依委託人對受託人之信託財產運用範圍、方法及投資標的之指示程度，可分為指定範圍、特定標的及不指定用途之信託等三種。

㈠指定範圍之金錢信託

委託人概括指示信託財產之運用方法及標的物種類者，包括：

1.指定單獨管理運用

受託人與委託人個別訂定信託契約，由委託人概括指示運用範圍或方

法，受託人須依此於該運用範圍或方法內為運用。

2.指定集合管理運用

委託人與受託人約定為一資金之組合，並概括指示運用範圍或方法，由受託人將信託資金與其他不同信託行為之信託資金，依其運用範圍或方法相同之部分，設置集合管理運用帳戶，受託人對該集合管理運用帳戶加以運用。故集合管理運用通常分為一個主要信託行為之契約，另外一個為定型化之次要信託行為之契約，就次要信託部分集合多數信託人財產設置集合管理帳戶加以管理運用。

㈡特定標的之金錢信託

對信託財產之運用方法及標的，於信託契約中為具體明確訂定在一定範圍內為運用者，包括:

1.特定單獨管理運用

指委託人對信託資金保留運用決定權，並約定由委託人本人或其委任的第三人就該信託資金的運用範圍或方法為運用指示，該運用指示包括投資標的、運用方式、金額、條件、期間等予以明確具體特定，並由受託人依該運用指示為信託資金之管理或處分之金錢信託。例如，特定標的之金錢信託投資於國內外有價證券及境外基金 (Offshore Funds) 等，其規範之情形容於後述。

2.特定集合管理運用

委託人對信託資金保留運用決定權，並約定由委託人本人或其委任之第三人就該信託資金之運用範圍或方法為運用指示，該運用指示包括投資標的、運用方式、金額、條件、期間等予以具體特定，受託人並將該信託資金與其他不同信託行為之信託資金，依特定運用範圍或方法相同之部分，設置集合管理帳戶為共同之處理。

㈢不指定用途金錢信託

委託人對於信託財產之運用方法及範圍，無特定也未指定者，為避免受託人擅自運用於高風險之標的，故法令上就信託資金之運用及管理須為適當限制,信託業法第 32 條第 1 項對於其辦理委託人不指定營運範圍或方

法，設定為以運用在固定收益之標的為限，此種信託尚可分為以下二類：

1.不指定單獨管理運用

委託人不指定信託資金的運用範圍或方法，由受託人於信託目的範圍內，對信託資金具有運用決定權，並為單獨管理運用，例如有價證券之全權委託投資業務中以信託關係從事者，容於後述。

2.不指定集合管理運用

委託人不指定信託資金的運用範圍或方法，並由受託人將該信託資金與其他不同信託行為之信託資金，依其運用範圍或方法相同之部分，設置集合管理運用帳戶，受託人對該集合管理運用帳戶具有運用決定權者。

三、專屬業務與兼營業務

現行信託業都為銀行兼營，而信託業法第 3 條亦明定，銀行經主管機關之許可兼營信託業時，視為信託業，就其經營業務之部門主體自應適用信託業法之規定。然此一規定並不排除未來有專屬獨立之信託業出現❶，然信託業在原有銀行法信託投資公司之擴大營業範圍及銀行可兼營之情形下，其可兼營他業之業務項目繁多，包括依證券交易法第 45 條規定兼營證券商，依證券投資信託及顧問法第 66 條之規定可兼營證券投資信託事業，證券投資顧問事業及全權委託投資業務，惟兼營業務在考量依功能性管理及業務競爭公平性之原則，所經營之業務自應遵循各該業務之法令，此將於證券相關業務部分，再詳細說明，而其兼營之架構圖如圖 3–2：

---

❶　行政院金融監督管理委員會銀行局為考量有專業之信託業存在,已將其設置標準之資本額門檻由新臺幣 50 億元降低為 20 億元,但仍未有申請設立者,該局已再考量從業務範圍之擴大及資本額之降低方面鼓勵業者申請設立。

圖 3-2　信託業兼營證券投資信託及顧問業務型態及相關法規

第四目 信託業之設立

依現行信託業之經營設立情形，信託業都屬銀行經營，雖尚無專營之信託業❶，但依信託業法第 10 條之規定，信託業之組織，以股份有限公司為限。但銀行經主管機關之許可兼營信託業務者，不在此限。例如中央信託局在改制之前，並非股份有限公司之型態，而信託業係屬資產管理業務，故信託業法訂定之際，將信託投資公司獨立出來，希望信託投資公司原有以信託方式吸收存款及辦理放款之經營，回歸銀行之本質，由銀行業辦理，信託業務部分，則劃歸信託業經營，但對信託業之設立，鑑於係由銀行法獨立出來之規範，故對於信託業之設立，準用銀行法第 53 條至第 56 條所規定，就設立應具備申請之書件、程序及信託業之設立標準，授權由主管機關定之，同時也考量依不動產證券化條例第 4 條第 3 項之授權規定，對於辦理不動產投資信託或不動產資產信託業務之信託業，主管機關得就其最低實收資本額、股東結構、負責人資格條件、經營與管理人員專門學識或經驗、業務限制等訂定規範，故其信託業設立有關事項，一併訂定於信託業設立標準❶，其主要內容如下：

一、設立之資本額

㈠一般之信託業得經營所有信託業法及經主管機關核准之其他法令所定業務項目之信託業務，其最低實收資本額為新臺幣 20 億元，發起人及股東之出資以現金為限。

---

❶ 截至 94 年 3 月底尚無專營信託業務之信託業設立，經考量其原因，除了資本額要求標準高，業務項目發展之空間未知外，主要在於銀行既可兼營，其通路、專業、資本雄厚，故專營之信託業競爭之基礎較為薄弱，但信託業為資產管理業，資本額之標準如能在設立嚴格之防火牆與內控機制下，似可適度放寬，使專營之信託業能朝專業及小而美之方向發展。

❶ 信託業設立標準，經原財政部於 92 年 9 月 29 日以臺融㈣字第 0924000878 號令修正發布。

㈡辦理不動產證券化之投資信託業務之信託業，依不動產證券化條例規定，僅辦理不動產投資信託業務之信託公司，其最低實收資本額為新臺幣 10 億元。

㈢辦理不動產證券化資產信託之信託業，僅辦理不動產資產信託業務者，其最低實收資本額為新臺幣 3 億元。

㈣同時辦理不動產證券化投資信託及資產信託之信託業，其最低實收資本額為新臺幣 10 億元。

二、採行發起設立並應公開發行

信託業應為公開發行公司，且信託公司之發起人應於發起時按實收資本額一次認足發行股份之總額，並至少繳足 20% 股款。

三、專業發起人及股東

信託業為專業之資產管理機構 (Asset Management)，故信託業之發起人及股東，除發起人及股東為金融控股公司且所認股份超過 50% 者外，應有符合下列資格條件之一之專業發起人及股東，其所認股份，合計不得少於實收資本額之 40%：

㈠具有國際金融、證券或信託業務經驗，且最近一年資產或淨值之世界排名居一千名以內之銀行。

㈡具有保險資金管理經驗，且持有證券及不動產資產總金額達新臺幣 200 億元以上之保險機構。

㈢具有管理或經營國際證券投資信託基金業務經驗，且該機構及其 50% 以上控股之附屬機構所管理資產中，以公開募集方式集資投資於證券或不動產之共同基金、單位信託或投資信託之基金資產總值達新臺幣 650 億元以上之基金管理機構。

㈣依不動產證券化條例規定僅辦理不動產投資信託或不動產資產信託業務之信託公司，得由具有不動產管理經驗，且成立滿五年以上，實收資本額達新臺幣 10 億元以上並經公開發行之不動產管理機構,擔任前項之專

業發起人及股東。

　　㈤具備前述資格條件之發起人轉讓持股時，應事先報主管機關備查，且同一集團為發起人持有信託公司已發行股份總數 50% 以上者，以投資一家信託業為限。

　　㈥不具備前述資格條件之發起人及股東，除為金融控股公司者外，同一人或同一關係人持有同一信託公司之股份，分別不得超過其已發行股份總數 25%。而所謂之同一人，指同一自然人或同一法人；同一關係人之範圍，包括本人、配偶、二親等以內之血親，及以本人或配偶為負責人之企業。

四、申請許可之程序

㈠籌設之許可

　　信託業之設立，發起人應於主管機關所規定批次作業期間內填具設立標準所規定之書件，包括申請書、營業計畫書、發起人名冊、公司章程及資金來源說明等，向主管機關申請設立許可，逾期不予受理。銀行申請兼營者，可檢具營業執照影本、公司章程或相當於公司章程之文件、營業計畫書、董事會會議記錄、業務章則等，直接申請換發兼營之信託業之執照。

㈡辦理公司登記

　　於取得主管機關籌備設立之許可後，公司應依規定收足股款並依公司法之規定，向公司法之主管機關辦理公司登記，取得公司法人人格。

㈢營業執照之核發

　　設立信託業者，應於經主管機關核准後六個月內向經濟部申請公司設立登記，並於辦妥公司設立登記後三個月內，檢同相關書件各三份，向主管機關申請核發營業執照，其書件包括營業執照申請書、公司登記證件、驗資證明書、信託公司章程、發起人會議紀錄、股東名冊及股東會會議紀錄、董事名冊及董事會會議紀錄、常務董事名冊及常務董事會會議紀錄、監察人名冊及監察人會議紀錄、董監事與經理人無法令所定消極資格所列情事之書面聲明及總經理、副總經理、總稽核、協理、總公司經理之積極

資格證明文件、負責人及從業人員名冊及資格證明文件、信託公司業務章則及業務流程及兩週以上之模擬營業操作紀錄。

前開申請公司登記期限或申請核發營業執照期限屆滿前，如有正當理由，得申請延展，延展期限分別不得超過六個月及三個月，並以各一次為限，未經核准延展者，財政部得廢止其許可，於取得核發之營業許可證照後，必須加入自律組織之同業公會始得營業。

五、信託業之負責人資格條件

有關信託業之負責人積極資格與消極資格條件之規定，依信託業法第6條、第24條第4項及不動產證券化條例第4條第3項之規定，授權由主管機關定之，而負責人之範圍以公司法或其他法律或其組織章程所定應負責之人為範圍，準此主管機關訂定信託業負責人應具備資格條件暨經營管理人員應具備信託專門學識或經驗準則[20]，其主要內容如下：

㈠消極資格條件

有下列情事之一者，不得充任信託公司之負責人，於充任後始發生者，當然解任：

1. 無行為能力或限制行為能力者。

2. 曾犯組織犯罪防制條例規定之罪，經有罪判決確定者。

3. 曾犯偽造貨幣、偽造有價證券、侵占、詐欺、背信罪，經宣告有期徒刑以上之刑確定，尚未執行完畢，或執行完畢、緩刑期滿或赦免後尚未逾十年者。

4. 曾犯偽造文書、妨害秘密、重利、損害債權罪或違反稅捐稽徵法、商標法、專利法或其他工商管理法規定，經宣告有期徒刑確定，尚未執行完畢，或執行完畢、緩刑期滿或赦免後尚未逾五年者。

5. 曾犯貪污罪，受刑之宣告確定，尚未執行完畢，或執行完畢、緩刑期滿或赦免後尚未逾五年者。

---

[20] 本準則由行政院金融監督管理委員會於94年3月25日以金管銀㈡字第0942000079號令修正。

6.違反本法、不動產證券化條例、銀行法、金融控股公司法、票券金融管理法、金融資產證券化條例、保險法、證券交易法、期貨交易法、證券投資信託及顧問法、管理外匯條例、信用合作社法、農業金融法、農會法、漁會法、洗錢防制法、建築法、建築師法、不動產經紀業管理條例或其他金融、工商管理法，受刑之宣告確定，尚未執行完畢，或執行完畢、緩刑期滿或赦免後尚未逾五年者。

7.受破產之宣告，尚未復權者。

8.曾任法人宣告破產時之負責人，破產終結尚未逾五年，或協調未履行者。

9.使用票據經拒絕往來尚未恢復往來者，或恢復往來後三年內仍有存款不足退票紀錄者。

10.有重大喪失債信情事尚未了結，或了結後尚未逾五年者。

11.因違反本法、不動產證券化條例、銀行法、金融控股公司法、票券金融管理法、金融資產證券化條例、保險法、證券交易法、期貨交易法、證券投資信託及顧問法、信用合作社法、農業金融法、農會法、漁會法、營造業法或其他金融、工商管理法，當然解任或經主管機關命令撤換或解任，尚未逾五年者。

12.受感訓處分之裁定確定或因犯竊盜、贓物罪，受強制工作處分之宣告，尚未執行完畢，或執行完畢尚未逾五年者。

13.擔任其他銀行、金融控股公司、信託公司、信用合作社、農（漁）會信用部、票券金融公司、證券公司、證券金融公司、證券投資信託公司、證券投資顧問公司、期貨商或保險業（包括保險代理人、保險經紀人及保險公證人）之負責人者。但下列情形，不在此限：

⑴信託公司與該等機構間之投資關係，並經主管機關核准者，除董事長、經理人不得互相兼任外，得擔任信託公司以外其他機構之負責人。

⑵依金融控股公司負責人資格條件及兼任子公司職務辦法規定兼任者。

14.有事實證明從事或涉及其他不誠信或不正當之活動，顯示其不適合

擔任信託公司負責人❷。

15.政府或法人為股東時，其代表人或被指定代表行使職務之自然人，擔任董事、監察人者，準用前述規定。

(二)積極資格條件

1.董事、監察人

信託業之董事及監察人應符合督導人員所應具備之信託專門學識或經驗並具備良好品德，且其人數在五人以下者，應有二人，人數超過五人者，每增加四人應再增加一人，其設有常務董事者，應有二人以上具備下列資格之一：

(1)銀行或信託公司工作經驗五年以上，並曾擔任銀行總行或信託公司總公司副經理以上或同等職務，成績優良者。

(2)擔任金融行政或管理工作經驗五年以上，並曾任薦任八職等以上或同等職務，成績優良者。

(3)銀行或信託公司工作經驗三年以上，並曾擔任銀行總行或信託公司總公司經理以上或同等職務，成績優良者。

(4)有其他事實足資證明其具備信託專業知識或經營信託公司之能力，可健全有效經營信託業務者。

(5)信託業之董事長應符合前述規定之信託專門學識或經驗及資格條件。信託公司之董事長及以具備前述資格條件之董事、監察人之選任，信託公司應於選任後十日內，檢具有關資格文件，報請主管機關認可；其資格條件有未經主管機關認可者，主管機關得命信託公司於期限內調整。

2.總經理

信託業總經理或與其職責相當之人除應符合從事督導人員所應具備之信託專門學識或經驗外，尚應具備良好品德、領導及有效經營信託公司之

---

❷ 例如有詐欺、背信等犯罪經起訴在案，但仍在審理中者，或有違反洗錢防制法令被處罰鍰者，或有具體之不誠信事證等，由於此一規定係概括性規範，範圍較不明確，但其並沒有最高年限之限制，以舉重以明輕之法理而言，無論其不良紀錄存在期間之長短都可適用本款之限制，不無商榷之處。

能力，並具備下列資格條件之一：

　　⑴國內外專科以上學校畢業或具有同等學歷，銀行或信託公司工作經驗九年以上，並曾擔任三年以上銀行總行或信託公司總公司經理以上或同等職務，成績優良者。

　　⑵銀行或信託公司工作經驗五年以上，並曾擔任三年以上銀行或信託公司副總經理以上或同等職務，成績優良者。

　　⑶有其他經歷足資證明其具備主管領導能力、信託專業知識或經營信託公司之能力，可健全有效經營信託業務者。

　　⑷依不動產證券化條例規定僅辦理不動產投資信託或不動產資產信託公司之總經理資格，得以其在不動產管理機構或不動產行政管理之工作經驗及職務取代之。

　　3.經理人

　　信託業副總經理、總稽核、協理、總公司經理或與其職責相當之人除應符合督導及管理人員所應具備之信託專門學識或經驗外，尚應具備良好品德、領導及有效經營信託公司之能力，並具備下列資格條件之一：

　　⑴國內外專科以上學校畢業或具有同等學歷，銀行或信託公司工作經驗五年以上，並曾擔任銀行總行或信託公司總公司副經理以上或同等職務，成績優良者。

　　⑵銀行或信託公司工作經驗三年以上，並曾擔任銀行總行或信託公司總公司經理以上或同等職務，成績優良者。

　　⑶有其他經歷足資證明其具備信託專業知識或經營信託公司之能力，可健全有效經營信託業務，並事先報經主管機關認可者。

　　⑷依不動產證券化條例規定僅辦理不動產投資信託或不動產資產信託公司之副總經理、總稽核、協理、總公司經理資格，得以其在不動產管理機構或不動產行政管理之工作經驗及職務取代之。

　　4.分公司經理人員

　　信託業分公司經理或與其職責相當之人除應符合管理人員所應具備之信託專門學識或經驗外，尚應具備良好品德及有效經營信託公司之能力，

並具備下列資格條件之一：

(1)國內外專科以上學校畢業或具有同等學歷，銀行或信託公司工作經驗三年以上，並曾擔任銀行總行或信託公司總公司襄理以上或同等職務，成績優良者。

(2)銀行或信託公司工作經驗二年以上，並曾擔任銀行總行或信託公司總公司副經理以上或同等職務，成績優良者。

(3)有其他經歷足資證明其具備信託專業知識或經營信託公司之能力，可健全有效經營信託業務，並事先報經主管機關認可者。

(4)依不動產證券化條例規定僅辦理不動產投資信託或不動產資產信託公司之總公司副理及分公司經理資格，得以其在不動產管理機構或不動產行政管理之工作經驗及職務取代之。

六、信託業從業人員之資格條件

信託業之從業人員從事業務之經營與管理，依其職務之性質，可分為督導人員，包括總經理、總稽核、督導信託業務之副總經理及協理、信託財產評審委員會委員、依規定執行督導業務之董事、監察人；管理人員，包括管理信託業務之經理、副理、襄理、科長、副科長；以及一般業務人員，為從事督導及管理以外之其他辦理信託業務人員，其資格條件可分述如下：

㈠督導人員之積極資格

信託業督導人員應符合下列信託專門學識或經驗：

1.曾於最近一年內參加信託業商業同業公會或其認可之金融專業訓練機構舉辦之信託業高階主管研習課程，累計三小時以上，持有結業證書。

2.曾於國內外專科以上學校教授信託相關課程一年以上或於信託業商業同業公會或其認可之金融專業訓練機構教授信託相關課程三十小時以上。

3.參加信託業商業同業公會或其認可之金融專業訓練機構舉辦之信託業務專業測驗，持有合格證書。

㈡管理人員之積極資格

信託業管理人員應符合下列信託專門學識或經驗之一：

1.曾於最近一年內參加信託業商業同業公會或其認可之金融專業訓練機構舉辦之信託業務訓練課程，累計十八小時以上，持有結業證書。

2.符合前述督導人員所定之㈠2. 3.之規定。

㈢不動產證券化之從業人員資格條件

不動產投資信託基金應至少指定一名具有運用決定權人員，專責處理基金資產運用及管理之事務。其不動產投資信託基金及不動產資產信託之經營與管理人員具有運用決定權者，應具備下列各款之一所規定之相關資格及工作經驗：

1.於不動產管理機構或金融機構從事不動產相關之投資或資產管理工作經驗達三年以上者。

2.建築師或土木技師或結構技師或不動產估價師工作經驗達三年以上者。

3.於不動產管理機構或金融機構從事與不動產證券化條例第 17 條相關之投資或資產管理工作經驗達三年以上者。

4.具備集合投資或全權委託投資之運用管理經驗達三年以上，或具有信託業務經驗達五年以上者。

5.曾擔任國內外基金經理人工作經驗三年以上者。

㈣專門學識經驗之認定

信託業業務人員應具備之信託專門學識或經驗，指參加信託業商業同業公會或其認可之金融專業訓練機構舉辦之信託業務專業測驗，持有合格證書。

第五目　信託業業務監督之管理

信託事業經主管機關許可，於完成設立程序，取得營業執照，並於加入同業公會後，始得開始營業，而信託業若由銀行兼營者是金融業之一種，

同時亦屬於資產管理之服務業，其處理信託事務，應以受託人之地位盡善良管理人之注意，並負忠實義務，因此信託業法為保護委託人及受益人之權益，明定有信託業在業務執行上應遵行之管理事項，可列舉說明如下：

一、信託財產應分別設帳獨立管理

依信託契約之特性，雖將信託財產之形式上所有權移轉予受託人，但信託財產具有獨立性，信託法第 24 條，有關信託財產與受託人自有財產或其他信託財產應分別管理或分別記帳不得流用之規定，受託人之信託業自亦遵循，至於其帳戶之開立與明細如何區隔，例如信託財產之股票在證券商及證券集中保管事業之戶頭名稱如何設計，應有可資區別之代號，因此信託業法第 20 條所訂定，信託業接受以應登記之財產為信託時，應依有關規定為信託登記，其為有價證券，應依目的事業主管機關規定，於證券上或其他表彰權利之文件上載明為信託財產，信託業接受股票或公司債券為信託者，並應通知發行公司。此種信託公示之制度，包括實體與無實體之有價，現行於公開發行股票公司股務處理準則及臺灣集中結算所股份有限公司帳簿劃撥操作辦法有特別之規範。

二、不得有虛偽詐欺或誤導之行為

信託業務之執行，委託人、受益人與受託人存在有信賴之關係，因此信託業法第 23 條規定，信託業經營信託業務，不得對委託人或受益人有虛偽、詐欺或其他足致他人誤信之行為，違反者將涉及民、刑事責任規定。

三、信託業務絕對與相對不得為之行為

㈠絕對禁止事由

為防範信託業與委託人或受益人之利益衝突，損害其權益，信託業法第 25 條規定，除信託業係辦理不具有運用決定權之信託外，不問是否得到受益人事先之同意，信託業皆不得以信託財產為下列行為❷：

---

❷　另外對於客戶委託之財產若客戶保留有投資裁量權之信託帳戶,亦即信託財產

1.購買本身或其利害關係人發行之有價證券或票券❷。

2.購買本身或其利害關係人之財產。

3.讓售與本身或其利害關係人。

4.購買本身銀行業務部門承銷之有價證券或票券。

5.政府發行之債券，不受前 1. 3. 4.之限制。

㈡相對禁止事由

信託業為管理處分信託財產，應以善良管理人之注意義務為委託人或受益人之利益運用信託財產，因此其應以最佳之判斷為財產之管理，在不妨礙此一原則下，為考量在不影響受益人權益之前提下，信託業法第 27 條規定，對於除已於事先取得受益人之書面同意者外，信託業不得為下列行為：

1.以信託財產購買其銀行業務部門經紀之有價證券或票券。

2.以信託財產存放於其銀行業務部門或其利害關係人處作為存款。

3.以信託財產與本身或其利害關係人為絕對禁止事項以外之其他交易。

4.其他經主管機關規定之行為。

㈢利害關係人之範圍

依信託業法第 7 條規定，稱信託業之利害關係人，為有下列情形之一者：

1.持有信託業或兼營信託業務之銀行已發行股份總數或資本總額 5%以上者。

2.擔任信託業負責人或兼營信託業務之銀行負責人。

之運用方法、範圍已由委託人具體確定，受託人僅依指示辦理，尚不致於有濫用信賴關係之情事，可予以排除。

❷ 至於可否購買本身或其利害關係人承銷之有價證券或票券，考量委託人與受益人管理資產與承銷包銷有價證券或票券之出售有利害衝突，由於承銷涵蓋包銷及代銷，皆含有銷售行為，為避免利害關係人交易損及委託人及受益人之權益，宜以明文禁止，而第 4 款僅規定禁止購買本身銀行業務部門承銷之有價證券或票券，並未限制其利害關係人承銷之部分，故有修正列入之必要。

3. 對信託財產具有運用決定權者。

4. 與前述 1. 2. 3. 之人具有銀行法第 33 條之 1 各款所列關係者❷。但前述 1. 2. 之人為政府者，不在此限。

5. 信託業或兼營信託業務之銀行持股比率超過 5% 之企業。

四、不得以信託財產辦理放款及借入款項

為防範信託業者利用職務之便，以信託財產對其本身或有利害關係人承作授信而影響信託業之健全經營，故信託業法第 26 條第 1 項明定，不得以信託財產辦理放款，同時也考量為確保信託財產之穩定性，避免以信託財產向其他金融機構借款，擴張信用而損及委託人及受益人之利益，於同條第 2 項明定，不得以信託財產借入款項。但以開發為目的之土地信託，為有效取得資金，得經全體受益人同意辦理借入款項。

五、不得擔保本金或最低收益率

信託業務為資產管理之一環，資產之管理運用本有風險存在，只要受託人已盡應有之義務為已足，盈虧由委託人自負，其與存款在性質上有所差異，為避免信託業變相吸收存款或經營其他財產，同時也考量與委託人或受益人產生之糾紛，故信託業法第 31 條規定，信託業不得承諾擔保本金

---

❷ 銀行法第 33 條之 1 規定所稱有利害關係者，為有下列情形之一而言：

一、銀行負責人或辦理授信之職員之配偶、三親等以內之血親或二親等以內之姻親。

二、銀行負責人、辦理授信之職員或前款有利害關係者獨資、合夥經營之事業。

三、銀行負責人、辦理授信之職員或第一款有利害關係者單獨或合計持有超過公司已發行股份總數或資本總額 10% 之企業。

四、銀行負責人、辦理授信之職員或第一款有利害關係者為董事、監察人或經理人之企業。但其董事、監察人或經理人係因投資關係，經中央主管機關核准而兼任者，不在此限。

五、銀行負責人、辦理授信之職員或第一款有利害關係者為代表人、管理人之法人或其他團體。

或最低收益率，但信託業兼營其他事業，在其他業務管理法令有特別規定者，依其規定，例如有價證券全權委託投資業務，在證券投資信託及顧問管理法令容許得依規定，訂定績效獎金 (Performance Fee) 之制度。

六、應依規定公開揭露相關資訊

信託業法參考證券交易法第 36 條第 2 項之規定，對於重大影響委託人或受益人之事項，應即公開揭露以保護股東或受益人之權益，故於第 41 條明定有下列情事之一者，應於事實發生之翌日起二個營業日內，向主管機關申報，並應於本公司所在地之日報或依主管機關指定之方式公告：

㈠存款不足之退票、拒絕往來或其他喪失債信情事者。

㈡因訴訟、非訟、行政處分或行政爭訟事件，對公司財務或業務有重大影響者。

㈢有公司法第 185 條第 1 項規定各款情事之一者。

㈣董事長（理事主席）、總經理（局長）或三分之一以上董（理）事發生變動者。

㈤簽定重要契約或改變業務計畫之重要內容。

㈥信託財產對信託事務處理之費用，有支付不能之情事者。

㈦其他足以影響信託業營運或股東或受益人權益之重大情事者。

七、應依規定接受檢查、調查及建立內控內稽制度

信託業依規定通常掌握保管及處分信託財產之權限，主管機關為防範弊端之發生並糾舉不法之情事，有必要運用檢查權予以檢查信託財務業務進行，故信託業法第 42 條規定，主管機關對信託業之檢查，或令其提報相關資料及報告，準用銀行法第 45 條所定可以指定專門技術人員從事檢查，並由業者付費之規定；同時也要求信託業應建立內部控制及稽核制度，並設置稽核單位，作定期或不定期之稽核，至於信託業內部控制及稽核制度實施辦法，由主管機關定之。在必要時亦得依行政院金融監督管理委員會組織法第 5 條之規定，實施專案檢查，或報經司法機關之核准予以搜索調

查。

第六目　信託業財產之管理

一、提存賠償準備金

(一)金　額

信託業基於信託契約之約定，為受益人之利益而收受、管理或運用信託財產，而信託財產之盈虧本應自負，但信託業業務之經營與委託人或受益人之權利義務息息相關，為保障委託人及受益人之權益，信託業法第 34 條規定，為擔保其因違反受託人義務而對委託人或受益人所負之損害賠償、利益返還或其他責任，應提存賠償準備金。其額度由主管機關就信託業實收資本額或兼營信託業務之銀行實收資本額之範圍內，分別定之，現行規定為至少新臺幣 5 千萬元，主管機關並得視社會經濟情況及實際需要調整之[25]。而該賠償準備金，應於取得營業執照後一個月內以現金或政府債券繳存中央銀行。銀行兼營並已取得換發營業執照者，應於 90 年 3 月 6 日前繳存。受託人或受益人就賠償準備金，有優先受償之權。

(二)銀行兼營之適用

對於銀行辦理信託業務提存準備金，因依信託業法辦理之信託業務，係依信託業法規定提存賠償準備金，故僅有依銀行法辦理之信託業務，始須依銀行法信託投資公司之有關規定提存信託資金準備，換言之，兼營信託業務之銀行依據信託業法規定向主管機關申請換發營業執照後，僅保本保息之代為確定用途信託資金業務（應於五年內調整完畢）仍屬依銀行法規定辦理之業務，應依銀行法信託投資公司之有關規定辦理，而其他各項信託業務均屬依信託業法辦理之業務,故均應依據信託業法之規定辦理[26]。

---

[25]　參見原財政部金融局於 90 年 2 月 6 日以臺財融(四)字第 90727315 號公告。

[26]　同前註，該公告第 3 點。有關銀行辦理信託業務提存準備金問題，因依信託業法辦理之信託業務，係依信託業法第 34 條第 2 項規定提存前開賠償準備金，

二、流動性資產比率

　　流動性資產的提列，主要是針對具有集合性質之信託或共同信託資產，在因應臨時性贖回、終止或解除契約時提供委託人或受益人的需求，以避免無法支付，或為求變現而需處理流動性較弱之資產，而損及其他信託財產價值，依信託業法第 36 條規定，信託業辦理集合管理運用之金錢信託，應保持適當之流動性。主管機關於必要時，得於洽商中央銀行後，訂定流動性資產之範圍及其比率。信託業未達該比率者，應於主管機關所定期限內調整之。準此，主管機關訂定所謂流動性資產之範圍，包括現金、銀行存款、公債、短期票券及其他經主管機關洽商中央銀行同意之資產，而其持有流動性資產占所設置個別集合管理運用帳戶淨資產價值之最低比率為 5%[27]。

三、法定盈餘公積與特別盈餘公積

　　為充實信託業之資本，信託業法第 38 條規定，信託業公積之提存，準用銀行法第 50 條之規定辦理，因此信託業完納一切稅捐後分派盈餘時，應先提 30% 為法定盈餘公積；法定盈餘公積未達資本總額前，其最高現金盈餘分配，不得超過資本總額之 15%。但法定盈餘公積已達其資本總額時，得不受前開規定之限制。同時信託業亦得於章程規定或經股東會決議，另提特別盈餘公積。

故僅有依銀行法辦理之信託業務，始須依銀行法第 103 條規定提存信託資金準備。亦即兼營信託業務之銀行依據信託業法第 59 條規定向主管機關申請換發營業執照後，僅保本保息之代為確定用途信託基金業務（應於 5 年內調整完畢）仍屬依銀行法規定辦理之業務，應依銀行法第 103 條規定辦理，而其他各項信託業務均屬依信託業法辦理之業務，故均應依據信託業法第 34 條之規定辦理。

[27]　參見原財政部 90 年 9 月 25 日臺財融㈣字第 0904000010 號令。

四、自有財產運用之限制

信託業為資產管理業，因此對於自有資金之運用，應以穩健為原則，以避免因投資或運用之風險而危及委託人及受益人之權益，信託業法第40條明定，信託業自有財產之運用範圍，除兼營信託業務之銀行外，以下列各款為限：

㈠購買自用不動產、設備及充作營業支出，其購買自用不動產之購買總額，不得超過該信託業淨值。

㈡投資公債、短期票券、公司債、金融債券、上市及上櫃股票、受益憑證，其投資公司債、上市及上櫃股票、受益憑證之投資總額不得超過該信託業淨值 30%；其投資每一公司之公司債及股票總額或每一基金受益憑證總額，不得超過該信託業淨值 5% 及該公司債與股票發行公司實收資本額 5%，或該受益憑證發行總額 5%。

㈢銀行存款。

㈣其他經主管機關核准之事項。

第七目　違反財務業務管理規範之行政處分

信託業在業務之進行中，若有牴觸信託業相關法令之行為，應受法律之處罰，然信託業為法人，法人有其意思機關、執行機關與監督機關，其對外之營運行為，通常由股東選任董監事來擔任，再由董事會聘任經理人，然後再招募從業人員與受僱人，而信託業真正對外意思表示或為行為之主體為負責人與從業人員，其為代表公司或以公司名義對外從事業務之執行，故無論負責人或從業人員違反法令之行為，亦將導致公司違規，行政罰法第 15 條規定，對負責人及從業人員之故意過失推定為公司之故意過失，故除非公司能舉證證明已盡到相當之選任或監督責任，否則對於違規之公司及其負責人、從業人員必須予以適當之懲處，以維護金融秩序及公司正常之運作，至於行政處分方面，信託業法規定有罰鍰及其他處分，可分述如

下。

一、罰鍰之處分

㈠新臺幣 180 萬元以上 900 萬元以下 ❷

1.已提出申請但未完成設立程序並取得營業許可證照即開始營業。(違反信託業法第 12 條第 1 項)

2.未依規定申請增設分支機構即於分支機構營業，或於遷移、裁撤時未申請主管機關核准者。(違反信託業法第 13 條第 1 項或第 2 項)

3.銀行兼營信託業者，其暫時停止或終止其兼營信託業務，未申請主管機關許可者。(違反信託業法第 15 條第 1 項)

4.信託業董事或監察人對於虧損逾資本三分之一，未依規定即時申報主管機關者。(違反信託業法第 15 條第 2 項準用銀行法第 64 條第 1 項)

5.信託業經營未經主管機關核定之業務者。(違反信託業法第 18 條)

6.信託業對於信託財產具有運用決定權者，兼任其他業務之經營或其董監事未符合需具有一定比率以上具備經營與管理信託業之專門學識或經驗者。(違反信託業法第 24 條第 2 項、第 3 項)

7.未經受益人書面同意，從事利益衝突規範禁止之信託行為。(違反信託業法第 27 條)

8.為承諾擔保本金或最低受益率之行為。(違反信託業法第 31 條)

9.信託業違反不指定用途金錢信託，其信託財產運用應以固定收益為限之規定。(違反信託業法第 32 條第 1 項)

10.未依規定之金額及期限提存營業賠償準備金者。(違反信託業法第 34 條第 1 項或第 3 項)

11.未保持一定比率流動性資產者。(違反信託業法第 36 條)

12.信託業對自有財產未依規定之範圍為運用者。(違反信託業法第 40 條)

13.信託業法施行前經核准附設信託部之銀行，本應自施行後六個月內

---

❷　依信託業法第 54 條之規定。

依規定申請換發營業執照，其原經營之業務不符規定者，亦應於施行後三年內調整至符合規定，其未依期限辦理者。（違反信託業法第 59 條）

14.信託業法施行前依銀行法設立之信託投資公司應於 89 年 7 月 21 日起五年內依銀行法及其相關規定申請改制為其他銀行，或依規定申請改制為信託業。主管機關得於必要時，限制於一定期間內停止辦理原依銀行法經營之部分業務，其未依規定辦理者。（違反信託業法第 60 條）

㈡處新臺幣 120 萬元以上 600 萬元以下 ㉙

違反信託業法第 26 條第 2 項規定，對於信託業並非以開發為目的之土地信託經全體受益人同意，而卻以信託財產借入款項者。

㈢處新臺幣 60 萬元以上 300 萬元以下 ㉚

1.未經主管機關許可變更章程或與之相當之組織規程，或為重大營業之讓與。（違反信託業法第 11 條）

2.對於以應登記之財產為信託時，未依有關規定辦理。（違反信託業法第 20 條）

3.未依主管機關核定之發行計畫，經營共同信託基金業務。（違反信託業法第 29 條第 2 項）

4.未依主管機關所規定不指定營業範圍或方法之金錢信託，所應遵循之營業範圍或方法及其限額。（違反信託業法第 32 條第 2 項）

5.未依規定提存法定盈餘公積者。（違反信託業法第 38 條準用銀行法第 50 條）

6.未依規定編製及申報半年報。（違反信託業法第 39 條）

7.未依規定揭露重大訊息者。（違反信託業法第 41 條）

8.拒絕主管機關所為之檢查，或不依規定繳納由公正第三人所為檢查應支付之費用。（違反信託業法第 42 條第 1 項準用銀行法第 45 條）

㈣其他違反法令強制或禁止行為之罰鍰 ㉛

㉙　依信託業法第 55 條規定。

㉚　依信託業法第 56 條規定。

㉛　依信託業法第 57 條規定。此一規定以概括違反強制或禁止規定，或應為一定

違反信託業法或其授權所訂命令中有關強制或禁止規定，或應為一定行為而不為者，除信託業法另有處罰規定應從其規定者外，可處新臺幣 60 萬元以上 300 萬元以下罰鍰。

二、行政罰鍰以外之處分

依信託業法第 44 條規定，信託業違反本法規定，除依本法處罰外，主管機關得依其情節為下列之處分：

㈠糾正並限期改善。

㈡命令信託業解除或停止負責人之職務。

㈢信託業不遵行前述處分，主管機關得對同一事實或行為再予加一倍至五倍罰鍰，其情節重大者，並得為下列之處分：

1.停止一部或全部之業務。

2.撤銷營業許可。

3.其他必要之處置。

第四節　信託業與有價證券信託相關之業務

第一目　信託業法與證券投資信託及顧問法、證券交易法之適用

依信託業法第 8 條第 1 項規定，本法稱共同信託基金，謂信託業就一定之投資標的，以發行受益證券或記帳方式向不特定多數人募集，並為該

行為而不為者，為處以行政罰鍰之適用，其是否有違法律構成要件明確性之要求，則常有爭議，晚近在財經法規之立法或修法上，已漸不採此種概括方式之規定。

不特定多數人之利益而運用之信託資金，即指發行實體之受益證券或以無實體之記帳方式發行籌募資金，並有別於證券交易法第 6 條規定實體或無實體發行之有價證券。同條第 2 項規定設立共同信託基金以投資證券交易法第 6 條之有價證券為目的者，應依證券交易法有關規定辦理；另信託業法第 18 條第 1 項後段規定，信託業其業務之經營涉及信託業得全權決定運用標的，且將信託財產運用於證券交易法第 6 條規定之有價證券或期貨交易法第 3 條規定之期貨交易時，並應向證券主管機關申請兼營證券投資顧問業務。上開條文與證券投資信託及顧問法、證券交易法間如何適用，事涉與證券投資信託事業及證券投資顧問事業之業務區隔，實有釐清之必要，而其法律適用之爭議可說明如後。

一、有關信託業法第 8 條部分

㈠依信託業法第 8 條第 1 項規定，對不特定多數人募集之共同信託基金是否屬於證券交易法所稱之有價證券？

1. 依美國 1940 年投資公司法 Section 3 (c) 3 規定，一般信託基金 (Common Trust Fund)，所匯集之資金從事集合投資 (Collective Investment)，不受投資公司法管轄，惟查美國一般信託基金係由銀行信託部辦理，表面上或許與證券投資信託基金 (Mutual Fund) 相似，但其依規定不得對公眾募集資金，亦不得廣告，且其對象多為受僱人福利基金及參與僱主辦理之退休金計畫。另查美國聯邦稅法於 1995 年 12 月 31 日已同意一般信託基金轉換為證券投資信託基金得免除稅賦，故美國政策上應為鼓勵一般信託基金轉換為證券投資信託基金，以納入投資公司法規範。而美國投資公司法係由美國證管會 (SEC) 主管，併依 1933 年證券法及 1934 年聯邦證券交易法列為同一主管機關，以求事權之統一。

2. 向不特定多數人募集或向特定人私募資金且交付具投資性之權利證明文件，本為證券交易法所稱之募集發行或私募交付有價證券特性之一，基此，主管機關於 77 年核定證券投資信託事業為募集證券投資信託基金發行之受益憑證為有價證券，又依都市更新條例第 51 條規定，有關都市更新

信託基金之募集、運用及管理，由證券管理機關定之，亦認定其發行之受益憑證為有價證券。而其主要功能在透過證券發行與交易市場之體制，透過證券市場之櫥窗，向社會大眾吸收游資，以直接金融方式來籌措所需要之龐大資金。

3.鑑於信託業發行受益證券或記帳方式向不特定多數人募集之行為，除私募且不具投資性質者外，實與證券交易法規範之公開募集無異，查證券交易法對於有價證券之募集發行已有一整體規範，如資訊揭露、市場炒作、內線交易等均較周延，且參照美、日對共同信託基金之受益憑證發行及交易，除適用投資公司法外，尚受證券法、證券交易法規範，基於證券市場之一致性、完整性，及參酌國外立法例，對不特定多數人公開募集之共同信託基金應依證券交易法第 6 條所規定核定為有價證券，受證券交易法有關之規範。

4.綜據前述信託業法第 8 條第 1 項所謂之共同信託基金，除非是類似美國 1940 年投資公司法第 3 條所定私募之一般信託基金從事之集合投資契約，得豁免投資公司法及證券交易法規定之適用外，就公開對不特定多數人招募之證券投資信託基金，應依證券交易法之有關規定辦理，且信託業得經營之業務項目依信託業法第 16 條、第 17 條之規定，遠大於證券投資信託業務，業者屢有呼籲考量其業務之競爭公平性及生存空間，證券交易法或證券投資信託及顧問法就共同信託基金之募集方面，似以視為信託業法之特別法較妥。

㈡信託業法第 8 條第 2 項所定，以投資證券交易法第 6 條之有價證券為目的者，應依證券交易法有關規定辦理，應如何適用？

1.當信託業設立以投資證券交易法第 6 條之有價證券為目的之共同信託基金，實與一般所謂之「證券投資信託基金」無異，故除信託業法及證券交易法或證券投資信託及顧問法規定均有適用外，其經營主體、募集發行及投資有價證券之操作限制暨規範、利益衝突防範或符合內部人員交易之規定等，均應回歸證券交易法有關規定，職是之故，信託業應以設立證券投資信託子公司（或兼營）方式為之，此亦為信託業法於 89 年 1 月 11 日

立法院黨團朝野協商後之共識。亦為證券投資信託及顧問法於 93 年 6 月 11 日立法院三讀通過時，於該法第 6 條第 2 項所定，信託業募集發行共同信託基金投資於有價證券為目的，並符合一定條件者，應依證券投資信託及顧問法申請兼營證券投資信託業務之規定相符。

2.另從業務上功能及專業分工之觀點，證券投資信託事業專注於資本市場有價證券之投資，信託業強化金融市場之金融資產、不動產、金錢債權及其他擔保物權債權等標的之業務，各分業發揮其專業功能並均衡發展方能有助於我國金融自由化及多元化發展，證券投資信託及顧問法、證券交易法除對於有價證券發行市場之募集、發行有所規範外，就其買賣交割結算等交易市場亦有較完整體系之規定。因此，若使信託業與證券投資信託業之業務重疊，將徒增政策及管理上之分歧，並使業者難以遵循。

二、有關信託業法第 18 條部分

㈠信託業以受託財產從事證券交易法之有價證券投資及期貨交易法之期貨交易時，依上開規定應申請兼營證券投資顧問業務，而所謂「兼營業務」，例如銀行兼營證券業務或證券商兼營期貨業務，就兼營部分在業務上除有特別規定外，自然依其業務行為具有之本質所應適用之證券交易法或期貨交易法之有關規定進行。因此兼營證券投資顧問業務之信託業，在業務上如依信託業法之信託契約方式，則可能與依證券投資信託及顧問法所定依委託方式經營全權委託業務之代客操作不同，就代客操作參與者間之投顧（投信）、保管銀行及投資人所採行之委任方式與信託關係尚有差異，若等同看待將使管理上徒增困擾與紛爭。

㈡信託業兼營證券投資顧問業務,依主管機關 93 年 10 月 30 日發布之「證券投資信託事業證券投資顧問事業經營全權委託投資業務管理辦法」規定，應依該規定指撥專用之營運資金、具備符合全權委託管理辦法所規定資格之組織人員、擬具經營全權委託投資業務之營業計畫及業務章則，並加入投信投顧公會，在規範上與投信投顧之代客操作完全一致；另對於客戶全權委託之管理資金與有價證券，其與投信投顧間，或保管銀行間採

委任關係，在性質上與信託必須移轉形式所有權有所不同，且採行信託之架構，其信託財產種類除金錢、有價證券外，尚包括動產、不動產或其他財產權，因此若不將受託之金錢及有價證券之信託財產與受託人之資產區隔獨立出來，將造成控管機能之混淆，其從事有價證券全權委託投資之代客操作部分，在代客操作業務上與信託為以受託人自己名義為法律行為模式為不同之體制架構，主管機關應為如何管理及業者如何遵循將難以分辨，且信託業之業務項目多、活動空間大，而證券投資顧問及證券投資信託業者囿於業務之侷限與法律適用之成本比較，故似宜注意法令規範之均衡性與業務競爭之公平性。

㈢故就信託業法第 18 條之文義及兼營運作之實務上，專業操作運用範圍應依專業功能管理之法令，就投資有價證券之代客操作除信託業與委託人間之為信託關係外，自應依證券交易法之體系運作，否則信託業法第 18 條之條文規定應申請兼營證券投資顧問業務，若其僅向主管機關取得乙紙營業執照而未規範其實質運作之內容，將形同具文，並造成未來管理上之漏洞。也因此依證券投資信託及顧問法第 65 條第 1 項規定，信託業經營信託業法主管機關核定之業務，涉及信託業得全權決定運用標的，且將信託財產運用於證券交易法第 6 條規定之有價證券，並符合一定條件者，即其標的超過新臺幣 1 千萬元以上時，應向主管機關申請兼營全權委託投資業務。

三、信託業與證券投資信託事業之業務區隔

鑑於信託業法第 8 條及第 18 條與證券交易法間如何適用，信託業與證券投信、投顧業看法不一致，因本案事涉重大且影響深遠，為慎重起見，曾經由原財政部於 90 年起邀集相關單位研商解決❷。決議依信託業法第 8 條第 2 項規定設立之共同信託基金，投資於證券交易法第 6 條之有價證券占共同信託基金募集發行額度 40% 以上或可投資於證券交易法第 6 條之

---

❷　90 年 8 月 7 日由顏前部長慶章邀集金融局、證期局及陳次長沖、林次長宗勇於財政部 6 樓會議討論解決方案。

有價證券達新臺幣 6 億元以上者，應向證券主管機關申請核准，其募集、發行、買賣、管理及監督事項，依證券交易法有關規定辦理。其經證券主管機關核准者，視為已依信託業法規定核准❸❸。

四、信託業與有價證券全權委託投資業務之區隔

信託業得依信託業法第 18 條第 1 項後段規定向證券主管機關申請兼營證券投資顧問業務，亦得依信託業法第 17 條第 12 款規定，經主管機關核准以委任方式辦理接受客戶全權委託投資業務，並向證券主管機關申請兼營證券投資顧問業務。其依信託業法第 18 條第 1 項後段之規定，以信託財產運用於證券交易法第 6 條規定之有價證券或期貨交易法第 3 條規定之期貨時，有關業務運作之規範，由投信投顧公會及信託業公會研提須配合修正之法令供證券主管機關參考，俾便修改法令配合施行。另參照信託業法第 32 條及第 18 條第 1 項後段之規定，所稱應向證券主管機關申請兼營證券投資顧問業務者，係指信託業辦理委託人金錢信託或有價證券信託，且經信託業全權決定運用於有價證券或期貨者。於信託業之同信託基金管理辦法第 3 條第 4 款及信託業法施行細則之相關條文配合規範❸❹。

---

❸❸ 信託業法施行細則第 4 條規定,信託業法第 8 條第 2 項所稱設定共同信託基金以投資證券交易法第 6 條之有價證券為目的者,指共同信託基金投資於證券交易法第 6 條之有價證券占該信託基金募集發行額度 40% 以上者，或可投資於證券交易法第 6 條之有價證券達新臺幣 6 億元以上者。

❸❹ 信託業法施行細則第 10 條規定,信託業經依信託業法第 18 條第 1 項規定核准兼營證券投資顧問業務者,除信託法、信託業法或其相關法令另有規定外,適用證券投資信託事業證券投資顧問事業經營全權委託投資業務管理辦法信託業專章之規定。但此一規定表面上就代客操作是回歸證券投資信託及顧問法令之適用,但其得以法令規定由信託法、信託業法或其相關法令為優先適用,而排除證券交易法或證券投資信託及顧問法對有價證券代客操作之特別規範,在立法上是否得以施行細則訂定不無商權之處。

第二目 有價證券全權委託投資之意義

所謂全權委託投資經營 (Discretionary)，一般稱之為代客操作，係指受託人接受委託人之委託，就委託自己之資產運用有關投資事項，包括買入、賣出或投資對象之種類、數量、價格甚至時間等概括授權受託人代為決定之業務行為，而所謂之業務行為是否必須收受報酬，從設立公司以營利為目的之角度而言，報酬是維持業務支出之成本及為客戶提供服務之對價，應屬營業業務行為之基本要件，至於其報酬之多寡、方式等當依法令及當事人之約定[35]，證券投資信託事業證券投資顧問事業經營全權委託投資業務管理辦法第 2 條第 1 項規定：「本辦法所稱全權委託投資業務，指證券投資信託事業或證券投資顧問事業對客戶委任交付或信託移轉之委託投資資產，就有價證券、證券相關商品或其他經行政院金融監督管理委員會核准項目之投資或交易為價值分析、投資判斷，並基於該投資判斷，為客戶執行投資或交易之業務。」亦即證券投顧或投信事業基於客戶之授權，依指示之範圍作最合適最有效率之投資組合 (Portfolio) 與運用[36]。全權委託之代客操作為依據較大額度資金投資人，依其特殊需求所設計之個別委託，通常是以客戶名義並授與相當裁量之決定空間，依代理人身分從事為投資人

---

[35] 參見余雪明，《證券交易法》，第 629 頁，財團法人中華民國證券暨期貨市場發展基金會，89 年 11 月版。

[36] 有認為全權委託可區分為投資之全權委託與買賣之全權委託，買賣之全權委託是由證券經紀商就有價證券之買賣代為種類、數量、價格或買入、賣出之決定，而投資之全權委託在於委託資金整體投資組合之運用，我國證券交易法第 18 條之 3 第 2 項之法律用語為全權委託投資業務，且在相關管理辦法中規定，其投資範圍包括本國上市、上櫃之有價證券、本國投信發行之開放型或受益憑證、外國有價證券及承銷之有價證券等，另公務人員退休撫卹基金管理條例第 5 條所規定之基金運用範圍包括購買公債、庫券、短期票券、受益憑證、公司債、上市公司股票及銀行存款等，因此所謂之全權委託投資業務，是指投資之全權委託而言。

投資之量身定作運作，與共同基金是透過發行受益憑證募集基金，籌集小額投資人之資金，並以基金專戶名義從事投資之方式有所不同，然共同基金與全權委託之代客操作都是透過專業法人之參與，使投資判斷更為精確，投資之政策更趨理性，不僅可為投資人追求更高之報酬外，亦為扮演穩定市場及健全市場發展相當重要之角色。

第三目　全權委託投資之法律架構

　　證券投資信託及顧問法於 93 年 1 月 30 日由總統公布，並經行政院核定於同年 11 月 1 日施行，為繼信託法於 85 年 1 月 26 日公布後，以及證券交易法部分條文修正案與信託業法之立法於 89 年 7 月 19 日，經立法院三讀通過總統公布後，有關資產管理規範之法律，其中涉及有價證券全權委託投資業務部分，則雖散雜在各法中，但統合後為較完整之規範，且在規範對象方面包括透過信託財產之方式，或原以證券交易法第 18 條之 3 及信託業法第 18 條之規定來從事有關資產之管理，此亦一直為我國資產管理及金融證券市場之發展所關注，依原證券交易法第 18 條之 3 之規定，除了規定全權委託投資之資金，必須其受託人及保管機構之自有財產分別獨立外，受託人及保管機構之債權人亦不得對於委託人所委託之資金及該資金購入之資產，為任何請求或行使其他權利，以保護客戶之權益，亦授權主管機關訂定接受經營全權委託投資業務之管理辦法及其營業保證金，以為開放證券投資顧問事業及信託事業得從事全權委託之依據。

　　而在信託業法第 16 條、第 17 條之規定，信託業得經營金錢及有價證券之信託業，並得為代理信託財產之取得、管理、處分、清算等事項已如前述，所以信託業得依信託契約從事全權委託之代客操作業務，惟在同法第 18 條第 1 項後段規定，信託業之業務經營，如涉及得全權決定運用標的，且將信託財產運用於證券交易法第 6 條規定之有價證券或期貨交易法第 3 條規定之期貨時，應申請兼營證券投資顧問業務，綜據前開新法相繼訂定發布之規定，對於證券投資顧問事業、證券投資信託事業及經證券主管機

關許可兼營證券投資顧問事務之信託業得經營受託從事有價證券全權委託之業務，未經取得營業許可之證券投資顧問、證券投資信託及得兼營之信託業者，不得從事該項受託業務，否則將觸犯證券交易法第 175 條、信託業法第 48 條或證券投資信託及顧問法第 107 條規定之刑事責任，客戶或投資人亦不宜透過此種非法管道委託其投資，以避免在沒有法律合法保障下，權利遭受損害。

然而信託業法第 18 條第 1 項之規定，對於信託業者經營受託有價證券或從事期貨交易時，應向證券主管機關申請兼營證券投資顧問業務，所謂向證券主管機關申請兼營證券投資顧問業務，是單純取得證券暨期貨管理機構之兼營許可證照即可，抑或其經營受託代理信託有價證券之取得、管理、處分、清算等運用事項之業務時，仍須依證券投資顧問事業經營全權委託投資業務之規範辦理，由於依信託契約方式之委託經營，與原依證券交易法第 18 條之 3 所規定依委任契約之方式尚有不同，因此信託業從事有價證券之全權委託業務時，可否完全依信託業法規定之信託契約方式為之，或必須依證券交易法全權委託投資以委任之方式為之，則不無異議。

依信託契約以有價證券為信託財產時，必須依規定為信託登記，於證券上或其他表彰權利之文件上載明為信託財產，換言之，在形式上之所有權必須移轉登記予受託人之信託業者，受託機構運用信託基金買入有價證券，其信託財產包括記名證券，應以受託人名義為之❸❼，此之信託業為受託人其在有價證券之交易上與一般之法人或個人投資無異。因此以信託方式就有價證券之全權委託投資對象，若欲增加透過以委任方式為從事業務，應以依證券投資信託及顧問法規定，遵照證券投資信託或顧問事業依委任規範之方式為之，至於信託業從事代客操作之可能方式，容於後述，由於新法對於全權委託投資業務之代客操作法令架構已取得法律明確之授權訂定管理之辦法之依據，因此全權委託投資業務之開放在規劃上可依法律之規定，授權由行政機關訂定法規加以管理，並透過客戶、受託人及保管機構間私權利義務之契約規範，同時也需加強由同業公會訂定之自律公約或

---

❸❼　參見賴源河、王志誠合著，《新信託法》，第 8 頁，84 年版。

業務操作辦法等三方面來加強其對客戶權益之保障，茲就行政、私法契約及自律規範上分述其內容如後。

一、證券投資信託及顧問法之相關規範

㈠由於有價證券之全權委託投資業務為須經主管機關許可之業務，必須經核准設立之業者始得經營，以兼顧市場秩序及投資人權益，因此，證券投資信託及顧問法第 6 條規定，非依該法之規定不得經營全權委託投資業務，同時亦授權訂定相關子法，明定經營全權委託投資業務之受託人之資格條件，必須是依法取得許可證照且健全經營體質之業者，除證券投資信託事業依其既有之經營條件外，投資顧問事業者必須具備實收資本額達新臺幣 5 千萬元以上之資本額度，營業滿二年並具有資產管理經驗與專業能力者，並符合最近未被行政機關處分或同業公會自律規範處罰者。另信託業符合一定之資格條件者亦得以信託之法律關係從事全權委託之投資業務。

㈡代客操作為專業之資產管理，為提高服務品質與操作績效，故必須從嚴規定對全權委託投資有關事項從事研究分析、投資決策或買賣執行之人員，以具備證券投資分析人員資格，或經指定機構測驗合格且在專業投資機構有達一定年限工作經驗之合格證券商高級業務員，或曾擔任國內外基金經理人一年以上者，或已登記並具有三年實際工作經驗之證券、期貨或信託業之業務人員等，以提昇服務之品質並保障投資人之權益。

㈢資產管理業為提供專業服務之專業機構，其與委託人之客戶間為高度之信賴關係，故在相關法令上明文規定受託人應盡善良管理人之注意，並負忠實之義務，準此，應禁止受託人或其董事、監察人、經理人、業務人員及其他受僱人員，有不依委任人委任之條件從事投資或利用職務上所獲知之資訊從事偷跑 (Front-running)、搶帽子 (Scalping) 之行為，或濫用委任人之帳戶及資金從事足以損害委任人權益之炒單 (Churning) 等利益衝突或侵占、背信之不法行為。

㈣要求受託人要善盡通知及報告之義務，應對委任人詳細說明全權委

託投資事項、交付說明書，並依委任人別分別設帳，按月定期編製報告書及逐日依規定登載相關記錄，委任人並得隨時要求查詢，而在投資事項發生資產淨值，除首次須在減損達 20% 以上之重大事由時通知外，其後每達損失 10% 時，亦應於事實發生日起二個營業日內，通知報告委任人。

㈤明定受託人應依規定向主管機關指定得辦理保管業務之金融機構提存一定額度之營業保證金，營業保證金因具有債權之優先權，得以保護因業務受侵害之委任人權益，而此一營業保證金之處理，在要求業者自律之前提下，受害人債權人如何提領，以及是否具有共同聯保之性質則容於後論述，至於其使用之內容則委由同業公會訂定相關要點加以規範。

二、全權委託投資契約之法律關係

依證券投資信託與顧問法第 5 條第 10 款規定，全權委託投資業務，指對客戶委任交付或信託移轉之委託投資資產，就有價證券、證券相關商品或其他經主管機關核准項目之投資或交易為價值分析、投資判斷，並基於該投資判斷，為客戶執行投資或交易之業務，故從此一業務之行為面觀之，可包括委任關係與信託關係之行為態樣，而當事人雙方為投資人與受任人或受託人，至於在投資人委託財產之保護方面，對於委任關係者，必須由第三人之保管機構，保管委託財產之款券，以避免監守自盜或流用、盜用之舞弊空間，且當事人間係以全權委託投資契約、保管契約及三方協議書等契約串連起來，形成一個嚴謹之架構，可進一步分析如下：

㈠有價證券全權委託投資契約之簽訂

1. 投資人同意委由投信投顧業者代為投資操作時，應與業者簽訂全權委託投資契約，確認雙方的權利義務，以杜爭議。由於全權委託投資契約係依委任人之客戶個別需求量身訂製，委任人個別可依其自由意思限定或概括授權予投信投顧業者投資判斷之空間，然後再決定明定於全權委託投資契約中，並指示其操作對象之種類、數量、價格、時間等範圍與操作方針。

2. 由委任者與業者簽訂全權委託投資契約，而在全權委託投資契約中

應記載之事項，包括簽約後可要求解約之期限、委託投資金額、投資基本方針及投資範圍、投資決策之授與及限制、資產運用指示權之授與及限制、投資經理人、保管機構、證券經紀商之指定及變更、保密、交付定期報告及重大損失即時報告之義務、委託報酬與費用之計算、越權交易之交割責任及委任關係終止後的了結義務等。

㈡與保管機構簽訂委任代理保管款券之保管及委任契約，代客操作客戶之委任人應自行指定經主管機關核准得辦理保管業務之金融機構，將委託投資之資產交由該保管機構保管，並簽訂委任代理契約，保管機構有依法令規定及契約約定辦理證券投資之開戶、款券保管、買賣交割及帳務處理等事宜之義務，委任代理契約必須由保管機構與委任人個別簽訂，不得共同委任。保管機構之功能在使經理操作者與款券保管者能互相分離，各自獨立以發揮勾稽控管之制衡機能，以避免有濫權、監守自盜或流用、挪用、盜用之空間。

㈢為確保整體代客操作程序之順利進行，串聯各當事人間在操作過程之功能，故客戶、投信投顧及保管機構等必須簽訂三方權利義務協定書，由委任人、投信投顧業者及保管機構確認三方當事人對彼此之權利義務，三方協定書係針對證券投資信託及顧問事業之投資決策權、委託買賣代理權、交割指示權之範圍與限制等加以規範，同時也對保管機構於交割前所應負有交易審查確認之義務加以明定，以有效勾稽及控管投信投顧業者是否依委任人之指示從事代客操作。

㈣由於客戶之款券是由保管機構所保管，以客戶名義為有價證券買賣時，其下單到證券商之委託交易，則透過由保管機構代理委任人到證券經紀商完成證券投資之開戶，並由投信投顧業者、保管機構及證券經紀商，簽訂三方權義協定書，確認三方當事人各自之權利義務，尤其對於越權交易之交割責任歸屬必須明定，以杜未來產生之爭議。

三、同業公會之自律規範

證券投資顧問、投資信託或其他信託業者，為提供專業知識及專業技

能之服務事業，其業務之進行與委任之投資人權益息息相關，為建立業者之形象並考慮投資人權益之保護，美國、加拿大及香港等地之立法例皆有由業者提出自律及道德規範之前例 (Ethics Codes)，自律規範原屬於道德層面之約束，一般而言法律是道德之最低標準，逾越最低道德要求之界限即應接受法律之制裁，因此對於自律規範之道德訴求，可要求發揮更高之約束效力，對於經許可從事全權委託投資業務之證券投資顧問、投資信託事業或兼營之信託業者，無論是商業團體法或證券投資信託及顧問法，在業必歸會之原則下，強制規定必須加入同業公會，並接受公會自律規章及公約之規範，自律組織之功能也同時提供業者統一意見並透過公會反映業界看法予主管機關之機會，可有效縮短業界與行政機關意見溝通之距離，主管機關就業務上以自律規範為宜之事項可授與公會處理，減省行政人力、物力的耗費，並可收事半功倍之效果，而就代客操作有關之部分，主管機關於民國 90 年 4 月 13 日曾核定證券投資信託暨顧問商業同業公會之基金經營守則，並同時明定有關代客操作在運作上之操作辦法，而自律規範係以指引式之指導原則 (Guideline) 方式訂定，對於違反者除已觸犯法令規定，主管機關得處分所屬公司應予以警告、或對負責人與從業人員予以停職或解職外，自律機構之同業公會得依自律方式處置❸，至於自律規範之原則及內容可分述如下：

(一)原　則

為加強自律功能，業者有完善之管理及內部控制，內部稽核體制，以保護投資人之資產，為投資人創造最大之獲利契機，公司之負責人及全體員工在業務之執行上應符合守法、忠實、誠信、公開、公平競爭、小心謹慎及專業管理之原則，由於代客操作係受投資人之委任收受有報酬，應以善良管理人之注意義務為投資人從事經營，在美國由於受任人與投資人間

---

❸　參見中華民國證券投資信託暨顧問商業同業公會 90 年 4 月 13 日奉主管機關以(90)臺財證(四)第 116176 號函核定之基金經營守則，第 1 頁、第 2 頁。另依證券投資信託及顧問法第 88 條規定，賦予同業公會得對違反法令或自律規範之會員予以停權、課予違約金、警告、命其限期改善等處置。

存有所謂信賴關係 (Fiduciary Relationship)，因此應踐行信賴責任 (Fiduciary Duty)，在業者內部或眾多投資人利益發生衝突時 (Conflicts of Interest)，應儘量考慮到如何不損及投資人權益 ❸❾。

㈡內　容

1.對於從業人員積極資格之取得，由於必須具備專業之分析能力及判斷所需之技術與知識，因此業界知之最稔，故除了在法令上規定最基本之條件外，其他如人員之測驗、登記、訓練，甚至對於考核事項等，皆可由公會來辦理。

2.就所從事之全權委託投資業務之專案檢查、輔導及業務紛爭之調解，可由公會訂定辦法加強辦理，就國外之體制而言，自律機關之檢查及輔導往往是比主管機關還嚴格，一來可適時發現缺失即時處理或輔導遏止違規事件之發生，避免被行政處分之窘境，亦可由公會就業者與客戶間或業者相互間之糾紛予以適當之調解，減少事件之擴大與興訟之發生。

3.為消弭惡性之競爭及維護市場之秩序，在符合公平交易管理法令之下，就全權委託投資業務相關之私契約內容授權公會訂定相關之契約範本提供各界參考，而相關契約之種類包括委任人與受任人間、委任人與保管機構間之契約等，甚至受任人、保管機構、證券商及證券集中保管公司權利義務之契約，亦宜有可資參考之資料，以避免糾紛及不周延。

4.就全權委託投資業務之實際操作，包括業務招攬、促銷、客戶之徵信、契約之簽訂、委託下單、交割結算、集保及如何向委任人說明報告等，由於涉及程序性及專業性之細節規定，業界對於在法令規範下如何發揮最有效之運作，宜由同業公會作更詳細之規範。

第四目　全權委託投資之作業

開放全權委託投資代客操作之業務，在新證券投資信託及顧問法第 50

---

❸❾　參見余雪明，《證券交易法》，第 337 頁，財團法人中華民國證券暨期貨市場發展基金會，2000 年 11 月版。

條第 2 項規定及授權下,配合原證券交易法第 18 條之 3 規定訂定之管理辦法與現行證券交易實務之運作之管理,訂定證券投資信託事業證券投資顧問事業經營全權委託投資業務管理辦法,明定投資人委託證券投資顧問、投資信託事業及經證券主管機關許可兼營之信託業,從事專業之投資運用,代客操作在證券投資信託及顧問之架構可依照民法委任或混合契約型態之方式從事業務行為❹,亦得依信託法之信託架構進行,為進一步瞭解在此一委託運用情況下投資人所扮演的角色地位及所受之保障,有必要先探究其作業之流程及管理之結構,然後再釐清其相互間之法律關係,以下擬先就以委任關係之委託投資作業流程及業務管理結構加以圖示說明如後圖 3-3 與圖 3-4,再進一步分析其法律架構。

---

❹ 日本對於投資顧問契約之性質,學者有認為是準委任之無名契約,因為委任之規定係委託以法律行為之事務為限,有關提供分析建議意見之事項並非法律行為之事務,只得準用或類推適用民法委任之規定,故稱為準委任契約,至於全權委託投資之業務就投資資金之運用行為,則為法律行為之委任契約,亦有學者認為既有準用之規定或得類推適用,則無區分委任或準委任之必要,概稱為事務處理之委託,我國現行之證券投資信託及顧問法第 5 條第 10 款規定,本法之全權委託投資業務用詞定義如下:指對客戶委任交付或信託移轉之委託投資資產,就有價證券、證券相關商品或其他經主管機關核准項目之投資或交易為價值分析、投資判斷、並基於該投資判斷,為客戶執行投資或交易之業務,故可基於民法委任契約或信託法之信託契約為基礎。

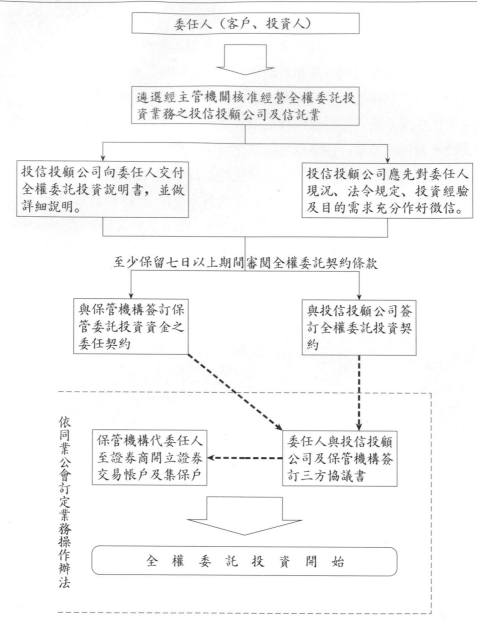

圖 3-3　全權委託投資作業流程

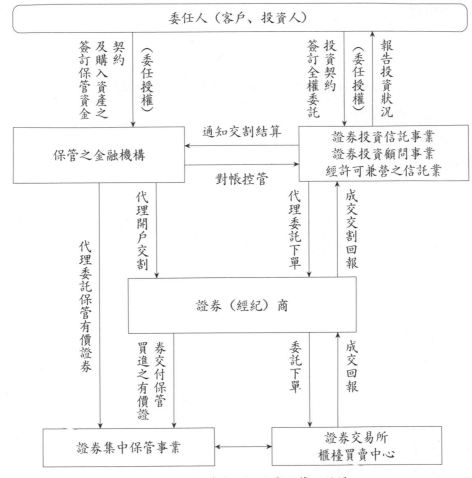

圖 3-4 全權委託投資業務管理結構

一、全權委託投資作業流程

㈠選任委託經營之受託人

1.就經許可得從事有價證券全權委託投資業務之信託業、證券投資信託或顧問事業，選擇具專業、績效良好及有信譽之業者為之，而委任之自然人客戶若為未成年人或經禁治產宣告者，必須有法定代理人之同意或由其代為開戶方得為之，另受破產宣告未經復權者，主管機關人員及受託人之負責人、從業人員等亦不得委託，其他得為委任人者與得在證券經紀商

開戶委託買賣之客戶資格並無差別，換言之，除有特別情況外，對於得在證券市場上投資者只要其委託之操作金額符合最低門檻之規定皆可委託代客操作，現行證券業者、保險業者已得就其資金委託證券投資信託或顧問事業代客操作，但銀行業之自有資金開放委託業者代客操作部分，尚待主管機關之許可。

2.受託人之證券投資顧問投資信託公司及信託業要經營全權委託投資業務應具備法令所規定之條件，並不是所有的投顧、投信公司或信託業都可以經營有價證券之全權委託投資事業，其申請經營全權委託投資業務必須符合下列資格條件：

(1)相當的資本額

證券投資顧問公司實收資本額需達新臺幣5千萬元以上，證券投資信託公司實收資本額需達新臺幣3億元，且最近期財務報告每股淨值不低於面額，而信託業申請兼營應指撥相當之專用營運基金。

(2)具有經營業務能力

證券投顧公司由於原來業務僅提供諮詢及分析顧問，尚無直接資產操作之經驗，因此規定必須營業滿兩年並具有經營全權委託投資業務能力，始得申請代客操作業務，至於證券投資信託公司則因其主要業務為管理共同基金，性質與全權委託投資相近，所以沒有最低經營年限限制。

(3)未遭受主管機關下列處分

A.最近兩年未曾被主管機關依證券投資信託及顧問法第103條第2款或證券交易法第66條第2款以上處分（包括命令解除其董事、監察人或經理人職務、處六個月以上之停業及撤銷營業許可）。

B.最近半年未曾被主管機關依證券投資信託及顧問法第103條第1款或證券交易法第66條第1款之規定處分。

(4)需提存營業保證金

為使客戶權益獲得適度保障，投顧或投信公司應依主管機關規定提存一定金額的全權委託營業保證金。

現行主管機關規定應提存營業保證金之標準如下：

A.實收資本額未達新臺幣 1 億元者，提存新臺幣 1 千萬元。

　　B.實收資本額新臺幣 1 億元以上而未達新臺幣 2 億元者，提存新臺幣 2 千萬元。

　　C.實收資本額新臺幣 2 億元以上而未達新臺幣 3 億元者，提存新臺幣 3 千萬元。

　　D.實收資本額新臺幣 3 億元以上者，提存新臺幣 5 千萬元。

　⑸其他經主管機關規定應具備的條件

㈡遴選保管機構

1.保管機構之積極資格條件

　　依證券投資信託事業證券投資顧問事業經營全權委託投資業務管理辦法第 11 條第 1 項及第 2 項規定,委任之投資人之款券必須存入保管機構得由受託人保管而保管機構應由委任人自行指定之，至於保管機構之資格條件依主管機關之規定，必須符合銀行法第 20 條所稱之銀行，且其信用評等等級達下列情形之一者才可以擔任全權委託投資業務之保管機構：

　　⑴經 Standard & Poors Corp. 評定，長期債務信用評等達 BBB− 級以上，短期債務信用評等達 A−3 級以上。

　　⑵經 Moodys Investors Service 評定，長期債務信用評等達 Baa3 級以上，短期債務信用評等達 P−3 級以上。

　　⑶經 Thomson Bank Watch 評定，長期債務信用評等達 C/D 級或 IC-C/D 級以上，或長期債務信用評等達 BBB− 級或 LC-BBB−− 以上，短期債務信用評等達 TBW−3 級或 LC−3 級以上。

　　⑷經 Fitch IBCALTD 評定，長期債務信用評等達 BBB− 級以上，短期債務信用評等達 F3 級以上。

　　⑸經中華信用評等股份有限公司評定，長期債務信用評等達 twBBB− 級以上，短期債務信用評等達 twA−3 級以上。

2.保管機構之消極資格條件

　　為使接受委託經營業務者能專心致力於專業之分析判斷，避免聯合壟斷，並有利於稽查管控之制衡，保管機構與接受委託經營業務者應嚴加區

隔，然從事全權委託投資業務之款券保管機構，相較於證券投資信託基金之保管機構，由於是屬於一對一之契約，不若證券投資信託基金為屬於對不特定多數人之操作，其公益性較為薄弱，對於從事操作之業者與保管之業者若有利害關係，並非全然不得擔任，而是依規定告知委任人之客戶即可，由客戶自行斟酌決定是否變更或中止保管契約。因此證券投資信託事業證券投資顧問事業經營全權委託投資業務管理辦法第 11 條第 1 項及第 3 項規定，保管機構與證券投資顧問事業、證券投資信託事業或信託業間，有下列情事之一者，應對客戶負告知之義務：

　　⑴投資於信託業證券投資顧問事業或證券投資信託事業已發行股份總數之 10% 以上股份者。

　　⑵擔任信託業證券投資顧問事業或證券投資信託事業董事、監察人；或其董事、監察人擔任證券投資顧問事業或證券投資信託事業之董事、監察人或經理人者。

　　⑶證券投資顧問事業或證券投資信託事業持有已發行股份股份總數之 10% 以上股份者。

　　⑷保管機構與證券投資顧問事業或證券投資信託事業間，具有實質控制關係者。

　　⑸由證券投資顧問事業或證券投資信託事業擔任董事、監察人者。

　　⑹擔任董事、監察人者，其代表人或指定代表行使職務者，存有前述情事者。

　　由於保管機構係受委任保管及處理交割結算等事項，在投資業務之進行時，有依經營全權委託投資操作受任人之指示就已完成交易事項辦理交割結算與控管，因此與操盤者亦有法律上往來之權利義務關係，準此必須有明確之三方議定書作為遵循。

二、投資決策之形成

　　有關全權委託投資決策之形成，必須經過廣泛蒐集產業與投資標的之資訊及以專業之分析判斷而作成結論與建議，在程序上一般可分為投資分

析、投資決定、投資執行及檢討評估等步驟進行，受任人之業者應設置專責分析研究部門，依委任人約定投資之範圍，就產業或個別公司蒐集財務、業務之資訊提供為分析報告，並應積極掌握國內外政經情勢及總體經濟環境的變化，而在作成投資組合決定時，應根據研究員之投資分析報告、產業分析會議、每日開盤前之分析會議及投資決策會議之結論，與前一日執行買賣之差異分析報告等資訊，並考量委任人之各項委任條件及其他相關因素後為綜合判斷，客觀公正地為每一委任人決定投資標的，並作成投資決定書，然後再由交易員依所開戶之決定書內容對證券商執行委託下單之指示完成交易。

三、全權委託投資當事人間之法律關係

㈠委任人與受託人之法律關係

依民法第 103 條第 1 項之規定，代理人於代理權限內，以本人名義所為之意思表示，直接對本人發生效力。而有關代理權之授與是否為債發生之原因，在性質及學理上尚有爭論，有採委任契約說者，亦有採無名契約說者，甚至有採單獨行為說者，唯我國學者以採單獨行為說為通說❹，換言之，代理權授與行為之基本法律關係，有可能是基於委任、僱傭及承攬等契約而來，代客操作之業務係由委任人授以代理權予受託人，而其委託事項則由委任人與受任人之業者訂定於全權委託契約，委由業者決定資金之運用，其投資範圍以全權委任契約或其附件投資方針書所示之證券種類、性質、範圍、投資組合分配、交易方法及其他限制特約為限。委任人委託證券投資顧問、投資信託事業或信託業從事全權委託投資時，其間之法律關係若依前開圖示之委任方式為之，則認為屬於民法之委任與代理關係(內部關係為委任，外部關係為代理)❷。依委任人與業者簽訂全權委託投資契約，係授權業者決定資產之運用，代理買賣下單、及指示交割等而成立之全權委託投資契約，而該契約為要式契約，必須以書面為之，未依書面

❹　參見邱聰智著，《新訂民法債編通則》〔上〕，第 71 頁，2000 年 9 月新訂 1 版。

❷　同前註第 79 頁。

契約則其授權行為是否無效，依我國對於代理權之授予實務上採單方行為之見解，不因其基礎法律行為無效而影響代理權之存在，但業者未訂定書面委任契約而接受委託，其應構成違反管理法令之規定，至於該書面委任契約，除當事人名稱、地址外應記載下列事項：

1. 解約事由及期限。

2. 委託經營之資金額度。

3. 投資基本方針及投資範圍之約定及變更。投資範圍應明白列出有價證券之種類或名稱。

4. 投資決策之授與及限制。

5. 資產運用指示權之授與及限制。

6. 投資經理人之指示與變更。

7. 保管機構之指定與變更、保管方式及收付方式之指示。

8. 證券經紀商之指定與變更。

9. 報告義務、委託報酬、費用之計算、交付方式及交付時機。

10. 契約生效日期、存續期間及其變更、終止事項。

11. 契約終止後了結之義務，及受停業、撤照處分後之處理方式。

12. 違約之處理、紛爭之解決方式及管轄法院。

13. 遵守法令規定證券投資顧問暨投資信託業同業公會作業規範及其他主管機關規定事項。

其餘有關法律基礎之委任契約，則適用民法之有關規定，包括總則與債編有關委任、代理以及契約一般原則之規定，就以委任關係而言，其係雙務契約之一種，適用民法第 528 條至第 552 條之規定，其重要之規範者如民法第 535 條所定受任人如有收受報酬時應依指示及善良管理人注意之義務；民法第 537 條至第 539 條有關自己處理事務之原則之規定；民法第 540 條有關受任人之報告義務；民法第 541 條及第 542 條有關委任人應交付收受利益之義務；民法第 544 條有關受任人因過失或逾越權限之行為所生之損害，對委任人賠償責任之規定；及民法第 549 條有關委任契約得隨時終止之原則等，茲進一步分析如下：

1.就代理關係而言：

　　委任人既然委託受任人為全權委託之投資決定，其投資買賣有價證券之行為當然屬於法律行為之一種，又同時授與受任人以代理之權限，受任人以委任人名義處理委任事務，所為或所受之意思表示直接對委任人發生效力，故受任人因處理委任投資事務，其盈虧歸屬於委任人，所取得之有價證券或其他資產之所有權，自亦屬於委任人所有。

　　2.禁止自己代理與雙方代理之行為：

　　受任人運用全權委託投資資金買賣有價證券時，應盡到忠實之義務，不得為自己、他人或其他受託投資資金之利益，從事足以損害委任人權益之交易，例如利用所獲知之資訊或分析之判斷，在為委任人帳戶委託買進時，先行下單買進從事偷跑插花或為其他之委任帳戶抬轎。另為考量利益之衝突，受任人亦應禁止為自己代理或雙方代理之行為；例如未經客戶同意，就客戶間為同一有價證券之賣出或買進之行為。

　　3.交付收益利益之義務：

　　受任人因處理委任事務，所收取之金錢、物品及孳息，固應交付於委任人，惟受任人因過失或逾越權限之行為，若因而有所收益時，是否有交付之義務，由於民法第 544 條規定，因過失或逾越權限之行為所生之損害，對於委任人應負賠償之責，依全權委託投資業務管理辦法規定，就逾越法令或全權委託投資契約所定限制範圍者，應由證券投資顧問事業、證券投資信託事業或信託業負履行責任❸，但對於相對的因此而受有利益時則未進一步規定，從民法第 541 條第 1 項之規定，受任人因處理委任事務所收取之金錢、物品及孳息，應交付於委任人以觀，對於過失或逾越權限所取得之部分法無排除規定，自屬在交付之範圍。

㈡客戶與保管銀行間之資產保管關係

　　由客戶與銀行或信託業簽訂委任保管契約，負責客戶資產之保管，並

---

❸　參照行政院金管會 93 年 10 月 30 日金管證四字第 0930005187 號令發布之「證券投資信託事業證券投資顧問事業經營全權委託投資業務管理辦法」第 25 條及第 40 條規定。

依證券投資信託或投資顧問業者之投資指示，辦理交割與股權行使及股息股利收取等資產管理事宜。

信託法及信託業法對於信託財產之獨立性與分別記帳之規範已如前述，而證券投資信託及顧問法第 21 條原參照證券交易法第 18 條之 2 之規定，對證券投資信託基金賦予獨立性，另代客操作有關之委託操作資產之獨立性，依原證券交易法第 18 條之 3，及證券投資信託及顧問法第 51 條規定，亦參照前述證券投資信託基金之立法例，明定代客操作業者接受客戶委託投資資產，與業者及保管機構之自有財產，應分別獨立，業者及保管機構之債權人不得對委託投資資產，為任何之請求或行使其他權利。

前述規範基金或全權委託投資資金及其購進資產之獨立性，乃由於該資金之真正所有權屬於委任人或受益人，為保護投資人之權益，排除強制執行法等之查封拍賣，故進一步並規定，受任人、保管機構之債權人不得對該資金或資產請求扣押或行使其他權利，證券投資信託在基金經理之投信公司與保管機構間之法律關係為何，在學者間有主張為信託者，亦有主張為委任者，甚至有主張為無名契約者，由於按我國證券投資信託相關規定係沿襲日本法制而來，依相關法令規定，基金經理公司與保管機構簽訂證券投資信託契約，委託保管機構保管基金資產，基金資產雖以「〇〇銀行信託部受託保管〇〇證券投資信託公司〇〇信託基金專戶」之名義登記於保管機構名下，與基金經理公司及保管機構之自有財產分別獨立，具有信託之特色，但由於基金資產之運用權屬於基金經理公司，保管機構僅有保管及受經理公司指示而執行之權利，與信託法上受託人得為信託資產之管理或處分（信託法第 1 條及第 9 條）不同，日本通說即認為證券投資信託契約當事人間之法律關係並非信託關係，而比較偏向於混合型態之無名契約，證券投資信託及顧問法第 21 條規定證券投資信託事業募集之證券投資信託基金，與證券投資信託事業及基金保管機構之自有財產應分別獨立。證券投資信託事業及基金保管機構就其自有財產所負債務，其債權人不得對基金資產為任何請求或行使其他權利之規定。其目的主要僅在於保障受益人之權益，排除投信事業及保管機構之債權人對基金行使權利，實際上

並未賦予基金獨立之法律上人格。至於其間之法律關係證券投資信託及顧問法第 5 條第 1 款已予以界定為特殊型態之信託契約，容於後章再敘述。

　　而參考前述有關基金經理公司與保管機構之契約，有關全權委託投資委任契約係存在於委任人與受任人之證券投資信託或顧問事業之間，而其開戶交易等則以委任人本名簽訂，另外對於委任人與保管機構簽訂之委託保管契約方面，雖由委任人與保管機構簽訂，但其保管款券所有人乃為委託人本人，至於在保管銀行開立之客戶帳戶，從法律上保護其獨立性之觀點及便於區別各個不同客戶帳戶而言，亦宜比照證券投資信託基金之開戶方式，使三方當事人皆能顯現於專戶上，故以「○○銀行信託部受託保管○○○委託○○證券投資顧問（信託）公司全權委託投資專戶」為之，現行實務上則為求簡便僅以證券投資信託或顧問業者及委任人之名稱開立保管銀行帳戶，至於委任人與保管機構間在法律關係上，除了保管資金及財產之寄託契約外，尚包括有為該委託經營全權委託投資資金買賣有價證券之受指示辦理交割結算等業務，甚至還必須為其負責控管勾稽之任務，因此亦隱含有為其處理事務之約性質，其權利義務須依具體之契約認定，雖然一般稱之為委任契約，但其實質內容則涵蓋寄託委任等，故應屬於混合型態無名契約之一種。

(三)委任人、保管機構及投顧或投信業者三方面間

　　從整個全權委託投資業務之流程而言，委任人分別就投資事項委託證券投資信託事業，或顧問事業為之，而就保管及交割結算事項委託保管機構為之，但代客操作之業者於受委任投資決定及從事下單買賣委託後，必須指示保管機構進行確認及交割結算之工作，因此證券投資信託或顧問事業保管機構與委任人間必須共同簽訂三方協定,確認保管之資產種類內容，並明訂客戶資產運用，應由投信或投顧依全權委託契約所為之投資決策指示辦理，客戶原則上不得向保管銀行指示，且其投資標的範圍以投資方針書所列者為限，保管銀行就此並有監督義務。

(四)委任人、投顧或投信業者、保管銀行與交易對象間（以證券經紀商為例）之開戶委託買賣關係

以委任人名義、代理人保管銀行及受任全權委託投資業務之證券投顧或投信業者等三方顯名之帳戶，為證券經紀商之開戶契約名義人，保管機構、投顧或投信業者各為保管資產及投資行為之代理人，經證券交易所或櫃檯買賣中心之設計，針對開戶卡及每筆委託單應載明開戶帳號並加註足資區隔與其他委託人帳號別之「代號」，以免成交後難以確認或產生分配不公平之流弊，且僅註記代號不標示委託人姓名，以符合客戶資訊保密之需求。

從事代客操作之業者代理至證券市場委託證券經紀商買賣下單之額度，或其投資標的如有逾越全權委託契約所定之投資範圍限制者，由於投顧、投信或信託業者自負履約交割責任，惟所謂自負履約交割責任，是將該超過部分移由投顧或投信之開立之帳戶完成交割，抑由在該委託投資之帳戶完成交割後，再向投信或投顧追究損失之部分，為考量避免造成直接侵害委託專戶款項之風險，應以移轉予投信或投顧事業另開立處理之帳戶辦理交割結算責任為妥，但以全權委託投資帳戶完成之交易，經保管機構確認為逾越投資範圍者，其改變為投信或投顧以自己之帳戶完成交割，應比照錯帳處理之方式，受任人投信投顧業者就此逾越投資額度或範圍之行為，已然構成違約或違反法令之行為，但此為證券投資信託事業、證券投資顧問事業或信託業之故意或過失所造成，因此相關之違約記錄不應由委任人負擔。至於逾越權限交易比照錯帳處理之結果，其產生之盈虧如何分擔或享有，依委任之法理其盈虧應歸屬於委任人，但本於逾權交易為受任人之故意過失所造成，故虧損部分應自行承擔，但錯帳處理結果有盈餘，則該盈餘應歸屬於委任人之客戶。

接受委託為有價證券買賣之證券經紀商由客戶指定之，未為指定者，由投顧或投信業者定之，但應儘量分散，避免集中，以防流弊，而有關之開戶契約，無論是由委任人或受委託經營投資之業者指定，其內容事涉委任人、受任保管資金及資產之保管機構、受任委託經營之投信或投顧業者及證券經紀商間權利義務關係，因此亦宜有三方之協定，在下單委託之交易循環程序上，證券經紀商亦屬於受任人，其收受有手續費之報酬，對於

委託投資之範圍及對象亦應盡善良管理人之注意義務，對於顯然逾越投資範圍之委託下單，亦應加以過濾或拒絕，如此透過保管機構及證券經紀商之勾稽控管，更能保障委任人以全權委託投資之安全。

第五目 信託業兼營全權委託投資業務之運作

一、經營之可能架構

信託業依信託業法第 18 條規定或依證券投資信託及顧問法第 65 條規定，將信託財產運用於證券交易法第 6 條規定之有價證券時應向證券主管機關申請兼營證券投資顧問及全權委託投資業務，而信託業其經營業務與委任人之本質為信託關係，在經營全權委託投資業務時，其為信託財產之管理運用，應遵行原信託之法律架構，或應依照證券投資信託或顧問事業接受委託代客操作之委任關係之規範則有疑義，有認為只要其投資標的有涉及有價證券者，依功能性規範之原則，皆應申請兼營是項執照與業務，但依信託業法施行細則第 11 條規定，則認為信託業法第 18 條後段規定，所稱應向證券主管機關申請兼營證券投資顧問業務者，係指信託業辦理委託人不指定營運範圍或方法之單獨管理運用之金錢信託，且其信託契約約定得由信託業將信託財產全數運用於證券交易法第 6 條規定之有價證券或期貨交易法第 3 條規定之期貨者。所以依該條規定係較傾向認信託業兼營代客操作業務必須將全部信託財產用於證券市場或期貨市場才算，若有部分不運用在該二市場則不需申請兼營證券投資顧問事業執照，最後經協商及折衝之結果，以達新臺幣 1 千萬元以上者，始須申請兼營❹，至於其兼

---

❹ 參照行政院金管會 93 年 10 月 30 日金管證四字第 0930005187 號令，發布之證券投資信託事業證券投資顧問事業經營全權委託投資業務管理辦法第 2 條第 2 項至第 4 項規定：

一、信託業以委任方式兼營全權委託投資業務者，應依證券投資顧問事業以委任方式經營全權委託投資業務之規定辦理。

營時應依信託或一般委任之架構仍有爭議，信託業兼營全權委託投資業務時，對於銀行或信託業者（現行之信託業者仍全為銀行兼營）而言，由於銀行可能兼具保管機構、證券商、信託業及全權委託投資之代客操作業務四種角色，如何區隔釐清其扮演之功能，其可能之架構可圖示為圖 3–5 至圖 3–8 並說明如下：

㈠信託業與投信投顧業各自獨立之公司

圖 3–5 部分，就信託業者於接受客戶委託後，由於內部關係是信託契約，所以形式上所有權已移轉到信託業名下，而由於信託業同時具有受任人與一般投資人之角色，對外關係可再委託證券投資顧問投資信託業者從事全權委託投資，同時再委任其他之保管機構為保管及交割結算等之業務，香港資產管理機構同時可接受其關係企業及其他客戶之委託從事代客操作，所以信託部門、銀行部門都是其資產管理部門之客戶，其區隔並使各

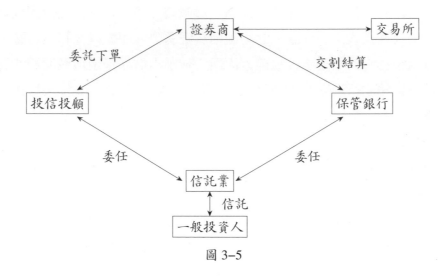

圖 3–5

二、信託業辦理信託業法第 18 條第 1 項後段全權決定運用標的，且將信託財產運用於證券交易法第 6 條之有價證券，並符合一定條件者，應依證券投資顧問事業設置標準向主管機關申請兼營全權委託投資業務，除信託法及信託業法另有規定外，其運用之規範應依有關規定辦理。

三、前項所稱一定條件，指信託業單獨管理運用或集合管理運用之信託財產涉及運用於證券交易法第 6 條之有價證券達新臺幣一千萬元以上者。

專業部門的職能得以發揮意義在此,而在現行金融控股公司法之運作架構,母公司不直接從事業務,而由各專業子公司依其業務功能分工,其立意亦在此,由各個部門都成立獨立子公司,並可透過防火牆防止利益上之衝突,而在此一架構下,信託業扮演代客操作之受託人其與一般投資人無異。

㈡信託業涵蓋投信投顧業之業務

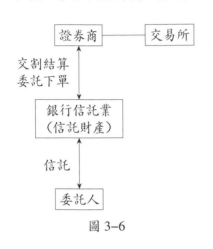

圖 3-6

圖 3-6 部分,銀行或信託業於接受客戶之信託後,依信託契約之本旨其信託財產已移轉於銀行或信託業名下,而銀行或信託業對於受託之財產可依契約為使用、收益、處分,其為投資有價證券市場或買賣期貨交易契約,自屬於信託契約或信託業法依法有據,然銀行或信託業與客戶內部間存在有信託關係,其本身可否僅依信託業法第 18 條規定在表面上取得兼營證券投資顧問事業營業許可之執照即可,而在運用信託財產從事投資時,自行依據其公司或該業內部之規範,換言之,不必再考慮設置獨立之專責部門而統一由信託部集體運用,而受託代客操作之財產不得與其他信託財產混合運用,果真如此其成本自然較低,信託業法管理與證券投資信託及顧問法對證券市場之管理方面屬於較低度之標準,是否合乎公平、專業理念及投資人權益保護,是有商榷之餘地。

㈢信託業成立專責之代言操作部門

圖 3-7 部分,銀行或信託業者以信託契約接受客戶之信託財產後,由銀行或信託業者內部專門設置代客操作之獨立專責單位,類似銀行之信託部設置專責部門兼營證券商之業務一樣,而該專責部門之人員、會計、資金、業務操作方式與銀行或信託業本身之業務獨立,且該部門之運作模式與一般證券投資顧問事業或證券投資信託事業相同,如此與經營相類似代客操作之業者是處於同一平等之基礎,與遵循相同之市場遊戲規則,雖然代客操作之專責部門是設立在銀行或信託業之內部單位,但其取得證券主

章則，於取得營業許可後應加入投信投顧公會，在行政法規與自律規範上與投信投顧之代客操作完全一致；另若採取委任關係之代客操作，對於客戶全權委託之管理資金與有價證券，其與投信投顧間或保管銀行間採委任關係，在性質上與信託必須移轉形式所有權有所不同，且採行信託之架構，其信託財產種類依信託業法第 16 條及第 17 條規定除金錢、有價證券外，尚包括動產、不動產或其他財產權，因此應將受託財產之金錢及有價證券之信託財產獨立出來，以避免弊端，故在制度上，就其以委任關係從事有價證券全權委託投資之代客操作部分，與信託為以自己名義為法律行為模式規劃為不同之體制架構，對於如何管理及業者如何遵循，應有所區隔，且信託業之業務空間大，而證券投資顧問及證券投資信託業從事代客操作其投資標的、資金之運用及業務應遵行之規範較為嚴格，所以對於同樣業務，在競爭之基礎上應提供公平性之環境與條件。

㈢美國國會於 1999 年通過 Gramm-Leach-Bliley 法案，准許銀行從事證券相關業務，亦於該法案中規定銀行從事投資顧問須設置獨立部門，並依 1940 年投資顧問法之規定註冊，且須完全符合美國證管會有關銷售及廣告之相關規範。另香港證監會雖例外准許銀行豁免投資顧問之登記，惟 1995 年，香港金管局與證監會共同簽署諒解備忘錄，以促進監管工作上的合作，1996 年，金管局在證監會協助下，編製了認可機構證券業務的現場審查指引，由金管局與證監會每月舉行一次會議，討論共同關注的監管事項及個案，因此，香港銀行在從事證券相關活動，亦受證券主管機關之管理。此外於新加坡，舉凡從事證券顧問、發行證券分析報告及接受客戶全權委託投資業務者，均定義為證券投顧業者，須依證券業法之規範向新加坡金融管理局申請投資顧問執照，因此，從國外立法例及實務運作上，即使是銀行或信託業兼營資產管理之全權委託投資業務，還是要遵守所兼營業務之專業規範❹❺。

---

❹❺　參見中華民國證券投資信託暨顧問商業同業公會 90 年 5 月 15 日函報主管機關，就原財政部證期會以及中央銀行外匯局委託陳春山教授研究《發展全權委託投資業務之研究》所提意見第 2 頁至第 4 頁。

㈣依據前開說明，就信託業法第 18 條與證券投資信託及顧問法第 65 條規定之文義及兼營運作之實務上，由於涉及證券市場之募集發行、私募及交易等特別規範，就專業範圍應依專業功能管理之法令，投資有價證券之代客操作除信託業與委託人間之為在新臺幣 1 千萬元以下之信託關係外，自應依證券投資信託及顧問法之體系運作，否則信託業法第 18 條之條文，僅向證期會取得乙紙營業執照，將形同具文，並造成未來管理上之漏洞，而前面所示圖解本文認為以圖 3-7 或圖 3-8 較能符合證券交易法及信託業法之本旨，至於信託業以信託關係依證券投資信託及顧問法從事有價證券之代客操作，其架構圖可說明如下 ❹ :

㈠委任關係

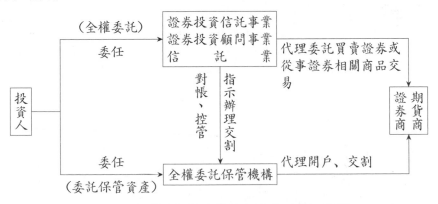

圖 3-9　全權委託投資業務架構圖（委任關係）

1. 證券投資信託或投資顧問事業或信託業以委任方式經營全權委託投資業務，為客戶執行有價證券投資或證券相關商品交易，其與投資人客戶簽訂為以委任法律關係為基礎之全權委託投資契約。
2. 另客戶將其款券存放在保管機構，為與保管機構簽訂委任契約，將委託投資資產交由保管機構保管並辦理開戶、款券保管、保證金與權利金之繳交、買賣交割、帳務處理或股權行使等事宜，但若客戶為信託業或其他經金管會核准之事業，得由客戶自行保管委託投資資產。

---

❹　其與委任關係之最大區別，為允許信託業可自行代客操作之保管款券，但須指定專人保管，不能由操作者自行保管，以維持最基本之控管制衡機制。

(二)委任關係與信託保管

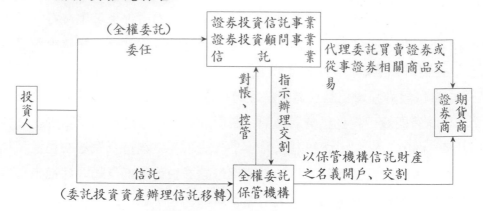

圖 3-10　全權委託投資業務架構圖（委任關係與信託保管）

1. 證券投資信託、證券投資顧問業或信託業以委任方式經營全權委託投資業務，為客戶執行有價證券投資或證券相關商品交易，其間之法律關係以委任契約為基礎。
2. 客戶與保管機構簽訂信託契約，將委託投資資產信託移轉予保管機構並以信託財產名義辦理開戶、保證金與權利金之繳交、款券保管、買賣交割、帳務處理或股權行使等事宜，但同樣的，若客戶為信託業或其他經金管會核准之事業，得由客戶自行保管委託投資資產。

(三)證券投資信託及顧問事業之信託關係代客操作

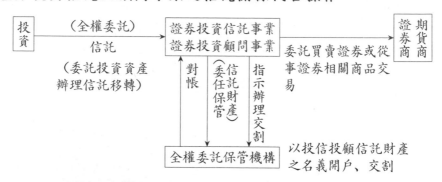

圖 3-11　全權委託投資業務架構圖（證券投資信託及顧問事業之信託關係）

1. 證券投資信託及顧問事業以信託方式經營全權委託投資業務，若其信託財產超過新臺幣一千萬元以上者，應申請兼營信託業業務，並應將信託財產交由保管機構保管，同時須以投信投顧信託財產名義開戶、交割，投信投顧業不得以任何理由自行保管信託財產。
2. 其信託資產為新臺幣一千萬元以下者，不須申請兼營信託業業務，但其操作之管理規範，包括投資組合標的及操作的程序等規範，仍須遵守以委任關係經營方式為相同之限制。

㈣信託業之信託關係代客操作

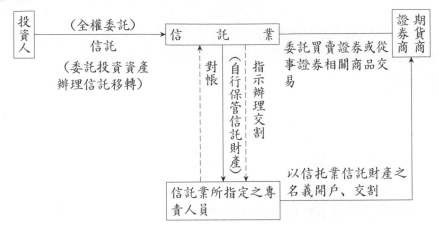

圖 3-12　全權委託投資業務架構圖（信託業之信託關係）

1. 信託業以信託方式兼營全權委託投資業務，得自行保管信託財產，但應指定專責人員辦理。
2. 信託業以信託方式兼營全權決定投資於有價證券之業務，其單獨信託或集合信託金額在新臺幣一千萬元以下者，不須再申請兼營證券投資顧問業務之執照。

第六目　越權交易與違約之處理

一、越權交易

　　對於代客操作之委託下單買賣有價證券，應依委託人之授權範圍為之，對於超出範圍之交易，除非經本人承認，否則對於本人不生效力，此即所謂無權代理或越權代理。而無權代理包括未經授權、授權無效、超越授權範圍及代理權消滅後之代理，因此越權代理之交易並非無效，但在證券市場之交易系統中也不可能如民法之規定處於效力未定，畢竟集中或店頭市場交易必須透過證券經紀商以行紀名義為之交易，至於越權交易後有關責任之釐清，則有待依照法令或契約之約定加以解決，依中華民國證券投資信託暨顧問商業同業公會經主管機關核定後發布之「證券投資信託事業證

券投資顧問事業經營全權委託投資業務操作辦法」規定，越權交易買進或賣出之款券，受任人應於接獲越權交易通知書之日起依下列規定為相反之賣出或買進沖銷處理並結算損益：一、如為買進證券總金額逾越委託投資資產金額或其可動用金額者，應就逾越之金額所買進之證券全數賣出沖銷，其應行賣出沖銷之證券及因之所生損益之計算，均採後進先出法，將越權交易當日買進成交時間最遲之證券優先賣出，依次為之，至完全沖銷，所生損失及相關交易稅費由受任人負擔，所生利益歸委任人，並自沖銷所得價款扣抵之，扣抵後之餘額於越權交易之交割及沖銷完成後歸還受任人，不足抵扣之差額由受任人負責補足。二、如為超買或超賣某種證券者，應將超買或超賣之數量全數沖銷，其損益之計算、歸屬、稅費負擔與所得價款餘額之歸還，同前款規定。受任人未依前項規定補足沖銷後之損益及稅費者，保管機構得代理委任人向受任人追償。然如果從證券商受託買賣之角度觀之，由於外部之代客操作契約存在，得以認定為表見代理，依民法第 169 條之規定，除非為受託之證券商明知其無代理權或可得而知，否則委任人還是需要負責。

二、違約之處理

受任人之財務所能承受範圍而導致違約交割時，其有關違約交割之刑事、行政及民事法律責任應如何追究，由於全權委託投資契約必須遵守法令及市場規則，故委任人不至事先為違約交割之授權，受任人蓄意或疏於注意之違約交割自應由其負起法律責任，包括是否構成操縱之犯罪、民事賠償以及禁止開戶交易等之責任。

第七目　利益衝突之解決

一、退傭之利益

公司運用全權委託投資之資產或基金買賣有價證券所支付之手續費，

與代客操作之資金及基金每月買賣成交金額相較，往來券商完全依行為時法定五級費率制收取手續費，而未再依當時市場對大額成交客戶按月折減慣例予以折減，似未盡合理。由於證券商對一般客戶折減收取手續費，皆有相當之手續費折減收費標準，而有關手續費折減收費利益應歸屬委任人或基金受益人全體，國外有些證券投資顧問或證券投資信託事業甚至以其集體之額度作為取得有利手續費之籌碼，但其利益應歸屬委任人或基金受益人全體。

二、手續費以外之利益

　　一般券商對證券投資顧問或投資信託事業法人提供之額外服務項目主要包括：1.研究報告之提供；2.盤中即時資訊之傳遞；3.重大訊息變化之告知；4.上市公司參訪行程之協助；5.定期舉辦研討會，由於投資顧問或投資信託事業對委任人或基金受益人負有忠實義務，且有權選擇或建議所經理基金及資產從事交易的委託證券商，因此當其使用委任人資金或基金支付予證券商之手續費（在國外稱為「軟錢」(Soft Dollars)）取得執行證券交易所需以外的產品或服務時，例如證券商提供研究報告，即與基金受益人的利益發生衝突，而有必要予以適度規範。

　　㈠原「證券投資信託事業管理規則」第 26 條第 1 項「證券投資信託事業之董事、監察人、經理人、業務人員及其他受僱人員，應為受益人利益，忠實執行職務，不得為自己或他人謀取不法利益，並不得有下列行為：……」其中第 4 款明定「運用證券投資信託基金買賣有價證券時，收取證券商退還手續費或其他利益」。鑑於上開規定僅適用於證券投資信託事業之相關人員，且必須以獲取不法利益為違反本規定之必要條件，故 90 年 1 月 12 日原財政部函送行政院之「證券投資信託事業管理規則」之修正案，在審查時已將投信事業增列為上開規定之規範對象，文字並作部分修正，以配合我國已實施之證券商手續費率自由化制度。近 93 年 10 月 30 日發布，新依據證券投資信託及顧問法授權訂定之證券投資信託事業管理規則，及證券投資信託事業負責人與業務人員管理規則，其第 19 條及第 13 條第 1 項第

4 款規定，已將證券投資信託事業、負責人與從業人員之行為規範中，明定除法令另有規定外，運用證券投資信託基金及相關商品時，應將證券商、期貨商或其他交易對手退還手續費或給付其他利益歸入基金資產。

㈡經查美國、香港及新加坡等均未禁止使用軟錢，惟為確保投信公司或投資經理人忠實義務的履行，均要求軟錢所取得的必須為有助於投資經理人投資決策程序之研究服務，且基金所支付的手續費必須與基金所收到的證券商研究及交易執行服務相當。另投顧、投信公司或投資經理人必須向客戶揭露其軟錢政策，且必須不斷建議或尋求最佳的證券商執行基金買賣交易。

㈢以美國為例，由於國會認為委託最低手續費率之證券商並不必然符合受益人之最佳利益，因此該國於 1975 年取消證券交易固定手續費率制後，已配合於證券交易法 Section 28 (e) 訂定支付之手續費如經信賴判斷與所取得之證券經紀及研究服務價值相當，將不視為必然違反忠實義務或違反法令規定，並授權美國證管會訂定有關投資顧問（負責共同基金之運作）揭露其軟錢政策及程序之管理規則。此外，投資顧問尚須依 1940 年投資顧問法及各州州法的規定，不得在事前未經客戶同意的情形下，運用客戶資產使自己或其他客戶獲得利益，否則將違反聯邦證券法之反詐欺條款；1940 年投資公司法亦規定投資公司（共同基金）應於公開說明書及額外資訊報告中揭露其委託證券商情形及使用軟錢的實務，投資公司董事會並應就投資顧問使用軟錢的情形，評估其與投資顧問間合約之存續。

前述證券投資信託事業管理規則，及其負責人與業務人員管理規則之規定，對於投信事業得否運用軟錢取得研究服務之問題，明定除法令另有規定外應予以禁止，然而對於代客操作部分，依證券投資信託事業證券投資顧問事業經營全權委託投資業務管理辦法第 19 條規定，卻未作相同禁止規定，僅於同條第 9 款規定，不得有其他影響事業經營或客戶權益者，惟在解釋上對於代客操作應有相同之規範。鑑於國外對於使用軟錢均以一定程度之豁免及適度規範取代禁止規定，且國內實務上類似情形確實相當普遍，如全面禁止，對投顧、投信公司或基金受益人未必有利，爰建議參考

前述國家採原則禁止、例外許可之方式管理，由主管機關據以訂定豁免應符合之條件，主管機關似可比照美國之立法例明定在客戶同意，在經過明確之揭露與告知，且對價相當之情況下，得為軟錢收取之行為。

第八目　營業保證金法律問題之探討

委任人與受任人間外觀上存有代理之法律關係，雖然委任之投資本人與證券商仍存有委託下單買賣之行為，對於市場上存在證券經紀經營之風險仍可透過交割結算基金、投資人保護基金及提存營業保證金得到保護，但對於證券投資信託或顧問事業存在之經營風險造成之損害，則欠缺進一步之保護機制，因此新修正之證券交易法第 18 條之 3 第 2 項規定，在經營接受客戶全權委託投資業務時必須提存營業保證金。而營業保證金 (Business Guaranty Bond) 一詞，在證券暨期貨交易管理法令規定之處甚多，由於法令上之定位不明確，因此對於因業務或其他法律關係產生債務，債權人對該項營業保證金請求清償，或依法令規定聲請強制執行時，往往釀成極為複雜之紛爭。

一、營業保證金之意義及目的

係指依主管機關之規定或同業公會之規範，於指定之金融機構，繳（提）存一定比率或一定金額之現金、政府債券、金融債券或金融機構得以接受之有價證券，於繳（提）存者因業務產生債務時，為履約賠償責任，債權人對該筆保證金有優先受償之權利；因此營業（或設立）保證金為提供其因業務產生債務之擔保，原證券交易法在增訂證券投資顧問事業及信託事業從事代客操作業務時，在考量此一業務之開放關係投資人之權益甚鉅，同時為引導業者自律之必要性，對於該保證金原有比照交割結算基金之提撥，並以共同責任制委由同業公會就投資人因業務產生之損害加以賠償，嗣鑑於共同責任制之採行對未有過失之受任人要求過重之責，爰僅規定提存營業保證金而已。

二、營業保證金優先受償之法律性質

營業或設立保證金，對於因營業或設立生債務之債權人，就該保證金有優先受償之權 (privilege)，此種由於法律規定之法定優先權排除債權人對於同一債務人有平等接受分配的原則，法律規定之目的用以保護特殊的債權，由於係法定且優先於一般債權人受清償，並不對該提（繳）存標的物有排他、直接支配之性質，故宜認為僅具債權之優先權而已。

第九目　小　結

證券交易法第 18 條之 3 之修正通過、信託業法暨證券投資信託及顧問法之立法，開放全權委託投資之代客操作業務，可配合提供一般散戶之投資人委託專業機構經營之法律依據，同時也可提供非專業資產管理機構委託經營之管道，例如公務人員退休撫卹基金、勞工退休基金、勞工保險基金、郵政儲金及其他基金之運用，而在專業理財投資分析與判斷之資產管理時代中，鑑於專業蒐集資訊及分析能力及人力，恐非公務人員或資產管理專業人員所能負荷，因此委託專家經營是各國退休基金運用之趨勢，而結合證券交易法、信託業法、證券投資信託及顧問法及其他有關全權委託投資業務之管理規範，可在最有法令保障及發揮最大投資效益下，使委託之資產能得到有效的運用，不僅可減輕各操作人員之壓力與政府之負擔，亦可增進資金之活絡及有效運用，並可達到穩定市場之機能，然全權委託證券投資信託事業、證券投資顧問事業或信託業者從事全權委託投資業務之推展，有賴業者之自律與共同努力，不僅在績效的追求，更應注意形象的維護，嚴格遵守市場共通之規範，才能得到投資人之認同與信賴，繼而能業務興隆，整個市場之結構及秩序也能跟著趨於理性與穩定。

第四章　證券投資信託及顧問法

第一節　前　言

　　在銀行、信託業、票券業、保險業與證券期貨相關行業得以兼營方式打破傳統嚴格區分之界線後，金融法規已融合了資產管理之業務規範，而在現行資產管理業務中，上市櫃等有價證券代表各類資產投資之工具，投資有價證券即參與該發行公司營運，故有關有價證券之投資與管理更是不可或缺之一環，前章除就信託業與有價證券之全權委託投資業務加以說明探討外，另現行銀行、保險及證券業間之財富管理業務，甚至金融控股公司子公司間之共同行銷與金融機構非同業間之合作推廣業務之拓展，證券投資信託及顧問業務皆為基本之業務項目，故本章擬就證券投資信託及顧問法立法通過之後，涉及銀行、信託業、證券投資信託事業、證券投資顧問事業及證券商業務上有關有價證券資產管理之專業機構，其投資管理部分加以進一步敘述。

第二節　立法沿革

第一目　專業立法之必要性

　　證券投資信託及顧問事業，為專業之資產管理業務，提供投資人對於有價證券投資之顧問及諮詢服務，與投資理財之專業資訊提供及判斷，而我國證券投資信託及投資顧問法制，於民國57年制訂證券交易法初始，雖已於第18條訂定，對於證券投資信託事業及證券投資顧問事業之核准及管理之立法授權規定，惟當時由於證券市場之發展尚未臻成熟，並未有正式之運作。嗣為考量引進外資繁榮國內證券及資本市場，截至民國72年，依

據該條文第 2 項之規定授權訂定「證券投資信託事業管理規則」及「證券投資顧問事業管理規則」，始開放投信及投顧事業之設立。然因早期投信及投顧事業之發展尚處於萌芽階段，法制規範較不完備，對於以證券交易法第 18 條之 1、第 18 條之 2 等規定授權訂定之子法規範人民權利義務之情形，其適法性與妥當性亦常遭受質疑。

隨著我國證券市場之發展日趨健全，投信及投顧事業在市場上的地位益形重要。截至 95 年 2 月底止，我國證券投資信託事業之設立計有 45 家，其所募集之證券投資信託基金已將近有 494 支，基金總規模合計達新臺幣 1 兆 9 千多億元，受益人人數高達 164 萬多人，私募基金有 140 支，規模總計新臺幣 454 億元；而證券投資顧問事業亦已達 196 家之多，信託業兼營者有 22 家，證券商兼營者 1 家，期貨商兼營者 1 家；委託投信、投顧事業從事全權委託之簽約客戶數計 645 戶，契約總金額計新臺幣 4 千餘億元❶，顯見證券投資信託事業以及證券投資顧問事業已成為國內投資人之重要投資管道；加以行政程序法的施行及大法官會議對法律保留原則及授權明確性的要求日益嚴格，為保障投資大眾之權益，促進投信及投顧業務的健全發展，投信、投顧業務管理法制之建立，並加強投信投顧法相關法制規定之落實執行。

第二目　法案研擬之過程

證券投資及信託法草案係由中華民國證券投資信託暨顧問商業同業公會於 90 年 2 月 23 日委託賴教授源河主持證券投資信託暨證券投資顧問法制規範方向及法案內容委託研究計畫，研究小組由多位學者專家所組成。自 90 年 2 月 23 日起至同年 11 月 6 日止，研究小組內部共舉辦十二次會議，由小組成員分別報告外國投信投顧之立法制度（包括美國、日本、英國及中國大陸），並逐條討論草案內容。其間，該小組成員及公會業者代表

---

❶　參閱中華民國證券投資信託暨顧問商業同業公會網站 http://www.sitca.org.tw。visited:05/30/2006。

於90年8月27日親自至原財政部證期會簡報「投資信託暨投資顧問法」法制架構及重要內容。此外，公會於90年10月31日邀集投信投顧業者召開「投資信託暨投資顧問法」草案討論會。經彙整各方意見後，研究小組於90年11月16日完成「投資信託暨投資顧問法」草案（以下簡稱草案）暨研究報告初稿，經公會轉報主管機關。

針對所報草案，原財政部證期會亦完成相關立法原則之研討，並逐條審議草案條文內容，於91年6月19日呈報財政部。此外，為能博採周諮，自91年7月初起至92年1月底止，財政部邀請中央銀行、法務部、經建會、金融局、信託業公會、投信投顧公會及相關學者專家等，在原財政部召開六次研商「證券投資信託及顧問法」（草案）會議，並於92年4月18日將草案陳報行政院審議。

行政院由胡政務委員勝正主持，於92年5月20日、5月27日、6月17日、6月26日、7月22日、8月21日、9月9日、10月7日、10月30日及93年2月27日密集召開十次審查會議後，提於93年3月3日行政院第2880次院會通過，並於同年3月5日將草案送請立法院審議。

本案經列為立法院第五屆第五會期優先審議通過法案後，立法院財政委員會由黃召集委員健庭主持，於93年4月12日、5月6日及5月26日至27日召開三次全體委員會議審議，獲得委員之鼎力支持完成一讀審查，委員會經同意不經朝野協商逕付二讀。

93年6月8日立法院程序委員會通過將「證券投資信託及顧問法」（草案）提於93年6月10日、6月11日之第五屆第五會期院會討論，議程排定為第十八案，獲得各黨團之支持，故順利於93年6月11日（院會之最後一天）二十一時三讀通過，該法於同年30日經總統明令公布，行政院並依第124條規定，發布於同年11月1日正式實施，而相關配套之子法共計有53項，其中50項如期於同年10月30日發布，整體之法令架構已建置完成，並依規定完成立法程序與發布施行之程序，為我國證券投資信託及顧問業務之健全發展開創嶄新的里程。

第三節　證券投資信託及顧問法施行前之法律狀況

　　在證券投資信託及顧問法發布施行前，在我國資產管理服務事業中，關於證券投資信託事業及證券投資顧問事業之行為管理、組織架構與人員配置，係依證券交易法第 18 條、第 18 條之 2、第 18 條之 3 授權行政院及財政部分別訂定「證券投資信託事業管理規則」、「證券投資顧問事業管理規則」、「證券投資信託基金管理辦法」及「全權委託投資業務管理辦法」等行政命令加以規範。

　　惟因我國早期資產管理法制延續傳統分業立法方式，依事業別分由不同法令規範，諸如：信託業依信託業法及其授權訂定之共同信託基金管理辦法募集共同信託基金；期貨投資信託事業、期貨經理事業、期貨顧問事業或其他期貨服務事業依期貨交易法及其授權訂定之管理辦法募集期貨信託基金、經理期貨交易或為其他期貨服務業務；都市更新投資信託公司依都市更新條例，及其授權訂定之都市更新投資信託公司設置監督及管理辦法，與都市更新投資信託基金募集運用及管理辦法，募集都市更新投資信託基金；創業投資事業依促進產業升級條例募集創業投資資金，甚至入出境移民法所規範之移民基金等。前開資產管理事業亦分屬跨部會不同主管機關職掌，諸如：金融局、證期會、經濟部及內政部等，並涉及證券、期貨、金融、信託、創投等諸多產業既有業務之重組，牽連層面深遠，洵非短期內得以完成整合規範之立法工程。

　　為考量資產管理服務之專業性，及為進一步有效統合資產管理法制之目的，經參考外國立法例採統合立法之形式，並預留將來增訂其他各種基金商品或業務之規範空間，爰採分段立法方式，於現階段暫以證券投資信託與證券投資顧問為主要規範架構，兼採開放業務之兼營、引進新種類之基金商品、及擴大基金投資標的之方式，以預留未來增列其他投資信託、

顧問業務及新種基金商品之空間,同時也考量管轄權分別隸屬於不同單位,統合之工作尚須逐步進行,故先就有價證券有關之領域為規範,故將法案名稱訂為證券投資信託及顧問法,希望能以漸進方式,達成整合資產管理法制之遠程立法方向,未來再考量資產管理法或類似英國及日本之金融服務法,以促進我國資產管理服務業之規模與發展。

第四節　外國之立法例

有關外國投信投顧事業之管理法令,在歐美等國已行之久遠,並有完整之規範制度,為利於我國立法與執行之參考,茲分就美國、日本、英國及中國大陸之法制架構,分述如下:

第一目　美國之管理規範

美國以 1940 年「投資公司法」(the Investment Company Act of 1940) 及「投資顧問法」(the Investment Advisers Act of 1940),作為證券投資信託及證券投資顧問等資產管理業務之規範。為保護投資人及確保投資公司能在資本形成中扮演重要的角色,美國 1940 年投資公司法架構了綿密的規範體系以規範投資公司活動。當然,美國 1933 年證券法及 1934 年證券交易法有關「公開」及「申報」的規定,於投資公司仍然有其適用。至於對投資公司提供顧問服務之投資顧問事業,則主要由美國 1940 年投資顧問法加以規範。而美國證管會 (The Securities and Exchange Commission, SEC) 則是執行此等法律的獨立主管機關。

投資公司具有「分散投資」、「專業管理」及「提供參與國際資本市場之機會」等優點,惟仍有資產保管及經營管理人利益輸送等不誠信情事等風險,因此,投資公司法設計相關規範以監控此等風險,諸如:投資公司必須有其確定之目標、型式及經營團隊;利益衝突之防止;基金資產之保

護；要求設置最低人數之獨立董事建立監控經營階層之機制等。至於投資顧問法，除對投資顧問為定義外，更有豁免註冊之規範及相關義務規定，如：公開義務、書冊及記錄保存義務、提供合適意見之義務、最佳執行交易等義務，並對廣告活動及相關行為為限制規定。

第二目　日本之管理規範

日本於 1998 年修正證券投資信託法,除就既有之證券投資信託制度有大幅修正外，並引進「證券投資法人」制度，法律名稱亦因而改為「證券投資信託暨證券投資信託法人法」，由原先 59 條大幅增加至 253 條。該法延續日本金融大改革政策 (Big Ban) 及平成 6 年金融改革法之精神,秉持自由、公平、全球化之基本改革方向，除參考美國 1940 年投資公司法創設公司型證券投資信託基金制度外，亦增設私募型證券投資信託基金制度；廢除「投信公司專營制」，修正證券交易法第 34 條，開放證券公司得擔任兼營投信及投顧業務；並允許日本公司型投信得複委託其他投信公司、全權委託操作之投顧公司或與日本投信或投顧公司相當之外國公司，代其進行資金之操作及管理，變革幅度甚鉅。其重大之修正如下：修正證券投資信託之定義、證券投資信託委託業改採認可制、容許兼業經營、修正資訊揭露、客戶資產保全、資產委外運用等規範；創設證券投資法人制度，並規範證券投資法人之定義、設立登記、業務、投資單位、機關及資產維持等事項，而該法於 2001 年已整合為投資法人法，就有價證券之投資信託及顧問業務與其他資產之管理作功能性之規範。

第三目　英國之管理規範

英國法上有關投信及投顧之事業屬於其 1986 年金融服務法 (the Financial Services Act 1986) 之規範對象，而英國王室已於 2000 年 6 月給予新法金融服務及市場法 (the Financial Services and Markets Act 2000,

FSMA) 同意，並已於 2001 年 11 月生效，取代原先之金融服務法，而金融服務法同時被廢止❷。

英國對於證券投資信託之制度有採公司制，亦有採類似我國契約型之共同基金，換言之，我國目前投信之主要業務為英國所稱之「共同投資計畫」(Collective Investment Scheme)，而通常共同投資計畫有三種類型：單位信託 (Unit Trusts Scheme)、開放型投資公司 (Open-Ended Investment Company) 及經認可計畫 (Recognised Scheme)。其中第一種即我國所謂之「開放型基金」，第二種為目前考慮採取之「開放型投資公司」，第三種是針對外國共同投資計畫在英國境內發行買賣時之規範。至於我國另一種「封閉型基金」在英國係以投資信託公司 (Investment Trust Company) 之型態出現。該法規範內容包括：關於投資事業之成立、授權與取消授權、行政指示、調查、行銷限制、司法監督、共同投資計畫之行為能力、單位持有人會議、投資計畫之存續、及管理人與委託人之職責等規定。

第四目　中國大陸之管理規範

中國大陸業已完成投資基金法之立法，將共同基金、產業基金、創投基金、代客理財基金等公募與私募基金合併成為投資基金業，與金融、保險、證券等行業進行分業管理。其規範之特色係考量為了與證券業進行分業管理，特規定投資基金業的主管機關是國務院基金監督管理機構。對於共同基金原則上採行契約型之架構，但亦有規定公司型基金之簡單規範，而基金託管機構不僅是單純的保管功能，並負責監督基金運作是否符合公開說明書或契約的規定，是否從事不合法之投資行為等。強調基金管理機構的公司治理結構，包括規定獨立董事的席次、獨立董事的資格、獨立董

---

❷ 英國 2000 年金融服務及市場法，共計 433 條，是統合英國所有銀行、保險、證券之所有法律，該法為較原則性之規範，至於細節規定之法規命令 (Rules) 或行政指導 (Guidance)，則委由子法 (Handbook) 來訂定，為當今世界統合金融管理法令最完整之典範。

事的強化功能等，並強調民事賠償功能，希望這項功能可以防範基金管理機構進行詐欺或類似行為。為降低投資者對基金鉅額贖回或連續鉅額贖回對股市的影響，同時明訂每個交易日被贖回的上限為基金總額的 10%；並允許基金管理機構可以用基金管理公司的名義向金融機構進行短期融通。此外，投資基金業必須設置自律團體，業者強制加入自律團體並必須遵守自律團體的規定；另為充分保障投資者，並要求設立基金人大會等。

第五節　證券投資信託及顧問法之規範

我國於 93 年 6 月 30 日經立法院三讀通過並經總統公布之證券投資信託及顧問法，可分為總則、證券投資信託基金、全權委託投資業務、證券投資信託及顧問事業、自律機構、行政監督、罰則及附則等八章，計一百二十四條，茲就其重點簡要說明如次：

第一目　立法目的、適用順序及主管機關

證券投資信託及顧問法第 1 條揭櫫制定之目的，分別為「健全證券投資信託及顧問業務之經營與發展」、「增進資產管理服務市場之整合管理」及「保障投資」，並明定「本法未規定者，適用證券交易法之規定」，故證券投資信託及顧問法相較於證券交易法而言，則屬於特別法，應優先適用，至於第 2 條則明定本法之主管機關為財政部證券暨期貨管理委員會。但因行政院金融監督管理委員會已訂於 93 年 7 月 1 日起正式運作，本法之主管機關將已由行政院概括明令其他金融相關法令，對於未列舉調整主管機關名稱者一併統籌變更為「行政院金融監督管理委員會」。

第二目 釐清本法用語定義，明定業務項目、範圍 及法律關係

證券投資信託及顧問法第 3 條及第 4 條則針對「證券投資信託」、「證券投資信託事業」與其經營之業務種類、「證券投資顧問」、「證券投資顧問事業」與其經營之業務種類之內容及其定義予以明訂，並於第 5 條針對本法其他用詞，諸如：「證券投資信託契約」、「基金保管機構」、「受益人」、「證券投資信託基金」、「受益憑證」、「境外基金」、「證券投資顧問契約」、「有價證券」、「證券相關商品」、「全權委託投資業務」、「全權委託保管機構」及「委託投資資產」等加以定義，並藉此釐清證券投資信託法律關係，將之界定為「特別法上之信託關係」。

第三目 擴大基金商品之種類

依證券投資信託及顧問法第 14 條規定，授權主管機關訂定證券投資信託公司得募集或私募證券投資信託基金之種類，以使基金之商品多樣化，提供投資人更多之選擇，至於該基金商品之組合如涉及證券相關商品以外項目，應先會商相關目的事業主管機關之同意，例如外匯或貨幣相關事項應會商中央銀行同意。此一規定可彈性地由主管機關視未來產業之發展趨勢，決定是否進一步開放基金商品種類，達成基金之產品線更加完整，投信業之經營空間更加擴大，投資人之選擇更加多樣化之目的。

鑑於公司型投資信託早屬美國及英國廣泛實施之投資信託型態，日本亦已經修法引進，俾便與其他國家金融商品整合及接軌，且基於金融商品多元化及增加投資人資產運用選擇機會，我國似有引進之必要。惟因公司型基金，我國原依公司法之規定即可成立投資公司，雖操作與公司型投資信託不同，由公司之執行機關擔任，與公司型之共同基金必須再委由其他資產管理之顧問公司負責管理運用有所差別，另對於非屬經募集成立之投

資公司，公司法採行自由設立之原則，本得自由設置，且就管理之資產亦無必須分離存放，原較須經許可之證券投資信託事業設立方便，故我國是否有公司型基金規範之必要不無疑義，但因就股份之發行以籌集投資運用之資金 (Pool) 加以管理運用則屬一致，由於募集或私募公司型基金尚牽涉證券交易法、公司法等有關投資人會議、董監事責任、業務範圍、有價證券發行、資產保管公司等有關規範之修正或補充，有待相關事權主管機關之整合會商，非短期可畢其功，故未一併考量列入立法範圍，但可列為未來遠程立法之考量方向。

第四目　放寬事業互相經營限制

金融業務採行分業經營或統合經營本有不同之體制，而統合經營之方式有以金融控股設立子公司或以設置獨立部門之方式為之，我國金融機構之經營型態除為整合營運發揮綜效而成立金融控股公司外，為順應世界潮流，且配合未來資產管理事業設立，金融事業合併或跨業經營朝向大型集團化之趨勢，並使證券投資信託事業或證券投資顧問事業，得與國內外其他資產管理事業（如信託業）公平競爭，本法第 3 條、第 4 條及第 6 條除明定投信、投顧事業之業務項目、業務經營之特許外，更明定投信、投顧事業經主管機關核准得互相兼營、或兼營他事業；同時也考量跨業經營為國際發展之趨勢，故於第 65 條及第 66 條明定開放證券商、期貨信託事業、期貨顧問事業、期貨經理事業或其他相關事業，於取得許可後得兼營投信、投顧事業，以利業者擴大業務範圍，因應未來市場發展需求。

然兼營事業之事業主體雖相同，但所營業務內容、風險與客戶卻有差異，為避免證券投資信託事業與證券投資顧問事業間或與其他事業之互相經營，發生利害衝突或損害受益人、客戶權益之行為（又稱防火牆規範，Firewall Regulations），經參考我國金融控股公司法第 43 條、原證券投資信託管理規則第 24 條，都市更新投資信託公司設置監督及管理辦法第 26 條等規定，於本法第 94 條就負責人及職員之兼任及行為規範、資訊流用、營

業設備或營業場所之共用，或為廣告、公開說明會及其他營業促銷活動等行為，授權主管機關訂定辦法為適當規範，以預防兼營業務間可能造成之利害衝突危險。

第五目　明定基金保管機構之權利義務

保管機構 (Custodian) 為受託保管資產之機構，並期以發揮勾稽控管之功能，對於資產管理業者，為避免利益衝突，防範可能監守自盜之弊端，證券投資信託及顧問法明定操作者與保管者必須區隔，故設有獨立之保管機構，並於第 5 條第 2 款明確定義基金保管機構為證券投資信託契約之受託人，依證券投資信託事業之運用指示及法令之規定負責基金之保管處分。為保護投資人權益，並於第 7 條、第 8 條、第 9 條及第 23 條特別明定基金保管機構之權利義務，諸如：善良管理人之注意、忠實、保密義務、禁止虛偽行為、詐欺行為或其他足致他人誤信之行為及損害賠償責任、報告主管機關及通知投信事業改善之義務，同時於第 40 條、第 41 條及第 48 條規定賦予召集受益人會議、執行受益人會議決議、擔任基金清算人之權利，對於違反相關規定者，則於第 115 條明定主管機關得為停止執行基金保管業務一個月以上二年以下之處分。

第六目　擴大基金投資標的範圍

為配合金融商品創新，增加投資人選擇機會，以契合市場發展需求，並利業者投資、發行或管理他種投資商品，證券投資信託及顧問法於第 3 條明定證券投資信託所從事之投資，包括「有價證券」、「證券相關商品」，包括證券投資信託事業運用證券投資信託基金從事避險操作，經主管機關核定准予交易之證券相關金融商品；或經主管機關之核准投資於未上市、未上櫃股票、其他受益憑證或其他經核准之項目；此外，第 14 條規定基金投資範圍及標的限制，由主管機關定之，使主管機關得因應不同階段、不

同面向之投資需求，逐步開放基金之投資標的範圍。

第七目　引進私募型基金制度

　　證券投資信託基金除了一般投資大眾申購外，包括政府機構、公司法人等機構投資人或具專門知識、經驗或資力之人，亦會要求就特殊金融商品提供服務，以因應少數投資人多樣化及個別化之資產投資運用需求，並藉由向特定人「私募」(Private Placement) 之方式，達成減少資訊公開程度、節省成本及迅速完成籌資程序之集資功能，使證券投資信託基金之募集、發行及投資、操作更為靈活機動。證券投資信託及顧問法在不妨礙投資人權益下，於第 3 條之業務項目規範中同時引進私募型基金制度，並採用「低度管理」之原則，諸如：事後申報制、免除公告受益權單位之淨資產價值、投資標的採行負面表列等；另為防止有心人士規避關於公募型基金之規範，假私募之名行公募之實，除規定私募基金之應募人總數不得超過三十五人外，並於第 32 條及第 34 條第 1 項明定受益憑證以記名式為限，但得以無實體方式發行，且授權主管機關以命令訂定其轉讓方式及應遵守之限制，以達防弊之效。

第八目　擴大證券投資顧問事業之業務範圍及引進冷卻期間制度

　　證券投資信託及顧問法除於第 4 條定義證券投資顧問，使其得提供分析意見或推介建議之標的除有價證券外，並將業務範圍擴及「證券相關商品」及「其他經主管機關核准項目」，例如境外基金之募集、銷售、私募、顧問或有價證券相關之期貨與衍生性商品之顧問等。此外，更於第 66 條規定擴大投顧業務之範圍及於「其他經主管機關核准之有關業務」，以及放寬兼營業務之限制等。另證券投資信託及顧問法於第 83 條規定參酌日本立法例，引進「冷卻期間制度」，即證券投資顧問事業之客戶得於收受書面契約

之日起七日內，以書面終止契約，證券投資顧問事業僅得請求終止契約前所提供服務之報酬，不得請求損害賠償或違約金，賦予投資人單面解除契約之權利。

第九目　全權委託投資業務之規範

有價證券之全權委託投資業務即為代客操作，可為客戶量身定作從事資產管理之業務，證券投資信託及顧問法對於有價證券全權委託投資業務之規範重點，包括：第 5 條規定引進信託法律關係，即全權委託投資資產之投資運用及保管得以信託方式為之；於第 65 條規定，明定信託業兼營全權委託投資業務併受本法規範，以杜爭議；於第 56 條規定放寬全權委託投資標的及投資範圍之限制，得投資證券相關商品或經主管機關核准之商品；於第 53 條規定增設委託投資資產由客戶自行保管之例外規定，允許以信託關係之受託人為代客操作時，得自行保管；並明定債權人對營業保證金有優先受清償之權；及於第 59 條統一規定代客操作原則上禁止例外許可之績效報酬規定。

第十目　明定保護投資人之相關規定

資產管理法制與證券管理之首要目的乃投資人權益之保護，如法制架構無從保障投資人之權益，將使投資大眾難以信賴整體資產管理制度而為投資行為，不僅將損害資產管理制度擬達成之經濟目的，對資產管理之績效、營運、管理更將有所影響。證券投資信託及顧問法乃沿襲我國與國外法制關於資產暨證券管理之一貫基本架構，除於第 1 條明定「保障投資」之立法目的外，並分別於證券投資信託及顧問法各章節定有關於「資訊揭露」(Disclosure) 與「防止利益衝突」(Conflict-of-Interest) 等規定，明定主管機關之行政監督及檢查權，違反本規定之刑事、行政處罰規定，並明定民事損害賠償請求權及其他規範。

　　證券投資信託及顧問法鑑於有價證券投資管理之特質，為高誠信、高專業之服務行業，故明定證券投資信託事業證券投資顧問事業、基金保管機構、全權委託保管機構及其董事、監察人、經理人及受僱人，應以善良管理人之注意義務，本誠實信用原則執行業務，且不得有虛偽行為、詐欺行為或其他足致他人誤信之行為，對於受益人或客戶之資料應保守秘密。另為加強對投資大眾權益之保障，證券投資信託及顧問法並參酌消費者保護法及公平交易法等規定，明定違反證券投資信託及顧問法規定應負損害賠償責任之人，法院得依被害人之請求，分就故意或重大過失所致之損害，酌定賠償額三倍或二倍以下之懲罰性賠償，而此之懲罰性賠償額度可提高至三加一倍或二加一倍。此外，藉由「公開揭露資訊」及「防止利益衝突」等方式，保障投資人權益。前者如：於第 15 條明定應交付公開說明書；於第 100 條明定基金月報及年報之編製應遵循之事項；於第 81 條明定重大影響受益人權益事項之申報義務；於第 20 條規定相關文件之備置與查詢；其他如於第 94 條規定利益衝突之防火牆規範之設置；第 21 條明定證券投資信託基金運用之限制；第 77 條至第 79 條有關基金經理公司或經理人對於關係人交易應遵守之規定等。

第十一目　明定主管機關行政監督及檢查權

　　有關檢查權之規定除依行政院金融監督管理委員會組織法第 5 條之規定，主管機關有專案之檢查權外，為保障投資人權益並使主管機關得以發揮監督機制，證券投資信託及顧問法訂有相關規定，例如於第 63 條明定事業或業務經營應經主管機關之許可、於第 80 條第 1 項明定投信事業及基金信用評等機制之建立、於第 52 條第 1 項及第 80 條第 2 項明定營業保證金之提存、於第 45 條明定證券投資信託契約終止之情形、於第 96 條及第 97 條明定命令強制移轉及違反規定時主管機關得對違反者予以糾正，或對事業及從業人員違法行為處分之權限等。

第十二目　明定刑事、行政處罰及民事損害賠償請求權之規定

　　法律責任之追究為落實法律執行之最後保障，而法律責任包括民事、刑事及行政責任，本法對於民事規範之處甚少，因此有賴於民法之慎補，至於行政及刑事責任部分，證券投資信託及顧問法第七章訂立「罰則」專章，於第 105 條至第 110 條明定相關刑事處罰規定，包括反詐欺條款、未經許可之業務行為處罰、揭露資訊之虛偽隱匿及收受不正當利益之賄賂行為處罰等，另於第 111 條至第 114 條訂有行政處罰，包括各種不同程度之罰鍰。而本法有關民事損害賠償請求方面，僅規定於第 7 條至第 9 條，明定資產管理業者及保管機構應盡善管理人、忠實及誠實信用之義務，並對於投資人造成損害賠償之請求權消滅時效期間等之規定。

第十三目　明定自律機構之法律地位

　　原中華民國證券投資信託暨顧問商業同業公會之組織架構與功能，並未在證券交易法中做規定，而除依商業團體法之規定加以規定及運作，鑑於自律團體之角色及功能日趨重要，證券投資信託及顧問法於第五章明定「自律機構」專章，並於第 84 條規範同業公會之設置法源依據、於第 88 條明定公會之任務及權限，同時於第 89 條規定自律公約及違反自律規範之處置及申覆辦法，另證券投資信託及顧問法亦參考證券交易法第四章對於證券商業同業公會之規範，於第 92 條明定有關主管機關之管理監督事項等。其中，為強化自律功能，明定公益理、監事之指定與遴選，並賦予同業公會之任務，包括：1. 檢查會員是否遵守法律及自律規範。2. 對於業務經營顯然不善，重大損害投資人權益之會員，得協調其他會員協助處理該會員之業務。3. 管理破產會員之財產。4. 對違反法令之會員得予以停權、課予違約金、警告、命其限期改善等處置，或要求會員對其從業人員暫停執行

業務之處置。5. 對違反法令規定之會員為撤銷或暫停會員資格之處置。另為避免同業公會之處置不當或過當，影響會員及其從業人員之權利，證券投資信託及顧問法除明定同業公會應訂定違規處置申覆辦法外，並要求同業公會之處置若涉及撤銷、暫停會員資格或要求會員對其從業人員暫停執行業務者，應報請主管機關備查；主管機關如認為同業公會之處置不當，得命同業公會變更決議，使公權力得以適當介入。

第十四目　將境外基金納入管理

境外基金提供國人投資選擇機會，並促成投信業者之經驗累積與競爭性之成長，於金融市場之國際化誠有需要，國人購買海外基金之金額亦日趨龐大，截至 94 年底，投顧向主管機關核備之海外基金已高達八五一支❸。但原經核備海外基金依舊有之銷售管道，乃藉由下列二種方式為之：

一、銀行指定用途信託資金帳戶（現已改為特定標的之金錢信託）之管道

依銀行法第 110 條規定，信託投資公司得經營由公司確定用途之信託資金。而該等業務是否得以投資國外有價證券，經中央銀行以 79 年 12 月 3 日臺央外字第㈢02346 號函，准予辦理信託投資公司為指定（特定標的）用途信託資金投資國外有價證券業務。國外有價證券乃包括基金。此為多數國人投資海外基金之管道。

二、投顧推介

即投顧依辦理外國有價證券投資顧問業務應行注意事項，先與國外證券投資機構建立合作關係，次對符合一定資格的海外基金，由投顧公司向主管機關核備，投資人透過投顧公司推薦，直接向國外基金公司購買。

---

❸　同❶。

以上二方式，雖各有其現行規範之依據，然常見投顧或銀行有對不特定人散發投資資料或召開投資說明會等，其實質上為銷售之行為。同時為「代銷」及「銷售」是否能居於客觀地位，向客戶真正推介良好的海外基金，亦有利益衝突的問題。此外，對不特定人銷售之方式亦可能牽涉募集之行為，有違反證券交易法第 22 條之虞，致生行為人應負第 175 條刑責之爭議。而上述二方式之管理機關分為中央銀行、原財政部金融局及證期會，並非一致，故證券投資信託及顧問法第 16 條乃參考外國立法例，將有關從事或代理募集、銷售、投資顧問境外基金之行為納入管理。為統一事權，凡從事或代理境外基金之募集、銷售、投資顧問等行為者皆為證券投資信託及顧問法規範之對象。此外，證券商依證券商管理規則第 36 條及證券商受託買賣外國有價證券管理規則等規定，得為受託買賣有價證券並向特定客戶辦理推介，倘證券商並無銷售之行為，僅為單純推介或受託買賣，則不在本條規範意旨內。至於有關在中華民國境內得從事或代理募集、銷售、投資顧問境外基金之種類、投資或交易範圍與其限制、申請或申報程序及其他應遵行事項之辦法，則授權主管機關訂定管理辦法，使海外基金與國內基金得公平競爭，並保障投資人。證券投資信託及顧問法並明訂證券投資信託事業、證券投資顧問事業、證券商、境外基金發行者與其指定之機構及其他經主管機關指定之機構，得在中華民國境內從事或代理境外基金之募集、銷售、投資顧問等業務；其資格條件、申請或申報程序、從事業務之項目及其他應遵行事項之辦法，亦授權由主管機關定之，至於有關境外基金之管理規範，證券投資信託及顧問法之相關規定，將於本章第八節再詳予說明探討。

第十五目　小　結

　　證券投資信託及顧問法通過後，就法規面而言，將賦予投信、投顧業者之經營管理業務上極大之彈性，在原有運作之基礎下，主管機關已提供投信、投顧業者良好之經營環境，在新的法規制度上又可開拓更多之業務，

並得致力於與國際接軌，而業務之開啟與提昇競爭能力必須由業者自己的努力。因此，業者應加強本身之研發能力與管理能力，不斷地推出能夠滿足投資人之基金或其他商品，若能提供投資人即時、完整、可信賴的金融服務，將較容易獲致經營上之「綜效」(Synergy)，才能夠生存，並進一步與國際競爭。目前我國證券投資信託基金市場上所存在之基金商品大同小異，其原因往往係因業者基於市場之風潮，一窩蜂地發行差異性極小之基金，而未考量本身之利基所在，因未能體認投資人之需求而推出適當之商品，使得市場競爭激烈，利潤亦低，長久以往，將使客戶流失，並喪失競爭能力。故從長遠之發展來看，業者必須加強研發與管理能力，發行與眾不同之基金商品，創造出商品與眾不同之附加價值或服務，才能夠在同質性高的市場中脫穎而出。

「證券投資信託及顧問法」完成立法後，對於主管機關而言，將得以落實「依法行政」之原則，依法律之授權強化對市場之整合管理，並進一步保障投資；對市場而言，依「業務從寬、財務從嚴」之原則，將使法令規範符合國際水準及慣例，有助於金融商品之創新，達成推動臺灣成為亞太資產管理中心之目的；對業者而言，將有助於業者以完整之產品線，提供多元化之資產管理服務，使其業務範圍更加擴大，經營管理更具彈性，產品推出更具效率；對投資人而言，將使投資理財之選擇更多樣化，投資人之權益亦更有保障。

第六節　證券投資信託及顧問法及其子法之規範

第一目　法規訂定之過程

　　證券投資信託及顧問法於 93 年 6 月 11 日經立法院三讀通過，並於同年 6 月 30 日經總統公布❹，依該法第 124 條規定，其施行日期由行政院定之，為配合立法與市場開放之急迫需求，故行政院定於 93 年 11 月 1 日施行，而且依同法第 121 條落日條款之規定，自該法施行之日起，證券交易法第 18 條及第 18 條之 1 所定證券投資信託事業及證券投資顧問事業之規定，及第 18 條之 2 及第 18 條之 3 規定，不再適用。

　　證券投資信託及顧問法完成立法之後，對市場而言，將使法令規範符合國際水準及慣例，有助於金融商品之創新，達成推動臺灣成為亞太資產管理中心之目的❺。而該法之落實執行，有賴完整之子法來建構完整之管理體系，由於證券投資信託與顧問事業在實務上之運作，涉及技術性及細節之規範甚多，故立法當時援用委任立法之方式，委諸行政機構作進一步具體地補充，故子法的訂定與母法之實行有著密不可分之關係。

　　由於依證券投資信託及顧問法授權訂定及補充構成要件之子法及相關規定多達 53 項之多，經彙整歸納後可融合為 19 項子法，為利投信投顧法順利施行，並銜接施行前對證券投資信託事業及證券投資顧問事業之管理規範，行政院金融監督管理委員會（以下簡稱金管會）於第一階段先配合於 93 年 10 月 30 日發布有證券投資信託事業設置標準等共計 16 項相關子法❻，並於 11 月 1 日與證券投資信託及顧問法同步生效。而境外基金管理

---

❹　中華民國 93 年 6 月 30 日總統華總一義字第 09300122711 號令。

❺　93 年 6 月 14 日原財政部證券暨期貨管理委員會新聞稿。

辦法因涉及較為複雜，影響層面較為廣，幾經討論於 94 年 8 月 2 日始完成訂定發布❼。

第二目　證券投資信託業務之規範

證券投資信託及顧問法相關子法除參考原依證券交易法之規定與實務之運作外，同時亦整合過去相關行政命令規定，並配合證券投資信託及顧問法對於投信投顧業務之開放，進行法規之整合。以下就證券投資信託事業有關之各項子法主要規範內容，及新舊法規重點增列差異作介紹：

一、證券投資信託事業設置標準❽

證券投資信託事業之設置由於採行許可制，故依證券投資信託及顧問法第 72 條第 1 項規定，授權主管機關訂定其設置之標準，本標準共分總則、

---

❻　其他尚包括有證券投資信託事業負責人與業務人員管理規則、證券投資信託事業管理規則、證券投資顧問事業設置標準、證券投資顧問事業負責人與業務人員管理規則、證券投資顧問事業管理規則、證券投資信託事業及經營接受客戶全權委託投資業務之證券投資顧問事業建立內部控制制度處理準則、證券投資信託事業募集證券投資信託基金處理準則、證券投資信託基金管理辦法、證券投資信託事業證券投資顧問事業經營全權委託投資業務管理辦法、證券投資信託事業募集證券投資信託基金公開說明書應行記載事項準則、證券投資信託事業私募證券投資信託基金投資說明書應行記載事項準則、證券投資信託基金受益人會議準則、證券投資信託暨顧問商業同業公會管理規則、證券投資信託暨顧問商業同業公會非會員理事及監事遴選辦法及修正有價證券集中保管帳簿劃撥作業辦法。

❼　境外基金管理辦法第 19 條規定，係為放寬銀行或信託業因非屬境外基本或證券投資信託基金業務被行政機關處分；而不得從事境外基金銷售機構業務之限制，配合作適度之修正，故於 94 年 8 月 2 日發布後旋即於 95 年 5 月 16 日以金管證四字第 0950002319 號令修正。

❽　93 年 10 月 30 日行政院金融監督管理委員會金管證四字第 0930005162 號令發布。

證券投資信託事業之設置、兼營證券投資信託業務、分支機構之設置及附則等五章，計三十條，而證券投資信託事業之設立規範，係參採原依證券交易法第 18 條第 2 項規定授權訂定之證券投資信託事業管理規則，就有關投信事業設置之規定，規範投信事業設立之條件、申請書件、發起人之消極資格條件、專業發起人之資格條件、應配置部門、員額及設立分支機構等規定。證券投資信託事業設置標準有關證券投資信託事業設立之規定，其主要重點為：

㈠由於信託業法第 8 條第 1 項之規定，僅就信託業設立共同基金以投資證券交易法第 6 條之有價證券為目的者，應依證券交易法有關規定辦理。但對於應如何辦理，並未作進一步之規範，故實務上究應申請兼營證券投資信託事業，或僅業務項目多一項，則迭有爭議，證券投資信託及顧問法第 10 條規定，在符合一定條件下，應申請兼營證券投資信託事業以解決爭議，本設置標準明定信託業得兼營證券投資信託業務之相關規範，包括信託業募集之共同基金投資有價證券在新臺幣 6 億元以上或基金規模 40% 以上者，應申請兼營證券投資信託事業之條件❾、部門設置、業務人員兼任之禁止及應具備之資格條件等。另外為配合證券投資信託及顧問法第 66 條之規定，開放證券商、證券投資顧問事業申請兼營證投資信託事業，及證券投資信託事業申請兼營都市更新信託事業，本標準亦作相對之修正。

㈡另參照金管會銀行局簡化金融機構申請證照之程序，對於許可行業之許可證照申請調整為二階段，故對於兼營信託業務，以網際網路申報系統辦理登記之作業方式，明定信託業兼營證券投資信託業務辦理登記之作業程序，其營業許可證照僅明定為信託業務，至於其詳細之營業項目則以核准函登載於網路即可，以供外界知悉並達到明示之效果。

---

❾　信託業募集發行共同信託基金投資於證券交易法第 6 條之有價證券占共同信託基金募集發行額度 40% 以上或可投資於證券交易法第 6 條之有價證券達新臺幣 6 億元以上者，應依證券投資信託及顧問法規定先申請兼營證券投資信託業務，始得募集之。但募集發行貨幣市場共同信託基金，不在此限。

二、證券投資信託事業負責人與業務人員管理規則[10]

為提昇證券投資信託事業之專業形象與資產管理之服務品質，以保護投資大眾權益，對於證券投資信託事業之負責人、從業人員及基金經理人宜有較高規格之要求，證券投資信託及顧問法除於第 68 條規定，各該人員不得有之前科不良紀錄等消極資格外，並於同法第 69 條授權主管機關訂定其積極資格條件、行為規範、在職與職前訓練等事項之管理規則，而本管理規則參採原證券投資信託事業管理規則規定，規範證券投資信託事業負責人與業務人員之定義、資格條件及行為規範等，共計二十二條。證券投資信託事業負責人與業務人員管理規則規定，其主要重點為：

㈠業務人員得從事之業務行為範圍，包括募集、銷售、私募、投資研究、基金經營管理、執行基金或代客操作之買賣有價證券、內部稽核及主辦會計等人員，並配合增列證券投資信託及顧問法所增訂之私募業務及境外基金銷售業務。

㈡對於從業人員及部門主管之積極資格要件，依工作經驗訂定分支機構經理人及部門主管之應備資格條件，原則以具備測驗合格者始得為之，並檢討原本以學經歷資格之要件，主管人員則調整為較偏重其管理能力。但為考量不溯及既往，本管理規則發布前已擔任者，尊重其權益之保護，故明定得於原職務或任期內續任；但就發布後新升任或充任者，應符合現行規定。

㈢為避免利益衝突及防火牆之設置，增訂辦理投資研究分析、投資或交易決策之人員，不得與買賣執行之業務人員相互兼任。

㈣由於證券投資信託業務與信託業務在本質上仍有些許不同，並考量信託業兼營證券投資信託事業之人力物力之負荷及安排，故增訂信託業兼營證券投資信託業務時，在不影響業務之推展下，相關人員得有較為符合實務之規範。例如稽核人員，若具備信託業、銀行或證券投資信託事業所

[10] 93 年 10 月 30 日行政院金融監督管理委員會金管證四字第 0930005147 號令發布。

要求之資格條件，得兼任其他部門之稽核工作，研究部門之人員亦同。

三、證券投資信託事業管理規則❶

　　為規範證券投資信託事業之財務及業務營運行為，原依證券交易法第18 條第 2 項規定授權訂定管理規則，由於修正前依證券交易法第 18 條第2 項所定之規則必須由行政院頒訂❷，在證券投資信託及顧問法將其調整為授權主管機關訂定即可，而原證券投資信託事業管理規則之法律授權事項，較不明確，新法已將其分割為設置標準、人員管理規則及財務業務之管理規則，其中管理規則部分依證券投資信託及顧問法第72條第 1 項後段規定，為對於財務、業務、遷移、裁撤與其他應遵行事項之規範，新證券投資信託事業管理規則共分總則、財務、業務、投資外國證券事業、合併及附則等六章，計三十九條。除參採原證券投資信託事業管理規則，同時納入實務相關函令規定，規範投信事業財務、業務之運作。證券投資信託事業管理規則之規定，其主要重點為：

　　㈠為達充分揭露之效果，明定投信事業應於每會計年度終了三個月內公告並申報經會計師查核簽證、董事會通過及監察人承認之年度財務報告。

　　㈡由於證券投資信託事業為資產管理業，其經營良窳與股東或受益人權益息息相關，為加強保護投資人，故明定證券投資信託事業應依金管會規定提撥一定比率之特別盈餘公積❸。

---

❶　93 年 10 月 30 日行政院金融監督管理委員會金管證四字第 0930005202 號令發布。

❷　證券交易法於 95 年 1 月 11 日修正後，已修正為由主管機關，即行政院金融監督管理委員會訂定即可。

❸　93 年 11 月 24 日金管證四字第 0930005684 號函，明定證券投資信託事業所經理之投資國內債券型基金，仍持有結構式利率商品（含債券及存款）者，除依法提出法定盈餘公積外，並應另提列百分二十之特別盈餘公積。又 94 年 6 月30 日金管證四字第 0940002859 號函，並進一步規範，證券投資信託事業經評估經理之債券型基金持有結構式商品之風險及提前處理損失，計畫以保留當年度盈餘作為因應者，其特別盈餘公積提存比率得提高至 100%，以彌補及解決

㈢證券投資信託基金之種類甚多，有偏重積極操作型，亦有偏重固定收益型，一般而言收益 (Yield) 與流動性 (Liquidity) 是相對的，但在流動性之急迫需要時，尤其是因應大量贖回所需，本管理規則第 18 條明定在一定條件下，投信事業為因應鉅額受益憑證之買回，應付贖回價金之流動性之緊急需要，得以證券投資信託基金資產為擔保辦理借款之相關規範。

㈣證券投資信託事業既為資產管理業務，首重專業、績效與形象，故其資本額之需求本來並不高，但基於保障受益人權益，考量投信事業需要資本保持適當財務資源以維持委任業務，尤其在維繫受益人信心之處置上，資本能擔保該事業有能力符合法律及證券投資信託基金契約上之要求，同時考量證券投資信託基金管理有不能償還之情事時，資本可提供受益人一定程度保障，爰明定投信事業仍須維持一定之資本額度，並明定其辦理減資以退回資本之條件 ❹。

㈤由於信託業務原涵蓋保管及處分，證券投資信託及顧問法為考量集保管與運用於一身可能產生流用、挪用之空間，甚至有監守自盜之可能，為防範弊端之發生，故明定資產管理者與資產保管者應區隔以發揮勾稽控管之功能，但考量全權委託投資業務屬於量身定作，在信託業者取得投資

處理債券型基金持有結構式商品所可能造成之損失，並因其為公開發行受益憑證，得依證券交易法第 41 條規定，援引所得稅法第 66 條之 9 第 2 項第 7 款規定，扣減營業所得稅之所得額。

❹ 證券投資信託事業管理規則第 17 條規定投信事業辦理減資，須符合下列規定：

一、最近年度或半年度財務報表均經會計師查核簽證出具無保留意見，且財務健全，無虧損及累積虧損情形。

二、最近年度或半年度已依會計師在查核簽證時所出具之內部控制改進建議書確實改進。

三、最近三年未曾受本法第 103 條第 2 款至第 5 款或證券交易法第 66 條第 2 款至第 4 款規定之處分。

四、證券投資信託事業減資後，資本額不得低於依證券投資信託事業設置標準第 7 條所定最低實收資本額，且減資後之淨值，除金管會另有規定外，不得少於新臺幣 9 億元。

人同意且在契約明確訂定下，得自行保管，但應另指定專人為之，同時也考量私募基金與全權委託投資性質較類似，故增訂信託業兼營證券投資信託業務，得自行保管私募之基金資產；至於公募基金，由於是屬於社會大眾之資金，更應謹慎控管，故明定在例外之情況下，信託業需設有信託監察人，且能踐行法律所課予基金保管機構監督控管之義務，同時須專案經金管會事先核准者，始得自行保管公募基金之資產。

四、證券投資信託事業募集證券投資信託基金處理準則[15]

證券投資信託及顧問法對於證券投資信託基金之募集與發行受益憑證之規定，係參採原證券交易法第 22 條之規定[16]，對於有價證券之募集發行，兼採申請核准制與申報生效制之折衷制度，並對其證券投資信託基金之申請程序，授權訂定處理準則，本處理準則除參採原證券投資信託基金管理辦法有關受益憑證發行採申報生效制之精神，必須在受理後一個月內予以審核完成之規定外，並參考發行人募集與發行有價證券處理準則之體例，規範投信事業募集證券投資信託基金採申請核准制或申報生效制，並明定應檢附之書件、審查程序、核准或申報生效之條件及其他應遵行事項，共計 20 條。證券投資信託事業募集證券投資信託基金處理準則之主要規定說明如下：

㈠增列適用申報生效制之案件及其相關規定，投信事業募集或追加募集證券投資信託基金，除新設投信首支募集之基金以外之國內募集投資國內之股票型基金募集案件，及債券型、平衡型及貨幣市場基金外之國內募集投資國內各類型基金追加募集案件，適用申報生效制[17]。於申報主管機

---

[15]　93 年 10 月 30 日行政院金融監督管理委員會金管證四字第 0930005137 號令發布。

[16]　證券交易法第 22 條第 1 項之規定，經立法院於 95 年 1 月 11 日三讀通過並發布後已修正為：「有價證券之募集及發行，除政府債券或經主管機關核定之其他有價證券外，非向主管機關申報生效後，不得為之。」改採申報生效制，其相關之子法亦已配合調整。

[17]　證券投資信託事業募集證券投資信託基金處理準則第 12 條第 1 項明定之。

關後，除非有駁回退件之事由或應予補正之情形應行補正外，於申報後 12 個營業日自動生效。

㈡由於國外立法例對於證券投資信託基金通常未有募集上限之規定，故並未有追加募集之規定，我國證券投資信託基金歷來即有上限之規範，故參考外國立法體例予以適當放寬爰有其必要；另追加為原已申報或申請之基金增加募集額度，其性質種類相同，故予以併同考量為放寬追加募集之條件之規定。

㈢申請（報）募集或追加募集證券投資信託基金期間，如發生重大情事致對發行計畫有重大影響事實之處理原則，應於該事實發生之二日內向主管機關提出說明。

五、證券投資信託基金管理辦法

證券投資信託基金管理辦法原為依據證券交易法第 18 條之 2 第 2 項之規定授權，由財政部訂定之，然由於該辦法施行多年以來，迭有以行政函令為基金管理事項之規範，例如各種類型之基金內容之規定向來皆以行政法規解釋或職權命令訂定，本次新立法通過後，重新檢討共同基金之定位與應行規範之事項，將以前以函令或契約規定者納入規定，或就實務運作所需配合訂定者亦一併整合，同時也考量證券投資信託及顧問法就私募基金之開放，亦於新管理辦法作進一步規定，管理辦法係統合依證券投資信託及顧問法第 11 條第 4 項、第 14 條第 1 項、第 17 條第 3 項、第 18 條第 1 項、第 19 條第 2 項、第 22 條第 4 項、第 25 條第 2 項及第 46 條所定之相關授權規定訂定，共分總則、基金之運用範圍及限制、基金之種類、基金之私募、基金之保管、受益憑證、基金之買回、基金之會計、基金之變更、存續、終止、清算、基金之合併及附則等十一章，計 92 條，規範證券投資信託基金之類型、基金之運用限制、清算及合併、保管機構條件及責任義務等應遵循事項。茲就證券投資信託基金管理辦法之規定，主要重點說明如下：

㈠為使證券投資信託事業能有新金融商品之開創，並賦予更多可資運

用之投資管道，本辦法明定證券投資信託事業運用基金得從事證券相關商品之交易範圍，並增訂經金管會核准，得運用非在期貨交易所進行衍生自貨幣、有價證券、利率或指數之期貨交易，以保留未來業務發展及商品創新之彈性與空間。

㈡為有效區隔債券型基金 (Bond Funds) 與貨幣市場型基金之運作 (Money Market Funds)，通常債券型基金流動性較弱但報酬率高，而貨幣營業市場型基金流動性佳，其報酬率相對較低，原國內之債券型基金以贖回後第一營業日給付價金，又投資長期債券，易產生混淆其間分際之虞，為避免名實不符，解決原債券型基金之流動需要，故規範一般之公募之債券型或平衡型基金不得投資於結構式利率商品，但對於特殊類型之基金，其能明確區分並以衍生性商品為其投資標的者，並以此特殊型態基金為名者，不在此限，使各類型之基金能符合其原有之定位。

㈢由於結構式利率商品，其流動性不高，故規範以結構式利率商品為主要投資標的者，應於基金名稱中標明結構式利率商品或類似文字；以轉換公司債、附認股權公司債或其他具有股權性質之有價證券為標的者，應於名稱中標明主要投資標的之文字，且不得以債券型基金為名，並不得於受益人買回受益憑證請求到達之當日或次一營業日 (T+1) 給付買回價金。

㈣為使證券投資信託基金有更多之投資選擇，並使投資國內外之基金其投資標的一致，俾便能與國際接軌，放寬國內證券投資信託事業於國內募集無論投資國內或國外之基金，在不超過本基金淨資產價值 10% 內，均得投資上市受益憑證（含封閉式、ETF）或開放式基金。

㈤為配合策略性交易放空制度之實行，放寬基金出借有價證券之規範，即出借持有任一有價證券數額，得在不超過持有總數額之 50% 之範圍內辦理借貸持有之有價證券；但私募基金由於係針對特定專業或能承擔風險之人成立之基金，得予以更為寬廣之空間，故得另以信託契約約定。此外，出借期間放寬為最長六個月。

㈥針對股票型、債券型、平衡型、指數型、指數股票型、傘型、組合型、保本型、貨幣市場型證券投資信託基金等基金種類予以定義，並依基

金型態各別訂定其特別規範，包括其投資標的之範圍、申購贖回之限制等。

㈦開放私募基金，明定投信事業得向特定人私募證券投資信託基金，並參照證券交易法第 43 條之 6 至第 43 條之 8 之規定，明定私募受益憑證之對象、其資格條件及應受之轉讓限制，於招募及銷售期間，不得為一般性廣告或公開勸誘之行為；並以負面表列方式規範私募證券投資信託基金之投資範圍及限制。

㈧為讓私募基金有更多之投資組合，規範私募基金除因避險目的所持有之未沖銷證券相關商品空頭部位外，其未沖銷證券相關商品之多頭部位之契約總市值，得占基金發行額度 30%，相較於公募基金之 15% 為高，但超過該比率以上者，應申請兼營期貨信託事業，同時亦允許私募基金得為信用交易，在此規範下，國內證券投資信託事業可從事較為穩健安全型態之對沖基金 (Hedge Fund) 運作；另外對於私募基金採行較為低度之管理方式，故對於證券投資信託事業於私募受益憑證價款繳納完成日起五日內，應向主管機關申報備查；私募基金信託契約有變更者，應於變更後五日內向主管機關申報。

㈨規範私募基金之淨值、基金年報及清算及分配方式，雖其仍應每日計算淨值 (NAV)，但得依契約規定向受益人報告，不適用公告規定；私募基金之類型、買回程序及價金之給付期限，依契約規定辦理，與公募基金之規定相比較，已為大幅鬆綁。

㈩明定信託業兼營證券投資信託業務募集基金，經主管機關事先專案核准者，得自行保管基金資產，但必須該信託業有信託監察人之設置，且有關基金保管機構之義務，應由信託業之信託監察人執行，包括監督、控管、複核等之工作；信託業兼營證券投資信託業務私募基金自行保管基金資產者，有關基金保管機構之義務，由信託業執行，並應指定專責人員辦理。信託業兼營證券投資信託業務，經主管機關核准得自行保管基金資產，其因故意或過失致生損害於基金之資產者，應負損害賠償責任；信託監察人應為基金受益人之權益向其追償；信託業之代理人、代表人或受僱人，履行證券投資信託契約規定之義務有故意或過失時，信託業應與自己之故

意或過失負同一責任。

㈜證券投資信託事業變更公募基金之證券投資信託契約，由於事涉受益人之權利義務，其重大事項應經受益人會議決議同意，並應於報經主管機關核准後二日內公告其內容，證券投資信託契約因存續期間屆滿而終止者，應於屆滿二日內申報主管機關備查；證券投資信託契約之終止，應於申報備查或核准之日起二日內公告。

六、證券投資信託事業募集證券投資信託基金公開說明書應行記載事項準則

有關證券投資信託事業募集共同基金發行受益憑證，所應交付公開說明書 (Prospectus) 之規範事項，原由主管機關以行政命令方式訂定，並未有明確之授權法源依據，由於事涉人民權利義務，證券投資信託及顧問法將其提升為法律規範，並依該法第 15 條第 5 項規定授權主管機關，訂定證券投資信託事業募集證券投資信託基金公開說明書應行記載事項準則，本準則共計 25 條，參採原證券投資信託事業發行受益憑證編製公開說明書應行記載事項之行政規範，另亦參考公開發行公司依證券交易法第 30 條第 2 項規定，授權訂定之公司募集發行有價證券公開說明書應行記載事項準則，同時也參考不動產證券化條例及金融資產證券化條例，其授權訂定之受託機構公開招募受益證券特殊目的公司公開招募資產基礎證券公開說明書應行記載事項準則，及美國現行發布之公開說明書等規定，明定投信事業募集證券投資信託基金，編製公開說明書之相關規範。對於證券投資信託事業發行受益憑證編製公開說明書應行記載事項之規定，其主要內容重點為：

㈠為防範基金經理人同時管理兩支基金可能衍生之利益衝突，規定證券投資信託事業應於公開說明書中揭露基金經理人管理之基金名稱及防止利益衝突措施。

㈡為強化公司治理資訊揭露，規定證券投資信託事業應於公開說明書揭露公司治理運作情形等資訊。

㈢因網際網路日益發達，規定證券投資信託事業除當面交付公開說明

書外，亦得經申購人同意，依其指示之電子郵件網址，傳送公開說明書予申購人。

(四)對於未依規定交付公開說明書者，依證券投資信託及顧問法並未如證券交易法第 177 條對違反第 30 條規定者處一年以下有期徒刑之刑事責任，而於第 112 條第 1 款之規定，可處新臺幣 30 萬元以上 150 萬元以下罰鍰；惟證券投資信託事業對主管機關提出之公開說明書或投資說明書之內容為虛偽或隱匿之記載者，依同法第 106 條第 1 款之規定，可處一年以上七年以下有期徒刑。至於證券投資信託事業若以不實之公開說明書或投資說明書，對投資人或受益人為虛偽、詐欺或足致他人誤信之行為，其受害人已屬於社會大眾，犯罪惡性顯已嚴重，故同法第 105 條第 1 項規定，可處三年以上十年以下有期徒刑，得併科新臺幣 1 千萬元以上 2 億元以下罰金。

七、證券投資信託事業私募證券投資信託基金投資說明書應行記載事項準則

為配合證券投資信託事業私募基金之開放，爰依證券投資信託及顧問法第 15 條第 5 項授權規定，訂定證券投資信託事業私募證券投資信託基金投資說明書應行記載事項準則，本準則為開放前所未規定，規範證券投資信託事業於國內向特定人為私募基金應編製投資說明書之內容規範，至於在國外向特定人私募者，則依當地之法令規定辦理，本準則共計八條，規範投信事業私募證券投資信託基金時，其投資說明書應行記載之事項，包括基金概況、證券投資信託契約之主要內容、證券投資信託事業概況、投資風險揭露、受益憑證轉讓之方式及限制等事項，俾使應募人或購買人掌握充分資訊，以作為投資判斷。惟投資說明書因私募之對象，通常屬於具有專業、知識或承擔風險能力者，故其規定較公募之公開說明書為簡化，且未明定違反強制交付之處罰規定。

八、證券投資信託基金受益人會議準則

受益人會議類似公開發行股票公司之股東會，受益人為真正出資之所有權者，應予合理保障其權益，故依證券投資信託及顧問法第 42 條第 1 項之規定，明定就受益人會議召開之期限、程序、決議方法、決議規範及其他應遵行事項之準則，授權由主管機關定之。而有關基金受益人會議制式化程序原於各類型基金證券投資信託契約中，皆訂定有受益人會議之相關事項，惟多分散且不完整，故於參照原有證券投資信託及顧問事業同業公會訂定之定型化契約附件之規定，及新法第二章第七節有關證券投資信託基金受益人會議之規範，訂定證券投資信託基金受益人會議準則，本準則共計 20 條，明定有權召開受益人會議主體之順位，及受益人自行召開受益人會議之事項、理由及程序；另信託業兼營證券投資信託業務得自行保管基金資產者，應由信託監察人替代公募基金之保管機構履行召開受益人會議之相關義務。

第三目 證券投資顧問業務之規範

一、證券投資顧問事業設置標準

依證券交易法第 18 條第 2 項之規定，有關證券投資顧問事業管理規則由行政院定之，依該授權訂定之證券投資顧問事業管理規則，其規範涵蓋證券投資顧問事業之設立、財務業務管理及人員管理等事項，由於授權並不明確，本次立法予以明確訂定，其中涉及設置事項授權訂定設置標準，本設置標準共分總則、證券投資顧問事業之設置、兼營證券投資顧問業務、分支機構之設置及附則等五章，計 31 條。參採原證券投資顧問事業管理規則規定，規範投顧事業設立之條件、申請書件、發起人資格條件、應配置部門及員額。證券投資顧問事業管理規則規定，其主要內容重點為：

㈠依證券投資信託及顧問法第 66 條之規定，明定證券投資信託事業及

證券投資顧問事業可以相互兼營，同條並明定證券商、期貨商及其他經主管機關許可者，可兼營證券投資信託事業或證券投資顧問事業，準此設置標準於第一階段已先開放證券經紀商、期貨經紀商、外國證券經紀商與外國期貨經紀商在中華民國境內設立之分支機構，或信託業得申請兼營證券投資顧問業務；且證券商之總公司得指派專責顧問部門業務人員至分支機構從事證券投資顧問業務。

㈡為考量作業之簡化,比照信託業申請兼營證券投資信託事業之規定，明定信託業兼營證券投資顧問業務或全權委託投資業務者，得依金管會銀行局規定於指定之網際網路申報系統辦理登記，以資簡化作業程序，至於其營業許可之證照費用亦隨同免予繳交 ❸。

㈢配合金管會銀行局不核發營業執照，他業申請兼營許可時，二階段均須檢具中華民國證券投資信託暨顧問商業同業公會(以下簡稱同業公會)出具之人員審查合格名冊及資格證明文件，所以原證期局就營業許可之審核則配合縮短並納入第一階段審核辦理。

㈣對於證券投資顧問事業從業人員之資格條件審核，儘量移由自律機構辦理，以節省公務機關之人力物力，故本設置標準亦明定證券投資顧問事業在申請核發營業執照時，須檢具同業公會出具之人員審查合格名冊及資格證明文件。

二、證券投資顧問事業負責人與業務人員管理規則

本管理規則參採原證券投資顧問事業管理規則規定，規範證券投資顧問事業及他業兼營證券投資顧問業務或全權委託投資業務者，其負責人與業務人員之資格條件、登錄、訓練及禁止行為規範等，共計 21 條。證券投資顧問事業管理規則規定，其主要內容重點為:

㈠明定於媒體推介之人員需具備分析人員之資格

由於媒體為對不特定社會大眾之工具，我國投資人散戶仍居於 70% 以

---

❸ 在相關之法律並未刪除或廢止有關證照之核發、換發之前，以行政命令准予免繳，對於業者故有其方便性，惟在法制上是否恰當，不無商榷之處。

上之多數，為提昇證券投資顧問業務之品質、導正投資人之觀念及維護市場秩序，對於在傳播媒體製作之股市或期貨市場上節目，宜有較嚴謹之規範，故本規則明定投顧事業於傳播媒體從事證券投資分析之人員，須由取得證券投資分析人員考試執照者始得擔任，但也考量驟然實施，對於現行業者及從業人員衝擊過大，故對於本管理規則發布前已於各種傳播媒體從事證券投資分析者，予以三年之緩衝期。

㈡明定總經理之積極資格條件

　　證券投資顧問事業為專業服務之提供，而總經理負責事業整體之經營與管理，除須有專業之知能外，尚應具備管理領導能力；故本規則明定除已擔任者，得予以不溯既往於原職務或任期內續任外，對於新任總經理者應具備一定資格條件，始得充任。

㈢明定兼營業者從業人員之兼職限制

　　為考量證券商與期貨商在原業務之經營上，其與證券投資顧問仍有差別，故明定證券經紀商、期貨經紀商兼營證券投資顧問業務，或信託業兼營證券投資顧問業務及全權委託投資業務者，其部門主管及業務人員，不得辦理專責部門以外之業務，或由專責部門以外之人員兼辦。

三、證券投資顧問事業管理規則

　　原依證券交易法第 18 條第 2 項授權訂定之證券投資顧問事業管理規則，為涵蓋設立、財務、業務及人員管理之規範，證券投資信託及顧問法第 69 條及第 72 條已作分則授權之規定，故證券投資顧問事業管理規則，則單純就證券投資顧問事業之財務、業務作規定，新發布之證券投資顧問事業管理規則共分總則、財務、業務、合併、外國有價證券投資推介顧問業務及附則等六章,計 27 條。係參採原管理規則及實務上所發布過之函令，規範投顧事業財務、業務之管理及其他應遵行事項。證券投資顧問事業管理規則規定，其主要內容重點為:

㈠年報之製作

　　投顧事業應於每會計年度終了三個月內公告並申報經會計師查核簽

證、董事會通過及監察人承認之年度財務報告。

㈡明定於傳播媒體製作節目之資格條件

鑑於現行國內證券投資顧問事業資本額之要求門檻低，申請者眾多，業務競爭激烈，為淘汰經營能力較差者，並提升品質以保護投資人，故明定投顧事業於開始經營業務後，每股淨值低於面額者，未於一年內改善者，主管機關得限制其於傳播媒體從事證券投資顧問業務。

㈢冷凍期間之設置

為讓投資人有較充裕之考量時間，及使投資人有猶豫之期間，明定客戶得自收受書面證券投資顧問契約之日起七日內，以書面終止契約；投顧事業得對客戶請求終止契約前所提供服務之相當報酬，但不得請求契約終止之損害賠償或違約金。

㈣公開推介個股及其價位預測之限制

為維護市場之秩序及端正證券投資顧問事業之形象，明定證券投資顧問事業及其從業人員，在傳播媒體從事廣告或促銷之分析活動時，在股票市場交易時間及開盤前收盤後一個小時內，不得推介個別股票或有價證券，同時亦不得為價位之預測判斷，但除前述時間外雖得為個別有價證券之推介，惟必須有合理之分析依據，此一規定已適度放寬原任何時段皆不得為個股之推介或價位預測之規定。至於公開推介期貨交易契約，除非依規定申請兼營期貨顧問事業，並遵行期貨顧問事業之相關規範，否則仍不得為之。

第四目　有價證券全權委託投資業務

有價證券全權委託投資業務為原於民國 89 年 7 月修正通過之證券交易法第 18 條之 3 所明定開放之業務，從民國 89 年 11 月正式開放運作以來已有將近一百多家之證券投資信託事業、證券投資顧問事業及信託業從事該項業務，原依證券交易法第 18 條之 3 訂定之證券投資顧問事業證券投資信託事業經營全權委託投資業務管理辦法，由於授權過於概括，證券投資

信託及顧問法，對於是項業務已有更周延具體之規範，該法於第 3 章規範全權委託投資業務，經整合依第 50 條第 2 項、第 52 條第 3 項、第 54 條至第 65 條第 2 項等有關規定之授權，訂定證券投資信託事業證券投資顧問事業經營全權委託投資業務管理辦法。

本管理辦法共分總則、營業許可、財務、業務及人員之管理、信託業兼營全權委託投資業務及附則等五章，計 44 條。除參採原證券投資顧問事業證券投資信託事業經營全權委託投資業務管理辦法之規定外，並將信託業法第 18 條所定信託業以信託財產為全權決定運用於證券交易法第 6 條所定有價證券之投資，應申請兼營證券投資顧問業務之規定，亦一併參考納入，同時整合現行實務運作之相關函令規定，明定證券投資信託事業、證券投資顧問事業或信託業，其以委任或信託關係辦理全權委託投資業務之相關規範。證券投資顧問事業證券投資信託事業經營全權委託投資業務管理辦法之規定，其主要內容，可分述重點如下：

㈠降低代客操作之門檻

代客操作業務本為量身定作之專業資產管理業務，為提高專業法人之投資，使較小額投資人亦可委託專業機構為代客操作，爰放寬證券投資信託事業或證券投資顧問事業接受單一客戶委託投資資產之最低門檻，由新臺幣 1 千萬元調降為 500 萬元。

㈡開放更多可投資運用之標的

為使全權委託投資業務能有更多可投資之工具，放寬全權委託得投資於美國 NASDAQ 以外之國外店頭市場有價證券，授權主管機關公告外國店頭市場之範圍，現行已增加公告者包括英國倫敦、日本東京等店頭市場之有價證券。另增加全權委託從事證券相關商品交易之範圍，得包括經主管機關核准，非在期貨交易所交易之證券相關商品。

㈢允許信託業在特定條件下自行保管

明定信託業兼營全權委託投資業務，其以委任關係經營者，應完全比照證券投資信託事業或證券投資顧問事業之模式，包括保管機構及投資標的，但若以信託關係經營者，則得自行保管該委託資金，惟為考量監督制

衡之控管，故明定應另指定專人保管。

第五目　內部稽核與內部控制制度之規範

　　有關證券交易法第 18 條規定之證券相關服務事業,包括證券投資信託事業及證券投資顧問事業，其財務業務之內部控制制度，原為依證券交易法第 14 條之 1 授權訂定之準則所規範,此次配合證券投資信託及顧問法之立法，將其授權依據改隸於該法第 93 條規定，爰配合訂定證券投資信託事業及經營接受客戶全權委託投資業務之證券投資顧問事業建立內部控制制度處理準則，由於證券投資顧問之業務，其從業人員較少，資本額要求較低、業務相對較為單純，故法令上並未要求建立內控內稽之制度，本處理準則係參採原證券暨期貨市場各服務事業建立內部控制制度處理準則之規定，並考量投信投顧事業特性訂定之，共分總則、內部控制制度之設計及執行、內部控制制度之檢查及附則等四章，計 30 條。證券投資信託事業及經營接受客戶全權委託投資業務之證券投資顧問事業建立內部控制制度處理準則，其主要內容為:

一、明定作業之程序方面

　　依業務之特性，訂定各種交易循環之控制作業及每月應稽核之項目，尤其對於證券投資信託基金與全權委託投資資產之管理，包括有關投資分析報告、投資決策之紀錄、投資委託下單之執行與投資後評估報告之作成等，就每一細節應有周延詳細之控管，並應設置內部稽核人員，為定期或不定期之稽查。

二、利益衝突防範方面

　　各事業同時辦理證券投資信託業務、全權委託投資業務或證券投資顧問業務時，為保護客戶及受益人，明定事業應訂定業務間利益衝突防範之控制作業。另有關證券投資信託及顧問法第 64 條至第 66 條規定，在開放

各業間互相兼營之前提下，各業間之經營風險不同，客戶之權益亦有區別，為避免利益衝突之情事發生，該法第 94 條規定，授權主管機關應訂定防火牆 (Fire Wall) 之措施，主管機關亦已發布兼營業務利益衝突防範之規範。

第六目 自律機構之規定

有關證券投資信託暨顧問商業同業公會之組織，原為證券交易法所未規定，而委諸於商業團體法，本次新法參考美國、日本及我國現行證券交易法中對於證券商業同業公會之規定，於第五章明定自律機構之規範，並考量自律功能之發揮，賦予更大的自律權限，而在證券投資信託及顧問法第 86 條規定之授權下，訂定證券投資信託暨顧問商業同業公會管理規則及證券投資信託暨顧問商業同業公會非會員理事及監事遴選辦法。

一、證券投資信託暨顧問商業同業公會管理規則

本管理規則共計 23 條，規範同業公會之組織、財務及業務監督管理等事項，希冀強化同業公會自律與紛爭調處功能；並就同業公會內部人員之管理、監督、申報及懲處等事項加以規範。

二、證券投資信託暨顧問商業同業公會非會員理事及監事遴選辦法

本辦法配合證券投資信託及顧問法第 85 條第 1 項之規定，公會之理、監事中至少應有四分之一由有關專家擔任，其中半數由主管機關指派，餘由理、監事會遴選，經主管機關核定後擔任，其遴選辦法，由主管機關定之。依此授權訂定，共計 5 條，規範同業公會遴選之公益理監事員額及其資格條件，並參照期貨交易所之現制，在遴選之程序上應由同業公會提報應核定名額二倍之理事及監事名單，報主管機關核定。

第七目　配合修正有價證券集中保管帳簿劃撥作業辦法

證券投資信託及顧問法第 34 條第 4 項規定,受益憑證之轉讓以帳簿劃撥或登錄方式為之者，其帳簿劃撥或登錄之作業辦法，由主管機關定之。經考量無實體之受益憑證帳簿劃撥作業實可完全由現行「有價證券集中保管帳簿劃撥作業辦法」及臺灣證券集中保管股份有限公司所訂定之業務操作辦法所涵蓋，為簡化法規作業，爰修正現行「有價證券集中保管帳簿劃撥作業辦法」第 1 條之法源依據，增列證券投資信託及顧問法第 34 條第 4 項，使無實體之受益憑證帳簿劃撥作業亦依循有價證券集中保管帳簿劃撥作業辦法之規定辦理。

第七節　證券投資信託基金之法律性質

第一目　證券投資信託基金規範

證券投資信託之概念在國外行之久遠,美國在 1940 年即有投資公司法之制定，而在國內證券投資信託管理之法律，雖在民國 57 年證券交易法立法時，已於第 18 條明定，但遲遲未有運作，直至 70 年至 72 年間為因應開放運作之需要，次第增訂第 18 條之 1 及第 18 條之 2，故證券投資信託基金 (Mutual Funds) 之運作原先是架構在證券交易法第 18 條至第 18 條之 2 規範下，然在證券市場日益健全成熟，法人機構之投資亦日益顯得重要之際，再加上行政程序法第 4 條之規定於民國 90 年 1 月 1 日施行，多號之大法官會議解釋亦有逐漸要求法律保留、依法行政及授權明確性原則之落實[19]，故證券投資信託及顧問法之立法已刻不容緩，證券投資信託及顧問

法之公布❷後，已由行政院已核定於 93 年 11 月 1 日施行❷，此一立法為我國證券投資信託法制奠定新的里程，而證券投資信託基金之募集、發行、私募則為本法之規定重心，本法完成立法之前，由於國內學者或實務對於證券投資信託契約之定位並不明確，迭有爭議，對於證券投資信託基金之法律性質更是見解紛歧，本節擬就此提出說明。

第二目　證券投資信託契約之定位

一、定　義

(一)何謂證券投資信託基金

所謂證券投資信託基金，依證券投資信託及顧問法第 5 條第 4 款之規定，係指證券投資信託契約之信託財產，包括因受益憑證募集或私募所取得之申購價款、所生孳息及以之購入之各項資產，故是資產之組合，而在探討其法律性質前，首先必須先瞭解證券投資信託契約之定位與其各當事人間之法律關係，而所謂證券投資信託，係依同條第 1 款規定，指證券投資信託事業以發行或交付受益憑證之方式，募集或私募成立證券投資信託基金，並運用證券投資信託基金從事有價證券、證券相關商品等之投資或交易，而將投資或交易所得之利益分配予受益憑證持有人之一種制度。其目的在於集合多數投資人之資金，委由專業投資機構負責管理運用，並由保管機構負責保管基金資產，以兼具專業經營與分散投資風險之特質。

(二)何謂證券投資信託行為

依投信投顧法第 3 條所定證券投資信託之行為，係指向不特定人募集證券投資信託基金發行受益憑證，或向特定人私募證券投資信託基金交付受益憑證，從事於有價證券、證券相關商品或其他經主管機關核准項目之

---

❿　例如司法院之釋字第 394 號，第 395 號及第 225 號…等之解釋。

⓴　93 年 6 月 30 日總統華總一義字第 09300122711 號令。

㉑　93 年 8 月 18 日行政院臺財字第 0930037804 號令。

投資或交易，換言之，證券投資信託行為是操作運用證券投資信託基金之行為。

㈢何謂證券投資信託契約

我國目前證券投資信託制度係採契約型，係於民國 72 年引進時，因當時國內尚無信託法之制定，因此相關之管理規範，除證券交易法第 18 條、第 18 條之 1 及第 18 條之 2 之規定外，主要係以其授權訂定之證券投資信託事業管理規則及證券投資信託基金管理辦法為法令依據。而從原證券投資信託事業管理規則第 2 條第 1 項第 1 款及第 2 款所規範之證券投資信託事業經營業務內容，以及原證券投資信託基金管理辦法第 2 條及第 5 條所定證券投資信託契約應記載事項，與證券投資信託契約之規定而言，證券投資信託契約為規範證券投資信託事業、基金保管機構及受益人間權利義務之契約，並得以看出證券投資信託業務之內容。由於法律並未明確訂定其法律關係之架構，因此對於證券投資信託契約之法律性質，或證券投資信託事業、基金保管機構與受益人三方間之法律關係為何，並不明確。我國信託法雖於民國 85 年發布施行，惟因證券投資信託制度之運作模式，係以證券投資信託事業為主導地位，其與基金保管機構簽訂以投資有價證券為主之證券投資信託契約，向投資人發行受益憑證募集證券投資信託基金，具有積極運用基金資產之處分權，基金保管機構原則上係依證券投資信託事業之指示為交割結算及控管。較之信託法第 1 條：「稱信託者，指委託人將財產權移轉或為其他處分，使受託人依信託本旨，為受益人之利益或為特定之目的，管理或處分信託財產。」第 37 條：「信託行為訂定對於受益權得發行有價證券者，受託人得依有關法律規定，發行有價證券。」等規定，其受託人包括積極消極之管理處分權限，尚屬有別。準此如何加以定位證券投資信託契約之法律性質，則有進一步討論之必要。

二、證券投資信託契約之性質

就證券投資信託之法律性質，實務及學說向來有不同見解。原財政部證期會曾經函釋，認為在我國證券投資信託制度開始運作時，信託法尚未

立法，證券投資信託制度非基於信託法上信託關係運作，當事人之法律關係，如勉強解釋為信託、寄託或委任者，均有窒礙之處，故認為我國證券投資信託制度係基於證券交易法第 18 條、第 18 條之 1 及第 18 條之 2 所設之特殊制度，與信託法上之信託不同，三方當事人之權利、義務與責任在證券投資信託契約上均有明確之規定，證券投資信託事業與基金保管機構係依相關法令、契約規定及主管機關指示，以善良管理人注意義務分別為經理基金與保管基金資產，上開解釋並未能明確說明證券投資信託契約之性質，因此有必要加以釐清。

(一)分離說與非分離說

一般學者對於證券投資信託契約之定位則有不同主張，在日本學說有分離說與非分離說，可分述如下：

1.分離說

分離說又可分為雙信託契約說或單信託契約加上委任契約之論點；在分離說上其以證券投資信託基金具資產獨立性等信託特性，認證券投資信託係由二信託契約所組成，其一為證券投資信託事業與基金保管機構簽訂證券投資信託契約，受益人非信託契約之當事人而係主要利害關係人；另一信託契約或委任契約則存在於證券投資信託事業與受益人間，受益人將其資金信託或委任於基金經理公司，故具實質之信託或委任關係。

2.非分離說

非分離說者則採單一信託契約之見解，主要理由除參照現行日本立法例，並以日本信託法已制定，單一信託法律關係已足規範當事人間法律關係，並方便行政機關之監督，認證券投資信託乃由證券投資信託事業為委託人與基金保管機構為受託人所簽訂之信託契約，受益人非契約當事人僅係利害關係人，證券投資信託事業居於委託人地位，有信託財產運用指示權，基金保管機構居於受託人地位，為信託財產之保管等行為，受益人則有收取運用所得利益之權利 [22]。

---

[22]　詳參賴源河等，《證券投資信託及顧問法草案研擬說明》，第二章所提之實務及學說爭論說明。

㈡商業信託說

另亦有人認為證券投資信託為商業信託，商業信託本質上是企業的經營組織，而以信託的形式成立，有別於一般民事信託模式和架構係為保存及保護財產，所以認為商業信託只有兩面關係，即投資人為委託人兼受益人，受託人包括負責投資決策之證券投資信託事業及負責保管資產之基金保管機構，二者為共同受託人。也有主張證券投資信託事業及基金保管機構，皆具有積極管理運用基金義務之受託人之角色，均應對投資人負忠實義務，故二者併列為受託人。

從前述學說上所謂「分離說」、「非分離說」與商業信託說之區分而言。分離說者以為，證券投資信託有二元之信託構造，受益人實質兼有委託人之特質，為使其地位明確，法制上除證券投資信託事業與基金保管機構訂定之信託契約關係，應承認證券投資信託事業與受益人有另一信託法律關係；而非分離說者，則以證券投資信託具特殊構造出發，認為證券投資信託有三關係人，欲使此三關係結合並簡化，以保障受益人權益，只有以證券投資信託事業與基金保管機構為當事人所簽訂之證券投資信託契約及基本約款，廣泛地包含證券投資信託事業與受益人間事項，不應將單一之證券投資信託契約分為兩個信託約款。又縱然採行非分離說之單一信託契約見解，對於何人為委託人，是投資人或證券投資信託事業？又何人為受託人，究為證券投資信託事業或基金保管機構，或二者為共同受託人？更有不同之理由論述。由於實務及學說上，向來對證券投資信託契約之法律性質及證券投資信託事業、基金保管機構與受益人三方之法律關係見解分歧，為免爭論影響法律適用，補充當事人未約定事項及判斷約定事項之法律效力，釐清證券投資信託法律關係，以利證券投資信託制度之健全發展及主管機關之監督，實為我國證券投資信託法制規範之重要課題。

三、特別法上之信託關係

㈠日本之立法例

日本 1998 年有關證券投資信託及證券投資法人法第 2 條對於「證券投

資信託」之定義，係指依本法設立，將信託財產基於委託人之指示，以對有價證券投資為主而運用，並將受益權分割由複數人取得為目的者；第 4 條規定：證券投資委託公司與信託公司間，係依據大藏大臣（相當我國財政部長）核准之信託條款訂定信託契約，由證券投資委託公司為委託人，以信託公司或經營信託業務之銀行為受託人，使受益人取得受益權，屬於他益信託契約。即依日本法制，證券投資信託契約為「信託」契約，以證券投資信託契約結合委託人（證券投資委託公司）、受託人（信託公司）及受益人三方，委託人為信託財產之運用指示；受託人為信託財產之保管處分；受益憑證之應募人取得受益人地位。亦即依日本法制，證券投資信託為依該特別法所設立之信託法律關係❷。

(二)我國之原有規定

1.立法前之解釋

就我國證券投資信託特性而言，觀諸我國證券交易法第 18 條之 2 及證券投資信託基金管理辦法第 16 條之規定，證券投資信託事業及基金保管機構之財產與證券投資信託基金應分別獨立，就其自有財產所負債務，其債權人不得對基金資產為任何請求或行使其他權利，基金保管機構應成立基金帳戶設帳保管之。其與信託法第 24 條所定信託財產應與受託人自有或其他財產分別管理並設帳；信託法第 10 條至第 14 條：信託財產係為信託目的而獨立存在，具有遺產及破產財團之排除、強制執行之禁止、抵銷及混同之限制等分立性及獨立性之特性相符。證券投資信託事業與基金保管機構簽定證券投資信託契約時，依原證券投資信託基金管理辦法第 5 條規定契約應記載事項，其範圍包括受益人之權益，但受益人非契約當事人而係利害關係人；另受益人因投資信託事業募集資金，認購其所發行之受益憑證，其權利義務與一般民法所規定有名契約型態不同，而係等同擁有信託財產之受益持分權，具有所有權與管理權分離之信託性質，顯見已接受信託之法律關係，證券投資信託運作之程序，於受益人認購受益憑證時即有

---

❷　參閱林國全，〈日本 1998 年證券投資信託及證券投資法人法簡介〉，收錄於前揭草案研擬說明。

默認既存之證券投資信託契約之規定。且就證券投資信託契約之文義觀之，原本即有「信託」二字，應解其為信託契約，始稱名實相符。另按證券投資信託基金管理辦法僅規範一種契約，即證券投資信託契約，以此法制觀之，可見我國證券投資信託契約為單一之信託契約，契約當事人為證券投資信託事業與基金保管機構，受益人僅為關係人而非契約當事人。

2.商業信與集合信託之本質

依據信託法第5條規定，信託行為民事法律行為，除不得違反公共秩序、善良風俗、強制禁止規定、以進行訴訟為主要目的、依法不得受讓特定財產權之人為受益人之外，原則上可因任何經濟、商業或民事上等各種原因而成立信託關係，並非專為所謂集合信託或商事信託而特別設計。而因證券投資信託性質上屬於集合信託或商事信託，並有其獨特性質之基本架構設計，原則上雖建立於一般民事信託法律關係所具有之所有權與管理權分離、信託財產獨立性等原理上，但為其商業目的或功能之設計需要，在信託當事人或受益人之權利義務關係及實質基本構造上，除了透過契約機制加以適度補充或修正外，乃至須於特別法中另行規定或修正現行信託法之相關規定。準此，為考慮證券投資信託制度所具有之特殊性，並著重有利其商業發展之設計，而有其特別之規範。例如：為加強保護受益人權益及強化相互監督機能，證券投資信託基金係採「經理與保管分離原則」，將基金之運用指示權與管理處分權分開，由委託人證券投資信託事業為基金之運用指示，並由證券投資信託事業具主導地位，發行受益憑證以募集證券投資信託基金而負發行人責任；受託人基金保管機構則負責保管、收付證券投資信託基金，並負勾稽控管之機能，但不負信託財產之運用指示決策之責任，其乃依法令或契約處理相關事項，並具受益憑證及年報之簽署、受益人會議之召集、對於證券投資信託事業違法行為之報告等監督功能。

3.受益人權益之保護

至於受益人雖非信託契約之當事人，但其受益權之內容及行使，除受信託契約之規範外，應受相關法令之保障，如公開說明書交付、財業務揭

露、關係人交易防免、證券投資信託事業與基金保管機構就業務經營，應負忠實義務、善良管理人注意義務、保密義務，民、刑事責任及行政監督機制。另因信託法原係為個別信託所設，雖設有信託監察人之執行職責，但並無受益人會議，也未針對多數受益人行使撤銷權、監督權之方法範圍予以規範，而為符合商事信託或集團信託特性及需求，爰有規定受益人之權利非經受益人會議決議不得行使，但行使其他僅為該受益人自身利益之行為不在此限制。又如信託法第 16 條關於有權聲請法院變更信託財產管理方法之人；第 32 條關於委託人及受益人閱覽請求權等，亦有需要明文排除適用。故總而言之，對於證券投資信託制度具商事、集團性或事業性，雖基於一般民事信託法理，但為其架構及功能需要，就信託當事人權利義務關係及實質構造，均有予以法律明訂修正或補充信託法適用之必要。

綜上而言，從證券投資信託基金之獨立性、受益憑證所表彰權益及其所具有之特殊性，經完成立法之證券投資信託及顧問法於參照日本法制及國內多數學者見解，並以我國原證券投資信託架構加以釐清，是以證券投資信託事業為委託人，以基金保管機構為受託人，使受益人取得受益權之證券投資信託契約為核心，本於此信託契約，而依特別法令之規定來定位之特別法上信託關係。至於受益人雖非契約之當事人，而為利害關係人，並以法律明定其權利之保護。

第三目　證券投資信託及顧問法之規定

證券投資信託事業與受益人間之權利義務關係，實務及學說上雖存爭議迄無定論，已如上述，由於現行法令及契約上受益人並非證券投資信託契約之當事人，考量證券投資信託制度之特殊性，故此次藉由證券投資信託及顧問法之立法，以之填補雙方間法律關係及其規範之不足，並加強對受益人權益之保障。

茲就證券投資信託及顧問法之相關規定介紹如次：

一、釐清證券投資信託契約法律關係

　　證券投資信託及顧問法第 3 條及第 5 條針對證券投資信託、證券投資信託事業與其經營之業務種類予以明訂，並針對本法其他用詞，諸如：證券投資信託契約、基金保管機構、受益人、證券投資信託基金、受益憑證等加以定義，並藉此釐清證券投資信託法律關係，將之界定為特別法上之信託關係，可進一步分述如下：

　　㈠證券投資信託：證券投資信託及顧問法在立法上，是以功能性之管理為原則，就證券投資信託、證券投資顧問及全權委託投資之業務行為作規範，因此首先必需界定何謂證券投資信託，所謂證券投資信託，係指向不特定人募集證券投資信託基金發行受益憑證，或向特定人私募證券投資信託基金交付受益憑證，從事於有價證券、證券相關商品或其他經主管機關核准項目之投資或交易，故其投資之標的原則上仍以有價證券為主。

　　㈡證券投資信託事業：指經主管機關許可，以經營證券投資信託為業之機構，而所謂業務，通常是指反覆為同一行為，並有收取對價報酬者。

　　㈢證券投資信託事業經營之業務種類如下：1. 證券投資信託業務。2. 全權委託投資業務。3. 其他經主管機關核准之有關業務。

　　㈣證券投資信託契約：指由證券投資信託事業為委託人，基金保管機構為受託人所簽訂，用以規範證券投資信託事業、基金保管機構及受益人間權利義務之信託契約❷。

　　㈤基金保管機構：指本於信託關係，擔任證券投資信託契約受託人，依證券投資信託事業之運用指示從事保管、處分、收付證券投資信託基金，並依本法及證券投資信託契約辦理相關基金保管業務之信託公司或兼營信託業務之銀行。

---

❷　依此一定義，證券投資信託契約之當事人不包括受益人在內，而受益人更須法律之保護，但其仍需遵行契約之規範，在解釋上認為其認購或申購受益憑證，即有默示同意受契約條款約束之意思，為更明確保障其權益，爰以法律明文填補受益人、證券投資信託事業及基金保管機構間之權利義務。

(六)受益人：指依證券投資信託契約規定，享有證券投資信託基金受益權之人。

(七)證券投資信託基金：指證券投資信託契約之信託財產，包括因受益憑證募集或私募所取得之申購價款、所生孳息及以之購入之各項資產。

(八)受益憑證：指為募集或私募證券投資信託基金而發行或交付，用以表彰受益人對該基金所享權利之有價證券。

二、明定基金保管機構之權利義務

證券投資信託及顧問法明確定義基金保管機構為證券投資信託契約之受託人，依證券投資信託事業之運用指示及法令之規定負責基金之保管處分。為保護投資人權益，於法律上明定基金保管機構之權利義務，諸如：善良管理人之注意、忠實、保密義務、禁止虛偽行為、詐欺行為或其他足致他人誤信之行為及損害賠償責任、報告主管機關及通知投信事業改善之義務、召集受益人會議、執行受益人會議決議、擔任基金清算人，及違反相關規定之處罰等規定。

第四目　證券投資信託基金之法律性質

一、賦予證券投資信託基金之訴訟上當事人能力

我國信託法雖有信託財產獨立、公示之制度，甚且原則上禁止強制執行，然對應否賦予信託財產之法人性格，素有爭論。於證券投資信託基金方面，我國證券交易法第 18 條之 2，原即有基金獨立性之規定，即基金與投信事業及基金保管機構之自有財產分別獨立，證投信及基金保管機構就其自有財產所附債務，其債權人不得對於基金資產請求扣押或行使其他權利。惟是否應進一步明定基金之法人性格，亦有待討論。

鑑於實務上常有強調基金主體性之需要，如：現行證券投資信託基金於證券商開立買賣帳戶時，其戶名乃使用證券投資信託基金之專戶，該專

戶之運用自有別於投信業者及基金保管機構其他帳戶，而具有一定之主體性格。縱證券投資信託基金尚難納入權利主體之框架下，惟於訴訟法上，證券投資信託基金應具有非法人團體之性格，應無疑義。故原報行政院之立法草案條文第45條規定：「證券投資信託基金具有訴訟當事人能力。除本法另有規定或受益人會議另有選定者外，由證券投資信託事業為代表人；證券投資信託事業不能或不為代表人時，由基金保管機構為代表人」。此對於證券投資信託事業與基金保管機構串謀損害投資人利益之情形，或第三人擬對投信基金所負債務起訴時，即得直接以證券投資信託基金為原告或被告，將有利於訴訟及強制執行程序之進行。

由於證券投資信託及顧問法並無公司型基金之設計，對於證券投資信託基金之人格性較有爭議。具有權利能力之主體，除自然人外，尚包括法人，後者依其性質尚可分為財團法人及社團法人，凡有權利能力者，具有享受權利及負擔義務之資格，除法律另有規定外，得以自己之名義為法律行為，而在法律上是否賦予基金法人性格，則有待商榷。惟為便利訴訟程序之進行，明定基金有訴訟上當事人能力，有其實際必要性。

(一)否定說

證券投資信託及顧問法於行政院審查期間，司法院民事廳對於證券投資信託基金具有訴訟當事人能力並不贊同，可歸納其理由如下：

1.證券投資信託基金，係證券投資信託事業（委託人）與基金保管機構（受託人）所簽訂證券投資信託契約之信託財產，故證券投資信託基金乃基金保管機構因信託行為取得所有權之財產。證券投資信託基金既屬於基金保管機構所有財產之一部分，此與非法人財團要件之一「獨立之財產」，亦即並不隸屬於管理人或代表人所有財產之情形有間。至證券投資信託及顧問法所定「證券投資信託事業募集或私募之證券投資信託基金，與證券投資信託事業及基金保管機構之自有財產，應分別獨立」之規定，係指管理使用上之獨立，並未將證券投資信託基金排除於信託保管機構所有財產之外，故性質上不可與非法人財團相比擬。

2.證券投資信託事業與基金保管機構串謀損害投資人利益時，依現行

民事訴訟法第 41 條選定當事人制度之規定,得由受益人全體選定其中一人或數人為全體起訴或被訴,或依同法第 44 條之 2 規定,由一部分受益人選定一人或數人起訴後,由被選定人聲請法院公告曉示其他受益人併案請求,故依現行制度並非無救濟之途,殊無另行制訂特別規定,另依證券投資信託及顧問法第 45 條規定,受益人會議得自行選定代表人或代表證券投資信託基金提起訴訟,因此賦於當事人能力並無必要。其次,前者既判力之主管範圍及於選定之全體受益人(民事訴訟法第 401 條第 2 項),後者之主管範圍並不及於各受益人,反不如現行選定當事人制度更能徹底解決糾紛。

　　3.證券投資信託基金隸屬於基金保管機構所有,並為使用收益及處分之主體,倘第三人對該證券投資信託基金有所主張時,依現行制度以基金保管機構為被告,對於第三人並無保護不周之情形。

㈡肯定說

　　1.就證券投資信託基金而言,係指證券投資信託契約之信託財產,其範圍包括因受益憑證募集或私募所取得之申購價款、所生孳息,及以之購入之各項資產。證券投資信託基金固係屬於信託法第 9 條第 1 項所定,基金保管機構(受託人)因信託行為所取得之財產權。惟基金保管機構所取得之財產僅具有形式上之保管、勾稽控管之權能,對於證券投資信託基金並不具有完整之「管理、使用、收益及處分」等權限。甚且於證券交易法第 18 條之 2 及證券投資信託及顧問法第 2 條,明定基金與證券投資信託事業及基金保管機構之自有財產分別獨立,證券投資信託事業及基金保管機構就其自有財產所負債務,其債權人不得對於基金資產請求扣押或行使其他權利,亦足供參證。此等規定非僅係管理使用上之獨立,而係基於保障投資人權益,確保資產獨立之本質特性使然。換言之,因基金保管機構除對所保管證券投資信託基金之財產,須與自有財產分別獨立設帳外,對於證券投資信託基金之處分,仍須依證券投資信託事業之運用指示為之,不得依其自己之意思,自行使用或處分基金之資產,故與「積極信託」,受託人具有使用、收益、處分權有所不同,係屬「消極信託」之性質。

　　2.另按民事訴訟法第 40 條第 3 項規定,非法人之團體設有代表人或管

理人者有當事人能力，旨因非法人團體在民法上雖無權利能力，惟社會上用該團體之名義為交易者，常有所見，為應實際需要，宜使此等團體得以其名義為訴訟之主體，承認其有形式當事人能力。因此，一般認為非法人團體具備下列要件者，得認有當事人能力：(1)設有代表人或管理人者；(2)團體之組織有一定之名稱及事務所或營業所；(3)團體需有一定之目的並有繼續之性質；(4)團體之財產需與其構成員或關係人之財產截然有別。因法人有社團財團之別，非法人團體應亦包括社團與財團。而現行證券投資信託基金於金融機構之帳戶名稱係以「○○銀行受託保管○○證券投資信託公司○○證券投資信託基金專戶」為之，為考量「證券投資信託基金獨立性」及「基金經理與保管分離」制度之設計，旨在有效區隔並控管可能產生之經營風險，確保基金投資人合法權益所必要，故證券投資信託基金財產之分立性與獨立性，其設有專戶，由證券投資信託事業為運用管理，並具有繼續之性質，符合前開非法人團體之要件，故證券投資信託及顧問法賦予得為訴訟上主體之當事人能力，有其必要性。

3.就司法院民事廳所提意見，雖受益人得依民事訴訟法之選定當事人制度救濟，但仍不若逕以基金為當事人於訴訟程序上較符合迅速經濟之要求及現行實務之運作需要，此由於民事訴訟法第41條第1項條文所稱「選定當事人」，係指多數有共同利益之人，於不符合同法第40條第3項之要件時，得選定其中一人或數人為全體起訴或被訴。選定當事人之情形，在學理上為任意的訴訟擔當之一種，即有訴訟實施權人以其意思，將訴訟實施權授與第三人以遂行訴訟。依同法第41條第2項，為選定當事人後，其他當事人脫離訴訟。此與同法第44條之2規定，固係便利多數有共同利益之人遂行訴訟權能。然以證券投資信託基金性質特殊，其受益人為廣大之投資大眾，人數眾多，如欲要求詳列眾多受益人為原告或被告，或選定受益人中之一人或數人為被選定人擔任原告或被告，於訴訟實務上實有其困難。再者，縱令法院得依民事訴訟法第44條之2規定，由被選定人聲請法院公告曉示其他受益人併案請求，惟考量基金規模、受益人人數及公告曉示受益人之成本及實際效益等因素，實有必要逕以證券投資信託基金為原

告或被告，方便起訴或應訴。因此，賦予證券投資信託基金具有訴訟當事人能力，除符合基金資產獨立性之特質外，更可避免詳列基金受益人或選定程序之繁雜費時，符合訴訟經濟、迅速之要求。至若證券投資信託事業與基金保管機構申謀損害投資人利益時，依原草案第45條規定受益人會議得另選定代表人，代表基金起訴或應訴，亦非無解決之法。

　　4.有鑑於實務上常有強調基金主體性之需要，如：現行證券投資信託基金於證券商開立買賣帳戶時，其戶名乃使用「證券投資信託基金」之專戶，該專戶之運用自有別於投信業者及基金保管機構其他帳戶，其對外必須以基金帳戶之名義為之，從而具有一定程度之主體性格。雖證券投資信託基金是否賦予實體上權利主體之地位，仍有爭議。惟證券投資信託基金應具有非法人團體之本質已如前述，由於我國市場上並無公司型基金之設計，對於證券投資信託基金之人格性雖較有爭議。然具有權利能力之主體，除自然人外，尚包括法人，後者依其性質尚可分為「財團法人」及「社團法人」，凡有權利能力者，具有享受權利及負擔義務之資格，除法律另有規定外，得以自己之名義為法律行為，證券投資信託基金為信託財產，在學說上認為具有不完全之法律主體性，並具有同一性及獨立性之特質。此對於證券投資信託事業與基金保管機構申謀損害投資人利益之情形，或第三人擬對投信基金所負債務起訴時，即得直接以證券投資信託基金為原告或被告，將有利於訴訟及強制執行程序之進行，誠有賦予基金訴訟上當事人能力之必要，以確保基金資產，保障受益人權益。

　　5.又證券投資信託基金為當事人所為之訴訟，其既判力之主觀範圍是否及於各受益人，仍須視訴訟標的之法律關係或訴訟之類型而定，由於證券投資信託基金資產之增減，影響受益人權益甚鉅，若第三人對基金所負債務起訴或基金對第三人有所請求時，無論勝訴或敗訴，皆會影響基金資產之增減，而該基金所有受益人之權益亦同受影響，雖然證券投資信託基金在程序法上有當事人能力，但尚不能因之即謂其實體法上有權利能力，而能否對之為實體上之判決，仍須視為訴訟標的之法律關係定之。因此，既判力之主觀範圍，因受益人依證券投資信託契約規定，享有證券投資信

託基金受益權,故就同一原因事實所為訴訟,雖以證券投資信託基金為形式當事人,惟各受益人以受益權受勝訴或敗訴之影響,仍為實質之當事人,除該證券投資信託基金外,既判力之主觀範圍亦應及於各受益人,始對紛爭解決之一次性有所助益。

6.此外,承認基金具有當事人能力,對於判決之執行尚無太大問題。因判決之執行,訴狀上表明訴訟當事人為「○○證券投資信託基金(代表人:○○證券投資信託公司或○○基金保管機構或受益人會議選定之人○○○)」,於執行時係直接對基金財產為之,應無執行名義不明確或不特定之疑慮。況基金財產獨立性係基於證券交易法及信託法相關法律所保障,證券投資信託當事人間之權利義務亦為法所明定,本此當可解決基金獲勝訴或敗訴判決後之執行問題。

7.至所稱因基金隸屬於基金保管機構所有,如第三人對基金有所主張時以基金保管機構為被告,對第三人並無保護不周之情形。惟查證券投資信託基金具有同一性及獨立性,此等不完全法律主體之特性,使基金保管機構僅具有形式之所有權,已如前述。從而,第三人對證券投資信託基金有所主張,如以基金保管機構為被告,則如何保障實質當事人(受益人)之權益?既判力之客觀範圍為何?是否及於基金保管機構之自有財產?仍有待探究。況且,以基金保管機構為當事人,既判力之主觀範圍及於基金保管機構,固無疑問,惟與基金資產具實質利害關係之受益人(實質當事人),是否受該判決之拘束?得否對同一原因事實另行起訴?初以當事人不同,並非同一事件,似乎不違反重複起訴禁止原則,而得允許受益人起訴。然此徒使紛爭重新點燃,無助於達成紛爭解決一次性之要求。

證券投資信託及顧問法原報行政院草案條文第 45 條賦予證券投資信託基金具有訴訟當事人能力之規定,除符合實際需要及商事事件講求時效之要求外,更可簡化訴訟程序,對於保障基金受益人之權益更有極大助益。惟因與其他機關尚未能取得共識,故證券投資信託及顧問法三讀條文並未能賦予證券投資信託基金具有訴訟當事人能力。

第五目　證券投資信託基金之權利能力

對於證券投資信託基金是否為有實體法上別除權等物權性質之權利，即是否具有權利能力，則不無疑義，按所謂之別除權，依破產法第 108 條規定：「在破產宣告前，對於債務人之財產有質權、抵押權或留置權者，就其財產有別除權。有別除權之債權人，不依破產程序而行使其權利」，係得就破產財團中之特定財產，個別為優先受償之權利，故欲賦予基金別除權，須基金得為質權人、抵押權人或留置權人始有實益。

有認為基於以下理由，所以並未於投信投顧法明定：

一、基於證券投資信託基金之保護

依證券交易法第 18 條之 2、證券投資信託基金管理辦法第 16 條、第 11 條第 4 項、「開放式股票型基金定型化證券投資信託契約範本」第 9 條及證券投資信託及顧問法第 21 條，明文規定證券投資信託基金財產之獨立性，且信託法亦有信託財產獨立、公示之制度，足以保障投資人之權益。

二、權利義務已由契約明定

現行我國有關證券投資信託基金係採「契約型」，係由委託人與受託人之間訂立信託契約，依照信託契約運用管理信託財產之型態。我國證券交易法第 18 條之 2、證券投資信託及顧問法第 21 條規定，雖有基金獨立性之規定，即基金與投信事業及基金保管機構之自有財產分別獨立，投信事業及基金保管機構就其自有財產所負債務，其債權人不得對於基金資產請求扣押或行使其他權利，已具有他人排除強制執行之規定。

三、得不依破產程序行使權利

另依信託法第 11 條規定：「受託人破產時，信託財產不屬於其破產財團。」因此，當基金保管機構破產時，由於證券投資信託基金之財產不屬於

其破產財團，證券投資信託事業或受益人會議另行選定之人，本得代表證券投資信託基金行使權利，無庸依破產程序為之。因此，基於現行證券投資信託制度採契約型態，且證券交易法及信託法賦予信託財產獨立性之相關規定，應足以保障投資人權益。

四、信託法已有保障之規定

惟承認基金具有當事人能力，如何解決判決執行之問題？按證券投資信託基金，學說上認為具有不完全之法律主體性，並具有同一性及獨立性之特質。當證券投資信託事業與基金保管機構串謀損害投資人利益之情形或第三人擬對基金所負債務起訴時，為便利訴訟程序之進行，誠有賦予基金訴訟上當事人能力之必要。至於判決之執行，因訴狀上表明訴訟當事人為「○○證券投資信託基金（代表人：○○證券投資信託公司或○○基金保管機構或受益人會議選定之人○○○）」，於執行時係直接對基金財產為之，應無執行名義不明確或不特定之疑慮。況基金財產獨立性係基於證券交易法及信託法相關法律所保障，證券投資信託當事人間之權利義務亦為法所明定，本此當可解決基金獲勝訴或敗訴判決後之執行問題。

五、特別法亦有保障權利之規定

為保障受益人權益，確保基金資產之獨立性，參酌民國 89 年 7 月 19 日公布施行之證券交易法第 18 條之 2 立法說明（請求扣押為強制執行或權利保全方式之一種而已，為求周延及保障投資受益人之權利，爰於證券投資信託及顧問法第 21 條明定為「債權人不得對於基金資產為任何請求會行使其他權利」，該「任何請求」之範圍，自應包含任何債權或物權性質之請求。

第六目　小　結

我國證券投資信託基金是信託財產之組合，與英美公司型態之證券投資信託基金具有法人格不同；原則上是植基於一般民事信託法律關係所產

生，然由於該資產隸屬之所有權與管理權分離、信託財產獨立性等原理，在專業經理及相互控管等商業目的或功能設計上，必須以法律就信託當事人，包括證券投資信託事業、基金保管機構或受益人之權利義務關係予以釐清，因此除了尚須透過依法律加以特別規定外，則有賴以契約機制加以適度補充，然法律未規定者，基於受益人之利益保護，應回歸信託法或民法之規定；甚至以行政解釋予以敘明，證券投資信託及顧問法完成立法後，對證券投資信託之法律關係、管理之規範及證券投資信託基金之性質，已有進一步之定位與明確界定，對於原立法之美意希望明文賦予證券投資信託基金具有訴訟當事人能力，以符合實際需要及商事事件講求時效之要求，並簡化訴訟程序，達到保障基金受益人之權益，然由於尚未能受傳統民事法律之觀念所接受，雖不無遺珠之憾。

第八節　境外基金之管理法令

第一目　境外基金管理規範之制訂過程

共同基金 (Mutual Fund) 主要在籌募投資人之資金透過專業之經理人 (Management) 來加以管理運用，以取得較好之資產管理績效 (Performance)。一般而言，共同基金除前述有關之分類外，尚可就資產管理機構申請募集地區分為境內基金 (Onshore funds) 與境外基金 (Offshore funds) 兩種，就我國現行國人透過國內外證券投資信託基金投資國外證券市場之比較而言，國內經核准之證券投資信託事業，其投資於國外有價證券之標的者，於報經中央銀行同意後得募集之證券投資信託基金，可稱之為海外基金，以區別證券投資信託及顧問法所定之境外基金，計有 81 檔基金，規模為新臺幣 1871 多億元❷，而經我國主管機關核備得推介之境外基金則有

---

❷　參閱中華民國證券投資信託暨顧問商業同業公會 95 年 4 月份統計，http://

824 檔之多❷，其規模據業者之估計至少有新臺幣 1 兆元以上❷，兩者相去懸殊，然而原有法令規範國外基金在中華民國境內營運之活動者，卻祇有證券投資顧問事業管理規則第五章七個條文之法規命令❷，及原財政部頒定之銀行辦理指定用途信託資金業務應客戶要求推介外國有價證券作業要點❷而已，所以表面看起來我國對境外基金在國內推介業務之管理，在核備上相當嚴格，而銀行也被限制祇能被動之推介而已，但實際上證券投資顧問業、銀行甚至券商主動勸誘兜售者已是相當普遍，以致徒有嚴格法令規範之名，卻是全世界最自由得銷售境外基金地區之一，因此國際上境外資產管理機構對於我國作為境外基金募集銷售地視為必爭之黃金地區。如何化暗為明，並予以公平合理之規範，則為資產管理業務重要之課題。

第二目　法令依據

　　證券投資信託及顧問法於民國 93 年 6 月 30 日經總統明令公布在案，行政院亦已核定該法於 93 年 11 月 1 日實施。為求投資人之保障，使國內基金與國外基金得以公平競爭，並促成境外基金業者之經驗累積，及達成金融市場之國際化，於證券投資信託及顧問法第 16 條第 3 項及第 4 項規

---

www.sitca.org.tw.visited:05/30/2006。

❷　參閱中華民國證券投資信託暨顧問商業同業公會網站：http://www.sitca.org.tw.
　　pdf.accessed.05/30/2006。

❷　參閱中華民國信託業商業同業公會網站：http://www.trust.org.tw/7trust.php#。

❷　參閱原行政院訂定之證券投資顧問事業管理規則第 19 條至第 25 條之規定。

❷　參閱原財政部 88 年 8 月 31 日臺財融第 88743985 號函發布之要點，於 94 年
　　10 月 25 日金管銀㈣字第 0944000687 號函發布「信託業辦理特定金錢信託投
　　資國外有價證券應遵守之事項」，該事項係配合境外基金管理辦法於 94 年 8 月
　　2 日以金管證四字第 0940003412 號令之發布，並取代原財政部函令之適用，
　　另境外基金涉及外匯有關業務部分，須依中央銀行外匯局於 94 年 3 月 18 日函
　　訂之金融機構辦理「特定金錢信託投資國外有價證券」業務之規定，以其明訂
　　之受託經理信託資金投資國外有價證券之種類與範圍為限。

定，授權主管機關訂定境外基金從事或代理之相關管理辦法，由於本辦法涉及業務爭議層面較廣，各方意見亦多，故幾經協調公聽後，主管機關亦配合於 94 年 8 月 2 日正式發布管理辦法，茲就母法之相關規範重點先敘述如下：

一、有關境外基金之定義

依證券投資信託及顧問法第 5 條第 6 款規定，境外基金係指於中華民國境外設立，具證券投資信託基金性質者，其包括公司型基金與契約型基金，其發行之基金股份、單位信託及受益憑證在內。所以境外基金是指註冊或登記在我國以外之資產管理機構，其發行之基金股份或受益憑證，在我國境內募集、私募銷售或從事顧問者。

二、未經核准或申報生效從事或代理境外基金之刑事責任

證券投資信託及顧問法第 16 條第 1 項明定任何人非經主管機關核准或向主管機關申報生效後，不得在中華民國境內從事或代理募集、銷售、投資顧問境外基金，違反者，依第 107 條第 2 款規定，處五年以下有期徒刑，併科新臺幣 100 萬元以上 5 千萬元以下罰金。另依同法第 110 條規定，違反第 16 條第 1 項規定，在中華民國境內從事或代理投資顧問境外基金者，處二年以下有期徒刑、拘役或科或併科新臺幣 180 萬元以下罰金。

三、私募境外基金之規範

有關境外基金之私募，應符合第 11 條第 1 項至第 3 項所定與國內私募基金相同之規範，並不得為一般性廣告或公開勸誘之行為。其違反規定而為廣告或勸誘行為者，視為募集境外基金；境外基金之投資顧問為一般性廣告或公開勸誘之行為者，亦同。另境外私募基金之推介亦應為有價證券推介之一種，屬於證券投資顧問業務之一環。其違反規定於我國境內從事私募之勸誘者，亦應認為違反第 110 條之規定，可處二年以下有期徒刑。

四、從事或代理境外基金募集、銷售或推介顧問之業者

依第 16 條第 3 項規定證券投資信託事業、證券投資顧問事業、證券商、境外基金發行者與其指定之機構及其他經主管機關指定之機構，得在中華民國境內從事第 1 項所定業務，及其資格條件、申請或申報程式、從事業務之項目及其他應遵行事項之辦法、境外基金之種類、投資或交易範圍與其限制、申請或申報程式及其他應遵行事項之辦法，由主管機關定之。

五、有關涉及外匯管理事項之規範

在中華民國境內從事或代理募集、銷售、私募及投資顧問境外基金，涉及資金之匯出、匯入者，由於事涉外匯之管理，應經中央銀行同意。

第三目　境外基金之運作概況

境外基金在我國正式立法規範前之實務上，投資人投資境外基金之管道有三種，其中除自行以外匯額度範圍內匯出向境外基金發行或管理機構申購外，主要係透過銀行指定用途信託帳戶、證券商受託買賣外國有價證券，或依保險公司連結投資型保單直接向境外基金發行及管理機構申購，在投資標的上，對於境外基金已在交易所上市掛牌者，則得透過受託買賣外國有價證券之證券商購得，透過銀行以指定用途信託方式（特定用途金錢信託）申購者，其標的則必須為證券主管機關核備之境外基金，相同的，有關投資人透過保險業者投資型保單從事境外基金之申購，依據投資型保險投資管理辦法之規定，投資型保險之投資標的為證券投資信託基金受益憑證者，如為外國基金管理機構所發行或經理者，仍應以經證券主管機關核准證券投資顧問事業提供投資推介顧問者為限，而由於保險業者以保險資產投資境外基金，係以連結方式取得境外基金，屬保險法所規範之事項，但就標的之境外基金而言，與證券投資顧問事業推介顧問境外基金同，以下就銀行指定用途信託帳戶、證券商受託買賣外國有價證券及現行證券投

資顧問事業推介顧問境外基金，分述如次：

一、原投資人購買境外基金模式

㈠由投資人直接到國外境外基金管理機構申購

　　投資人參考各種資訊後，私自在國外銷售機構開戶並申購境外基金，並以自己之外匯額度支付價金，由於其行為地發生在國外，其申購款外匯之管道若符合規定，尚非法令所得管轄，但其資訊較不透明無法取得，且風險較大，一旦發生糾紛，在尋求法律救助之程序上較為困難。其關係圖如圖4-1。

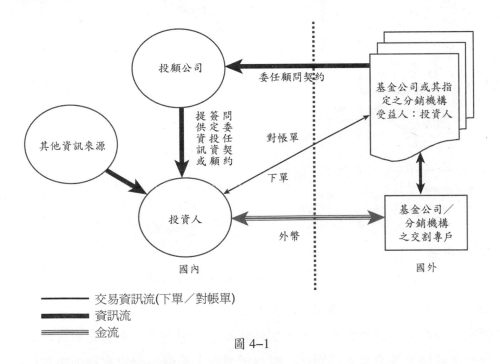

圖4-1

㈡透過銀行指定用途信託

　　銀行以信託關係之受益人名義至境外申購基金，由於其係指定（特定）用途金錢信託，包括種類、標的及價位，其不得主動推介，所以銀行不得有決定及判斷之空間，但其信託僅屬於銷售之轉換名詞而已，實質上還是

銷售之行為，故應否納入境外基金管理之規範，尚待商榷，其關係圖如圖
4–2。

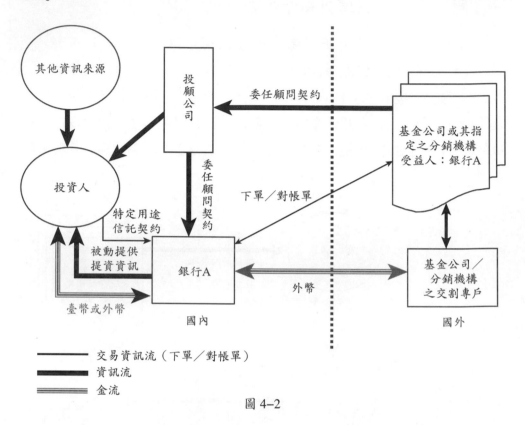

圖 4–2

(三)證券商複委託

證券經紀商以行紀之法律關係並以自己之名義受客戶委託，下單 (Or-
der) 至國外證券交易所買賣已經登記 (List) 上市櫃之境外基金，由於國外
慣例上有些開放式在交易所上市之共同基金，但是未有交易之事實，此部
分允許我國證券商有受託買賣外國有價證券之業者，得代客戶從事買賣，
其關係圖如圖 4–3。

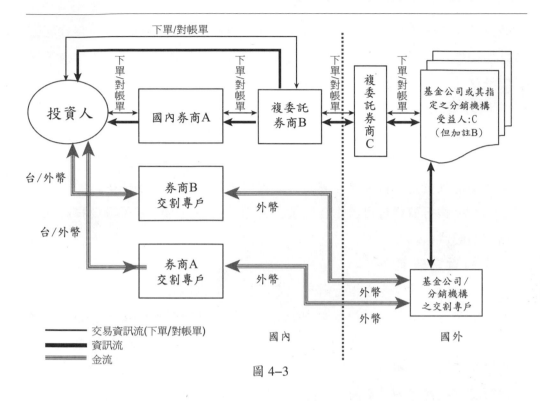

圖 4-3

二、銀行辦理特定用途金錢信託資金投資外國有價證券業務

㈠法令依據

在民國 89 年 7 月 19 日信託業法立法之前，由於並沒有信託業，故銀行辦理信託資金有關業務係依銀行法第 3 條，以經中央主管機關核准辦理之其他業務為依據，屬於以收受、經理及運用各種信託資金範圍之營業項目，而信託業法公布後，依信託業法第 3 條規定，銀行可經主管機關許可兼營信託業務，其兼營部門視為信託業，另依信託業法第 16 條及信託業法施行細則第 7 條、第 8 條之規定，信託業得經營金錢之信託業務，包括指定營運範圍或方法、不指定營運範圍或方法及特定用途之金錢信託，而早期之信託投資公司則為依據銀行法第 110 條規定，得經營由委託人指定用途之信託資金，故前開銀行、信託業及信託投資公司經營「金錢之信託」，

並以「新臺幣指定用途信託資金投資國外有價證券」業務，除各有其規範之法律外，涉及外匯進出，故尚須專案向中央銀行申請辦理，同時必須依信託業法第34條之規定提存賠償準備金 ❸。

(二)境外基金之範圍

有關銀行受託經理信託資金，投資國外有價證券之種類及範圍，係依中央銀行外匯局93年6月8日臺央外伍字第0930028261號函規定之「指定用途信託資金投資國外有價證券之投資種類及範圍」辦理 ❸，並須依規定向中央銀行傳送每月承作合計數、大額信託戶或保險公司等及投資基金別之明細資料。

(三)業務行為規範

依原財政部頒定之銀行辦理指定用途信託資金業務應客戶要求推介外國有價證券作業要點，銀行辦理指定用途信託資金投資外國有價證券所從事之推介行為，應屬於被動依客戶之要求 ❸，於客戶提出要求後，依誠信、謹慎原則辦理，投資人與銀行簽訂信託契約，並指定用途投資境外基金，銀行受託投資境外基金前，應設置專責研究部門提供研究報告，或與證券投資顧問事業簽訂委任契約，由證券投資顧問事業提供境外基金相關訊息，

---

❸ 依信託業法第34條第1項規定，信託業為擔保其因違反受託人義務而對委託人或受益人所負之損害賠償、利益返還或其他責任，應提存賠償準備金。

❸ 銀行推介外國有價證券，應以證券主管機關發布之證券投資顧問事業辦理外國有價證券投資顧問業務，所核備之外國有價證券種類及範圍為限。另中央銀行94年3月18日臺央外伍字第0940013802號函，修正金融機構辦理「指定用途信託資金投資國外有價證券」業務，將名稱修正為金融機構辦理「特定金錢信託投資國外有價證券」業務，其得投資之種類及範圍仍以經行政院金融監督管理委員會公告者為限，而指定用途信託為實務上通常之用語，並為原中央銀行函令所採行，但因信託業法施行細則第7條之規定，將信託業務之經營，就其受託人對信託財產有無運用決定權區分為受託人指定營運範圍或方法及不指定營運範圍或方法兩種，指定用途係指概括授權範圍內，由受託人決定運用；另第8條就金錢信託除指定及不指定範圍及運用方法外，尚包括特定管理運用信託，其確定之標的由委託人保留運用決定權，故於此加以正名。

❸ 同❷，該原要點第1點之規定。

再由信託業將此訊息資料寄發予委託人參考。

三、證券商受託買賣外國有價證券業務

(一)證券商之資格條件

依證券商受託買賣外國有價證券管理規則第 3 條訂定，證券商經營受託買賣外國有價證券業務應具備本公司或其子公司、分公司、或與其具轉投資關係之證券機構，其從事受託買賣外國有價證券，必須具有主管機關指定外國證券交易市場之會員或交易資格，及具有即時取得外國證券市場之投資資訊及受託買賣之必要資訊傳輸設備；若未具前揭資格條件之證券商，得以間接方式委託經證券主管機關指定外國證券交易市場會員或交易資格之證券商，買賣外國有價證券。

(二)境外基金之範圍

證券商受託買賣境外基金，該境外基金必須為外國證券市場交易之受益憑證或基金股份，並限於經主管機關核備且須於外國證券交易所有上市掛牌之境外基金，故實務上經核備之境外基金即使已在國外交易所上市掛牌，雖並未有交易之境外基金，仍可為我國證券商受託買賣之標的，至於未上市之境外基金，則國內投資人不得透過證券商買賣。

(三)業務行為規範

在業務運作上，投資人必須與證券商簽訂受託買賣外國有價證券之開戶契約，並於投資人開戶前指派業務人員說明買賣外國有價證券可能風險，且應交付風險預告書，有關投資人委託買進之外國有價證券，係由證券商以其名義或複受託證券商名義寄託於交易當地保管機構保管，並詳實登載於投資人帳戶及對帳單，以供委託人查對。

四、原證券投資顧問事業推介之境外基金

依 93 年 10 月 30 日發布之證券投資顧問事業管理規則第 19 條第 1 項第 3 款規定，證券投資顧問事業得經營外國有價證券投資推介顧問業務，至於外國有價證券之種類及範圍，依同條第 2 項規定，由主管機關公告之，

其與為原證券投資顧問事業第 36 條之規定相同,依原規定授權訂定之種類及範圍與相關條件如下: **❸** :

㈠境外基金之種類及範圍

1.境外基金必須成立滿二年。

2.境外基金基於避險或提昇基金資產組合管理之效率,而投資衍生性商品價值之總金額不得超過該境外基金資產淨值之 15%。

3.境外基金不得投資於黃金、商品現貨及不動產。

4.境外基金投資大陸地區證券市場之有價證券不得超過該境外基金資產淨值之 0.4%。

5.境外基金投資香港或澳門地區證券交易市場由大陸地區政府、公司所發行之有價證券、恆生香港中資企業指數 (Hang Seng China-Affiliated Corporations Index) 成分股公司所發行之有價證券,及香港或澳門地區證券交易市場由大陸地區政府、公司直接或間接持有股權達 30% 以上之公司所發行之有價證券,合計不得超過該境外基金資產淨值之 10%。

㈡境外基金之基金管理機構條件

1.基金管理機構(得含其控制或從屬機構)所管理基金總資產淨值超過十億美元或等值之外幣者。上述總資產淨值之計算不包括退休基金及個人或機構投資人之全權委託帳戶。

2.基金管理機構成立滿二年以上者。

3.基金管理機構最近二年未受當地主管機關(構)處分並有紀錄在案者。

㈢業務行為規範

在實務運作上,證券投資顧問事業須與境外基金管理機構簽訂授權契約,並由證券投資顧問事業檢附符合提供推介顧問外國有價證券之種類及範圍之境外基金,逐案向主管機關申請核備;依原規定,境外基金管理機構可與多家投顧公司簽訂推介顧問契約,且投顧公司可依境外基金管理機

---

❸ 參閱 94 年 1 月 31 日金管證四字第 0940000535 號函修正,此次修正主要在明定其紅籌股比率放寬至 10%。

構之授權，與多家銀行或一般投資人簽訂委任顧問契約，一般投資人透過證券投資顧問事業之投資推介，可直接向國外基金公司申購境外基金或至銀行以特定用途金錢信託方式投資境外基金。

第四目　各國立法例

為規劃我國境外基金之管理，以加速開放及合理規範境外基金 (Off-shore funds) 在我國境內募集銷售，爰有參考各國立法例之必要，各國之管理規範寬嚴不一，所採行之制度亦有不同，一般認為美國對境外基金之管理最為嚴格，所以境外資產管理機構在美國幾乎不可能募集銷售境外基金，而香港、新加坡最為自由，所以香港之共同基金幾乎為外國註冊之境外基金 ❸，我國在境外基金管理辦法研擬之初，曾參考各國之立法例，準此，本節擬援引介紹美國、日本、歐盟、新加坡及香港之立法規範，俾供參考。

一、美國法制介紹 ❸

由於基金股份為美國 1933 年證券法 (Securities Act of 1933) 所稱之證券，必須受 1933 年證券法、1934 年證券交易法 (Securities Exchange Act of 1934) 之規範。同時必須適用 1940 年投資公司法 (Investment Company Act 1940) 之規定，境外基金於美國境內公開發行，應先取得美國證管會 (SEC) 之核准，惟證管會僅在審核時會審慎評估投資公司法相關規定是否能有效執行，且必須確保該境外基金之發行得以保護美國投資大眾利益，始得核准，雖其規範簡單，但由於何謂得以保護美國投資人權益之條件不明確，所以甚少有境外基金得被核准在美國募集銷售。茲就美國現有規範敘述如下：

㈠募集銷售

---

❸ 香港於 2005 年初之境外基金有 1872 檔，而本地核准之基金則祇有 99 檔。

❸ 參見中華民國證券投資信託暨顧問商業同業公會委託惇安律師事務所研究，《境外基金比較法制研究報告》，第 2–3 頁，94 年 3 月 1 日。

美國證管會曾於 1954 年制訂規則七 D-1 中規定，對於加拿大資產管理投資公司取得 1940 年投資公司法第 7 條第 (D) 項規定之證管會核准，設有例外規定外，其餘地區必須準據美國本地相同規範，依據規則七 D 及七 D-1 之規定，對於外國資產管理公司，在美國申請公開募集銷售基金股份，必須依該外國投資公司設立地法律，視具體個案予以核准外，並應依下列規定辦理：

1. 公司之章程及細則規章必須符合 1940 年投資公司法的主要規定。

2. 外國投資公司大多數的職員以及董事必須是美國的居民，且同意遵守投資公司法的規定以及其股東同意執行。

3. 該外國投資公司尚須將資產保留在美國，如果該外國投資公司不遵守其約定，應依美國法院或證管會的指示辦理解散清算。

4. 該外國資產管理公司至少需設立三年以上，且登記時至少有 5 千萬美元的資產，而在美國募集股權時，至少需要有 2500 萬美元的資產。

5. 該外國資產管理公司至少需有五百位在本國所在地的股東，且持有該公司股權 25% 以上，美國的投資人不得購買超過該公司 50% 以上股權，且該公司 60% 以上的資產須由國內的發行公司投資或至少 70% 是由美國公司所投資。

6. 應提供美國投資者的公開說明書應載有適當的公開條款。其中有應遵守的條件及合約，以及依據證管會的命令可以適用 1940 年投資公司法的條款。

7. 申請書內需指明同意送達的方式以及該公司不是美國居民的職員、董事及投資顧問。

㈡私 募

境外基金於美國境內進行私募，必須係依據 1933 年證券法第 4 條第 2 項及規則 D (Regulation D) 之規定，另近期由於避險基金 (Hedge Funds) 在管理上產生之爭議日益增多，已漸趨於採適當管理之機制，美國證管會 (SEC) 已規定私募之避險基金必須登記為證券投資顧問事業方得為私募及操作，茲就美國立法例規定其內容說明如下：

1. 1933 年證券法第 4 條第 2 項

明定不牽涉及公開發行之證券交易無需登記，故境外基金係發行予有限數目之機構投資人，如證券機構及保險公司等，得免除登記。若境外基金銷售予非機構投資人，則須適用規則 D。

2. 規則 D[36]

明定數種情形得豁免適用於 1933 年證券法第 4 條第 2 項私募之相關規定，其中最常為境外基金引用者為第 506 條 (Rule 506)，第 506 條規定境外基金得出售予不超過三十五位「未被認可之投資人」(Non-accredited Investor)，並於符合特定條件下，得出售予不限數目之「被認可之專業機構投資人」(Accredited Investor)。換言之，美國對三十五人以上之非專業機構投資人仍不得有私募之行為。

二、日　本

日本法制對於投資信託基金制度，係以「投資信託及投資法人法」（投資信託及び投資法人に関する法律）對於投資信託制度加以規範。其中就境外基金有關之規範則規定於該法之第二篇第四章[37]，內容如下：

㈠境外基金之申請核准

明定外國投資信託受益證券之發行者，於辦理該受益證券之募集時，應事先依內閣府令之規定，向內閣總理大臣申報下列事項：

1. 有關委託人（限於與委託人非指示型投資信託類似之情形）、受託人及受益人之事項。

2. 有關受益證券之事項。

3. 關於信託之管理及運用之事項。

---

[36] See Federal Securities Laws, Selected Statues, Rules and Forms, p. 168, 2004 Edition.

[37] 參見中華民國證券投資信託暨顧問商業同業公會、中華民國信託業商業同業公會委託萬國法律事務所范瑞華律師譯，《日本投資信託及顧問法》（西元 2001 年 12 月 12 日公布修正），第 39 頁以下。

4.關於信託計算及收益分配之事項。

5.前述各款以外，內閣府令所定之事項。

(二)有關境外基金變更、解約之申報

1.外國投資信託業者應將記載投資信託約款之書面交付欲取得該證券投資信託受益證券之投資人。且前項書面之交付，經欲取得該受益證券者之同意，得以行政命令所訂之電子資訊處理組織及其他資訊通訊技術提供該項書面應記載事項。

2.外國投資信託業者欲變更投資信託契約內容時，必須預先向主管機關申報其意旨及內容。另若該變更內容重大且符合內閣府令所訂定者，應依內閣府令之規定，事先公告欲變更之要旨與內容，並將記載此事項之書面交付可得知悉該投資信託契約之受益人。

3.外國投資信託業者擬解除投資信託契約時，必須事前向內閣總理大臣提出申報。而投資信託業者擬解除投資信託契約者，必須依內閣府令之規定，事前公告解約之意旨，並將記載該意旨之書面交付給有關該投資信託契約可得知之受益人。

4.另外國投資信託業者就其指示運用之投資信託資產，應依內閣府令之規定，每屆該投資信託財產計算期間之末日，做成運用報告書，並將其交付於與該投資信託財產有關之受益人。

(三)銷售管道及資格限制

日本之境外基金銷售管道，主要係透過證券公司為代理銷售，即日本所謂「代理協會員」，其係依據外國投資信託證券之指定公司，依照該外國投資信託證券之發行人或當地授權代理公司之契約，代理該外國投資信託證券之發行者於日本從事境外基金業務之日本證券商協會員者。其於販賣時應向日本證券業協會提出「外國投資信託證券銷售申報書」，以及其相互間締結之契約書或其他協會認為必要之書件。且代理協會員欲廢止該項代理業務時，應向協會報告其意旨，另依日本證券業協會自律規則對於銷售之標的資格乃有限制，可分述如下：

1.最低淨資產限制

外國投資信託事業之淨資產須達 1 億日元以上；管理公司（受益證券之發行人）之自己資本或純資產需達 5 千萬日元以上。

2.保管場所之指定

須委託銀行或信託公司擔任資產保管業務。

3.國內代理人之指定

管理公司之代理人須設置於日本國內。代理人受管理公司委任為在日本國內為一切之訴訟及非訟代理行為之自然人或法人，故並非募集、銷售之代理人。

4.裁判管轄權

就外國投資信託受益證券交易相關訴訟之裁判管轄權,屬於日本國內。

5.代理協會員之設置

代理之協會員須設置於日本國內，日本之境外投資信託基金制度其募集銷售在協會之自律規則上，認為仍須透過代理機構之管道。

6.賣空之限制

賣空證券之時價總額不得超過淨資產。

7.借入之限制

關於外國不動產投資信託受益證券以外之外國投資信託受益證券，不得借入超過淨資產之 10%。但因合併等事由一時超過 10% 者不在此限。

8.對同一公司股份取得之限制

管理公司運用外國投資信託受益證券時，不得投資超過同一發行公司發行股份總數超過 50%。

9.價格透明性之確保

對於私募股票、非上市股票以及不動產等流動性欠佳之投資組合，必須採取適當之方法確保價格透明性。但因基金投資方針，對於欠缺流動性之資產投資明顯占 15% 以下者，則不在此限。

10.不當交易之禁止

管理公司不得為為自己或投資信託證券受益人以外第三人之利益為交易之行為，欠缺受益人保護或有害投資信託財產正當運用之行為。

11.經營者之變更

管理公司負責人之變更，須得主管機關、投資人或受託人的承諾。

12.對於投資人之資訊揭露

外國投資信託受益證券對於投資者及主管機關，必須揭露關於該外國投資信託受益證券之內容，但已依日本證券交易法行資訊揭露義務者，不在此限。

三、新加坡

新加坡稱基金為集合投資計畫 (Collective Investment Schemes)，其對境外基金之規範原採行募集基金，並以該基金投資境外基金之組合型基金方式 (Fund of Fund)，嗣後再參考香港體例修正，其規範內容可分述如下：

㈠證券及期貨法第 287 條第 2 項規定

主管機構對於境外基金之審核，必須符合下列條件：

1.依據該海外計畫成立地或管理地之法律及執行情形，足以提供新加坡投資人至少相當於依該節規定所核准計畫對投資人之保護。

2.若該計畫係以公司型態組成，則該公司必須是依據新加坡公司法 (Companies Act) 規定所註冊登記之外國公司。

3.該海外計畫必須具有符合該條資格條件之基金經理人。

4.該境外基金必須具有一總代表人或總代理人 (Representative)，而該總代表人必須在新加坡有單獨固定之居所 (Individual Resident)，以履行法令上所規定之義務，而總代理人或總代表人不限於自然人，對於新加坡國內公司或依新加坡公司法註冊登記之外國公司，亦得擔任境外基金之總代表人或總代理人。

5.主管機關必須取得有關總代表人或總代理人之名稱及特定之聯絡人等資訊或主管機關所定之其他資訊。

6.境外基金資產管理機構必須具有其主要營業所在地法令核准之執照並受當地法令之管理規範。

7.主管機關認為境外基金管理機構必須具備適當資格之經理人員，主

管機關於審核該等人員是否符合此一要件，包括負責人及任何現正或將要受僱於基金管理機構其有關之人員或對基金管理機構有影響力之人員，並得就基金管理機構之關係企業或其負責人等加以審核。

(二)銷售管道

在新加坡基金受益憑證之募集和銷售一般由管理機構或其附屬機構及其他指定之承銷機構辦理，境外基金經承認後，須指派銷售機構來從事行銷及銷售，而該銷售機構可由境外基金之基金管理公司或總代理人指派。境外基金管理公司自己從事行銷，則須取得金融顧問服務執照 (Financial Advisor's License)。故新加坡係採功能性之管理方式，只要從事金融顧問相關業務行為之公司，均須受新加坡金融管理局之監督，並受金融顧問法及相關法規 (Guidelines on Criteria for the Grant of a Financial Advisor's License and Representative's License) 之規範，公司須持有金融顧問服務執照始可執業，執照的有效期限為三年，期滿再重新申請。

四、香 港

依香港單位信託及互惠基金守則 (Code on Unit Trusts and Mutual Funds) 之規定 ❸，不論境內或境外基金之發行，其申請核准、募集、交易之條件並無不同。故境外基金之募集銷售必須向「證券及期貨事務監察委員會」(Securities & Futures Commission of Hong Kong, SFC) 申請核准，其

---

❸ 香港證券及期貨事務監察委員會依據證券及期貨條例授權訂定此一守則，而於該守則註釋中並說明：

一、證券及期貨事務監察委員會根據證券及期貨條例第 104 (1) 條的規定獲得授權認可集體投資計畫。證監會在授予認可時，可附加其認為適當的條件。本守則就屬於互惠基金公司或單位信託性質的集體投資計畫的認可事項定出指引，並訂立作業方式。

二、證監會可隨時檢討其授予的認可，並在其視為適當的情況下修訂或增加認可條件或撤回認可。

三、在香港刊登廣告或邀請公眾投資於未經認可的集體投資計畫，可構成犯法行為。

規範架構如下：

(一)指定總代表人

依「單位信託及互惠基金守則」第九章之規定，境外基金或其管理公司並非於香港註冊成立，而於香港又無營業地址，則須視該基金係屬自主管理 (Self-Management) 之基金或設有基金管理公司之情形，分別由該基金或基金管理公司委任一香港代表人 (Representative)，而該代表人須取得在香港有價證券之證券交易銷售之執照，始得為之，且該代表人係由境外基金所屬國際集團直接到香港設立子公司或分公司擔任總代表人 (Representative)，其主要功能在於擔任基金管理公司與香港當地投資人之間的溝通橋樑，雖然香港證券期貨法 (Security and Futures Ordinance) 等相關法規並未規定一家基金管理公司只能指定一位總代表人，但目前實務上均只有一位代表人，以利管理，其管理之架構圖及內容可進一步分析如下。

(二)管理之架構

香港對於境外基金之管理，除前述境外基金發行或管理機構應指定在香港之總代表人外，至於銷售機構則授權由在香港境內具備一定資格之銀行或證券商擔任，其架構圖如圖 4–4。

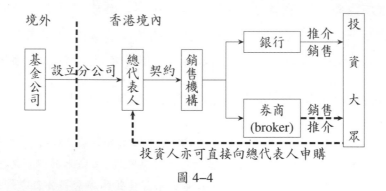

圖 4–4

(三)總代表人職責

總代表人主要職責為投資人與基金經理公司的溝通橋樑，並負責向香港證監會申報相關資料，其職責內容如下：

　　1.接受申購申請及款項收付，但基金經理公司才有權決定是否接受該

筆申購。

2.收到前述款項時須掣發收據。

3.依照該基金發行計畫之條款，發給申購人合約書 (Contract Note)。

4.收受持有人之贖回、過戶及轉換申請，並立即傳達給基金發行及管理公司。

5.收受持有人擬向該計畫之受託人或保管機構、基金管理公司送達任何之通知或信件。

6.基金如有終止或暫停贖回的情狀，應立即通知香港證監會。

7.在香港可以公開、免費審閱相關資料，並以合理價格出售該計畫之組成文件。

8.提供持有人有關該計畫之財務報告及銷售資料。

9.應證監會的要求，將所有與該計畫在香港的信託單位或股份之銷售及贖回之帳戶及紀錄，送交證監會。

10.代表 (Represent) 該計畫及基金經理公司，處理所有與香港持有人在資金上有利害關係的事務，或處理在香港出售之信託單位或股份之情事。

㈣總代表人、銷售機構（銀行、證券商）應具備之資格條件

依香港證監會之規定有關境外基金總代表人及銷售之中介機構其應具備之資格條件如下表 4–1。

表 4–1

	總代表人 (Representative)	銷售機構	
		銀行	證券商 (Broker)
執照	Type 1	Type 1	
	Type 4	Type 4	Type 4
	Type 9		

前述資格條件，就從事以下 9 類受規範管理活動 (Regulated Activities) 之公司、人員必須領有牌照或向證監會登記，包括 Type 1 之證券交易；Type 2 之期貨交易；Type 3 之槓桿式外匯交易；Type 4 之證券推介顧問；Type

5 之期貨推介顧問；Type 6 之公司財務顧問；Type 7 之提供自動化交易服務；Type 8 之提供證券保證金融資；Type 9 之資產管理。因此對於銷售機構之銀行及證券商皆須持有 Type 4 執照，其考量之因素為該銷售機構必須提供「公開說明書」、「年報」及「其他基金資料」予投資人並負有說明之義務須向其客戶解說，故須持有證券推介顧問 (Advisor) 之執照。

(五)總代表人、銷售機構之銀行、證券商之從業人員應具備之資格條件

1.總代表人及銷售機構為公司組織者

表 4-2

資格	Type 1 證券交易	Type 4 證券推介顧問	Type 9 資產管理
註冊成立	(1)在香港註冊成立的公司，或 (2)在香港註冊的海外公司		
勝任能力	(1)適當的業務結構 (2)良好的內控制度 (3)合格的人員		
負責人員	(1)每一類受規管活動須至少 2 位負責人員 (Responsible Officers)，其中 1 位必須能一直 (at all times) 監督相關業務 (2)每位負責人員在無角色衝突下，可兼任不同類活動的負責人員		
適當的股東	持有股份超過 10% 的大股東必須是適當的（依所從事的活動判斷）		

2.負責人員之資格條件

表 4-3

資格	基本要求	可以下列資歷取代
學經歷資格	通過其中一個認可行業的資格考試	1.擁有會計、企管、經濟、財金或法律學位，或其他學位（但至少取得上述兩門課程的合格成績） 2.法律、會計或財金方面之國際認可專業資格（如：CFA 特許財務分析師） 3.香港中學會考英文（或中文）及數學合格或同等學歷，並須具備兩年相關行業工作經驗 4.五年相關行業工作經驗
工作經驗	申請日之前 6 年中，須有 3 年相關行業工作經驗	不適用

管理經驗	具備至少 2 年的管理技巧和經驗	不適用
法規知識	通過其中一個有關本地監管架構的考試	申請人如符合「勝任能力的指引」(Guideline on Competence) 的豁免規定，則可申請豁免該項考試

3.一般從業人員之資格條件

表 4-4

資格	基本要求	可以下列資歷取代
學歷	通過香港中學會考英文（或中文）及數學合格或同等學歷	1.擁有會計、企管、經濟、財金或法律學位，或其他學位（但至少取得上述兩門課程的合格成績）
工作經驗	通過其中一個認可行業資格考試	2.法律、會計或財金方面之國際認可專業資格（如：CFA 特許財務分析師） 3.如未具備上述1.或2.者，須具備兩年相關行業工作經驗 4.如未具備上述1.與2.者，須具備五年相關行業工作經驗
法規知識	通過其中一個有關本地監管架構的考試	申請人如符合 Guideline on Competence 的豁免規定，則可申請豁免該項考試

4.人員資格考試之規定

香港目前對於證券、期貨及金融從業人之資格考試共有 12 種試卷，卷 1～卷 6 為「有關本地監管架構的考試」，卷 7～卷 12 為「認可行業資格的考試」，個人視所要從事的受規管活動自由選擇要考哪些試卷，舉例來說，欲從事 Type 4（證券推介顧問）之負責人員，須通過卷 1（基本證券及期貨規例）、卷 2（證券規例）、卷 7（金融市場）及卷 8（證券）的考試，每科以 70 分以上為及格。

五、歐盟 UCITS III 指令

歐盟對於境外基金之管理曾發布多號指令，其最近者為 UCITS III 指令 (Undertakings for Collective Investment in Transferable Securities III)，其內容包含三大部分：規範產品面之指令、風險管理面之指令及開放衍生性金

融商品之限制等，有關放寬可投資標的之範圍，使基金得投資於貨幣市場工具、信用機構之存款、投資於其他基金（例如成為傘型基金）、衍生性金融商品（如標準化之期貨或選擇權合約）外，同時強化風險分散機制（指數型基金例外）等，可分述如下：

㈠產品指令

基金組合標的規範之產品指令，可自下列幾點觀之：

1.投資銀行存款部分

於請求存款返還期間不得超過 12 個月，符合一定評等之機構並受適當之監督，且需超過 20% 之淨值與單一符合評等之機構有相關聯等。

2.投資衍生性金融商品

對於來自受管制之市場或櫃檯交易 (OTC)，其相關之資產必須為與 UCITS 相同等級之產品、金融指數、利率外匯或外幣匯率，其櫃檯交易之交易對手需受監督，且需為經盧森堡金融業監管委員會 (CSSF) 認可之種類，櫃檯交易之衍生性金融商品須有一定可信度且每日可資確認之價值。

3.投資其他基金部分

對於投資於 UCITS 或非 UCITS 產品（不得超過淨資產之 30%），非 UCITS 產品則須符合 UCITS 規定之可投資標的（即受到相同之監督與符合投資人保護之要求，並須公布年報及半年報），投資單一基金不得超過淨資產之 20%，被投資之基金不得投資超過其淨資產 10% 之資產於其他基金，並不得購買超過被投資基金超過 25% 之股份等。

㈡規範風險管理面之指令

強化風險分散管理機制，係為配合投資種類之放寬而設之配套機制。例如，其對各種基金（除指數基金以外）繼續沿用以前的規則，即一支 UCITS 基金投資於同一機構發行的可轉讓證券的比例不超過基金全部資產的 5%，但成員國可以將該比例提高至 10%，其條件為持有的資產價值不超過全部可轉讓證券價值的 40%。同時規定投資於可轉讓證券或者貨幣市場工具、銀行存款和 OTC 衍生交易帶來的風險暴露頭寸的部分不得超過單筆基金資產之 20%，只有當這些可轉讓證券或者貨幣市場工具是由成員國

政府或者歐洲經濟組織發行或者擔保時，比例可以提高到 35% 等。

㈢開放衍生性金融商品投資限制

　　歐盟 UCITS III 指令除其大致上維持了歐盟 UCITS I 指令的構想，更擴大其範圍，不只可轉讓證券投資，還擴及其他金融工具，並增加關於經營發展之資訊揭露。由於歐盟 UCITS I 指令係以衍生性商品之投資目的作為規範，對於「有效投資組合管理」(Efficient Performance Management)、「避險」(Hedge) 或「投資」(Investment) 之目的等則未有明確定義；而歐盟 UCITS III 指令的規範係以保護投資人為訴求，著重基金之流動性 (Liquidity) 及風險管理 (Risk Management)，在風險評量上訂定更具客觀性及明確性之判斷標準及限制條件。例如基金對衍生性金融商品之投資，已改從避險及管理效率的角度出發，修正基金可投資的比率及種類，目前歐盟 UCITS III 指令的規定係不超過基金淨資產總額之 100%，其投資衍生性金融商品所導致之相關風險曝露總額，不得超過基金淨資產價值，且不再限制可投資衍生性金融商品之種類。

　　目前歐盟會員國除盧森堡以外，其他例如英國、德國、愛爾蘭等，均已著手修改當地法規，以與歐盟之新規定接軌，亦即將來全球高達八成之境外基金，均採用歐盟 UCITS III 指令之規定。而非歐盟會員國多已完成或著手修改各當地法規，以與歐盟 UCITS III 指令之規定相符，例如香港目前對投資衍生性金融商品之限制，係針對其不同衍生性金融商品種類給予不同百分比之限制，現亦為配合歐盟 UCITS III 指令之規範，著手修改單位信託及互惠基金守則有關投資限制相關規定。目前全球約有 80% 之境外基金為依據歐盟 UCITS I 指令，而大部分均已準備修改為歐盟 UCITS III 指令。

第五目　境外基金管理辦法原則性問題之探討

　　經參考各國之立法例及我國現行實務之運作，檢討我國未來境外基金管理之方向，如何有效規範在我國外匯漸趨自由情形下之募集、私募、銷售及顧問行為，並對於境外基金釐定各界皆能遵行之遊戲規則，尤其在面

對證券投資顧問事業、證券投資信託事業、證券商、銀行業及信託業在業務擴張之需求，與考量我國投資人權益之保護及財經產業獨立自主之利益均衡之原則下，規劃境外基金管理之政策，則為相當艱鉅之立法工程，因此以下擬先就在立法前必須確立之原則性問題，提出探討。

一、與國外簽定相互承認之協定

境外基金募集、私募、銷售及推介顧問之規範，在制度之設計上是否參照香港、新加坡之管理實務，要求基金管理機構之註冊地國必須與我國有司法及檢查互惠之協議或備忘錄，為兼顧我國投資人之保護，及投資境外基金可能衍生爭議問題之解決，同時亦考量各國平等互惠之原則，香港、新加坡都要求境外基金註冊之募集、發行地國，必須與該國訂定有檢查及資訊交換之協議或備忘錄 (MOU)。而我國原核備顧問推介之境外基金，皆未有此一要求，因此為考量國際平等互惠之原則及我國投資人之保護，同時衡量是否可為我國在資產管理及國際平等地位上提供可資談判之籌碼，對於互惠原則之要求有其必要性，甚至於原已核備之境外基金亦可考慮併同列入要求，或可依不溯既往原則辦理，亦為管理上之重大決策與挑戰。

有關香港對於境外集合投資計畫（基金）已獲得在有監管制度的司法管轄區認可時，依香港單位信託及互惠基金守則得承認香港司法管轄區成立的計畫（基金）類別。香港證監會在審核認可司法管轄區的計畫認可申請時，通常會就有關計畫的結構及運作規定，以及該投資計畫之投資限制是否已符合香港單位信託及互惠基金守則的規定上進行審核。

又依香港單位信託及互惠基金守則，有關為香港政府可接納的監察制度及司法管轄區，此一要求係根據國際證監會組織 (IOSCO) 所定有關基金經理監察制度而制訂，其可接納的監察制度名單上的海外司法管轄區，均已與香港證監會簽署跨境投資管理活動合作及監管聲明（諒解備忘錄）(Memorandum of Understanding)。根據該等諒解備忘錄，香港證監會及可接納的海外司法管轄區，將可以就各自的司法區內取得營業認可之基金經理公司財務業務活動，互相交換資訊及向對方提供協助。而統計原來經我國

核備在國內之境外基金，符合基金註冊地或基金管理機構所在地與我國有簽訂資訊交換之協議或備忘錄 (MOU) 之基金數，完全沒有，因此必須先評估在境外基金管理辦法中如訂定在國內募集及銷售之境外基金，其基金註冊地或基金管理機構所在地之國家，必須與我國有簽訂資訊交換備忘錄 (MOU) 或檢查相互承認協定之國家，該等國家之基金始可在國內募集及銷售或以資作為簡化申請程式之影響與可行性。惟考量設定此一前提是否可能造成沒有境外基金得符合條件在中華民國境內募集、銷售或投資顧問，或可能引起國際上之境外基金經理公司之壓力，但若全然放棄此一國際通用之原則，似又可能影響我國管理之主權與投資人之保護，因此在規劃管理之際，似可參考國外之實務運作，對於與我國有簽訂合作協定者，可從管理之程序及境外基金之資格條件上予以優惠，始能有所兼顧。

二、募集、私募、銷售與投資顧問行為之區隔

依證券投資信託及顧問法第 16 條之規定，可否將境外基金之管理，區分三部分，包括募集與銷售、私募銷售與推介，由於該條第 1 項規定，任何人非經主管機關核准或向主管機關申報生效後，不得在中華民國境內從事或代理募集、銷售、投資顧問境外基金，而依原來之規定，境外基金祇得被動之推介，銀行特定用途金錢信託資金投資外國有價證券業務，亦祇能被動為客戶辦理，所以法令係禁止主動銷售之行為。在證券投資信託及顧問法立法通過之後，為考量開放者包括募集、私募、銷售、推介顧問等業務行為時，由於法律明定已涵蓋主動之公開招募及勸誘買賣在內，同時考量募集係對不特定人公開為之，私募係對特定人為之，顧問推介是對特定人且被動為之，而銷售是附屬於募集、私募及推介行為，故是否區別其對投資人之影響而為不同程度之規範。事涉我國證券投資信託業者之經營及競爭空間，對於募集或私募境外基金者，至少應比照國內證券投資信託事業對投資人保護之管理措施以作規範，因此是否就前三種行為態樣作不同之資格條件及規範，則有進一步探討之必要。

一般而言，募集 (Public Offer) 是對不特定人或特定之多數人為公開招

募勸誘之行為,而私募 (Private Placement) 是對特定之專業對象或能承擔風險能力者或人數少於一定數目者為勸誘應募之行為,對於募集由於是散戶之投資大眾,所以要求保護之條件較多,得為募集之有價證券標準亦應較嚴格;而私募之行為考量,其對象通常能有充分之認識風險與足夠之資力承受可能之損失者,故主管機關介入之必要性低,採行事後報備制,至於銷售,雖然是對有價證券之出售行為,可是就開放式基金 (Open-end) 而言,其申購是持續進行,且同時要交付公開說明書,因此與初次之募集行為無法區分,對於境外基金募集銷售與私募銷售應是兩個不同之行為模式,而有區隔管理標準之必要;另投資顧問之行為本為附屬於募集銷售及私募銷售之中,在各該業務行為,各國法令皆要求要認識客戶 (Know your customer),徵信甚至對客戶作充分之說明並交付公開說明書或投資說明書,而此需要有專業服務之提供,也因此在香港等之立法例,明定銷售機構 (Distributor) 必須具備證券投資顧問 (Advisor) 與證券商 (Broker) 之資格者方得為之。故為提高服務品質及保護投資人,對於境外基金之管理原則,宜區可分為募集銷售、私募銷售及投資顧問之推介三個型態,並依其對投資人之影響與國內業者之公平競爭而為不同之條件與規範。

三、銀行特定用途金錢信託方式是否應納入統籌規範

由於原境外基金銷售之通路包括銀行辦理特定用途金錢信託資金投資外國有價證券業務、證券商受託買賣外國有價證券業務及保險業者之投資型保單投資境外基金等,在新法實行之後,是否一併納入境外基金管理辦法之規定,予以統籌規劃管理,由於銀行辦理特定用途金錢信託資金投資外國有價證券業務,係依據銀行法及信託業法之相關規範,投資人與銀行簽訂信託契約,並指定投資外國有價證券,其中所投資之境外基金,須經證券管理機關核備准予在國內投資顧問推介之境外基金,在金融管理一元化後,依此方式銷售境外基金之管理,是否納入本辦法規範,就此事涉既有業務之進行,信託業公會及中央銀行意見在業務上與管理之一致性上可能有不同之看法,原銀行辦理特定用途金錢信託資金投資外國有價證券業

務，其屬信託關係者，係依信託業法之規定辦理，已有法源依據，故其主張可不適用境外基金管理之規範；且銀行從事此項業務，係被動應客戶要求買賣外國有價證券，與一般所謂銷售境外基金似亦有所不同，然境外基金之管理包括募集銷售、私募銷售與投資顧問之行為，從功能性之行為規範而言，無論其申購、買回之資訊流程，或其價金匯出、匯入之資金流程，相關管理資訊之彙整，甚至在政府統籌對外與境外基金註冊國談判協商上應屬一致，不宜有差別待遇，因此如何在不影響原有業務經營之運作，並予以納入有效統一管理之範疇，誠屬必須努力克服之方向。

又原證券商從事受託買賣外國有價證券業務，其中受益憑證限於經核備且須於外國證券交易所有掛牌之境外基金，縱然通常在國外交易所掛牌之基金甚少有交易，但是否維持證券商現行受託買賣外國有價證券之方式運作，亦屬值得探討。另保險業者透過投資型保單從事境外基金業務，依規定投資型保險之投資標的 ❸❾，必須為證券投資信託基金受益憑證、外國基金管理機構所發行或經理者之受益憑證、共同信託基金受益憑證等，其中如為外國基金管理機構所發行或經理者，應以經證券主管機關核准證券投資顧問事業提供投資推介之顧問者為限。保險業者以保險資產從事投資境外基金，亦屬為投資人投資理財之行為，但亦屬為銷售境外基金之一種，是否納入規範，亦不無疑義。

前開信託業法、保險法與證券交易法對於銀行、信託業、保險業及證券商雖各有授權規範之依據，但其皆未對境外基金作特別之規範，因此在管理與運作上差異甚大，而其唯一共同點即銷售之標的必須經證券主管機關核備之境外基金始得為之，然證券投資信託及顧問法對境外基金既然已授予特定之規範，依全部法優於一部法，特別法優於普通法之原則，自應考量納入統合之規範，因此為落實投信投顧法第16條對境外基金業務之規範，對所有業者宜為一致性之管理，有關銀行辦理指定（特定）用途信託資金、證券商受託買賣境外基金與保險業投資型保單之連結部分，亦應一併納入境外基金管理辦法管理，另基於資料統計之完整性及管理規範之一

---

❸❾　依投資型保險投資管理辦法第 13 條之規定。

致性，亦宜儘量在異中求同，尋求統合之規範。

四、銀行可否為銷售機構

有關信託業及辦理特定用途金錢信託業務之銀行，除原業務繼續經營外，是否可比照證券投資顧問事業多增加從事境外基金募集、銷售及投資推介業務，依美國、香港、新加坡之立法例觀之，各該國皆允許銀行得為銷售境外基金之通路，只是香港、新加坡等國附帶要求該銷售機構之銀行必須有證券投資顧問之執照 (Advisor License)，依證券投資信託及顧問法第16條第3項規定，證券投資信託事業、證券投資顧問事業、證券商、境外基金發行者與其指定之機構及其他經主管機關指定之機構，得在中華民國境內從事或代理募集、銷售、投資顧問境外基金業務，雖銀行並未明列在其中，但銀行可經主管機關核准得為經營該項業務，因此在參酌香港之體例及現行銀行辦理特定用途金錢信託資金投資境外基金之規定，銷售機構可規劃以符合資格之證券商、銀行、證券投資信託事業或證券投資顧問事業為限，而在兼顧境外基金銷售之特性及投資人權益之保護，可要求銷售機構應以具有研究部門或兼營證券投資顧問事業始得為之，若未有研究部門者可與證券投資顧問事業簽訂投資顧問契約替代之，換言之，為考量交付投資人之公開說明書及投資說明書，並向其為適當之解說，仍以具有證券專業者方能從事銷售為宜。

五、總代理人業務可否複委託

㈠香港及新加坡之制度

境外基金之募集銷售或投資顧問業務申請核准或申報生效之主體，為原基金之管理或發行機構，但其在我國境內應有指定代表人或授權代理人為之，然其代表或代理人，為被指定或授權從事境外基金之行為主體，一般而言，可分為總代理人或總代表人，再由其授權銷售機構之二層關係，亦有認為在總代表人及銷售機構間亦可存在複代理人之關係，複代理人可直接與境外基金管理或發行機構接洽，但必須與其在我國境內之總代表人

或總代理人簽約，然後再轉授權予銷售機構，以兼顧在我國境內無法取得總代表人或總代理人授權之業者。

經查國外依香港之案例，其採行之法制架構並未限制二級制或三級制，由總代表人代表授權該基金及計畫之管理公司，但實務上並未有複代理之架構產生，基金投資計畫的管理公司如非在香港註冊成立，又無營業處所於香港，則須委任一名香港代表。該代表在香港接受任何人士提出的認購申請及收取認購單位或股份款項，並在收到申購款項後擊給收據，向申購人交付成交單據，另亦可接收持有人之買回通知、過戶指示及轉換通知，傳達給基金管理公司，而相關之法律責任則由該代表人總負責。另外就新加坡制度而言，對於新加坡境內以一般投資大眾 (Retailed Public) 為募集或銷售之行為，須先經新加坡金融管理局 (MAS) 認可 (Recognized)。新加坡政府規定境外基金需有一總代表人 (Representative)，且必須在新加坡有固定居所，在境外基金之認可條件應符合該境外基金成立地相當法令對投資人保護。總代表人擔負集合投資計畫單位之發行、贖回、銷售及申購價格之公布、提供基金管理公司之資訊、主管機關所定有關單位之銷售及贖回之書件紀錄及發送投資計畫給投資人，所以在新加坡境外基金募集銷售機構仍以總代表人及銷售機構兩層之制度。

㈡優劣之比較

前開總代理、銷售機構與總代理、複代理、銷售機構兩種制度之設計，其在二級與三級架構上之優缺點可比較分析如下：

1.在總代理及複代理之架構下，複代理人之推介顧問及銷售業務之進行，是否須透過總代理人為之，由於基金管理機構可授權總代理人及複代理人辦理投資人開戶、申購與贖回事項；總代理或複代理人皆可受個別客戶委託下單，而非由複代理人透過總代理人為之，其考量乃在複代理人不願就其所擁有之客戶資訊外洩，由於其複代理人亦可直接與境外基金管理機構接洽，至於其相關之法律責任如何釐清，不無疑義。

2.若複代理人以代理人帳戶（綜合帳戶）(Omnibus Account) 方式轉單開立交割專戶，並收受投資人資金，雖可兼顧各業者之業務機密，但因其

直接指示境外基金相關機構申購與贖回交易，則可能發生因故意或人謀不臧盜賣投資人申購境外基金資產，故其存有潛在道德風險或複代理人虛設人頭戶之開立之管理上問題。

3.對於申購、贖回之資金流程，總代理人或複代理人於受託買賣後，投資人之款券如何運作，為避免總代理人或複代理人自為款券之處理，勢必須另行研議可否透過統一之管道或集保公司之控管管道及控管協助辦理。此一疑慮集保公司已研議提供代理人募集或銷售境外基金之款項收付服務，該代理人為集保公司之參加人，對國外基金管理公司而言，集保公司為該境外基金之受益人，此時由於代理人（含總代理人及複代理人）不涉投資人資金之收付，因此在制度設計上可適度將集中保管公司納入 **❹**。

㈢未來可考量之方向

有關從事境外基金之主體架構，依前述分析比較及參採香港、新加坡實務案例，似以採總代理人及銷售機構二級制為妥，至於總代理人及銷售機構之資格條件，依現行實務運作及法令之規範，並兼顧國內外業者之均衡性，應考慮下列因素：

1.為考量境外基金所屬集團在國內有營業據點，可增加國內之投資就業機會及增加國家之賦稅收入，訂定總代理人之資格以境外基金所屬集團在國內有設立分支機構或設立子公司之證券商、證券投資顧問事業或證券投資信託事業為限。

2.參酌香港之體例及現行銀行辦理指定用途信託資金投資境外基金之規定，銷售機構以符合資格之證券商、銀行、證券投資信託事業或證券投資顧問事業為限，其銷售機構宜以具有研究部門，或兼營證券投資顧問事業或與證券投資顧問事業簽訂投資顧問契約者始得為之。

---

❹ 依證券交易法第 43 條第 5 項及第 6 項之規定，證券集中保管事業為處理保管業務，得就保管之有價證券以集中保管事業之名義登載，即一般所稱之擬制人名義 (Street Man)，但擬制人名義是將參加人帳戶轉由集中保管公司名義登記，與綜合帳戶 (Omnibus Account) 是客戶之帳戶以券商或銷售機構名義登記，仍有其差別。

六、投資人開戶之名義

(一)綜合帳戶之設計

原境外基金透過銀行特定用途金錢信託申購者，由於銀行係以信託契約之受託人名義從事申購、買回及轉換，因此有雙層之委託或重疊管理之情形，第一層為客戶信託予銀行信託業之受託管理，第二層則為基金管理公司之管理，投資人必須支付雙層之資產管理成本，準此，境外基金可否由投資人以自己之名義直接申贖，或透過所謂綜合帳戶之方式來運作，尤其在設計總代理人與銷售機構之架構後，銷售機構可否以代理人帳戶之綜合帳戶 (Omnibus Account) 方式轉單，無須揭露其投資人資訊予境外基金管理機關或總代理人，就此可能有兩種不同之流程，而這包括申贖傳遞之資訊流程與在款券交割之流程兩方面，應如何處理較為合理，可分兩個方案說明如下：

1.方案一

(1)交割帳戶之開立

境外基金管理之相關機構，依規定在我國境內指定一位在臺之代理人開立帳戶並處理該帳戶相關事宜，而該帳戶是以境外基金相關機構之名義開立臺幣或外幣之交割專戶。

(2)交割專戶之結匯

接受指定在臺處理帳戶之代理人檢附客戶帳號、姓名、身分證字號、出生日期及結匯金額，依規定辦理結匯事宜。

2.方案二

(1)交割帳戶之開立

總代理人以特定信託方式開立臺幣或外幣交割專戶，並以受託人名義開戶委託信託業信託，由總代理人為每日之交割指示。然相關之信託費宜由總代理人支付；銷售機構可藉此法以代理人帳戶之綜合帳戶 (Omnibus Account) 方式轉單，無須揭露其投資人資訊予總代理人或境外基金相關機構。

(2)交割專戶之結匯

由央行以專案方式核准境外基金臺幣交易款項之結匯，並由境外基金總代理人以其名義依專案額度向指定銀行辦理結匯與申報。

(二)衍生之問題

前開方案二之交易流程，由總代理人以特定信託方式開立臺幣或外幣交割專戶並委託信託業以受託人名義開戶，並由總代理人為每日之交割指示可能衍生之問題：

1. 以銷售機構之代理人綜合帳戶 (Omnibus Account) 募集或銷售境外基金時，僅顯現銷售機構之名稱，與客戶個別帳戶 (Segregate Account) 有別，故該綜合帳戶應為隱名代理，其基礎法律關係應為保管契約關係，其契約之法律關係可能涵蓋委任、消費、混藏寄託或交互計算之契約聯立，由於法律關係較為複雜，是否可以確實保障投資人之資產安全，不無疑義。

2. 由於證券投資信託及顧問法之架構為從事或代理募集、銷售制度，境外基金管理機構對投資人開戶、申購、贖回境外基金，係間接由總代理或銷售機構之下單指示，而非直接受理投資人之開戶、申購與贖回，若綜合帳戶之銷售機構自行開立交割專戶，並收受投資人資金，指示境外基金管理機構申請與贖回交易，該等流程易生銷售機構之代理人有盜賣投資人申購境外基金資產之道德風險及代理人虛設人頭戶開立之疑慮。

(三)解決問題之方案

為考量我國投資人權益之保護下，是否可採行以境外基金管理機構依規定指定一位在臺之帳戶總代理人處理該帳戶相關事宜，並以境外基金原管理機構之名義開立臺幣或外幣交割專戶。由於該境外基金帳戶由總代理人辦理投資人開戶、申購贖回、轉換帳戶處理及其法律關係，並應以契約明定，總代理人應依規定開戶資料辦理徵信，以規範人頭戶之開立及防範代理人盜賣投資人申請境外基金資產之可能道德風險。

另為考量統一有效率之提供投資人服務，有關境外基金資訊申報及彙整作業，似可統一管道由集保公司提供境外基金資訊申報平臺，另基於資料統計之完整性，有關銀行辦理指定（特定）用途信託資金投資境外基金

及證券商受託買賣境外基金部分，亦一併納入申報，至於集保公司所提供銷售機構與總代理間之申購贖回等交易資訊傳遞及款項收付作業，為求明確規範及順利推動，應訂定集保作業規範之法源依據。除在資訊之彙整外，有關境外基金在國內募集及銷售作業在款項收付方面，亦應由境外基金管理機構在臺灣金融機構設置基金專戶，由國內受益人或銷售機構直接辦理，或透過證券集中保管公司指定之銀行專戶辦理。

七、境外基金是否專屬於證券投資顧問之業務

㈠是否申請兼營許可證照

依證券投資信託及顧問法第 16 條第 3 項之規定，證券投資信託事業、證券投資顧問事業、證券商、境外基金發行者與其指定之機構及其他經主管機關指定之機構得在中華民國境內從事或代理募集、銷售、投資顧問境外基金，其資格條件之辦法，由主管機關定之。對於境外基金之總代理人或銷售機構之資格條件，是否侷限於依原來規定負責申請核備之證券投資顧問事業，不無討論之餘地。

1.他業是否申請兼營證券投資顧問事業

證券投資顧問事業以外，其他事業之證券商、證券投資信託事業或銀行，依原規定並不得為推介境外基金，新規定其得為從事境外基金之相關業務行為，因此其事業體是否必須申請兼營證券投資顧問事業，始得為總代表人或銷售機構，由於證券投資信託及顧問法並未明定必須申請兼營，僅規定所列舉這些業者從事境外基金有關業務之資格條件由主管機關定之。因此，在新管理辦法中可否附加必須有兼營證券投資顧問者之條件，不無疑義。

2.外國體例

從新加坡及香港之立法例而言，其總代表人資格條件限制自然人或法人皆可，並未限制於證券投資顧問事業，但就銷售機構 (Distributor or Transfer Agent) 則明定必須具有證券商及證券投資顧問之執照 (License)，其乃考量第一線與投資人接洽之業者，必須向投資人交付公開說明書或投資說明

書並為其及解說，同時負徵信 (Know Your Customers) 之工作，宜有較高之從業人員水準，我國原規定對於銀行特定用途金錢信託推介境外資金者，要求其必須有分析研究部門，否則必須與證券投資顧問事業簽訂契約提供客戶必要之顧問解說服務，或有認為境外基金之推介與投資顧問為獨立之業務，募集或私募銷售不必然是與投資顧問相結合，故募集、銷售僅係指其商品而已，不附帶投資顧問，但這種論點恐與國外規範或實務相違。

3.法律規範之主體

由於上證券投資信託及顧問法係屬功能性之法律規範，因此該法對違規業者之處分僅對證券投資信託事業、證券投資顧問事業及保管機構而已，因此從事境外基金相關業務者，若非兼營該法所定之事業體，將來處分時必須回歸各業法，造成適用不同之規範與不公平處理之情形。準此在解釋上認為宜有兼營相同之事業體，即或不然，應有相同從業人員規範之資格條件。

(二)是否訂定不同之實收資本額

從事或代理募集、銷售、投資顧問境外基金之總代理人或銷售機構，是否應區分其業務種類之不同而訂定其實收資本額，有學者建議，不論其為總代理人及銷售機構之實收資本額為新臺幣 3 千萬元，對於從事境外基金推介顧問及銷售之總代理人為境外基金申請核准或申報生效之業務行為，銷售為取得總代理人授權並直接向總代理人下單轉向國外基金管理機構從事申購贖回之業務，為考量行政監管及權利義務之一致性，故有認為對於總代理人與銷售機構實收資本額規定皆相同。另現行有關從事代理投資推介境外基金之證券投資顧問事業，由於事業主體並未涉及投資人申請贖回之交易單據及申購款與贖回款，其資本額為新臺幣 1 千萬元，而證券投資信託及顧問法所定之業務，包括主動銷售，並應就在我國境內之業務行為負法律責任，故應另提存新臺幣 5 千萬元之營業保證金，惟由於營業保證金額度已較實收資本額為高，是否合理可行，不無疑義。

從投資人權益之保護觀點而言，其因募集、銷售、私募或直接顧問之業務行為，其與投資人接觸較為頻繁，發生糾紛之比例亦自然提高，故其

責任當然加重，故宜有較高之資本額及提存營業保證金之必要性。

八、新舊規範之適用

由於證券投資信託及顧問法對於境外基金之規範，已涵蓋募集、銷售、私募及投資顧問之業務行為，而原證券投資顧問事業管理規則明定境外基金之規範只允許被動推介之行為，不得為募集、銷售與私募，而經核備之境外基金也僅限於被動地透過銀行特定用途金錢信託或證券商之管道申購，因此對於依原來規定已核備之將近八百檔境外基金是否不溯既往，直接開放募集銷售或予以緩衝之規定，適度規範施行後一定期限應依新規定辦理，未依規定申請或申報者予以廢止原來之核備。

對於境外基金管理未來發布施行後，其在施行前，原經核備得於中華民國境內投資顧問之境外基金，有建議應於一年內由經境外基金相關機構授權之境外基金總代理人提出授權文件報主管機關備查。對於新規定公布施行前已從事經主管機關核備之境外基金投資顧問業務者，得於公布施行後一年內，繼續從事其業務，由於證券投資信託及顧問法第122條規定，該法施行前已經營證券投資信託或證券投資顧問事業，與該法規定不符者，應自施行之日起一年內依新規定辦理。基於從新從輕之原則，對於原已核備之境外基金，自應予以緩衝之期間，但此似乎只限於投資顧問業務部分，至於募集銷售部分，儘管在管理規範未出爐前，很多運作已超越現行規定，但畢竟是原來即屬於法不符之情事，因此有關依原規定業已核備得於國內投資顧問之境外基金，於境外基金管理辦法公布後，似宜依下列規定辦理為妥：

㈠有關原經核備推介顧問之境外基金，訂定一年之緩衝期，未在法令通過後一年內依新規定辦理申請或申報生效之補正者，本應終止該業務行為，然為考量原投資人權益之保護，除對原在國內受益人之定時定額扣款作業可繼續維持其扣款及資訊提供業務外，不得再新增申購業務。

㈡原已核備之境外基金，由於依新規定，業務範圍已擴大到得為募集、發行、私募、銷售，故須依規定由總代理人於補正期間內依規定向主管機

關申請核准，為方便對原核備過之境外基金之辦理申請，未來在程序上可簡化申請書件，甚或予以採行申報生效制。

第六目　境外基金管理辦法之規範

綜據前述原則性問題之討論,將其結論具體形成為法令上之條文規定,然而實定法令之規範，為經過公聽融合各方意見所折衷而成，現實規定或許難免與理想有所落差，但就業務開放之方面與具體納入規範而言，誠為值得肯定與讚許，以下就 94 年 8 月 2 日發布之境外基金管理辦法 ❹，臚列其重點分析比較說明之。

一、境外基金申購買回流程

為配合開放境外基金之募集、私募、銷售及投資顧問業務，並使境外基金納入統籌之管理，原規劃中之法令規範設計經過了幾十次之會商研討與公聽，境外基金管理辦法融合了二級制之總代理人與銷售機構 ❹，並將證券集中保管之制度引進為資訊流程及資金收付申報彙整之平臺，茲進一步分析並規劃其架構圖如圖 4-5。

㈠架構圖

---

❹ 行政院金融監督管理委員會於 94 年 8 月 2 日,以金管證四字第 0940003412 號令發布，全文計五章共 59 個條文。

❹ 境外基金管理辦法稱總代理人,不叫總代表人,係認為代表人與本人為一元化,代表人即為本人,而代理人與本人則為二元化,代理人必須以本人名義為法律行為,因此除非有境外基金管理或發行機構在我國設有分支機構或轉投資 100 % 之業者,否則其經過授權其他業者為募集銷售者應為代理而非代表。而證券投資信託及顧問法第 16 條第 1 項所定之指定或授權,原指定應屬於代表,而授權則為代理之法律基礎,惟嗣後認現行未有證券投資信託及顧問業者在臺設有分支機構,故無論其為在中華民國之子公司或授權其他事業體,因為不同之個體與人格,為方便起見統稱為總代理人。

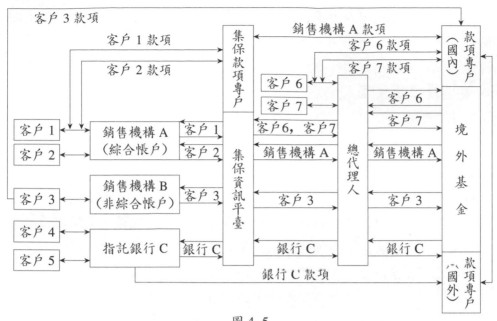

圖 4-5

㈡第一層之銷售機構

投資人可透過銷售機構申購及買回境外基金，而銷售機構可直接轉單予總代理人，例如客戶 1 及客戶 2；投資人亦可透過銷售機構，然後以銷售機構綜合帳戶 (Omnibus Account) 之名義下單委託由總代理人申購及買回，例如客戶 3，如此架構可消弭對於原複代理人之地位之需求，使法律關係趨於單純。至於銀行指定用途信託部分，則可考量在管理及資訊彙整之需要，透過總代理人下單委託，以收統籌管理之效果。又此一部分經與銀行及信託業討論後，為尊重銀行及信託業之意見，得以指定用途信託之受託人名義直接下單至國外基金管理機構，但應向總代理人申報申購及買回之相關資訊，俾便統一控管。

㈢證券集中保管事業之角色

證券集中保管事業在境外基金申購、買回及轉換之流程，原可規劃以擬制人名義 (Street Man) 為申購及贖回資訊之彙整，並擔負資金支付與款項劃撥之統籌功能，然其事涉對帳、電腦資訊系統之架設與相關契約之簽

訂，且涉及交割款項資金流程需要較周延之準備，故可考慮賦予集中資訊彙整申報之平臺功能，俾使同業公會、中央銀行及主管機關能掌握完整之管理資訊，並可指定銀行專戶提供綜合帳戶之客戶轉帳上之需求。

㈣第二層之總代理人

1.法令規定

依境外基金管理辦法第 8 條第 1 項規定，境外基金機構得委任經核准營業之證券投資信託事業、證券投資顧問事業或證券商擔任總代理人，辦理境外基金募集及銷售業務，而總代理人係該境外基金管理機構所委任在我國境內代理其為業務行為者，考量不論在國內之總代理人係該境外基金管理機構所轉投資之子公司、關係企業或其他公司，皆須有授權代理之基本法律關係，故以委任方式為之，並以代理人身分從事業務行為，至於可否以外國公司之分支機構直接在我國經認許從事業務行為，在解釋上並無不可，惟國內僅有外國證券商，尚無外國之證券投資信託或顧問事業經認許在我國設立分支機構。故在該境外基金管理辦法並未進一步訂定。

2.業務行為內容

總代理人為境外基金管理或發行機構指定或授權在中華民國境內從事募集銷售或投資顧問業務之負責人，其彙總透過證券集中保管事業轉送之申購、買回及轉申購資訊，並獲境外基金之原管理、發行或保管機構之授權在中華民國境內從事業務行為，包括為款項收付指定之銀行專戶，與從事控管與匯撥之業務，總代理人亦可擔任銷售機構，其運用自與第一層相同，只是總代理人若從事銷售機構之業務，其對於客戶之申購、買回及轉申購資訊為便於統計彙整，仍應傳送集中保管事業回傳，例如前開圖示之客戶 6、7。

二、總代理人

㈠總代理人之範圍

對於境外基金在我國境內為總代理人之對象，其合格條件之內容，依證券投資信託及顧問法第 16 條第 3 項規定之意旨,得由境外基金管理機構

得指定經核准營業之證券投資信託事業、證券投資顧問事業或證券商擔任總代理人，代理境外基金募集、私募及銷售業務，其指定與被指定者之條件，得由主管機關訂定。唯若總代理人非屬境外基金管理機構所屬集團企業者，為求服務之提供與技術之移轉，故應與境外基金管理機構簽訂人員培訓計畫，而所稱集團企業係指境外基金管理機構所屬持股逾 50% 之控股公司，或持股逾 50% 之子公司，或屬同一控股公司持股逾 50% 之子公司。

㈡總代理人之資格條件

1.積極資格與消極資格

為求總代理人應有一定之服務品質及技術水準，以保護投資人之權益，依境外基金管理辦法第 8 條及第 9 條規定，得擔任境外基金總代理人之證券投資信託事業、證券投資顧問事業及證券商，其應具備之資格條件如下：

⑴實收資本額或指撥營運資金達新臺幣 7 千萬元以上。

⑵最近期經會計師查核簽證之財務報告每股淨值不低於面額。

⑶具有即時取得境外基金管理機構投資及相關交易資訊之必要資訊傳輸管道。

⑷最近半年未曾受本法第 103 條第 1 款規定、證券交易法第 66 條第 1 款規定、期貨交易法第 100 條第 1 項第 1 款、信託業法第 44 條第 1 項第 1 款或銀行法第 61 條之 1 第 1 項規定處糾正並限期改善三次以上之處分。

⑸最近二年未曾受本法第 103 條第 2 款規定以上、證券交易法第 66 條第 2 款規定以上、期貨交易法第 100 條第 1 項第 2 款規定以上、信託業法第 44 條第 1 項第 2 款、第 2 項規定或銀行法第 61 條之 1 第 1 項第 1 款規定以上之處分。但主管機關所為命令解除職員職務之處分，不在此限。

⑹業務人員及內部稽核人員之資格條件及人數，應適足適任並符合證券投資顧問事業業務人員資格條件及其人數要求之規定。

2.營業保證金之繳存

為擔保客戶權益，對於因業務而產生之債權確實能獲得保障，境外基金管理辦法第 10 條規定，參採全權委託投資業務須繳存營業保證金之規定，明定總代理人應依下列規定，向得辦理保管業務，並符合主管機關認

可之信用評等機構評等達一定等級以上之金融機構提存營業保證金：

(1)擔任一家境外基金管理機構所管理之基金時，應提存新臺幣 3 千萬元。

(2)擔任二家境外基金管理機構所管理之基金時，應提存新臺幣 5 千萬元。

(3)擔任三家以上境外基金管理機構所管理之基金時，應提存新臺幣 7 千萬元。

(4)營業保證金係由總代理人之名義提存，並應以現金、銀行存款、政府債券或金融債券提存，不得設定質權或以任何方式提供擔保，且不得分散提存於不同金融機構；提存金融機構之更換或營業保證金之提取，應函報主管機關後始得為之，因此營業保證金是總代理人設立或兼營此一境外基金之要件，也是存續之要件。

(三)總代理人應辦理之事項

1. 維護投資人權益有關事項

總代理人獲境外基金管理或發行機構之授權，綜理並負責其在我國境內之業務行為，故境外基金管理辦法第 11 條明定應配合辦理下列有關投資人權益保護之事項：

(1)就其所代理之境外基金，編製投資人須知及公開說明書中譯本等相關資訊，並交付予銷售機構及投資人。

(2)擔任境外基金機構在國內之訴訟及一切文件之送達代收人。

(3)負責與境外基金管理機構連絡，提供持有人所代理境外基金之相關發行及交易資訊。

(4)依持有人申購、買回或轉換境外基金之交易指示，轉送境外基金管理機構。

(5)就不可歸責總代理人之情事，協助辦理持有人權益保護之相關事宜。

(6)其他依法令或主管機關規定應辦理之事項。

2. 踐行資訊之揭露事項

參照國內證券投資信託基金募集發行應充分揭露之事項，以提供投資

人參考，境外基金管理辦法第 12 條明定總代理人就下列事項，應於事實發生日起三日內，向主管機關或其指定機構申報並公告：

(1)所代理之境外基金經境外基金註冊地主管機關撤銷其核准、限制其投資活動。

(2)境外基金管理機構因解散、停業、營業移轉、併購、歇業、其當地國法令撤銷或廢止許可或其他相似之重大事由，致不能繼續從事相關業務。

(3)所代理之境外基金經主管機關撤銷者。

(4)境外基金管理機構受其主管機關處分。

(5)所代理之境外基金有暫停及恢復交易情事。

(6)其代理之境外基金公開說明書或交付持有人之其他相關文件，其所載內容有變動或增加，致重大影響持有人之權益。

(7)其代理之境外基金於國內募集及銷售所生之投資人訴訟或重大爭議。

(8)銷售機構之變動情形或其他重大影響持有人權益之事項。

(9)總代理人因前述(1)至(3)事由致無法繼續代理境外基金之募集及銷售，應協助持有人辦理後續境外基金買回、轉換或其他相關事宜。

3.核准或申報生效後資訊之揭露

為便於公開招募之進行，總代理人可同時申請（報）境外基金之募集及銷售，並就總代理人身分資格及銷售機構許可之取得，一同併案申請核准或申報生效，經申請核准或申報生效後，應於二日內辦理公告。其應公告記載之事項依境外基金管理辦法第 36 條第 2 項規定如下：

(1)核准或申報生效募集及銷售之日期及文號。

(2)境外基金管理機構之名稱。

(3)總代理人之名稱、電話及地址。

(4)銷售機構之名稱、電話及地址。

(5)保管機構之名稱及信用評等等級。

(6)境外基金之名稱、種類、型態、投資策略及限制。

(7)境外基金開始受理申購、買回日期及每營業日受理申購、買回申請

截止時間。

　　⑻投資人應負擔的各項費用及金額或計算基準之表列。

　　⑼最低申購金額。

　　⑽銷售價格計算。

　　⑾申購手續及資金給付方式。

　　⑿公開說明書之分送方式或取閱地點。

　　⒀投資風險警語。

　　⒁總代理人協助辦理投資人權益保護之方式。

　　⒂其他依主管機關規定或為保護公益及投資人之必要應揭露事項

4.申購及買回資訊之彙整與申報

　　為提供主管機關及中央銀行管理上之需要，除總代理人應於每一營業日公告所代理境外基金之單位淨資產價值外，依境外基金管理辦法第 13 條第 1 項規定，總代理人應於每一營業日將其前一營業日代理之境外基金名稱、經交易確認之申購、買回或轉換之總金額、單位數及其他主管機關所定之事項，依主管機關所規定之格式及內容彙整相關資料，經主管機關指定之資訊傳輸系統向主管機關或指定之機構申報。而有關銷售機構依前開規定應向總代理人提供之相關資料及總代理人與銷售機構間，就相關交易資訊傳輸，銷售機構得經由主管機關指定之證券集中保管事業及同業公會所設立資訊系統傳輸相關資訊。同時總代理人所代理之境外基金，亦應依規定之格式及內容於每月終了後十日內編具月報表申報。另外就總代理人所代理之境外基金，必須配合基金註冊地規定，編具年度財務報告，併同其中文簡譯本即時辦理公告事宜。

㈣總代理人與銷售機構之責任

　　總代理人與銷售機構之權責如何劃分，誠屬重要之規範，然為考量可歸責事由之隸屬，似不宜直接課總代理人無過失責任，而應課以監督及選任責任為妥，故境外基金管理辦法第 15 條規定，總代理人如發現銷售機構違反法令或逾越授權範圍之情事，應立即督促其改善，並立即通知主管機關，總代理人、銷售機構及其董事、監察人、經理人或受僱人因故意、過

失或違反契約或法令規定，致損害持有人之權益者，應負損害賠償責任。

　　而總代理人對於銷售機構因故致損害持有人之權益者，除其授權及監督其業務之執行已盡相當之注意，或縱加以相當之注意仍不免發生損害者外，總代理人仍應負連帶賠償責任。惟代理之銷售機構與總代理人之權責劃分，有認為銷售機構是履行輔助人，故對債權人而言，其故意過失責任皆由總代理人負責，但亦有認為應負委任人、受任人或僱用人與受僱人之特殊共同侵權行為責任，其至有認為就各自業務上之故意過失負責，除非總代理人之指示有故意過失時，始由其負責。但一般而言，必須以總代理人應負授權與選任監督之責任，始能有效保護國內之投資人，雖然境外基金管理辦法第 15 條之規定最後採業者之看法，由總代理人與銷售機構各自負責，但此一規定可否排除民法第 188 條之連帶賠償責任，不無疑義，尤其在面對境外基金註冊地之法令或有關洗錢防治 (Money Laundry) 或防恐措施之要求時，處於第一線之銷售機構，其直接與客戶往來，因此必須負責執行基礎之過濾與配合檢肅之義務。

三、銷售機構

㈠銷售機構之範圍

　　銷售機構為直接面對國內之投資人，並代理交付公開說明書及負責解析說明之任務，境外基金管理辦法第 18 條明定其對象以總代理人委任授權經核准營業之證券投資信託事業、證券投資顧問事業、證券經紀商、銀行或信託業為擔任境外基金之銷售機構，代理該境外基金之募集及銷售業務，至於信託業或證券經紀商若依規定擔任境外基金銷售機構者，得與投資人簽訂特定金錢信託契約或受託買賣外國有價證券契約為之。換言之，信託業及證券經紀商除保留原有銷售之管道外，在境外基金管理辦法通過後，又可擔任一般之銷售機構透過總代理方式之銷售管道。銷售機構代理境外基金募集及銷售，但如有提供投資顧問服務並收取報酬者，理應由證券投資顧問事業為之，至於其報酬無論是由客戶或第三人所提供者皆應包含在內，但境外基金管理辦法之規定，將境外基金視為商品之販售，並未明定

進一步說明及顧問之義務，與香港之規定相較，顯然更自由更開放。

㈡銷售機構之資格條件

經參酌現行國內基金之銷售管道，作全面之開放，前述對象只要符合下列條件者，皆可擔任銷售機構：

1.最近期經會計師查核簽證之財務報告每股淨值不低於面額。

2.最近二年未曾因受本法第 103 條第 2 款規定以上、證券交易法第 66 條第 2 款規定以上、期貨交易法第 100 條第 1 項第 2 款規定以上、信託業法第 44 條第 1 項第 2 款或第 2 項第 1 款或第 2 款規定或銀行法第 61 條之 1 第 1 項第 1 款規定以上之處分者。

3.辦理募集及銷售業務人員應符合證券投資顧問事業負責人與業務人員管理規則所定從業人員之資格條件。

4.其他經主管機關規定應具備之條件。

㈢銷售機關應辦理之事項

1.終止銷售之處理

銷售機構若有終止代理境外基金之募集及銷售業務者，依境外基金管理辦法第 21 條規定應即通知總代理人。銷售機構終止辦理境外基金業務後，應協助投資人轉由其他境外基金銷售機構，繼續提供服務，包括協助投資人辦理後續境外基金之買回、轉換或其他相關事宜。

2.投資人糾紛之處理

銷售機構應協助投資人辦理下列事項：

⑴交付投資人投資人須知及公開說明書中譯本等相關資訊。

⑵協助持有人紛爭處理與辦理投資人權益保護事宜及一切通知事項。

⑶其他依法令規定應辦理之事項。

㈣銷售機構之責任

境外基金管理機構與總代理人簽訂之授權契約，或總代理人與銷售機構簽訂之授權契約，其基本法律關係為民法之委任契約，至於各該契約應行記載事項，由同業公會擬定，報主管機關核定。在法令並不排除銷售機構得與境外基金機構及總代理人共同簽訂銷售契約，另同時規定總代理人

及銷售機構依規定代理募集及銷售境外基金時，不得以契約排除其對持有人應負之責任。

四、境外基金之資格條件

㈠一般境外基金

參酌現行核備境外基金之條件規定，境外基金管理辦法第 23 條第 1 項，明定境外基金符合下列條件者，得經核准在國內募集及銷售：

㈠境外基金從事衍生性商品交易，並未直接採 UCITS III 之規定，而係參考國內基金之規定，明定持有未沖銷多頭部位價值之總金額，不得超過該境外基金資產淨值之 15%；持有未沖銷空頭部位價值之總金額不得超過該境外基金所持有之相對應有價證券總市值。但境外基金註冊地經我國承認並公告者，得適用註冊地對投資衍生性商品之規範。

㈡境外基金不得投資於黃金、商品現貨及不動產。

㈢境外基金投資以下有價證券者，其占該境外基金總投資之比例，不得超過主管機關所訂定之比例：

1. 大陸地區證券市場之有價證券。

2. 香港或澳門地區證券市場由大陸地區政府或公司發行或經理之有價證券 ❹。

3. 恆生香港中資企業指數 (Hang Seng China-Affiliated Corporations Index) 成分股公司所發行之有價證券。

4. 香港或澳門地區證券交易市場由大陸地區政府、公司直接或間接持有股權達 30% 以上公司所發行之有價證券 ❹。

---

❹　一般稱之為 H 股，為大陸地區公司在香港聯交所上市掛牌之有價證券，與在大陸地區證券市場掛牌之有價證券，包括有 A 股（以人民幣交易並限制大陸地區人民方得買賣）或 B 股（以外幣交易並由非大陸地區人民買賣）者，有所不同。

❹　此與恆生香港中資企業指數成分股公司所發行之有價證券合計，通稱為紅籌股 (Red-Chip)。

㈣國內持有人投資金額占個別境外基金比例，不得超過主管機關規定之一定限額。

㈤境外基金之投資組合不得以中華民國證券市場為主要的投資地區，該投資比例由本會定之。

㈥該境外基金不得以新臺幣或人民幣計價。

㈦境外基金必須成立滿一年。但境外基金註冊地經我國承認並公告者，不在此限。

㈧境外基金已經基金註冊地主管機關准以向不特定人募集者。

㈨其他經主管機關規定之事項。

㈡指數股票型基金 (ETF)

指數股票型基金 (Exchange Traded Fund; ETF)，在本質上是共同基金，但其又與上市股票相同，得在集中交易市場交易，同時因其可創造與贖回之特性，又兼具開放式與封閉式基金之功能，因此境外基金管理辦法第 26 條規定，在該基金符合註冊地與其金管理機構所在地為我國承認且公告者，基金資格符合前述所定一般基金之條件，且指數符合主管機關所要求之條件者，得經核准向我國證券交易所申請上市或進行交易。

㈢豁免規定之適用

境外基金之管理，基於基金註冊地與我國簽訂條約、協定或簽訂相關備忘錄，並經主管機構公告者，其與國內基金之管理同為主管機構之行政權所及之管轄權範圍內，故有予以優惠鼓勵之必要，故境外基金管理辦法於第 23 條第 2 項，明定該基金得豁免有關衍生性商品交易及成立必須滿一年始能申請之限制。但因其免受成立滿一年之限制，等同可以直接在我國募集，與國內基金之首次募集或原始募集相同，故同辦法第 27 條第 3 項規定，其申請程序準用國內基金處理準則之相關規定辦理。

五、境外基金管理及保管機構之資格條件

境外基金管理辦法經參照核備境外基金其管理機構之規範，明定申請在國內募集及銷售境外基金之基金管理機構，應符合下列條件：

㈠基金管理機構（得含其控制或從屬機構）所管理基金總資產淨值超過二十億美元或等值之外幣者。所稱總資產淨值之計算不包括退休基金及個人或機構投資人之全權委託帳戶。其乃考量原規定為美金 10 億元，但經二十多年來物價之波動，及參考國內證券投資信託事業之專業發起人，其為資產管理機構者，必須符合有新臺幣 650 億元之資產管理規模，始得擔任，爰將美金 10 億元修正為 20 億美元。

㈡最近二年未受當地主管機關處分並有紀錄在案者。

㈢成立滿二年以上者。

㈣境外基金之保管機構，應符合經主管機關核准或認可之信用評等機構評等達一定等級以上者。

六、原核備之境外基金之適用

為適度緩衝原經核備推介境外基金之法令適用，在新規定發布前經核准由證券投資顧問事業提供投資推介顧問之境外基金，依境外基金管理辦法第 28 條規定，應由境外基金管理機構授權之總代理人填具申報書，檢附主管機關規定之文件，向主管機關申報生效後，始得募集及銷售。總代理人提出申報，應取得同業公會審查意見書，總代理人依規定提出申報，於主管機關收到申報書即日起屆滿十二個營業日生效。總代理人所提出之申報書件不完備、應記載事項不充分等情事，於未經通知停止其申報生效前，自行完成補正者，自主管機關收到補正書件即日起屆滿規定之申報生效期間生效。

七、結論與建議

境外基金管理之法令規範，在證券投資信託及顧問法立法之前，為屬於較模糊之領域，但因事涉鉅大的商業機會與眾多之投資人權益，平常之糾紛處理多委由銷售者與投資人私自解決，同時雖有法令嚴格限制之規定，卻因規範不周延，賦予太多之灰色空間，所以國外資產管理業者儘管在我國境內業務之進行與推展並無障礙，可是就法令規範之明確性，乃存有疑

慮，準此，在我國憲法法律保留原則及行政程序法所要求法律構成要件明確性之前提下，為開放業者有更寬廣之業務範圍，讓投資人在更多法令保護下有更多投資選擇之商品，對境外基金納入更明確性之規範有其開創性與功能性的歷史任務，然而境外基金管理辦法之研擬，經過漫長的蒐集資料、研擬及討論之過程，與各方之努力提供寶貴之意見與建議後，該辦法已於 94 年 8 月 2 日公布施行。接下來則必須付諸執行，而原辦法之規定，雖然是妥協之結晶，但由於尚有諸多欠完整之處，導致法令發布半年後，業者之爭議乃多，而無法有效之推動實行，準此總據前述之管理架構與規範內容之討論，就法律上之觀點乃可提出以下幾點建議，期待未來修正時能使法令規範更趨於完善與順暢之運作:

㈠代理與代表法律觀念之釐清

由於證券投資信託及顧問法第 16 條第 1 項，明定必須經主管機關核准或申報生效，始得在中華民國境內從事或代理募集、銷售、投資顧問境外基金，所謂從事係指事業體自己為業務之行為，因此必須在中華民國境內指定代表人，而代表則由本人授權代理人為業務上之法律行為，本人僅就授權行為負法律責任，故其責任基礎尚有不同，境外基金管理機構之子公司、分支機構或授權第三人，皆以代理視之，在法律關係與責任區分上，易生混淆，故對於子公司及分支機構應以代表人視之為妥。

㈡募集、私募、銷售與投資顧問之業務行為區隔

募集為對不特定人或多數人公開招募有價證券之行為，私募為對特定或專業之人為招募之業務行為；而投資顧問為推介買賣之行為，本為三種不同型態之業務行為，通常募集、私募必須對應募人交付公開說明書或投資說明書，並負責說明該基金之本質、風險等，所以募集、私募行為已蘊涵有投資顧問之內容，為高度行為與低度行為之關係，因此在規劃境外基金之募集、私募及投資顧問之管理規範時，允宜設立其不同之門檻標準，不宜併同看待。至於私募境外基金，原證券投資信託及顧問法之立法草案係列在第 16 條第 1 項規定，嗣在討論時，鑑於私募允宜有較低之可罰性，故改列第 2 項規定，並認為在刑事責任上第 1 項之違反是適用同法第 107

條之五年以下有期徒刑之刑度，而私募之違反，畢竟仍免不了須為提供說明之顧問行為，故應為投資顧問之範疇，其未依規定辦理可依同法第 110 條規定處以二年以下有期徒刑之刑度，若私募有再進一步，以廣告或對不特定人為勸誘，則視為以公開募集之行為，回歸適用第 16 條第 1 項及第 107 條之規定，並非放任私募境外基金之行為於我國境內不管。

(三)國內外業者應均衡兼顧

開放境外基金之募集、私募及銷售業務，是否排擠國內 (Local) 業者之營運發展應審慎考量，由於境外基金管理機構通常擁有久遠之豐富經驗，累積一定之績效與品牌，故應審慎考量適度開放境外基金與扶助國內資產管理業者之發展應行並重，同時必須考量稅捐、工作機會、國家主權與司法管轄等成本與因素，因此我國境外基金之管理可參考香港、新加坡之開放程度，但不宜使境外基金成為超國民待遇，以求得國內外業者競爭之均衡。

(四)統籌規範與業務競爭之公平性考量

境外基金之管理由於有其歷史發展之背景與涉及不同領域之法令規範，故分別隸屬不同主管機關與管轄，然由於不同之法令規範與管轄，亦導致倚重倚輕之不公平現象，在證券投資信託及顧問法已明確授權規範，且行政管理機關並已實行金融監理一元化之情形下，應為統籌規範，從功能上為一致性之管理，以能掌握資訊之完整性，並累積集中與國外洽談簽訂 MOU 保障國人投資安全之地位與實力。

(五)原核備境外基金之緩衝適用

對於前經核備之將近八百檔境外基金，雖原來核備時僅限於被動推介顧問，然為尊重其既有權益之保護，並考量現有國人投資各該基金之權利，在新管理辦法實施之際，宜予適當之緩衝期間，俾使其能申報得為募集銷售之標的，同時亦應考慮申請程序與書件之簡化，以合理解決新舊法令之適用問題。

附　錄

一、銀行法（民國 95 年 05 月 30 日修正）

第一章　通　則

第 1 條　為健全銀行業務經營，保障存款人權益，適應產業發展，並使銀行信用配合國家金融政策，特制定本法。

第 2 條　本法稱銀行，謂依本法組織登記，經營銀行業務之機構。

第 3 條　銀行經營之業務如左：

一　收受支票存款。

二　收受其他各種存款。

三　受託經理信託資金。

四　發行金融債券。

五　辦理放款。

六　辦理票據貼現。

七　投資有價證券。

八　直接投資生產事業。

九　投資住宅建築及企業建築。

一〇　辦理國內外匯兌。

一一　辦理商業匯票承兌。

一二　簽發信用狀。

一三　辦理國內外保證業務。

一四　代理收付款項。

一五　承銷及自營買賣或代客買賣有價證券。

一六　辦理債券發行之經理及顧問事項。

一七　擔任股票及債券發行簽證人。

一八　受託經理各種財產。

一九　辦理證券投資信託有關業務。

二〇　買賣金塊、銀塊、金幣、銀幣及外國貨幣。

二一　辦理與前列各款業務有關之倉庫、保管及代理服務業務。

二二　經中央主管機關核准辦理之其他有關業務。

第 4 條　各銀行得經營之業務項目，由中央主管機關按其類別，就本法所定之範圍內分別核定，並於營業執照上載明之。但其有關外匯業務之經營，須經中央銀行之許可。

第 5 條　銀行依本法辦理授信，其期限在一年以內者，為短期信用；超過一年而在七年以內者，為中期信用；超過七年者，為長期信用。

第 5-1 條　本法稱收受存款，謂向不特定多數人收受款項或吸收資金，並約定返還本金或給付相當或高於本金之行為。

第 5-2 條　本法稱授信，謂銀行辦理放款、透支、貼現、保證、承兌及其他經中央主管機關指定之業務項目。

第 6 條　本法稱支票存款，謂依約定憑存款人簽發支票，或利用自動化設備委託支付隨時提取不計利息之存款。

第 7 條　本法稱活期存款，謂存款人憑存摺或依約定方式，隨時提取之存款。

第 8 條　本法稱定期存款，謂有一定時期之限制，存款人憑存單或依約定方式提取之存款。

第 8-1 條　定期存款到期前不得提取。但存款人得以之質借，或於七日以前通知銀行中途解約。

前項質借及中途解約辦法，由主管機關洽商中央銀行定之。

第 9 條

第 10 條　本法稱信託資金，謂銀行以受託人地位，收受信託款項，依照信託契約約定之條件，為信託人指定之受益人之利益而經營之資金。

第 11 條　本法稱金融債券，謂銀行依照本法有關規定，為供給中期或長期信用，報經中央主管機關核准發行之債券。

第 12 條　本法稱擔保授信，謂對銀行之授信，提供左列之一為擔保者：

一　不動產或動產抵押權。

二　動產或權利質權。

三　借款人營業交易所發生之應收票據。

四　各級政府公庫主管機關、銀行或經政府核准設立之信用保證機構之保證。

第 12-1 條　銀行辦理自用住宅放款及消費性放款，已取得前條所定之足額擔保時，不得以任何理由要求借款人提供連帶保證人。

銀行辦理授信徵取保證人時，除前項規定外，應以一定金額為限。

未來求償時，應先就借款人進行求償，其求償不足部分得就連帶保證人平均求償之。但為取得執行名義或保全程序者，不在此限。

第 13 條　本法稱無擔保授信，謂無前條各款擔保之授信。

第 14 條　本法稱中、長期分期償還放款，謂銀行依據借款人償債能力，經借貸雙方協議，於放款契約內訂明分期還本付息辦法及借款人應遵守之其他有關條件之放款。

第 15 條　本法稱商業票據，謂依國內外商品交易或勞務提供而產生之匯票或本票。

前項匯票以出售商品或提供勞務之相對人為付款人而經其承兌者，謂商業承兌匯票。

前項相對人委託銀行為付款人而經其承兌者，謂銀行承兌匯票。出售商品或提供勞務之人，依交易憑證於交易價款內簽發匯票，委託銀行為付款人而經其承兌者，亦同。

銀行對遠期匯票或本票，以折扣方式預收利息而購入者，謂貼現。

第 16 條　本法稱信用狀，謂銀行受客戶之委任，通知並授權指定受益人，在其履行約定條件後，

得依照一定款式，開發一定金額以內之匯票或其他憑證，由該行或其指定之代理銀行負責承兌或付款之文書。

第 17 條　（刪除）

第 18 條　本法稱銀行負責人，謂依公司法或其他法律或其組織章程所定應負責之人。

第 19 條　本法之主管機關為財政部。

第 20 條　銀行分為下列三種：

一、商業銀行。

二、專業銀行。

三、信託投資公司。

銀行之種類或其專業，除政府設立者外，應在其名稱中表示之。

非銀行，不得使用第一項名稱或易使人誤認其為銀行之名稱。

第 21 條　銀行及其分支機構，非經完成第二章所定之設立程序，不得開始營業。

第 22 條　銀行不得經營未經中央主管機關核定經營之業務。

第 23 條　各種銀行資本之最低額，由中央主管機關將全國劃分區域，審酌各區域人口、經濟發展情形，及銀行之種類，分別核定或調整之。

銀行資本未達前項調整後之最低額者，中央主管機關應指定期限，命其辦理增資；逾期未完成增資者，應撤銷其許可。

第 24 條　銀行資本應以國幣計算。

第 25 條　銀行股票應為記名式。

同一人或同一關係人持有同一銀行之股份，超過銀行已發行有表決權股份總數百分之十五者，應通知銀行，並由銀行報經主管機關核准。但同一人或同一關係人持有同一銀行之股份，除金融控股公司、政府持股、及為處理問題金融機構之需要，經主管機關核准者外，不得超過銀行已發行有表決權股份總數百分之二十五。金融控股公司之設立及管理，另以法律定之。

同一人或同一關係人持有同一銀行已發行有表決權股份總數超過百分之十五者，應於每月五日以前，將其上月份之持股變動及設定質權之情形通知銀行；銀行應於每月十五日以前，彙總向主管機關申報。

前二項所稱同一人，指同一自然人或同一法人；同一關係人之範圍，包括本人、配偶、二親等以內之血親，及以本人或配偶為負責人之企業。

同一人或本人與配偶、未成年子女合計持有同一銀行已發行有表決權股份總數百分之一以上者，應由本人通知銀行。

第 26 條　中央主管機關得視國內經濟、金融情形，於一定區域內限制銀行或其分支機構之增設。

第 27 條　銀行在國外設立分支機構，應由中央主管機關洽商中央銀行後核准辦理。

第 28 條　商業銀行及專業銀行經營信託或證券業務，其營業及會計必須獨立；其營運範圍及風險管理規定，得由主管機關定之。

銀行經營信託及證券業務，應指撥營運資金專款經營，其指撥營運資金之數額，應經主管機關核准。

除其他法律另有規定者外，銀行經營信託業務，準用第六章之規定辦理。

銀行經營信託及證券業務之人員，關於客戶之往來、交易資料，除其他法律或主管機關另有規定外，應保守秘密；對銀行其他部門之人員，亦同。

第 29 條　除法律另有規定者外，非銀行不得經營收受存款、受託經理信託資金、公眾財產或辦理國內外匯兌業務。

違反前項規定者，由主管機關或目的事業主管機關會同司法警察機關取締，並移送法辦；如屬法人組織，其負責人對有關債務，應負連帶清償責任。

執行前項任務時，得依法搜索扣押被取締者之會計帳簿及文件，並得拆除其標誌等設施或為其他必要之處置。

第 29-1 條　以借款、收受投資、使加入為股東或其他名義，向多數人或不特定之人收受款項或吸收資金，而約定或給付與本金顯不相當之紅利、利息、股息或其他報酬者，以收受存款論。

第 30 條　銀行辦理放款、開發信用狀或提供保證，其借款人、委任人或被保證人為股份有限公司之企業，如經董事會決議，向銀行出具書面承諾，以一定財產提供擔保，及不再以該項財產提供其他債權人設定質權或抵押權者，得免辦或緩辦不動產或動產抵押權登記或質物之移轉占有。但銀行認有必要時，債務人仍應於銀行指定之期限內補辦之。

借款人、委任人或被保證人違反前項承諾者，其參與決定此項違反承諾行為之董事及行為人應負連帶賠償責任。

第 31 條　銀行開發信用狀或擔任商業匯票之承兌，其與客戶間之權利、義務關係，以契約定之。

銀行辦理前項業務，如需由客戶提供擔保者，其擔保依第十二條所列各款之規定。

第 32 條　銀行不得對其持有實收資本總額百分之三以上之企業，或本行負責人、職員、或主要股東，或對與本行負責人或辦理授信之職員有利害關係者，為無擔保授信。但消費者貸款及對政府貸款不在此限。

前項消費者貸款額度，由中央主管機關定之。

本法所稱主要股東係指持有銀行已發行股份總數百分之一以上者；主要股東為自然人時，本人之配偶與其未成年子女之持股應計入本人之持股。

第 33 條　銀行對其持有實收資本總額百分之五以上之企業，或本行負責人、職員、或主要股東，或對與本行負責人或辦理授信之職員有利害關係者為擔保授信，應有十足擔保，其條件不得優於其他同類授信對象，如授信達中央主管機關規定金額以上者，並應經三分之二以上董事之出席及出席董事四分之三以上同意。

前項授信限額、授信總餘額、授信條件及同類授信對象，由中央主管機關洽商中央銀行定之。

第 33-1 條　前二條所稱有利害關係者，謂有左列情形之一而言：

一　銀行負責人或辦理授信之職員之配偶、三親等以內之血親或二親等以內之姻親。

二 銀行負責人、辦理授信之職員或前款有利害關係者獨資、合夥經營之事業。

三 銀行負責人、辦理授信之職員或第一款有利害關係者單獨或合計持有超過公司已發行股份總數或資本總額百分之十之企業。

四 銀行負責人、辦理授信之職員或第一款有利害關係者為董事、監察人或經理人之企業。但其董事、監察人或經理人係因投資關係，經中央主管機關核准而兼任者，不在此限。

五 銀行負責人、辦理授信之職員或第一款有利害關係者為代表人、管理人之法人或其他團體。

第 33-2 條　銀行不得交互對其往來銀行負責人、主要股東，或對該負責人為負責人之企業為無擔保授信，其為擔保授信應依第三十三條規定辦理。

第 33-3 條　主管機關對於銀行就同一人、同一關係人或同一關係企業之授信或其他交易得予限制，其限額，由主管機關定之。

前項所稱同一人及同一關係人之範圍，適用第二十五條第四項規定；所稱同一關係企業之範圍，適用公司法第三百六十九條之一至第三百六十九條之三、第三百六十九條之九及第三百六十九條之十一規定。

第 33-4 條　第三十二條、第三十三條或第三十三條之二所列舉之授信對象，利用他人名義向銀行申請辦理之授信，亦有上述規定之適用。

向銀行申請辦理之授信，其款項為利用他人名義之人所使用；或其款項移轉為利用他人名義之人所有時，視為前項所稱利用他人名義之人向銀行申請辦理之授信。

第 33-5 條　計算第三十二條第一項、第三十三條第一項有關銀行持有實收資本總額百分之三以上或百分之五以上之企業之出資額，應連同下列各款之出資額一併計入：

一 銀行之從屬公司單獨或合計持有該企業之出資額。

二 第三人為銀行而持有之出資額。

三 第三人為銀行之從屬公司而持有之出資額。

前項所稱銀行之從屬公司之範圍，適用公司法第三百六十九條之二第一項規定。

第 34 條　銀行不得於規定利息外，以津貼、贈與或其他給與方法吸收存款。但對於信託資金依約定發給紅利者，不在此限。

第 35 條　銀行負責人及職員不得以任何名義，向存戶、借款人或其他顧客收受佣金、酬金或其他不當利益。

第 35-1 條　銀行負責人及職員不得兼任其他銀行任何職務。但因投資關係，並經中央主管機關核准者，得兼任被投資銀行之董事或監察人。

第 35-2 條　銀行負責人應具備之資格條件，由中央主管機關定之。

第 36 條　中央主管機關於必要時，經洽商中央銀行後，得對銀行無擔保之放款或保證，予以適當之限制。

中央主管機關於必要時，經洽商中央銀行後，得就銀行主要資產與主要負債之比率、主要負債與淨值之比率，規定其標準。凡實際比率未符規定標準之銀行，中央主管機關除依規定處罰外，並

得限制其分配盈餘。

前項所稱主要資產及主要負債，由中央主管機關斟酌各類銀行之業務性質規定之。

第 37 條　借款人所提質物或抵押物之放款值，由銀行根據其時值、折舊率及銷售性，覈實決定。

中央銀行因調節信用，於必要時得選擇若干種類之質物或抵押物，規定其最高放款率。

第 38 條　銀行對購買或建造住宅或企業用建築，得辦理中、長期放款，其最長期限不得超過三十年。但對於無自用住宅者購買自用住宅之放款，不在此限。

第 39 條　銀行對個人購買耐久消費品得辦理中期放款；或對買受人所簽發經承銷商背書之本票，辦理貼現。

第 40 條　前二項放款，均得適用中、長期分期償還放款方式；必要時，中央銀行得就其付現條件及信用期限，予以規定並管理之。

第 41 條　銀行利率應以年率為準，並於營業場所揭示。

第 42 條　銀行各種存款及其他各種負債，應依中央銀行所定比率提準備金。

前項其他各種負債之範圍，由中央銀行洽商財政部定之。

第 42-1 條　銀行發行現金儲值卡應經主管機關許可，並依中央銀行之規定提列準備金；其許可及管理辦法，由主管機關洽商中央銀行定之。

前項所稱現金儲值卡，謂發卡人以電子、磁力或光學形式儲存金錢價值，持卡人得以所儲存金錢價值之全部或一部交換貨物或勞務，並得作為多用途之支付使用者。

第 43 條　為促使銀行對其資產保持適當之流動性，中央銀行經洽商中央主管機關後，得隨時就銀行流動資產與各項負債之比率，規定其最低標準。未達最低標準者，中央主管機關應通知限期調整之。

第 44 條　銀行自有資本與風險性資產之比率，不得低於百分之八；必要時，主管機關得參照國際標準，提高比率。銀行經主管機關規定應編製合併報表時，其合併後之自有資本與風險性資產之比率，亦同。

前項所稱自有資本與風險性資產，其範圍及計算方法，由主管機關定之。

主管機關於必要時，得對銀行之風險性資產予以限制。

凡實際比率低於規定標準之銀行，主管機關得限制其分配盈餘並為其他必要之處置或限制；其辦法，由主管機關定之。

第 45 條　中央主管機關得隨時派員，或委託適當機關，或令地方主管機關派員，檢查銀行或其他關係人之業務、財務及其他有關事項，或令銀行或其他關係人於限期內據實提報財務報告、財產目錄或其他有關資料及報告。

中央主管機關於必要時，得指定專門職業及技術人員，就前項規定應行檢查事項、報表或資料予以查核，並向中央主管機關據實提出報告，其費用由銀行負擔。

第 45-1 條　銀行應建立內部控制及稽核制度；其目的、原則、政策、作業程序、內部稽核人員應具備之資格條件、委託會計師辦理內部控制查核之範圍及其他應遵行事項之辦法，由主管機關定

之。

銀行對資產品質之評估、損失準備之提列、逾期放款催收款之清理及呆帳之轉銷，應建立內部處理制度及程序；其辦法，由主管機關定之。

銀行作業委託他人處理者，其對委託事項範圍、客戶權益保障、風險管理及內部控制原則，應訂定內部作業制度及程序；其辦法，由主管機關定之。

第 45-2 條　銀行對其營業處所、金庫、出租保管箱（室）、自動櫃員機及運鈔業務等應加強安全之維護；其辦法，由主管機關定之。

銀行對存款帳戶應負善良管理人責任。對疑似不法或顯屬異常交易之存款帳戶，得予暫停存入或提領、匯出款項。

前項疑似不法或顯屬異常交易帳戶之認定標準，及暫停帳戶之作業程序及辦法，由主管機關定之。

第 46 條　為保障存款人之利益，得由政府或銀行設立存款保險之組織。

第 47 條　銀行為相互調劑準備，並提高貨幣信用之效能，得訂定章程，成立同業間之借貸組織。

第 47-1 條　經營貨幣市場業務或信用卡業務之機關，應經中央主管機關之許可；其管理辦法，由中央主管機關洽商中央銀行定之。

第 47-2 條　第四條、第三十二條至第三十三條之四、第三十五條至第三十五條之二、第三十六條、第四十五條、第四十五條之一、第四十九條至第五十一條、第五十八條至第六十二條之九、第六十四條至第六十九條及第七十六條之規定，於經營貨幣市場業務之機構準用之。

第 47-3 條　經營銀行間資金移轉帳務清算之金融資訊服務事業，應經主管機關許可。

但涉及大額資金移轉帳務清算之業務，並應經中央銀行許可；其許可及管理辦法，由主管機關洽商中央銀行定之。

經營銀行間徵信資料處理交換之服務事業，應經主管機關許可；其許可及管理辦法，由主管機關定之。

第 48 條　銀行非依法院之裁判或其他法律之規定，不得接受第三人有關停止給付存款或匯款、扣留擔保物或保管物或其他類似之請求。

銀行對於顧客之存款、放款或匯款等有關資料，除其他法律或中央主管機關另有規定者外，應保守秘密。

第 49 條　銀行每屆營業年度終了，應編製年報，並應將營業報告書、財務報表、盈餘分配或虧損撥補之決議及其他經主管機關指定之項目，於股東會承認後十五日內；無股東會之銀行於董事會通過後十五日內，分別報請主管機關及中央銀行備查。年報應記載事項，由主管機關定之。

銀行除應將財務報表及其他經主管機關指定之項目於其所在地之日報或依主管機關指定之方式公告外，並應備置於每一營業處所之顯著位置以供查閱。但已符合證券交易法第三十六條規定者，得免辦理公告。

前項應行公告之報表及項目，應經會計師查核簽證。

第 50 條　銀行於完納一切稅捐後分派盈餘時，應先提百分之三十為法定盈餘公積；法定盈餘公積

未達資本總額前，其最高現金盈餘分配，不得超過資本總額之百分之十五。

法定盈餘公積已達其資本總額時，得不受前項規定之限制。

除法定盈餘公積外，銀行得於章程規定或經股東會決議，另提特別盈餘公積。

第 51 條　銀行之營業時間及休假日，得由中央主管機關規定，並公告之。

第 51-1 條　為培育金融專業人才，銀行應提撥資金，專款專用於辦理金融研究訓練發展事宜；其資金之提撥方法及運用管理原則，由中華民國銀行商業同業公會全國聯合會擬訂，報請主管機關核定之。

第二章　銀行之設立、變更、停業、解散

第 52 條　銀行為法人，其組織除法律另有規定或本法修正施行前經專案核准者外，以股份有限公司為限。

銀行股票應公開發行。但經主管機關許可者，不在此限。

依本法或其他法律設立之銀行或金融機構，其設立標準，由主管機關定之。

第 53 條　設立銀行者，應載明左列各款，報請中央主管機關許可：

一　銀行之種類、名稱及其公司組織之種類。

二　資本總額。

三　營業計畫。

四　本行及分支機構所在地。

五　發起人姓名、籍貫、住居所、履歷及認股金額。

第 54 條　銀行經許可設立者，應依公司法規定設立公司；於收足資本全額並辦妥公司登記後，再檢同下列各件，申請主管機關核發營業執照：

一　公司登記證件。

二　驗資證明書。

三　銀行章程。

四　股東名冊及股東會會議紀錄。

五　董事名冊及董事會會議紀錄。

六　常務董事名冊及常務董事會會議紀錄。

七　監察人名冊及監察人會議紀錄。

銀行非公司組織者，得於許可設立後，準用前項規定，逕行申請核發營業執照。

第 55 條　銀行開始營業時，應將中央主管機關所發營業執照記載之事項，於本行及分支機構所在地公告之。

第 56 條　中央主管機關核發營業執照後，如發現原申請事項有虛偽情事，其情節重大者，應即撤銷其許可。

第 57 條　銀行增設分支機構時，應開具分支機構營業計劃及所在地，申請中央主管機關許可，並核發營業執照。遷移或裁撤時，亦應申請中央主管機關核准。

銀行設置、遷移或裁撤非營業用辦公場所或營業場所外自動化服務設備,應事先申請,於申請後經過一定時間,且未經中央主管機關表示禁止者,即可逕行設置、遷移或裁撤。但不得於申請後之等候時間內,進行其所申請之事項。

前二項之管理辦法,由中央主管機關定之。

第 58 條　銀行之合併或對於依第五十三條第一款、第二款或第四款所申報之事項擬予變更者,應經中央主管機關許可,並辦理公司變更登記及申請換發營業執照。

前項合併或變更,應於換發營業執照後十五日內,在本行及分支機構所在地公告之。

第 59 條　銀行違反前條第一項規定者,主管機關應命限期補正,屆期不補正,其情節重大者,得勒令其停業。

第 60 條　（刪除）

第 61 條　銀行經股東會決議解散者,應申敘理由,附具股東會紀錄及清償債務計畫,申請中央主管機關核准後進行清算。

主管機關依前項規定核准解散時,應即撤銷其許可。

第 61-1 條　銀行違反法令、章程或有礙健全經營之虞時,主管機關除得予以糾正、命其限期改善外,並得視情節之輕重,為下列處分:

一　撤銷法定會議之決議。

二　停止銀行部分業務。

三　命令銀行解除經理人或職員之職務。

四　解除董事、監察人職務或停止其於一定期間內執行職務。

五　其他必要之處置。

依前項第四款解除董事、監察人職務時,由主管機關通知經濟部撤銷其董事、監察人登記。

為改善銀行之營運缺失而有業務輔導之必要時,主管機關得指定機構辦理之。

第 62 條　銀行因業務或財務狀況顯著惡化,不能支付其債務或有損及存款人利益之虞時,主管機關得勒令停業並限期清理、停止其一部業務、派員監管或接管、或為其他必要之處置,並得洽請有關機關限制其負責人出境。

主管機關於派員監管或接管時,得停止其股東會、董事或監察人全部或部分職權。

前二項監管或接管辦法,由主管機關定之。

主管機關於勒令銀行停業並限期清理,或派員監管或接管時,不適用公司法有關臨時管理人、檢查人及重整之規定。

第一項勒令停業之銀行,如於清理期限內,已回復支付能力者,得申請主管機關核准復業。逾期未經核准復業者,應廢止其許可,並自停業時起視為解散,原有清理程序視為清算。

前五項規定,對於依其他法律設立之銀行或金融機構適用之。

第 62-1 條　銀行經主管機關派員監管、接管或勒令停業進行清理時,主管機關對銀行及其負責人或有違法嫌疑之職員,得通知有關機關或機構禁止其財產為移轉、交付或設定他項權利,並得函

請入出境許可之機關限制其出境。

第 62-2 條　銀行經主管機關派員接管者，銀行之經營權及財產之管理處分權均由接管人行使之。

銀行負責人或職員於接管處分書送達銀行時，應將銀行業務、財務有關之一切帳冊、文件、印章及財產等列表移交予接管人，並應將債權、債務有關之必要事項告知或應其要求為進行接管之必要行為；銀行負責人或職員對其就有關事項之查詢，不得拒絕答覆或為虛偽陳述。

銀行經主管機關派員監管者，準用前項之規定。

第 62-3 條　接管人對受接管銀行為下列處置時，應研擬具體方案，報經主管機關核准：

一　委託其他銀行、金融機構或中央存款保險公司經營全部或部分業務。

二　增資、減資或減資後再增資。

三　讓與全部或部分營業及資產負債。

四　與其他銀行合併。

五　其他經主管機關指定之重要事項。

第 62-4 條　銀行或金融機構依前條第三款受讓營業及資產負債時，適用下列規定：

一　股份有限公司經代表已發行股份總數過半數股東出席之股東會，以出席股東表決權過半數之同意行之；不同意之股東不得請求收買股份；農會、漁會經會員（代表）大會以全體會員（代表）二分之一以上之出席，及出席會員（代表）二分之一以上之同意行之，免依公司法第一百八十五條至第一百八十八條、農會法第三十七條及漁會法第三十九條規定辦理。

二　債權讓與之通知以公告方式辦理之，免依民法第二百九十七條規定辦理。

三　承擔債務時，免依民法第三百零一條經債權人之承認規定辦理。

四　經主管機關認為有緊急處理之必要，且對金融市場競爭無重大不利影響時，免依公平交易法第十一條第一項規定向行政院公平交易委員會申請許可。

銀行依前條第四款與受接管銀行合併時，除適用前項第四款規定外，並適用下列規定：

一　股份有限公司經代表已發行股份總數過半數股東出席之股東會，以出席股東表決權過半數之同意行之；不同意之股東不得請求收買股份；農會、漁會經會員（代表）大會以全體會員（代表）二分之一以上之出席，及出席會員（代表）二分之一以上之同意行之；信用合作社經社員（代表）大會以全體社員（代表）二分之一以上之出席，出席社員（代表）二分之一以上之同意行之；不同意之社員不得請求返還股金，免依公司法第三百十六條第一項至第三項、第三百十七條、農會法第三十七條、漁會法第三十九條及信用合作社法第二十九條第一項規定辦理。

二　解散或合併之通知以公告方式辦理之，免依公司法第三百十六條第四項規定辦理。

銀行、金融機構或中央存款保險公司依前條第一款受託經營業務時，適用第一項第四款規定。

第 62-5 條　銀行之清理，主管機關應指定清理人為之，並得派員監督清理之進行；清理人執行職務，準用第六十二條之二第一項及第二項規定。

清理人之職務如下：

一　了結現務。

二　收取債權、清償債務。

清理人執行前項職務，有代表銀行為訴訟上及訴訟外一切行為之權。但將銀行營業及資產負債轉讓於其他銀行或機構，或與其他銀行合併時，應報經主管機關核准。

其他銀行或機構受讓受清理銀行之營業及資產負債或與其合併時，應依前條第一項及第二項規定辦理。

清理人執行職務聲請假扣押、假處分時，得免提供擔保。

第 62-6 條　清理人就任後，應即於銀行總行所在地之日報為三日以上之公告，催告債權人於三十日內申報其債權，並應聲明逾期不申報者，不列入清理。但清理人所明知之債權，不在此限。

清理人應即查明銀行之財產狀況，於申報期限屆滿後三個月內造具資產負債表及財產目錄，並擬具清理計畫，報請主管機關備查，並將資產負債表於銀行總行所在地日報公告之。

清理人於第一項所定申報期限內，不得對債權人為清償。但對信託財產、受託保管之財產、已屆清償期之職員薪資及依存款保險條例規定辦理清償者，不在此限。

第 62-7 條　銀行經主管機關勒令停業進行清理時，第三人對該銀行之債權，除依訴訟程序確定其權利者外，非依前條第一項規定之清理程序，不得行使。

前項債權因涉訟致分配有稽延之虞時，清理人得按照清理分配比例提存相當金額，而將所餘財產分配於其他債權人。

銀行清理期間，其重整、破產、和解、強制執行等程序當然停止。

下列各款債權，不列入清理：

一　銀行停業日後之利息。

二　債權人參加清理程序為個人利益所支出之費用。

三　銀行停業日後債務不履行所生之損害賠償及違約金。

四　罰金、罰鍰及追繳金。

在銀行停業日前，對於銀行之財產有質權、抵押權或留置權者，就其財產有別除權；有別除權之債權人不依清理程序而行使其權利。但行使別除權後未能受清償之債權，得依清理程序申報列入清理債權。

清理人因執行清理職務所生之費用及債務，應先於清理債權，隨時由受清理銀行財產清償之。

依前條第一項規定申報之債權或為清理人所明知而列入清理之債權，其請求權時效中斷，自清理完結之日起重行起算。

債權人依清理程序已受清償者，其債權未能受清償之部分，請求權視為消滅。清理完結後，如復發現可分配之財產時，應追加分配，於列入清理程序之債權人受清償後，有剩餘時，第四項之債權人仍得請求清償。

第 62-8 條　清理人應於清理完結後十五日內造具清理期內收支表、損益表及各項帳冊，並將收支表及損益表於銀行總行所在地之日報公告後，報主管機關撤銷銀行許可。

第 62-9 條　主管機關指定機構或派員執行輔導、監管、接管或清理任務所生之費用,應由受輔導、監管、接管或清理之銀行負擔。

第 63 條　(刪除)

第 63-1 條　第六十一條之一、第六十二條之一至第六十二條之九之規定,對於依其他法律設立之銀行或金融機構適用之。

第 64 條　銀行虧損逾資本三分之一者,其董事或監察人應即申報中央主管機關。

中央主管機關對具有前項情形之銀行,得限期命其補足資本;逾期未經補足資本者,應勒令停業。

第 64-1 條　銀行或金融機構經營不善,需進行停業清理清償債務時,存款債務應優先於非存款債務。

前項所稱存款債務係指存款保險條例第四條所稱存款;非存款債務則指該要保機構存款債務以外之負債項目。

第 65 條　銀行經勒令停業,並限期命其就有關事項補正;逾期不為補正者,應由中央主管機關撤銷其許可。

第 66 條　銀行經中央主管機關撤銷許可者,應即解散,進行清算。

第 67 條　銀行經核准解散或撤銷許可者,應限期繳銷執照;逾期不繳銷者,由中央主管機關公告註銷之。

第 68 條　法院為監督銀行之特別清算,應徵詢主管機關之意見,必要時得請主管機關推薦清算人,或派員協助清算人執行職務。

第 69 條　銀行進行清算後,非經清償全部債務,不得以任何名義,退還股本或分配股利。銀行清算時,關於信託資金及信託財產之處理,依信託契約之約定。

第三章　商業銀行

第 70 條　本法稱商業銀行,謂以收受支票存款、活期存款、定期存款,供給短期、中期信用為主要任務之銀行。

第 71 條　商業銀行經營下列業務:

一　收受支票存款。

二　收受活期存款。

三　收受定期存款。

四　發行金融債券。

五　辦理短期、中期及長期放款。

六　辦理票據貼現。

七　投資公債、短期票券、公司債券、金融債券及公司股票。

八　辦理國內外匯兌。

九　辦理商業匯票之承兌。

一〇　簽發國內外信用狀。

一一 保證發行公司債券。

一二 辦理國內外保證業務。

一三 代理收付款項。

一四 代銷公債、國庫券、公司債券及公司股票。

一五 辦理與前十四款業務有關之倉庫、保管及代理服務業務。

一六 經主管機關核准辦理之其他有關業務。

第 72 條 商業銀行辦理中期放款之總餘額，不得超過其所收定期存款總餘額。

第 72-1 條 商業銀行得發行金融債券，其開始還本期限不得低於兩年，並得約定此種債券持有人之受償順序次於銀行其他債權人；其發行辦法及最高發行餘額，由主管機關洽商中央銀行定之。

第 72-2 條 商業銀行辦理住宅建築及企業建築放款之總額，不得超過放款時所收存款總餘額及金融債券發售額之和之百分之三十。但下列情形不在此限：

一 為鼓勵儲蓄協助購置自用住宅，經主管機關核准辦理之購屋儲蓄放款。

二 以中央銀行提撥之郵政儲金轉存款辦理之購屋放款。

三 以行政院經濟建設委員會中長期資金辦理之輔助人民自購住宅放款。

四 以行政院開發基金管理委員會及行政院經濟建設委員會中長期資金辦理之企業建築放款。

五 受託代辦之獎勵投資興建國宅放款、國民住宅放款及輔助公教人員購置自用住宅放款。

主管機關於必要時，得規定銀行辦理前項書放款之最高額度。

第 73 條 商業銀行得就證券之發行與買賣，對有關證券商或證券金融公司予以資金融通。

前項資金之融通，其管理辦法由中央銀行定之。

第 74 條 商業銀行得向主管機關申請投資於金融相關事業。主管機關自申請書件送達之次日起十五日內，未表示反對者，視為已核准。但於前揭期間內，銀行不得進行所申請之投資行為。

商業銀行為配合政府經濟發展計畫，經主管機關核准者，得投資於非金融相關事業。但不得參與該相關事業之經營。主管機關自申請書件送達之次日起三十日內，未表示反對者，視為已核准。但於前揭期間內，銀行不得進行所申請之投資行為。

前二項之投資須符合下列規定：

一 投資總額不得超過投資時銀行實收資本總額扣除累積虧損之百分之四十，其中投資非金融相關事業之總額不得超過投資時銀行實收資本總額扣除累積虧損之百分之十。

二 商業銀行投資金融相關事業，其屬同一業別者，除配合政府政策，經主管機關核准者外，以一家為限。

三 商業銀行投資非金融相關事業，對每一事業之投資金額不得超過該被投資事業實收資本總額或已發行股份總數之百分之五。

第一項及前項第二款所稱金融相關事業，指銀行、票券、證券、期貨、信用卡、融資性租賃、保險、信託事業及其他經主管機關認定之金融相關事業。

為利銀行與被投資事業之合併監督管理，並防止銀行與被投資事業間之利益衝突，確保銀行之健

全經營，銀行以投資為跨業經營方式應遵守之事項，由主管機關另定之。

被投資事業之經營，有顯著危及銀行健全經營之虞者，主管機關得命銀行於一定期間內處分所持有該被投資事業之股份。

本條修正前，投資總額及對非金融相關事業之投資金額超過第三項第一款、第三款所定比率者，在符合所定比率之金額前，其投資總額占銀行實收資本總額扣除累積虧損之比率及對各該事業投資比率，經主管機關核准者，得維持原投資金額。二家或二家以上銀行合併前，個別銀行已投資同一事業部分，於銀行申請合併時，經主管機關核准者，亦得維持原投資金額。

第 74-1 條　商業銀行得投資有價證券；其種類及限制，由主管機關定之。

第 75 條　商業銀行對自用不動產之投資，除營業用倉庫外，不得超過其於投資該項不動產時之淨值；投資營業用倉庫，不得超過其投資於該項倉庫時存款總餘額百分之五。

商業銀行不得投資非自用不動產。

但下列情形不在此限：

一　營業所在地不動產主要部分為自用者。

二　為短期內自用需要而預購者。

三　原有不動產就地重建主要部分為自用者。

商業銀行依前項但書規定投資非自用不動產總金額不得超過銀行淨值之百分之二十，且與自用不動產投資合計之總金額不得超過銀行於投資該項不動產時之淨值。

商業銀行與其持有實收資本總額百分之三以上之企業，或與本行負責人、職員或主要股東，或與第三十三條之一銀行負責人之利害關係人為不動產交易時，須合於營業常規，並應經董事會三分之二以上董事之出席及出席董事四分之三以上同意。

第 76 條　商業銀行因行使抵押權或質權而取得之不動產或股票，除符合第七十四條或第七十五條規定者外，應自取得之日起四年內處分之。但經主管機關核准者，不在此限。

第四章　儲蓄銀行

第 77 條　（刪除）

第 78 條　（刪除）

第 79 條　（刪除）

第 80 條　（刪除）

第 81 條　（刪除）

第 82 條　（刪除）

第 83 條　（刪除）

第 84 條　（刪除）

第 85 條　（刪除）

第 86 條　（刪除）

第五章　專業銀行

第 87 條　為便利專業信用之供給，中央主管機關得許可設立專業銀行，或指定現有銀行，擔任該項信用之供給。

第 88 條　前條所稱專業信用，分為左列各類：

一　工業信用。

二　農業信用。

三　輸出入信用。

四　中小企業信用。

五　不動產信用。

六　地方性信用。

第 89 條　專業銀行得經營之業務項目，由主管機關根據其主要任務，並參酌經濟發展之需要，就第三條所定範圍規定之。

第七十三條至第七十六條之規定，除法律或主管機關另有規定者外，於專業銀行準用之。

第 90 條　專業銀行以供給中期及長期信用為主要任務者，除主管機關另有規定外，得發行金融債券，其發行應準用第七十二條之一規定。

專業銀行依前項規定發行金融債券募得之資金，應全部用於其專業之投資及中、長期放款。

第 91 條　供給工業信用之專業銀行為工業銀行。

工業銀行以供給工、礦、交通及其他公用事業所需中、長期信用為主要業務。

工業銀行得投資生產事業；生產事業之範圍，由主管機關定之。

工業銀行收受存款，應以其投資、授信之公司組織客戶、依法設立之保險業與財團法人及政府機關為限。

工業銀行之設立標準、辦理授信、投資有價證券、投資企業、收受存款、發行金融債券之範圍、限制及其管理辦法，由主管機關定之。

第 91-1 條　工業銀行對有下列各款情形之生產事業直接投資，應經董事會三分之二以上董事出席及出席董事四分之三以上同意；且其投資總餘額不得超過該行上一會計年度決算後淨值百分之五：

一　本行主要股東、負責人及其關係企業者。

二　本行主要股東、負責人及其關係人獨資、合夥經營者。

三　本行主要股東、負責人及其關係人單獨或合計持有超過公司已發行股份總額或實收資本總額百分之十者。

四　本行主要股東、負責人及其關係人為董事、監察人或經理人者。但其董事、監察人或經理人係因銀行投資關係而兼任者，不在此限。

前項第一款所稱之關係企業，適用公司法第三百六十九條之一至第三百六十九條之三、第三百六十九條之九及第三百六十九條之十一規定。

第一項第二款至第四款所稱關係人，包括本行主要股東及負責人之配偶、三親等以內之血親及二

親等以內之姻親。

第 92 條　供給農業信用之專業銀行為農業銀行。

農業銀行以調劑農村金融，及供應農、林、漁、牧之生產及有關事業所需信用為主要任務。

第 93 條　為加強農業信用調節功能，農業銀行得透過農會組織吸收農村資金，供應農業信用及辦理有關農民家計金融業務。

第 94 條　供給輸出入信用之專業銀行為輸出入銀行。

輸出入銀行以供給中、長期信用，協助拓展外銷及輸入國內工業所必需之設備與原料為主要任務。

第 95 條　輸出入銀行為便利國內工業所需重要原料之供應，經中央主管機關核准，得提供業者向國外進行生產重要原料投資所需信用。

第 96 條　供給中小企業信用之專業銀行為中小企業銀行。

中小企業銀行以供給中小企業中、長期信用，協助其改善生產設備及財務結構，暨健全經營管理為主要任務。

中小企業之範圍，由中央經濟主管機關擬訂，報請行政院核定之。

第 97 條　供給不動產信用之專業銀行為不動產信用銀行。

不動產信用銀行以供給土地開發、都市改良、社區發展、道路建設、觀光設施及房屋建築等所需中、長期信用為主要任務。

第 98 條　供給地方性信用之專業銀行為國民銀行。

國民銀行以供給地區發展及當地國民所需短、中期信用為主要任務。

第 99 條　國民銀行應分區經營，在同一地區內以設立一家為原則。

國民銀行對每一客戶之放款總額，不得超過一定之金額。

國民銀行設立區域之劃分，與每戶放款總額之限制，由中央主管機關定之。

第六章　信託投資公司

第 100 條　本法稱信託投資公司，謂以受託人之地位，按照特定目的，收受、經理及運用信託資金與經營信託財產，或以投資中間人之地位，從事與資本市場有關特定目的投資之金融機構。

信託投資公司之經營管理，依本法之規定；本法未規定者，適用其他有關法律之規定；其管理規則，由中央主管機關定之。

第 101 條　信託投資公司經營左列業務：

一　辦理中、長期放款。

二　投資公債、短期票券、公司債券、金融債券及上市股票。

三　保證發行公司債券。

四　辦理國內外保證業務。

五　承銷及自營買賣或代客買賣有價證券。

六　收受、經理及運用各種信託資金。

七　募集共同信託基金。

八 受託經管各種財產。

九 擔任債券發行受託人。

一〇 擔任債券或股票發行簽證人。

一一 代理證券發行、登記、過戶及股息紅利之發放事項。

一二 受託執行遺囑及管理遺產。

一三 擔任公司重整監督人。

一四 提供證券發行、募集之顧問服務，及辦理與前列各款業務有關之代理服務事項。

一五 經中央主管機關洽商中央銀行後核准辦理之其他有關業務。

經中央主管機關核准，得以非信託資金辦理對生產事業直接投資或投資住宅建築及企業建築。

第 102 條　信託投資公司經營證券承銷商或證券自營商業務時，至少應指撥相當於其上年度淨值百分之十專款經營，該項專款在未動用時，得以現金貯存，存放於其他金融機構或購買政府債券。

第 103 條　信託投資公司應以現金或中央銀行認可之有價證券繳存中央銀行，作為信託資金準備。其準備與各種信託資金契約總值之比率，由中央銀行在百分之十五至二十之範圍內定之。但其繳存總額最低不得少於實收資本總額百分之二十。

前項信託資金準備，在公司開業時期，暫以該公司實收資本總額百分之二十為準，俟公司經營一年後，再照前項標準於每月月底調整之。

第 104 條　信託投資公司收受、經理或運用各種信託資金及經營信託財產，應與信託人訂立信託契約，載明左列事項：

一 資金營運之方式及範圍。

二 財產管理之方法。

三 收益之分配。

四 信託投資公司之責任。

五 會計報告之送達。

六 各項費用收付之標準及其計算之方法。

七 其他有關協議事項。

第 105 條　信託投資公司受託經理信託資金或信託資產，應盡善良管理人之注意。

第 106 條　信託投資公司之經營與管理，應由具有專門學識與經驗之財務人員為之；並應由合格之法律、會計及各種業務上所需之技術人員協助辦理。

第 107 條　信託投資公司違反法令或信託契約，或因其他可歸責於公司之事由，致信託人受有損害者，其應負責之董事及主管人員應與公司連帶負損害賠償之責。

前項連帶責任，自各該應負責之董事或主管人員卸職登記之日起二年間，未經訴訟上之請求而消滅。

第 108 條　信託投資公司不得為左列行為。但因裁判之結果，或經信託人書面同意，並依市價購讓，或雖未經信託人同意，而係由集中市場公開競價購讓者，不在此限：

一 承受信託財產之所有權。

二 於信託財產上設定或取得任何權益。

三 以自己之財產或權益售讓與信託人。

四 從事於其他與前三項有關的交易。

五 就信託財產或運用信託資金與公司之董事、職員或與公司經營之信託資金有利益關係之第三人為任何交易。

信託投資公司依前項但書所為之交易，除應依規定報請主管機關核備外，應受左列規定之限制：

一 公司決定從事交易時，與該項交易所涉及之信託帳戶、信託財產或證券有直接或間接利益關係之董事或職員，不得參與該項交易行為之決定。

二 信託投資公司為其本身或受投資人之委託辦理證券承銷、證券買賣交易或直接投資業務時，其董事或職員如同時為有關證券發行公司之董事、職員或與該項證券有直接間接利害關係者，不得參與該交易行為之決定。

第 109 條 信託投資公司在未依信託契約營運前，或依約營運收回後尚未繼續營運前，其各信託戶之資金，應以存放商業銀行或專業銀行為限。

第 110 條 信託投資公司得經營左列信託資金：

一 由信託人指定用途之信託資金。

二 由公司確定用途之信託資金。

信託投資公司對由公司確定用途之信託資金，得以信託契約約定，由公司負責，賠償其本金損失。

信託投資公司對應賠償之本金損失，應於每會計年度終了時確實評審，依信託契約之約定，由公司以特別準備金撥付之。

前項特別準備金，由公司每年在信託財產收益項下依主管機關核定之標準提撥。

信託投資公司經依規定十足撥補本金損失後，如有剩餘，作為公司之收益；如有不敷，應由公司以自有資金補足。

第 111 條 信託投資公司應就每一信託戶及每種信託資金設立專帳；並應將公司自有財產與受託財產，分別記帳，不得流用。

信託投資公司不得為信託資金借入項款。

第 112 條 信託投資公司之債權人對信託財產不得請求扣押或對之行使其他權利。

第 113 條 信託投資公司應設立信託財產評審委員會，將各信託戶之信託財產每三個月評審一次；並將每一信託帳戶審查結果，報告董事會。

第 114 條 信託投資公司應依照信託契約之約定及中央主管機關之規定，分別向每一信託人及中央主管機關作定期會計報告。

第 115 條 信託投資公司募集共同信託基金，應先擬具發行計畫，報經中央主管機關核准。

前項共同信託基金管理辦法，由中央主管機關定之。

第 115-1 條 第七十四條、第七十五條及第七十六條之規定，於信託投資公司準用之。

但經主管機關依第一百零一條第二項核准之業務，不在此限。

第七章　外國銀行

第 116 條　本法稱外國銀行，謂依照外國法律組織登記之銀行，經中華民國政府認許，在中華民國境內依公司法及本法登記營業之分行。

第 117 條　外國銀行在中華民國境內設立，應經主管機關之許可，依公司法申請認許及辦理登記，並應依第五十四條申請核發營業執照後始得營業；在中華民國境內設置代表人辦事處者，應經主管機關核准。

前項設立及管理辦法，由主管機關定之。

第 118 條　中央主管機關得按照國際貿易及工業發展之需要，指定外國銀行得設立之地區。

第 119 條　（刪除）

第 120 條　外國銀行應專撥其在中華民國境內營業所用之資金，並準用第二十三條及第二十四條之規定。

第 121 條　外國銀行得經營之業務，由主管機關洽商中央銀行後，於第七十一條及第一百零一條第一項所定範圍內以命令定之。其涉及外匯業務者，並應經中央銀行之許可。

第 122 條　外國銀行收付款項，除經中央銀行許可收受外國貨幣存款者外，以中華民國國幣為限。

第 123 條　外國銀行準用第一章至第三章及第六章之規定。

第 124 條　（刪除）

第八章　罰則

第 125 條　違反第二十九條第一項規定者，處三年以上十年以下有期徒刑，得併科新臺幣一千萬元以上二億元以下罰金。其犯罪所得達新臺幣一億元以上者，處七年以上有期徒刑，得併科新臺幣二千五百萬元以上五億元以下罰金。

經營銀行間資金移轉帳務清算之金融資訊服務事業，未經主管機關許可，而擅自營業者，依前項規定處罰。

法人犯前二項之罪者，處罰其行為負責人。

第 125-1 條　散布流言或以詐術損害銀行、外國銀行、經營貨幣市場業務機構或經營銀行間資金移轉帳務清算之金融資訊服務事業之信用者，處五年以下有期徒刑，得併科新臺幣一千萬元以下罰金。

第 125-2 條　銀行負責人或職員，意圖為自己或第三人不法之利益，或損害銀行之利益，而為違背其職務之行為，致生損害於銀行之財產或其他利益者，處三年以上十年以下有期徒刑，得併科新臺幣一千萬元以上二億元以下罰金。其犯罪所得達新臺幣一億元以上者，處七年以上有期徒刑，得併科新臺幣二千五百萬元以上五億元以下罰金。

銀行負責人或職員，二人以上共同實施前項犯罪之行為者，得加重其刑至二分之一。

第一項之未遂犯罰之。

前三項規定，於外國銀行或經營貨幣市場業務機構之負責人或職員，適用之。

第 125-3 條　意圖為自己或第三人不法之所有，以詐術使銀行將銀行或第三人之財物交付，或以不正方法將虛偽資料或不正指令輸入銀行電腦或其相關設備，製作財產權之得喪、變更紀錄而取得他人財產，其犯罪所得達新臺幣一億元以上者，處三年以上十年以下有期徒刑，得併科新臺幣一千萬元以上二億元以下罰金。

以前項方法得財產上不法之利益或使第三人得之者，亦同。

前二項之未遂犯罰之。

第 125-4 條　犯第一百二十五條、第一百二十五條之二或第一百二十五條之三之罪，於犯罪後自首，如有犯罪所得並自動繳交全部所得財物者，減輕或免除其刑；並因而查獲其他正犯或共犯者，免除其刑。

犯第一百二十五條、第一百二十五條之二或第一百二十五條之三之罪，在偵查中自白，如有犯罪所得並自動繳交全部所得財物者，減輕其刑；並因而查獲其他正犯或共犯者，減輕其刑至二分之一。

犯第一百二十五條第一項、第一百二十五條之二第一項及第一百二十五條之三第一項、第二項之罪，其犯罪所得利益超過罰金最高額時，得於所得利益之範圍內加重罰金；如損及金融市場穩定者，加重其刑至二分之一。

第 125-5 條　第一百二十五條之二第一項之銀行負責人、職員或第一百二十五條之三第一項之行為人所為之無償行為，有害及銀行之權利者，銀行得聲請法院撤銷之。

前項之銀行負責人、職員或行為人所為之有償行為，於行為時明知有損害於銀行之權利，且受益人於受益時亦知其情事者，銀行得聲請法院撤銷之。

依前二項規定聲請法院撤銷時，得並聲請命受益人或轉得人回復原狀。但轉得人於轉得時不知有撤銷原因者，不在此限。

第一項之銀行負責人、職員或行為人與其配偶、直系親屬、同居親屬、家長或家屬間所為之處分其財產行為，均視為無償行為。

第一項之銀行負責人、職員或行為人與前項以外之人所為之處分其財產行為，推定為無償行為。

第一項及第二項之撤銷權，自銀行知有撤銷原因時起，一年間不行使，或自行為時起經過十年而消滅。

前六項規定，於第一百二十五條之二第四項之外國銀行負責人或職員適用之。

第 125-6 條　第一百二十五條之二第一項、第一百二十五條之二第四項適用同條第一項及第一百二十五條之三第一項之罪，為洗錢防制法第三條第一項所定之重大犯罪，適用洗錢防制法之相關規定。

第 126 條　（罰則（二））股份有限公司違反其依第三十條所為之承諾者，其參與決定此項違反承諾行為之董事及行為人，處三年以下有期徒刑、拘役或科或併科新臺幣一百八十萬元以下罰金。

第 127 條　違反第三十五條規定者，處三年以下有期徒刑、拘役或科或併科新臺幣五百萬元以下罰金。但其他法律有較重之處罰規定者，依其規定。

違反第四十七條之二或第一百二十三條準用第三十五條規定者，依前項規定處罰。

第 127-1 條　銀行違反第三十二條、第三十三條、第三十三條之二或適用第三十三條之四第一項
而有違反前三條規定或違反第九十一條之一規定者，其行為負責人，處三年以下有期徒刑、拘役
或科或併科新臺幣五百萬元以上二千五百萬元以下罰金。

銀行依第三十三條辦理授信達主管機關規定金額以上，或依第九十一條之一辦理生產事業直接投
資，未經董事會三分之二以上董事之出席及出席董事四分之三以上同意者或違反主管機關依第三
十三條第二項所定有關授信限額、授信總餘額之規定或違反第九十一條之一有關投資總餘額不得
超過銀行上一會計年度決算後淨值百分之五者，其行為負責人處新臺幣二百萬元以上一千萬元以
下罰鍰，不適用前項規定。

經營貨幣市場業務之機構違反第四十七條之二準用第三十二條、第三十三條、第三十三條之二或
第三十三條之四規定者或外國銀行違反第一百二十三條準用第三十二條、第三十三條、第三十三
條之二或第三十三條之四規定者，其行為負責人依前二項規定處罰。

前三項規定於行為負責人在中華民國領域外犯罪者，適用之。

第 127-2 條　違反主管機關依第六十二條第一項規定所為之處置，足以生損害於公眾或他人者，
其行為負責人處一年以上七年以下有期徒刑，得併科新臺幣二千萬元以下罰金。

銀行負責人或職員於主管機關指定機構派員監管或接管或勒令停業進行清理時，有下列情形之一
者，處一年以上七年以下有期徒刑，得併科新臺幣二千萬元以下罰金：

一　於主管機關指定期限內拒絕將銀行業務、財務有關之帳冊、文件、印章及財產等列表移交予
　　主管機關指定之監管人、接管人或清理人，或拒絕將債權、債務有關之必要事項告知或拒絕
　　其要求不為進行監管、接管或清理之必要行為。

二　隱匿或毀損有關銀行業務或財務狀況之帳冊文件。

三　隱匿或毀棄銀行財產或為其他不利於債權人之處分。

四　對主管機關指定之監管人、接管人或清理人詢問無正當理由不為答復或為虛偽之陳述。

五　捏造債務或承認不真實之債務。

違反主管機關依第四十七條之二或第一百二十三條準用第六十二條第一項、第六十二條之二或第
六十二條之五規定所為之處置，有前二項情形者，依前二項規定處罰。

第 127-3 條　銀行負責人或職員違反第三十五條之一規定兼職者，處新臺幣二百萬元以上一千萬
元以下罰鍰。其兼職係經銀行指派者，受罰人為銀行。

經營貨幣市場業務機構之負責人或職員違反第四十七條之二準用第三十五條之一規定兼職者，或
外國銀行負責人或職員違反第一百二十三條準用第三十五條之一規定兼職者，依前項規定處罰。

第 127-4 條　法人之負責人、代理人、受雇人或其他職員，因執行業務違反第一百二十五條至第
一百二十七條之二規定之一者，除依各該條規定處罰其行為負責人外，對該法人亦科以各該條之
罰鍰或罰金。

前項規定，於外國銀行準用之。

第 127-5 條　違反第二十條第三項規定者，處三年以下有期徒刑、拘役或科或併科新臺幣五百萬

元以下罰金。

法人犯前項之罪者，處罰其行為負責人。

第 128 條　銀行之董事或監察人違反第六十四條第一項規定怠於申報，或信託投資公司之董事或職員違反第一百零八條規定參與決定者，各處新臺幣二百萬元以上一千萬元以下罰鍰。

經營貨幣市場業務機構之董事或監察人違反第四十七條之二準用第六十四條第一項規定怠於申報者，或外國銀行負責人或職員違反第一百二十三條準用第一百零八條規定參與決定者，依前項規定處罰。

銀行股東持股違反第二十五條第二項規定，處該股東新臺幣二百萬元以上一千萬元以下罰鍰，並得限制其超過許可持股部分之表決權。銀行明知銀行股東有上開情事未向主管機關報告者，亦處新臺幣二百萬元以上一千萬元以下罰鍰。

經營銀行間資金移轉帳務清算之金融資訊服務事業或銀行間徵信資料處理交換之服務事業，有下列情形之一者，處新臺幣二百萬元以上一千萬元以下罰鍰：

一　主管機關派員或委託適當機構，檢查其業務、財務及其他有關事項或令其於限期內提報財務報告或其他有關資料時，拒絕檢查、隱匿毀損有關資料、對檢查人員詢問無正當理由不為答復或答復不實、逾期提報資料或提報不實或不全者。

二　未經主管機關許可，擅自停止其業務之全部或一部者。

三　除其他法律或主管機關另有規定者外，無故洩漏因職務知悉或持有他人之資料者。

經營銀行間徵信資料處理交換之服務事業，未經主管機關許可，而擅自營業者，依前項規定處罰。

第 129 條　有下列情事之一者，處新臺幣二百萬元以上一千萬元以下罰鍰：

一　違反第二十一條、第二十二條或第五十七條或違反第四十七條之二準用第四條、第一百二十三條準用第二十一條、第二十二條或第五十七條規定者。

二　違反第二十五條第一項規定發行股票者。

三　違反第二十八條第一項至第三項或違反第一百二十三條準用第二十八條第一項至第三項規定者。

四　違反主管機關依第三十三條之三或第三十六條或依第四十七條之二、第一百二十三條準用第三十三條之三或第三十六條規定所為之限制者。

五　違反主管機關依第四十三條或依第一百二十三條準用第四十三條規定所為之通知，未於限期內調整者。

六　違反主管機關依第四十四條所為之限制者。

七　未依第四十五條之一或未依第四十七條之二準用第四十五條之一或第一百二十三條準用第四十五條之一規定建立內部制度或未確實執行者。

八　未依第一百零八條第二項或未依第一百二十三條準用第一百零八條第二項規定報核者。

九　違反第一百十條第四項或違反第一百二十三條準用第一百十條第四項規定，未提足特別準備金者。

一〇 違反第一百十五條第一項或違反第一百二十三條準用第一百十五條第一項募集共同信託基金者。

第 129-1 條 銀行或其他關係人之負責人或職員於主管機關依第四十五條規定，派員或委託適當機構，或令地方主管機關派員，或指定專門職業及技術人員，檢查業務、財務及其他有關事項，或令銀行或其他關係人於限期內據實提報財務報告、財產目錄或其他有關資料及報告時，有下列情形之一者，處新臺幣二百萬元以上一千萬元以下罰鍰：

一 拒絕檢查或拒絕開啟金庫或其他庫房者。

二 隱匿或毀損有關業務或財務狀況之帳冊文件者。

三 對檢查人員詢問無正當理由不為答復或答復不實者。

四 逾期提報財務報告、財產目錄或其他有關資料及報告，或提報不實、不全或未於規定期限內繳納查核費用者。

經營貨幣市場業務機構或外國銀行之負責人、職員或其他關係人於主管機關依第四十七條之二或第一百二十三條準用第四十五條規定，派員或委託適當機構，或指定專門職業及技術人員，檢查業務、財務及其他有關事項，或令其或其他關係人於限期內據實提報財務報告、財產目錄或其他有關資料及報告時，有前項所列各款情形之一者，依前項規定處罰。

第 130 條 有下列情事之一者，處新臺幣一百萬元以上五百萬元以下罰鍰：

一 違反中央銀行依第四十條或依第一百二十三條準用第四十條所為之規定而放款者。

二 違反第七十二條或違反第一百二十三條準用第七十二條或違反主管機關依第九十九條第三項所為之規定而放款者。

三 違反第七十四條或違反第八十九條第二項、第一百十五條之一或第一百二十三條準用第七十四條之規定而為投資者。

四 違反第七十四條之一、第七十五條或違反第八十九條第二項準用第七十四條之一或違反第八十九條第二項、第一百十五條之一或第一百二十三條準用第七十五條之規定而為投資者。

五 違反第七十六條、或違反第四十七條之二、第八十九條第二項、第一百十五條之一或第一百二十三條準用第七十六條之規定者。

六 違反第九十一條或主管機關依第九十一條所為授信、投資、收受存款及發行金融債券之範圍、限制及其管理辦法者。

七 違反第一百零九條或違反第一百二十三條準用第一百零九條之規定運用資金者。

八 違反第一百十一條或違反第一百二十三條準用第一百十一條之規定者。

第 131 條 有下列情事之一者，處新臺幣五十萬元以上二百五十萬元以下罰鍰：

一 違反第三十四條或違反第一百二十三條準用第三十四條之規定吸收存款者。

二 違反第四十九條或違反第四十七條之二或第一百二十三條準用第四十九條之規定者。

三 違反第一百十四條或違反第一百二十三條準用第一百十四條之規定者。

四 違反主管機關依第五十一條或依第四十七條之二、第一百二十三條準用第五十一條所為之規

定者。

　　五　違反主管機關依第五十一條之一所為之規定，拒絕繳付者。

第132條　違反本法或本法授權所定命令中有關強制或禁止規定或應為一定行為而不為者，除本法另有處以罰鍰規定而應從其規定外，處新臺幣五十萬元以上二百五十萬元以下罰鍰。

第133條　第一百二十九條至第一百三十二條所定罰鍰之受罰人為銀行或其分行。但違反第二十五條第三項及第五項規定者，受罰人為應通知或申報之股東本人或銀行。

　　銀行或其分行經依前項受罰後，對應負責之人應予求償。

第134條　本法所定罰鍰，由主管機關處罰。

　　違反第四十條依第一百三十條第一款所定之罰鍰，及違反第三十七條第二項、第四十二條或第七十三條第二項授權中央銀行訂定之強制或禁止規定，而依第一百三十二條應處之罰鍰，由中央銀行處罰，並通知主管機關。

　　前二項罰鍰之受罰人不服者，得依訴願及行政訴訟程序，請求救濟。在訴願及行政訴訟期間，得命提供適額保證，停止執行。

第135條　罰鍰經限期繳納而逾期不繳納者，自逾期之日起，每日加收滯納金百分之一；屆三十日仍不繳納者，移送強制執行，並得由主管機關勒令該銀行或分行停業。

第136條　銀行經依本章規定處罰後，於規定限期內仍不予改正者，得對其同一事實或行為依原處罰鍰按日連續處罰，至依規定改正為止；其情節重大者，並得責令限期撤換負責人或撤銷其許可。

第136-1條　犯本法之罪，因犯罪所得財物或財產上利益，除應發還被害人或得請求損害賠償之人外，屬於犯人者，沒收之。如全部或一部不能沒收時，追徵其價額或以其財產抵償之。

第136-2條　犯本法之罪，所科罰金達新臺幣五千萬元以上而無力完納者，易服勞役期間為二年以下，其折算標準以罰金總額與二年之日數比例折算；所科罰金達新臺幣一億元以上而無力完納者，易服勞役期間為三年以下，其折算標準以罰金總額與三年之日數比例折算。

<h3 style="text-align:center">第九章　附則</h3>

第137條　本法施行前，未經申請許可領取營業執照之銀行，或其他經營存放款業務之類似銀行機構，均應於中央主管機關指定期限內，依本法規定，補行辦理設立程序。

第138條　本法公布施行後，現有銀行或類似銀行機構之種類及其任務，與本法規定不相符合者，中央主管機關應依本法有關規定，指定期限命其調整。

第138-1條　法院為審理違反本法之犯罪案件，得設立專業法庭或指定專人辦理。

第139條　依其他法律設立之銀行或其他金融機構，除各該法律另有規定者外，適用本法之規定。

　　前項其他金融機構之管理辦法，由行政院定之。

第139-1條　本法施行細則，由中央主管機關定之。

第140條　本法自公布日施行。

　　本法中華民國八十六年五月七日修正公布之第四十二條施行日期，由行政院定之；中華民國九十五年五月五日修正之條文，自中華民國九十五年七月一日施行。

二、信託業法（民國 95 年 05 月 30 日修正）

第一章　總則

第 1 條　為健全信託業之經營與發展，保障委託人及受益人之權益，特制定本法。

本法未規定者，適用其他有關法令之規定。

依證券交易法核准設立之證券投資信託事業及依都市更新條例核准設立之都市更新投資信託公司，不適用本法之規定。

第 2 條　本法稱信託業，謂依本法經主管機關許可，以經營信託為業之機構。

第 3 條　銀行經主管機關之許可兼營信託業務時，視為信託業，適用本法之規定。

第 4 條　本法稱主管機關為財政部。

第 5 條　本法稱信託業負責人，謂依公司法或其他法律或其組織章程所定應負責之人。

第 6 條　信託業負責人應具備之資格條件，由主管機關定之。

第 7 條　本法稱信託業之利害關係人，謂有下列情形之一者：

一　持有信託業或兼營信託業務之銀行已發行股份總數或資本總額百分之五以上者。

二　擔任信託業負責人或兼營信託業務之銀行負責人。

三　對信託財產具有運用決定權者。

四　與前三款之人具有銀行法第三十三條之一各款所列關係者。但第一款及第二款之人為政府者，不在此限。

五　信託業或兼營信託業務之銀行持股比率超過百分之五之企業。

第 8 條　本法稱共同信託基金，謂信託業就一定之投資標的，以發行受益證券或記帳方式向不特定多數人募集，並為該不特定多數人之利益而運用之信託資金。

設立共同信託基金以投資證券交易法第六條之有價證券為目的者，應依證券交易法有關規定辦理。

第 9 條　信託業之名稱，應標明信託之字樣。但銀行經主管機關之許可兼營信託業務者，不在此限。

非信託業不得使用信託業或易使人誤認為信託業之名稱。但其他法律另有規定者，不在此限。

政黨或其他政治團體不得投資或經營信託業。

第二章　設立及變更

第 10 條　信託業之組織，以股份有限公司為限。但銀行經主管機關之許可兼營信託業務者，不在此限。

信託業之設立，準用銀行法第五十三條至第五十六條之規定。

信託業之設立標準，由主管機關定之。

第 11 條　信託業為下列行為，應經主管機關許可：

一　章程或與之相當之組織規程之變更。

二　公司法第一百八十五條第一項所定之行為。

三　其他經主管機關規定之事項。

第 12 條　信託業非經完成設立程序，並發給營業執照，不得開始營業。

第 13 條　信託業增設分支機構時，應檢具分支機構營業計畫，向主管機關申請許可及營業執照。

遷移或裁撤時，亦應申請主管機關核准。

銀行之分支機構兼營信託業務時，應檢具分支機構兼營信託業務計畫，申請主管機關許可，並於

分支機構之營業執照上載明之。

第一項及第二項之管理辦法，由主管機關定之。

第 14 條　信託業或其分支機構之增設，準用銀行法第二十六條之規定。

第 15 條　銀行暫時停止或終止其兼營之信託業務者，應申請主管機關許可。

信託業之合併、變更、停業、解散、撤銷許可、清理及清算，準用銀行法第五十八條、第五十九

條、第六十一條及第六十三條至第六十九條之規定。

第三章　業務

第 16 條　信託業經營之業務項目如下：

一　金錢之信託。

二　金錢債權及其擔保物權之信託。

三　有價證券之信託。

四　動產之信託。

五　不動產之信託。

六　租賃權之信託。

七　地上權之信託。

八　專利權之信託。

九　著作權之信託。

一〇　其他財產權之信託。

第 17 條　信託業經營之附屬業務項目如下：

一　代理有價證券發行、轉讓、登記及股息利息紅利之發放事項。

二　提供有價證券發行、募集之顧問服務。

三　擔任股票及債券發行簽證人。

四　擔任遺囑執行人及遺產管理人。

五　擔任破產管理人及公司重整監督人。

六　擔任信託法規定之信託監察人。

七　辦理保管業務。

八　辦理出租保管箱業務。

九 辦理與信託業務有關下列事項之代理事務：

(一)財產之取得、管理、處分及租賃。

(二)財產之清理及清算。

(三)債權之收取。

(四)債務之履行。

一○ 與信託業務有關不動產買賣及租賃之居間。

一一 提供投資、財務管理及不動產開發顧問服務。

一二 經主管機關核准辦理之其他有關業務。

第 18 條 信託業得經營之業務種類，應報請主管機關分別核定，並於營業執照上載明之；其有變更者，亦同。其業務涉及外匯之匯入匯出部分，應依據管理外匯條例有關之規定，透過外匯指定銀行為之。其業務之經營涉及信託業得全權決定運用標的，且將信託財產運用於證券交易法第六條規定之有價證券或期貨交易法第三條規定之期貨時，並應向證券主管機關申請兼營證券投資顧問業務。

信託業不得經營未經主管機關核定之業務。

第 19 條 信託契約之訂定，應以書面為之，並應記載下列各款事項：

一 委託人、受託人及受益人之姓名、名稱及住所。

二 信託目的。

三 信託財產之種類、名稱、數量及價額。

四 信託存續期間。

五 信託財產管理及運用方法。

六 信託收益計算、分配之時期及方法。

七 信託關係消滅時，信託財產之歸屬及交付方式。

八 受託人之責任。

九 受託人之報酬標準、種類、計算方法、支付時期及方法。

一○ 各項費用之負擔及其支付方法。

一一 信託契約之變更、解除及終止之事由。

一二 簽訂契約之日期。

一三 其他法律或主管機關規定之事項。

信託業應依照信託契約之約定及主管機關之規定，分別向委託人、受益人作定期會計報告，如約定設有信託監察人者，亦應向信託監察人報告。

第 20 條 信託業接受以應登記之財產為信託時，應依有關規定為信託登記。

信託業接受以有價證券為信託者，應依目的事業主管機關規定，於證券上或其他表彰權利之文件上載明為信託財產。

信託業接受以股票或公司債券為信託者，應通知發行公司。

第 21 條　信託業應設立信託財產評審委員會，將信託財產每三個月評審一次，報告董事會。

第 22 條　信託業處理信託事務，應以善良管理人之注意為之，並負忠實義務。

政黨或其他政治團體交付信託之財產及其信託利益之取得與分配，信託業者應定期公告，其辦法由主管機關定之。

第 23 條　信託業經營信託業務，不得對委託人或受益人有虛偽、詐欺或其他足致他人誤信之行為。

第 24 條　信託業之經營與管理，應由具有專門學識或經驗之人員為之。

對信託財產具有運用決定權者，不得兼任其他業務之經營。

信託業之董事、監察人應有一定比例以上具備經營與管理信託業之專門學識或經驗。

第一項及第三項之專門學識或經驗，及第三項之比例，由主管機關定之。

第 25 條　信託業不得以信託財產為下列行為：

一　購買本身或其利害關係人發行之有價證券或票券。

二　購買本身或其利害關係人之財產。

三　讓售與本身或其利害關係人。

四　購買本身銀行業務部門承銷之有價證券或票券。

政府發行之債券，不受前項第一款、第三款及第四款之限制。

第 26 條　信託業不得以信託財產辦理放款。

信託業不得以信託財產借入款項。但以開發為目的之土地信託經全體受益人同意者，不在此限。

第 27 條　信託業除事先取得受益人之書面同意外，不得為下列行為：

一　以信託財產購買其銀行業務部門經紀之有價證券或票券。

二　以信託財產存放於其銀行業務部門或其利害關係人處作為存款。

三　以信託財產與本身或其利害關係人為第二十五條第一項以外之其他交易。

四　其他經主管機關規定之行為。

第 28 條　委託人得依契約之約定，委託信託業將其所信託之資金與其他委託人之信託資金集合管理及運用。

前項信託資金集合管理運用之管理辦法，由主管機關定之。

第 29 條　共同信託基金之募集，應先擬具發行計畫，載明該基金之投資標的及比率、募集方式、權利轉讓、資產管理、淨值計算、權益分派、信託業之禁止行為與責任及其他必要事項，報經主管機關核准。信託業非經主管機關核准，不得募集共同信託基金。

信託業應依主管機關核定之發行計畫，經營共同信託基金業務。

共同信託基金管理辦法，由主管機關洽商中央銀行定之。

第 30 條　共同信託基金受益證券應為記名式。

共同信託基金受益證券由受益人背書轉讓之。但非將受讓人之姓名或名稱通知信託業，不得對抗該信託業。

第 31 條　信託業不得承諾擔保本金或最低收益率。

第 32 條　信託業辦理委託人不指定營運範圍或方法之金錢信託，其營運範圍以下列為限：

一　現金及銀行存款。

二　投資公債、公司債、金融債券。

三　投資短期票券。

四　其他經主管機關核准之業務。

主管機關於必要時，得對前項金錢信託，規定營運範圍或方法及其限額。

第四章　監督

第 33 條　非信託業不得辦理不特定多數人委託經理第十六條之信託業務。但其他法律另有規定者，不在此限。

第 34 條　信託業為擔保其因違反受託人義務而對委託人或受益人所負之損害賠償、利益返還或其他責任，應提存賠償準備金。

前項賠償準備金之額度，由主管機關就信託業實收資本額或兼營信託業務之銀行實收資本額之範圍內，分別規定之。

第一項賠償準備金，應於取得營業執照後一個月內以現金或政府債券繳存中央銀行。

委託人或受益人就第一項賠償準備金，有優先受償之權。

第 35 條　信託業違反法令或信託契約，或因其他可歸責於信託業之事由，致委託人或受益人受有損害者，其應負責之董事及主管人員應與信託業連帶負損害賠償之責。

前項連帶責任，自各應負責之董事及主管人員卸職之日起二年內，不行使該項請求權而消滅。

第 36 條　信託業辦理集合管理運用之金錢信託，應保持適當之流動性。主管機關於必要時，得於洽商中央銀行後，訂定流動性資產之範圍及其比率。信託業未達該比率者，應於主管機關所定期限內調整之。

第 37 條　信託業之會計處理原則，由信託業同業公會報請主管機關核定之。

第 38 條　信託業公積之提存，準用銀行法第五十條規定。

第 39 條　信託業應每半年營業年度編製營業報告書及財務報告，向主管機關申報，並將資產負債表於其所在地之日報或依主管機關指定之方式公告。

第 40 條　信託業自有財產之運用範圍，除兼營信託業務之銀行外，以下列各款為限：

一　購買自用不動產、設備及充作營業支出。

二　投資公債、短期票券、公司債、金融債券、上市及上櫃股票、受益憑證。

三　銀行存款。

四　其他經主管機關核准之事項。

前項第一款自用不動產之購買總額，不得超過該信託業淨值。

第一項第二款公司債、上市及上櫃股票、受益憑證之投資總額不得超過該信託業淨值百分之三十；其投資每一公司之公司債及股票總額、或每一基金受益憑證總額，不得超過該信託業淨值百分之五及該公司債與股票發行公司實收資本額百分之五，或該受益憑證發行總額百分之五。

第 41 條　信託業有下列情事之一者，應於事實發生之翌日起二個營業日內，向主管機關申報，並
　　　應於本公司所在地之日報或依主管機關指定之方式公告：

一　存款不足之退票、拒絕往來或其他喪失債信情事者。

二　因訴訟、非訟、行政處分或行政爭訟事件，對公司財務或業務有重大影響者。

三　有公司法第一百八十五條第一項規定各款情事之一者。

四　董事長（理事主席）、總經理（局長）或三分之一以上董（理）事發生變動者。

五　簽訂重要契約或改變業務計畫之重要內容。

六　信託財產對信託事務處理之費用，有支付不能之情事者。

七　其他足以影響信託業營運或股東或受益人權益之重大情事者。

第 42 條　主管機關對信託業之檢查，或令其提報相關資料及報告，準用銀行法第四十五條規定。

　　　信託業應建立內部控制及稽核制度，並設置稽核單位。

　　　信託業內部控制及稽核制度實施辦法，由主管機關定之。

第 43 條　信託業因業務或財務顯著惡化，不能支付其債務或有損及委託人或受益人利益之虞時，
　　　主管機關得準用銀行法第六十二條規定處理之。

第 44 條　信託業違反本法規定，除依本法處罰外，主管機關得依其情節為下列之處分：

一　糾正並限期改善。

二　命令信託業解除或停止負責人之職務。

　　　信託業不遵行前項處分，主管機關得對同一事實或行為再予加一倍至五倍罰鍰，其情節重大者，
　　　並得為下列之處分：

一　停止一部或全部之業務。

二　撤銷營業許可。

三　其他必要之處置。

第五章　公會

第 45 條　信託業非加入商業同業公會，不得營業。

第 46 條　信託業商業同業公會業務管理規則，由主管機關定之。

第 47 條　信託業商業同業公會之理事、監事有違反法令怠於實施該會章程、規則、濫用職權或違
　　　背誠實信用原則之行為者，主管機關得予糾正或命令信託業商業同業公會予以解任。

第六章　罰則

第 48 條　違反第三十三條規定者，處三年以上十年以下有期徒刑，得併科新臺幣一千萬元以上二
　　　億元以下罰金。其犯罪所得達新臺幣一億元以上者，處七年以上有期徒刑，得併科新臺幣二千五
　　　百萬元以上五億元以下罰金。

　　　法人犯前項之罪者，處罰其行為負責人。

第 48-1 條　信託業負責人或職員，意圖為自己或第三人不法之利益，或損害信託業之利益，而為
　　　違背其職務之行為，致生損害於信託業之自有財產或其他利益者，處三年以上十年以下有期徒刑，

得併科新臺幣一千萬元以上二億元以下罰金。其犯罪所得達新臺幣一億元以上者，處七年以上有期徒刑，得併科新臺幣二千五百萬元以上五億元以下罰金。

信託業負責人或職員，二人以上共同實施前項犯罪之行為者，得加重其刑至二分之一。

第一項之未遂犯罰之。

第 48-2 條　意圖為自己或第三人不法之所有，以詐術使信託業將信託業或第三人之財物交付，或以不正方法將虛偽資料或不正指令輸入信託業電腦或其相關設備，製作財產權之得喪、變更紀錄而取得他人財產，其犯罪所得達新臺幣一億元以上者，處三年以上十年以下有期徒刑，得併科新臺幣一千萬元以上二億元以下罰金。

以前項方法得財產上不法之利益或使第三人得之者，亦同。

前二項之未遂犯罰之。

第 48-3 條　犯第四十八條、第四十八條之一或第四十八條之二之罪，於犯罪後自首，如有犯罪所得並自動繳交全部所得財物者，減輕或免除其刑；並因而查獲其他正犯或共犯者，免除其刑。

犯第四十八條、第四十八條之一或第四十八條之二之罪，在偵查中自白，如有犯罪所得並自動繳交全部所得財物者，減輕其刑；並因而查獲其他正犯或共犯者，減輕其刑至二分之一。

犯第四十八條、第四十八條之一或第四十八條之二之罪，其犯罪所得利益超過罰金最高額時，得於所得利益之範圍內加重罰金；如損及金融市場穩定者，加重其刑至二分之一。

第 48-4 條　第四十八條之一第一項之信託業負責人、職員或第四十八條之二第一項之行為人所為之無償行為，有害及信託業之權利者，信託業得聲請法院撤銷之。

前項之信託業負責人、職員或行為人所為之有償行為，於行為時明知有損害於信託業之權利，且受益人於受益時亦知其情事者，信託業得聲請法院撤銷之。

依前二項規定聲請法院撤銷時，得並聲請命受益人或轉得人回復原狀。但轉得人於轉得時不知有撤銷原因者，不在此限。

第一項之信託業負責人、職員或行為人與其配偶、直系親屬、同居親屬、家長或家屬間所為之處分其財產行為，均視為無償行為。

第一項之信託業負責人、職員或行為人與前項以外之人所為之處分其財產行為，推定為無償行為。

第一項及第二項之撤銷權，自信託業知有撤銷原因時起，一年間不行使，或自行為時起經過十年而消滅。

第 48-5 條　第四十八條之一第一項及第四十八條之二第一項之罪，為洗錢防制法第三條第一項所定之重大犯罪，適用洗錢防制法之相關規定。

第 49 條　違反第二十三條或第二十九條第一項規定者，其行為負責人處一年以上七年以下有期徒刑或科或併科新臺幣一千萬元以下罰金。

第 50 條　違反第二十五條第一項或第二十六條第一項規定者，其行為負責人處三年以下有期徒刑、拘役或科或併科新臺幣一千萬元以下罰金。

第 51 條　信託業違反信託法第二十四條規定，未將信託財產與其自有財產或其他信託財產分別管

理或分別記帳者，其行為負責人處六月以上五年以下有期徒刑，得併科新臺幣三百萬元以下罰金。

信託業違反信託法第三十五條規定，將信託財產轉為自有財產，或於信託財產上設定或取得權利者，其行為負責人處一年以上七年以下有期徒刑，得併科新臺幣一千萬元以下罰金。

第 52 條　違反第九條第二項規定者，其行為負責人處一年以下有期徒刑、拘役或科或併科新臺幣三百萬元以下罰金。

政黨或其他政治團體違反第九條第三項規定者，其行為負責人處一年以下有期徒刑、拘役或科或併科新臺幣三百萬元以下罰金。

第 53 條　違反主管機關依第四十三條準用銀行法第六十二條規定所為之處置，足以生損害於公眾或他人者，其行為負責人處一年以上七年以下有期徒刑，得併科新臺幣二千萬元以下罰金。

信託業董事、監察人、經理人或其他職員於主管機關派員監管或接管，或勒令停業並限期清理時，有下列情形之一者，處三年以下有期徒刑、拘役或科或併科新臺幣一千萬元以下罰金：

一　拒絕移交。

二　隱匿或毀損有關該信託業業務或財務狀況之帳冊文件。

三　隱匿或毀損該信託業之財產或為其他不利於債權人之處分。

四　無故拒絕監管人、接管人或清理人之詢問，或對其詢問不為必需之答復，或拒絕其要求，不為監管、接管或清理之必要行為。

五　捏造債務或承認不真實之債務。

第 54 條　有下列情事之一者，處新臺幣一百八十萬元以上九百萬元以下罰鍰：

一、違反第十二條規定。

二、違反第十三條第一項或第二項規定。

三、違反第十五條第一項規定。

四、信託業董事或監察人違反第十五條第二項關於準用銀行法第六十四條第一項規定。

五、違反第十八條規定。

六、違反第二十四條第二項或第三項規定。

七、違反第二十七條規定。

八、違反第三十一條規定。

九、違反第三十二條第一項限制。

十、違反第三十四條第一項或第三項規定。

十一、違反第三十六條規定，未保持一定比率流動性資產。

十二、違反第四十條規定。

十三、違反第五十九條規定。

十四、違反第六十條規定。

第 55 條　違反第二十六條第二項規定者，處新臺幣一百二十萬元以上六百萬元以下罰鍰。

第 56 條　有下列情事之一者，處新臺幣六十萬元以上三百萬元以下罰鍰：

一 違反第十一條規定者。

二 違反第二十條規定者。

三 違反第二十九條第二項規定者。

四 違反第三十二條第二項規定者。

五 違反第三十八條準用銀行法第五十條規定者。

六 違反第三十九條規定者。

七 違反第四十一條規定者。

八 信託業違反第四十二條第一項準用銀行法第四十五條規定者。

第 57 條　違反本法或本法授權所定命令中有關強制或禁止規定，或應為一定行為而不為者，除本法另有處罰規定應從其規定者外，處新臺幣六十萬元以上三百萬元以下罰鍰。

第 58 條　本法所定罰鍰，由主管機關依職權裁決之。受罰人不服者，得依訴願及行政訴訟程序，請求救濟。在訴願及行政訴訟期間，得命提供適額保證，停止執行。

罰鍰經限期繳納而屆期不繳納者，自逾期之日起，每日加收滯納金百分之一；屆三十日仍不繳納者，移送強制執行，並得由主管機關勒令該信託業或分支機構停業。

第 58-1 條　犯本法之罪，因犯罪所得財物或財產上利益，除應發還被害人或得請求損害賠償之人外，屬於犯人者，沒收之。如全部或一部不能沒收時，追徵其價額或以其財產抵償之。

第 58-2 條　犯本法之罪，所科罰金達新臺幣五千萬元以上而無力完納者，易服勞役期間為二年以下，其折算標準以罰金總額與二年之日數比例折算；所科罰金達新臺幣一億元以上而無力完納者，易服勞役期間為三年以下，其折算標準以罰金總額與三年之日數比例折算。

第七章　附　則

第 59 條　本法施行前經核准附設信託部之銀行，應自本法施行後六個月內依本法申請換發營業執照，其原經營之業務不符本法規定者，應於本法施行後三年內調整至符合規定。

第 60 條　本法施行前依銀行法設立之信託投資公司應於八十九年七月二十一日起五年內依銀行法及其相關規定申請改制為其他銀行，或依本法申請改制為信託業。主管機關得於必要時，限制於一定期間內停止辦理原依銀行法經營之部分業務。

第 61 條　本法施行前，政黨或其他政治團體投資或經營信託業者，應於本法施行後一年內將其股份或出資額轉讓或信託。

第 61-1 條　法院為審理違反本法之犯罪案件，得設立專業法庭或指定專人辦理。

第 62 條　本法施行細則，由主管機關定之。

第 63 條　本法自公布日施行。

本法中華民國九十五年五月五日修正之條文，自中華民國九十五年七月一日施行。

三、證券投資信託及顧問法（民國93年06月30日公布）

第一章　總則

第1條　為健全證券投資信託及顧問業務之經營與發展，增進資產管理服務市場之整合管理，並保障投資，特制定本法；本法未規定者，適用證券交易法之規定。

第2條　本法所稱主管機關，為財政部證券暨期貨管理委員會。

第3條　本法所稱證券投資信託，指向不特定人募集證券投資信託基金發行受益憑證，或向特定人私募證券投資信託基金交付受益憑證，從事於有價證券、證券相關商品或其他經主管機關核准項目之投資或交易。

本法所稱證券投資信託事業，指經主管機關許可，以經營證券投資信託為業之機構。

證券投資信託事業經營之業務種類如下：

一、證券投資信託業務。

二、全權委託投資業務。

三、其他經主管機關核准之有關業務。

證券投資信託事業經營之業務種類，應報請主管機關核准。

第4條　本法所稱證券投資顧問，指直接或間接自委任人或第三人取得報酬，對有價證券、證券相關商品或其他經主管機關核准項目之投資或交易有關事項，提供分析意見或推介建議。

本法所稱證券投資顧問事業，指經主管機關許可，以經營證券投資顧問為業之機構。

證券投資顧問事業經營之業務種類如下：

一、證券投資顧問業務。

二、全權委託投資業務。

三、其他經主管機關核准之有關業務。

證券投資顧問事業經營之業務種類，應報請主管機關核准。

第5條　本法其他用詞定義如下：

一、證券投資信託契約：指由證券投資信託事業為委託人，基金保管機構為受託人所簽訂，用以規範證券投資信託事業、基金保管機構及受益人間權利義務之信託契約。

二、基金保管機構：指本於信託關係，擔任證券投資信託契約受託人，依證券投資信託事業之運用指示從事保管、處分、收付證券投資信託基金，並依本法及證券投資信託契約辦理相關基金保管業務之信託公司或兼營信託業務之銀行。

三、受益人：指依證券投資信託契約規定，享有證券投資信託基金受益權之人。

四、證券投資信託基金：指證券投資信託契約之信託財產，包括因受益憑證募集或私募所取得之申購價款、所生孳息及以之購入之各項資產。

五、受益憑證：指為募集或私募證券投資信託基金而發行或交付，用以表彰受益人對該基金所享

權利之有價證券。

六、境外基金：指於中華民國境外設立，具證券投資信託基金性質者。

七、證券投資顧問契約：指證券投資顧問事業接受客戶委任，對有價證券、證券相關商品或其他經主管機關核准項目之投資或交易有關事項提供分析意見或推介建議所簽訂投資顧問之委任契約。

八、有價證券：指依證券交易法第六條規定之有價證券。

九、證券相關商品：指經主管機關核定准予交易之證券相關之期貨、選擇權或其他金融商品。

十、全權委託投資業務：指對客戶委任交付或信託移轉之委託投資資產，就有價證券、證券相關商品或其他經主管機關核准項目之投資或交易為價值分析、投資判斷，並基於該投資判斷，為客戶執行投資或交易之業務。

十一、全權委託保管機構：指依本法及全權委託相關契約，保管委託投資資產及辦理相關全權委託保管業務之信託公司或兼營信託業務之銀行。

十二、委託投資資產：指客戶因全權委託投資，委任交付或信託移轉之資產、所生孳息及以之購入之各項資產。

第 6 條　非依本法不得經營證券投資信託、證券投資顧問及全權委託投資業務。

信託業募集發行共同信託基金投資於有價證券為目的，並符合一定條件者，應依本法規定申請兼營證券投資信託業務。

前項一定條件，由主管機關會商信託業法主管機關定之。

第 7 條　證券投資信託事業、證券投資顧問事業、基金保管機構、全權委託保管機構及其董事、監察人、經理人或受僱人，應依本法、本法授權訂定之命令及契約之規定，以善良管理人之注意義務及忠實義務，本誠實信用原則執行業務。

前項事業、機構或人員對於受益人或客戶個人資料、往來交易資料及其他相關資料，除其他法律或主管機關另有規定外，應保守秘密。

違反前二項規定者，就證券投資信託基金受益人或契約之相對人因而所受之損害，應負賠償之責。

第 8 條　經營證券投資信託業務、證券投資顧問業務、全權委託投資業務、基金保管業務、全權委託保管業務或其他本法所定業務者，不得有下列情事：

一、虛偽行為。

二、詐欺行為。

三、其他足致他人誤信之行為。

證券投資信託事業、證券投資顧問事業、基金保管機構及全權委託保管機構申報或公告之財務報告及其他相關業務文件，其內容不得有虛偽或隱匿之情事。

違反前二項規定者，就證券投資信託基金受益人或契約之相對人因而所受之損害，應負賠償之責。

第 9 條　違反本法規定應負損害賠償責任之人，對於故意所致之損害，法院得因被害人之請求，依侵害情節，酌定損害額三倍以下之懲罰性賠償；因重大過失所致之損害，得酌定損害額二倍以

下之懲罰性賠償。

本法規定之損害賠償請求權，自有請求權人知有得受賠償之原因時起二年間不行使而消滅；自賠償原因發生之日起逾五年者，亦同。

<h2 style="text-align:center">第二章　證券投資信託基金第一節　基金募集、私募、發行及行銷</h2>

第 10 條　證券投資信託事業募集證券投資信託基金，非經主管機關核准或向主管機關申報生效後，不得為之；其申請核准或申報生效應檢附之書件、審核程序、核准或申報生效之條件及其他應遵行事項之準則，由主管機關定之。

基金之募集、發行、銷售及其申購或買回之作業程序，由同業公會擬訂，報經主管機關核定。

前二項基金，如為國外募集基金投資國內或於國內募集基金投資國外者，應經中央銀行同意。

第 11 條　證券投資信託事業得對下列對象進行受益憑證之私募：

一、銀行業、票券業、信託業、保險業、證券業或其他經主管機關核准之法人或機構。

二、符合主管機關所定條件之自然人、法人或基金。

前項第二款之應募人總數，不得超過三十五人。

證券投資信託事業應第一項第二款對象之合理請求，於私募完成前負有提供與本次證券投資信託受益憑證私募有關之財務、業務或資訊之義務。

證券投資信託事業應於私募受益憑證價款繳納完成日起五日內，向主管機關申報之；其應申報事項，由主管機關定之。擬於國外私募資金投資國內或於國內私募資金投資國外者，申報時應併同檢具中央銀行同意函影本。

有關私募受益憑證轉讓之限制，應於受益憑證以明顯文字註記，並於交付應募人或購買人之相關書面文件中載明。

證券交易法第四十三條之七及第四十三條之八第一項規定，於私募之受益憑證，準用之。

第 12 條　證券投資信託契約除主管機關另有規定外，應記載下列各款事項：

一、證券投資信託事業及基金保管機構之名稱及地址。

二、證券投資信託基金之名稱及其存續期間。

三、證券投資信託事業之權利、義務及法律責任。

四、基金保管機構之權利、義務及法律責任。

五、受益人之權利、義務及法律責任。

六、運用證券投資信託基金投資有價證券及從事證券相關商品交易之基本方針及範圍。

七、證券投資信託之收益分配事項。

八、受益憑證之買回事項。

九、證券投資信託基金應負擔之費用。

十、證券投資信託事業及基金保管機構之經理或保管費用。

十一、證券投資信託基金及受益權單位淨資產價值之計算。

十二、證券投資信託契約之終止事項。

十三、受益人會議之召開事由、出席權數、表決權數及決議方式。

證券投資信託契約範本，應由同業公會洽商信託業商業同業公會擬訂，報經主管機關核定。

第 13 條　受益人購買或請求買回受益憑證之費用與證券投資信託事業、基金保管機構所收取經理或保管費用之上限及證券投資信託基金應負擔費用之項目，主管機關得視市場狀況限制之。

第 14 條　證券投資信託事業得募集或私募證券投資信託基金之種類、投資或交易範圍及其限制，由主管機關定之。

前項基金之投資或交易涉及證券相關商品以外之項目者，主管機關應先會商相關目的事業主管機關之同意；其涉及貨幣市場者，應另會商中央銀行同意。

第 15 條　證券投資信託事業募集證券投資信託基金，應依主管機關規定之方式，向申購人交付公開說明書。

證券投資信託事業向特定人私募證券投資信託基金，應應募人之請求，負有交付投資說明書之義務。

證券投資信託事業未依前二項規定交付公開說明書或投資說明書者，對於善意相對人因而所受之損害，應負賠償責任。

公開說明書或投資說明書應記載之主要內容有虛偽或隱匿之情事，對於善意相對人因而所受損害之賠償責任，準用證券交易法第三十二條規定。

第一項公開說明書及第二項投資說明書，其應記載之事項，由主管機關定之。

第 16 條　任何人非經主管機關核准或向主管機關申報生效後，不得在中華民國境內從事或代理募集、銷售、投資顧問境外基金。

境外基金之私募，應符合第十一條第一項至第三項規定，並不得為一般性廣告或公開勸誘之行為。不符合規定者，視為募集境外基金；境外基金之投資顧問為一般性廣告或公開勸誘之行為者，亦同。

證券投資信託事業、證券投資顧問事業、證券商、境外基金發行者與其指定之機構及其他經主管機關指定之機構，得在中華民國境內從事第一項所定業務；其資格條件、申請或申報程序、從事業務之項目及其他應遵行事項之辦法，由主管機關定之。

在中華民國境內得從事或代理募集、銷售、投資顧問境外基金之種類、投資或交易範圍與其限制、申請或申報程序及其他應遵行事項之辦法，由主管機關定之。

在中華民國境內從事或代理募集、銷售第一項境外基金，涉及資金之匯出、匯入者，應經中央銀行同意。

第二節　基金之操作

第 17 條　證券投資信託事業運用證券投資信託基金投資或交易，應依據其分析報告作成決定，交付執行時應作成紀錄，並按月提出檢討報告，其分析報告與決定應有合理基礎及根據。

前項分析報告、決定、執行紀錄及檢討報告，均應以書面為之，並保存一定期限。

前項書面之格式、應記載事項及保存期限，由主管機關定之。

第 18 條　證券投資信託事業運用證券投資信託基金從事投資或交易之方式與為指示保管、處分、收付及其他相關事項之辦法，由主管機關定之。

證券投資信託事業運用證券投資信託基金所持有之資產，應以基金保管機構之基金專戶名義登記。但持有外國之有價證券及證券相關商品，得依基金保管機構與國外受託保管機構所訂契約辦理之。

第 19 條　證券投資信託事業應依本法、本法授權訂定之命令及證券投資信託契約之規定，運用證券投資信託基金，除主管機關另有規定外，不得為下列行為：

一、指示基金保管機構為放款或提供擔保。

二、從事證券信用交易。

三、與本證券投資信託事業經理之其他證券投資信託基金間為證券交易行為。

四、投資於本證券投資信託事業或與本證券投資信託事業有利害關係之公司所發行之證券。

五、運用證券投資信託基金買入該基金之受益憑證。

六、指示基金保管機構將基金持有之有價證券借與他人。

前項第四款所稱利害關係之公司，其範圍由主管機關定之。

第 20 條　證券投資信託事業及基金保管機構應將證券投資信託基金之公開說明書、有關銷售之文件、證券投資信託契約及最近財務報表，置於其營業處所及其代理人之營業處所，或以主管機關指定之其他方式，以供查閱。

第三節　基金之保管

第 21 條　證券投資信託事業募集或私募之證券投資信託基金，與證券投資信託事業及基金保管機構之自有財產，應分別獨立。證券投資信託事業及基金保管機構就其自有財產所負之債務，其債權人不得對於基金資產為任何請求或行使其他權利。

基金保管機構應依本法、本法授權訂定之命令及證券投資信託契約之規定，按基金帳戶別，獨立設帳保管證券投資信託基金。

第 22 條　有下列情形之一者，不得擔任基金保管機構：

一、經主管機關依第一百十五條規定處分，處分期限尚未屆滿。

二、未達經主管機關核准或認可之信用評等機構一定等級以上評等。

有下列情形之一，除經主管機關核准外，不得擔任各該證券投資信託事業之基金保管機構：

一、投資於證券投資信託事業已發行股份總數達一定比率股份。

二、擔任證券投資信託事業董事或監察人；或其董事、監察人擔任證券投資信託事業董事、監察人或經理人。

三、證券投資信託事業持有其已發行股份總數達一定比率股份。

四、由證券投資信託事業或其代表人擔任董事或監察人。

五、擔任證券投資信託基金之簽證機構。

六、與證券投資信託事業屬於同一金融控股公司之子公司，或互為關係企業。

七、其他經主管機關規定不適合擔任基金保管機構。

董事、監察人為法人者,其代表或指定代表行使職務者,準用前項第二款規定。

第二項第一款及第三款之一定比率,由主管機關定之。

第二項第六款所稱子公司,指金融控股公司法第四條所稱之子公司。

第 23 條　基金保管機構知悉證券投資信託事業有違反證券投資信託契約或相關法令,應即請求證券投資信託事業依契約或相關法令履行義務;其有損害受益人權益之虞時,應即向主管機關申報,並抄送同業公會。

證券投資信託事業因故意或過失致損害基金之資產時,基金保管機構應為基金受益人之權益向其追償。

第 24 條　基金保管機構因故意或過失違反本法、本法授權訂定之命令及證券投資信託契約之規定,致生損害於基金之資產者,應負損害賠償責任。證券投資信託事業並應為基金受益人之權益向其追償。

基金保管機構之代理人、代表人或受僱人,履行證券投資信託契約規定之義務有故意或過失時,基金保管機構應與自己之故意或過失負同一責任。

第四節　基金之買回

第 25 條　證券投資信託契約載有受益人得請求買回受益憑證之約定者,除主管機關另有規定外,受益人得以書面或其他約定方式請求證券投資信託事業買回受益憑證,證券投資信託事業不得拒絕;對買回價金之給付不得遲延。

證券投資信託基金買回價格之核算、給付買回價金之期限、請求買回一部分時受益憑證之換發、買回價格之暫停計算、買回價金之延緩給付及其他應遵行事項之辦法,由主管機關定之。

第五節　基金之會計

第 26 條　證券投資信託事業募集或私募之各證券投資信託基金,應分別設帳,並應依主管機關之規定,作成各種帳簿、表冊;其保存方式及期限,依商業會計法及相關規定辦理。

第 27 條　證券投資信託基金之會計年度,除證券投資信託契約另有約定或經主管機關核准者外,為每年一月一日起至十二月三十一日止。

第 28 條　證券投資信託事業應於每一營業日計算證券投資信託基金之淨資產價值。

同業公會應對證券投資信託基金淨資產價值之計算,擬訂計算標準,報經主管機關核定。

第 29 條　證券投資信託事業應於每一營業日公告前一營業日證券投資信託基金每受益權單位之淨資產價值。但對在國外發行受益憑證募集之證券投資信託基金,依募集所在地之法令規定辦理。

證券投資信託事業向特定人私募之證券投資信託基金,不適用前項規定。

但應依證券投資信託契約之規定,向受益人報告證券投資信託基金每一受益權單位之淨資產價值。

第 30 條　證券投資信託事業就每一證券投資信託基金之資產,應依主管機關所定之比率,以下列方式保持之:

一、現金。

二、存放於銀行。

三、向票券商買入短期票券。

四、其他經主管機關規定之方式。

前項第二款或第三款之銀行或短期票券，應符合主管機關核准或認可之信用評等機構評等達一定

等級以上者。

國內募集或私募之證券投資信託基金，持有第一項第二款至第四款之總額，不得超過規定之一定

比率；其一定比率，由主管機關報請財政部會商中央銀行定之。

第 31 條　證券投資信託基金投資所得依證券投資信託契約之約定應分配收益，除經主管機關核准

者外，應於會計年度終了後六個月內分配之，並應於證券投資信託契約內明定分配日期。

第六節　受益憑證

第 32 條　受益憑證應為記名式。

發行受益憑證得不印製實體，而以帳簿劃撥方式交付之。

受益憑證事務之處理規則，由同業公會擬訂，報請主管機關核定。

第 33 條　受益憑證為數人共有者，其共有人應推派一人行使受益權。

政府或法人為受益人時，應指定自然人一人代表行使受益權。

第 34 條　受益憑證，除法律另有規定者外，得自由轉讓之。

受益憑證之轉讓，由受益人以背書交付，並將受讓人姓名或名稱記載於受益憑證。

前項轉讓，非將受讓人姓名或名稱、住所或居所記載於證券投資信託事業之受益人名簿，不得對

抗該事業。

受益憑證之轉讓以帳簿劃撥或登錄方式為之者，不適用前項規定；其帳簿劃撥或登錄之作業辦法，

由主管機關定之。

第 35 條　證券投資信託基金之受益權，按受益權單位總數，平均分割，每一受益憑證之受益權單

位數，依受益憑證之記載。

受益人對於受益憑證之權利，依其受益憑證所載內容，按受益權之單位數行使之。基金追加募集

或私募發行之受益權，亦享有相同權利。

第 36 條　受益憑證，除不印製實體者外，由證券投資信託事業依主管機關所定格式，載明其應記

載事項，經基金保管機構簽署後發行之。

前項受益憑證，應記載下列事項：

一、證券投資信託基金名稱、受益權單位總數、發行日期、存續期間及得否追加發行之意旨。

二、證券投資信託事業及基金保管機構之名稱及地址。

三、受益人之姓名或名稱。

四、本受益憑證之受益權單位數。

五、購買每一受益權單位之價金計算方式及費用。

六、證券投資信託事業及基金保管機構所收取經理或保管費用之計算方法、給付方式及時間。

七、受益人請求買回受益憑證之程序、時間、地點、買回價金及買回費用之計算方法、證券投資信託事業給付買回價金之時間、方式。

八、受益權單位淨資產價值之計算及公告方法。

九、受益憑證轉讓對象設有限制者,其限制內容及其效力。

十、其他經主管機關規定應記載事項。

發行受益憑證,除不印製實體者外,應經簽證;其簽證事項,準用公開發行公司發行股票及公司債簽證規則之規定。

第 37 條　受益人之收益分配請求權,自收益發放日起五年間不行使而消滅,因時效消滅之收益併入該證券投資信託基金。

受益人買回受益憑證之價金給付請求權,自價金給付期限屆滿日起,十五年間不行使而消滅。

基金清算時,受益人之賸餘財產分配請求權,自分配日起,十五年間不行使而消滅。

受益人於本條所定消滅時效完成前行使前三項之權利時,不得請求加計遲延利息。

第七節　受益人會議

第 38 條　受益人權利之行使,應經受益人會議決議為之。但僅為受益人自身利益之行為,不在此限。

第 39 條　下列情事,應經受益人會議決議為之。但主管機關另有規定者,不在此限:

一、更換基金保管機構。

二、更換證券投資信託事業。

三、終止證券投資信託契約。

四、調增證券投資信託事業或基金保管機構之經理或保管費用。

五、重大變更基金投資有價證券或從事證券相關商品交易之基本方針及範圍。

六、其他修正證券投資信託契約對受益人權益有重大影響。

第 40 條　依法律、命令或證券投資信託契約規定,應由受益人會議決議之事項發生時,由證券投資信託事業召開受益人會議。證券投資信託事業不能或不為召開時,由基金保管機構召開之。基金保管機構不能或不為召開時,依證券投資信託契約之規定或由受益人自行召開;均不能或不為召開時,由主管機關指定之人召開之。

受益人自行召開受益人會議時,應由繼續持有受益憑證一年以上,且其所表彰受益權單位數占提出當時該基金已發行在外受益權單位總數百分之三以上之受益人,以書面敘明提議事項及理由,申請主管機關核准後,自行召開之。

受益人會議非由證券投資信託事業召開時,證券投資信託事業應依基金保管機構、受益人或經主管機關指定之人之請求,提供召開受益人會議之必要文件及資料。

第 41 條　基金保管機構執行基金保管業務,遇有依第二十三條第一項規定請求證券投資信託事業履行義務而不履行,致損害受益人權益之情事,經書面通知證券投資信託事業限期改善而屆期不

改善時，得經報請主管機關核准後，召開受益人會議更換證券投資信託事業。

第 42 條　受益人會議召開之期限、程序、決議方法、會議規範及其他應遵行事項之準則，由主管機關定之。

證券投資信託契約有關受益人會議出席權數、表決權數及決議方式之規定，主管機關基於保護公益或受益人權益，認有必要時，得以命令變更之。

第 43 條　證券投資信託契約之變更程序如下：

一、募集證券投資信託基金者，應報經主管機關核准；經核准後，證券投資信託事業應於二日內公告其內容。

二、私募證券投資信託基金者，應於變更後五日內向主管機關申報。

第 44 條　信託法第六條第三項、第十六條、第三十二條、第三十六條第一項至第三項、第三十九條至第四十二條第一項、第四十三條、第五十二條至第五十九條規定，於證券投資信託，不適用之。

第八節　基金之終止、清算及合併

第 45 條　證券投資信託契約有下列情事之一者，應經主管機關核准後予以終止：

一、證券投資信託事業或基金保管機構有解散、破產、撤銷或廢止核准之情事，或因對證券投資信託基金之經理或保管顯然不善，經主管機關命令更換，致不能繼續執行職務，而無其他適當之證券投資信託事業或基金保管機構承受原事業或機構之權利及義務。

二、受益人會議決議更換證券投資信託事業或基金保管機構，而無其他適當之證券投資信託事業或基金保管機構承受原事業或機構之權利及義務。

三、基金淨資產價值低於主管機關所定之標準。

四、因市場狀況、基金特性、規模，或其他法律上或事實上原因致證券投資信託基金無法繼續經營。

五、受益人會議決議終止契約。

六、受益人會議之決議，證券投資信託事業或基金保管機構無法接受，且無其他適當之證券投資信託事業或基金保管機構承受原事業或機構之權利及義務。

七、其他依證券投資信託契約所定終止事由。

基於保護公益或受益人權益，以終止證券投資信託契約為宜者，主管機關得命令終止之。

證券投資信託契約因存續期間屆滿而終止者，應於屆滿二日內申報主管機關備查。

證券投資信託契約之終止，證券投資信託事業應於申報備查或核准之日起二日內公告之。

第 46 條　證券投資信託事業得為證券投資信託基金之合併；其合併之條件、程序及其他相關事項之辦法，由主管機關定之。

第 47 條　證券投資信託契約終止時，清算人應於主管機關核准清算後三個月內，完成證券投資信託基金之清算，並將清算後之餘額，依受益權單位數之比率分派予各受益人。但有正當理由無法於三個月內完成清算者，於期限屆滿前，得向主管機關申請展延一次，並以三個月為限。

清算人應將前項清算及分配之方式，向主管機關申報及公告，並通知受益人。清算程序終結後應於二個月內，將處理結果向主管機關報備，並通知受益人。

第 48 條　基金之清算人由證券投資信託事業擔任之，證券投資信託事業有第四十五條第一項第一款或第二款之情事時，應由基金保管機構擔任。基金保管機構亦有第四十五條第一項第一款或第二款之情事時，由受益人會議以決議選任符合主管機關規定之證券投資信託事業或基金保管機構為清算人。

基金因基金保管機構有第四十五條第一項第一款或第二款之情事致終止契約者，得由清算人選任適當之基金保管機構報經主管機關核准後，擔任清算時期基金保管職務。

除法律或契約另有規定外，清算人及基金保管機構之權利義務在基金存續範圍內，與原證券投資信託事業、基金保管機構相同。

第 49 條　清算人應自清算終結申報主管機關之日起，就各項帳簿、表冊保存十年以上。

第三章　全權委託投資業務

第 50 條　證券投資信託事業或證券投資顧問事業經營全權委託投資業務，應符合主管機關所定之條件，並經主管機關核准，始得為之。

前項條件、資格、申請程序、人員管理、契約簽訂、帳務處理及其他應遵行事項之辦法，由主管機關定之。

第 51 條　證券投資信託事業或證券投資顧問事業接受客戶之委託投資資產，與證券投資信託事業或證券投資顧問事業及全權委託保管機構之自有財產，應分別獨立。

證券投資信託事業或證券投資顧問事業及全權委託保管機構對其自有財產所負債務，其債權人不得對委託投資資產，為任何之請求或行使其他權利。

第 52 條　證券投資信託事業或證券投資顧問事業經營全權委託投資業務者，應向金融機構提存營業保證金。

信託業兼營全權委託投資業務已提存賠償準備金者，免提存營業保證金。

營業保證金之提存方式、金額及得為提存金融機構之資格條件，由主管機關定之。

因全權委託投資業務所生債務之委任人、委託人或受益人，對於第一項營業保證金及第二項賠償準備金，有優先受清償之權。

第 53 條　證券投資信託事業或證券投資顧問事業以委任方式經營全權委託投資業務，應由客戶將資產全權委託保管機構保管或信託移轉予保管機構。

信託業兼營全權委託投資業務者，得自行保管信託財產；其自行保管者，應指定專責人員辦理。

證券投資信託事業或證券投資顧問事業，除前項情形外，不得保管受託投資資產。

全權委託投資業務之客戶為信託業或其他經主管機關核准之事業，得由客戶自行保管委託投資資產。

第 54 條　全權委託保管機構與證券投資信託事業或證券投資顧問事業間具有控制關係者，證券投資信託事業或證券投資顧問事業對客戶應負告知義務。

前項控制關係，由主管機關定之。

第 55 條　證券投資信託事業或證券投資顧問事業經營全權委託投資業務，其接受單一客戶委託投資資產之金額不得低於一定數額。

證券投資顧問事業經營全權委託投資業務，接受委託投資之總金額，不得超過其淨值之一定倍數。但其實收資本額達一定數額者，不在此限。

前二項一定倍數及數額，由主管機關定之。

第 56 條　證券投資信託事業或證券投資顧問事業經營全權委託投資業務之投資或交易之範圍及其限制，由主管機關定之。

證券投資信託事業或證券投資顧問事業經營全權委託投資外國有價證券業務，涉及資金之匯出、匯入者，應經中央銀行同意。

證券投資信託事業或證券投資顧問事業經營全權委託投資業務而為有價證券之投資者，除法令另有規定外，應委託證券經紀商，於集中交易市場或證券商營業處所為之。

第 57 條　證券投資信託事業或證券投資顧問事業辦理全權委託投資業務，應依業務操作之規定為之。

前項有關簽約、開戶、買賣、交割、結算及其他處理事項之業務操作規定，由同業公會擬訂，報經主管機關核定；修正時，亦同。

第 58 條　證券投資信託事業或證券投資顧問事業運用全權委託投資資產之投資決定，準用第十七條規定。

證券投資信託事業或證券投資顧問事業運用委託投資資產應分散投資；其投資標的之分散比率，由主管機關定之。

第 59 條　經營全權委託投資業務不得有下列行為：

一、利用職務上所獲知之資訊，為自己或客戶以外之人從事有價證券買賣之交易。

二、運用委託投資資產買賣有價證券時，從事足以損害客戶權益之交易。

三、與客戶為投資有價證券收益共享或損失分擔之約定。但主管機關對績效報酬另有規定者，不在此限。

四、運用客戶之委託投資資產，與自己資金或其他客戶之委託投資資產，為相對委託之交易。但經由證券集中交易市場或證券商營業處所委託買賣成交，且非故意發生相對委託之結果者，不在此限。

五、利用客戶之帳戶，為自己或他人買賣有價證券。

六、將全權委託投資契約之全部或部分複委任他人履行或轉讓他人。但主管機關另有規定者，不在此限。

七、運用客戶委託投資資產買賣有價證券時，無正當理由，將已成交之買賣委託，自全權委託帳戶改為自己、他人或其他全權委託帳戶，或自其他帳戶改為全權委託帳戶。

八、未依投資分析報告作成投資決策，或投資分析報告顯然缺乏合理分析基礎與根據者。但能提

　　　　供合理解釋者，不在此限。

九、其他影響事業經營或客戶權益者。

第 60 條　證券投資信託事業或證券投資顧問事業與客戶簽訂全權委託投資契約前，應辦理下列事項：

一、應將全權委託投資之相關事項指派專人向客戶做詳細說明，並交付全權委託投資說明書。

二、應有七日以上之期間，供客戶審閱全部條款內容，並先對客戶之資力、投資經驗及其目的需求充分瞭解，製作客戶資料表連同相關證明文件留存備查。

全權委託投資說明書應作為全權委託投資契約之附件；其應記載事項，由主管機關定之。

第 61 條　證券投資信託事業或證券投資顧問事業經營全權委託投資業務，應與客戶簽訂全權委託投資契約，明定其與客戶間因委任或信託關係所生之各項權利義務內容；並應由客戶與保管機構另行簽訂委任或信託契約。但依本法得自行保管委託投資資產者，不在此限。

委託投資資產涉及閒置資金者，其運用及範圍，由主管機關定之。

第一項全權委託投資契約應記載事項，由主管機關定之。

第一項全權委託投資契約之範本，由同業公會擬訂，報經主管機關核定。

第 62 條　經營全權委託投資業務，應按客戶別設帳，按日登載客戶資產交易情形、委託投資資產庫存數量及金額。

客戶得要求查詢前項資料，受委託之證券投資信託事業或證券投資顧問事業不得拒絕。

運用全權委託投資資金買賣有價證券所收取證券商之手續費折讓，應作為客戶買賣成本之減少。

經營全權委託投資業務，應每月定期編製客戶資產交易紀錄及現況報告書送達客戶。

客戶委託投資資產之淨資產價值減損達原委託投資資產一定比率時，證券投資信託事業或證券投資顧問事業應自事實發生之日起二個營業日內，編製前項書件送達客戶。日後每達較前次報告淨資產價值減損達一定比率時，亦同。

前項一定比率，由主管機關定之。

第四章　證券投資信託及顧問事業第一節　通則

第 63 條　證券投資信託事業及證券投資顧問事業，應經主管機關許可，並核發營業執照後，始得營業。

證券投資信託事業及證券投資顧問事業設立分支機構，應經主管機關許可。

非證券投資信託事業或證券投資顧問事業，不得使用類似證券投資信託事業或證券投資顧問事業之名稱。

第 64 條　證券投資信託事業及證券投資顧問事業得以信託方式經營全權委託投資業務；其符合一定條件者，應依信託業法申請兼營信託業務。

前項一定條件，由信託業法主管機關會商主管機關定之。

以信託方式經營全權委託投資業務者，以證券投資信託事業及證券投資顧問事業或依信託業法規定得從事信託業務者為限。

第 65 條　信託業經營信託業法主管機關核定之業務，涉及信託業得全權決定運用標的，且將信託財產運用於證券交易法第六條規定之有價證券，並符合一定條件者，應向主管機關申請兼營全權委託投資業務。

前項一定條件，由主管機關會商信託業法主管機關定之。

第 66 條　證券投資信託事業及證券投資顧問事業符合主管機關所定之條件並取得許可者，得互相兼營。

證券投資信託事業或證券投資顧問事業經主管機關核准者，得兼營其他事業。

證券商、期貨信託事業、期貨顧問事業、期貨經理事業或其他相關事業取得主管機關許可者，得兼營證券投資信託事業或證券投資顧問事業。

證券投資信託事業募集或私募證券投資信託基金從事期貨交易占證券投資信託基金募集發行額度之一定比率或金額者，應申請兼營期貨信託事業。

前項期貨交易之比率或金額，由主管機關定之。

第 67 條　證券投資信託事業及證券投資顧問事業之組織，以股份有限公司為限。

發起人應於發起時一次認足證券投資信託事業或證券投資顧問事業之最低實收資本額；其金額，由主管機關定之。

第 68 條　有下列情事之一者，不得充任證券投資信託事業與證券投資顧問事業之發起人、負責人及業務人員；其已充任負責人或業務人員者，解任之，不得充任董事、監察人或經理人者，並由主管機關函請公司登記主管機關撤銷或廢止其登記：

一、曾犯組織犯罪防制條例規定之罪，經有罪判決確定，尚未執行完畢，或執行完畢、緩刑期滿或赦免後尚未逾五年。

二、曾犯詐欺、背信或侵占罪，經宣告有期徒刑一年以上之刑確定，尚未執行完畢，或執行完畢、緩刑期滿或赦免後尚未逾二年。

三、曾犯公務或業務侵占罪，經宣告有期徒刑以上之刑確定，尚未執行完畢，或執行完畢、緩刑期滿或赦免後尚未逾二年。

四、違反證券交易法或本法規定，經有罪判決確定，尚未執行完畢，或執行完畢、緩刑期滿或赦免後尚未逾三年。

五、違反銀行法第二十九條第一項規定經營收受存款、受託經理信託資金、公眾財產或辦理國內外匯兌業務，經宣告有期徒刑以上之刑確定，尚未執行完畢，或執行完畢、緩刑期滿或赦免後尚未逾三年。

六、違反信託業法第三十三條規定辦理信託業務，經宣告有期徒刑以上之刑確定，尚未執行完畢，或執行完畢、緩刑期滿或赦免後尚未逾三年。

七、受破產之宣告，尚未復權，或曾任法人宣告破產時之董事、監察人、經理人或與其地位相等之人，其破產終結尚未逾三年或調協未履行。

八、使用票據經拒絕往來尚未恢復往來。

九、無行為能力或限制行為能力。

十、受證券交易法第五十六條或第六十六條第二款之處分，或受本法第一百零三條第二款或第一百零四條解除職務之處分，尚未逾三年。

十一、曾擔任證券商、證券投資信託事業或證券投資顧問事業之董事、監察人，而於任職期間，該事業受證券交易法第六十六條第三款或第四款之處分，或受本法第一百零三條第四款或第五款停業或廢止營業許可之處分，尚未逾一年。

十二、受期貨交易法第一百條第一項第二款或第一百零一條第一項撤換或解除職務之處分，尚未逾五年。

十三、經查明接受他人利用其名義充任證券投資信託事業及證券投資顧問事業發起人、董事、監察人、經理人或業務人員。

十四、有事實證明從事或涉及其他不誠信或不正當之活動，顯示其不適合從事證券投資信託及證券投資顧問業務。

發起人及董事、監察人為法人者，其代表人或指定代表行使職務時，準用前項規定。

第 69 條　證券投資信託事業及證券投資顧問事業，其應備置人員、負責人與業務人員之資格條件、行為規範、訓練、登記期限、程序及其他應遵行事項之規則，由主管機關定之。

第 70 條　證券投資信託事業及證券投資顧問事業從事廣告、公開說明會及其他營業活動，其限制、取締、禁止或其他應遵行事項之規則，由主管機關定之。

第 71 條　證券投資信託事業、證券投資顧問事業之負責人、業務人員及其他受僱人執行業務，對於第十九條第一項、第五十九條或本於法令或契約規定事業不得為之行為，亦不得為之。

證券投資信託事業、證券投資顧問事業之負責人、業務人員及其他受僱人，於從事第三條第三項及第四條第三項各款業務之行為涉及民事責任者，推定為該事業授權範圍內之行為。

第 72 條　證券投資信託事業及證券投資顧問事業，其公司及分支機構之設立條件、應設置部門、申請程序、應檢附書件之設置標準及其財務、業務、遷移、裁撤與其他應遵行事項之管理規則，由主管機關定之。

其他事業兼營證券投資信託事業及證券投資顧問事業，前項有關設置及財務、業務管理之事項，主管機關應會商目的事業主管機關。

第二節　證券投資信託事業

第 73 條　證券投資信託事業之董事、監察人或持有已發行股份總數百分之五以上之股東，不得兼為其他證券投資信託事業之發起人或持有已發行股份總數百分之五以上之股東。

與證券投資信託事業之董事、監察人或持有已發行股份總數百分之五以上之股東，具有公司法第六章之一所定關係企業之關係者，不得擔任其他證券投資信託事業之發起人、董事、監察人或持有已發行股份總數百分之五以上之股東。

因合併致違反前二項規定者，應自合併之日起一年內，調整至符合規定。

第一項、第二項持有已發行股份總數百分之五以上之股東，其股份之計算，包括其配偶、未成年

子女及利用他人名義持有者。

第 74 條　經營證券投資信託事業之發起人應具備一定資格條件；發起人中應有基金管理機構、銀行、保險公司、金融控股公司、證券商或其他經主管機關認可之機構，且其所認股份，合計不得少於第一次發行股份之百分之二十；其轉讓持股時，證券投資信託事業應於發起人轉讓持股前申報主管機關備查。

前項發起人之資格條件，由主管機關定之。

證券投資信託事業應有一名以上符合前二項所定資格條件之股東，除以發行新股分配員工紅利、發行新股保留由員工承購或符合一定條件者外，其合計持有股份不得少於已發行股份總數百分之二十；轉讓持股時，證券投資信託事業應於轉讓前申報主管機關備查。

前項一定條件，由主管機關定之。

第 75 條　證券投資信託事業之股東，除符合前條資格條件者外，每一股東與其關係人及股東利用他人名義持有股份合計，不得超過該公司已發行股份總數百分之二十五。

前項關係人之範圍，由主管機關定之。

第 76 條　證券投資信託事業之發起人自公司設立之日起一年內，不得兼為其他證券投資信託事業之發起人。

曾依第七十四條所定資格擔任證券投資信託事業之發起人者，自主管機關核發該證券投資信託事業營業執照之日起三年內，不得再擔任其他證券投資信託事業之發起人。

第 77 條　證券投資信託事業之負責人、部門主管、分支機構經理人與基金經理人，其本人、配偶、未成年子女及被本人利用名義交易者，於證券投資信託事業決定運用證券投資信託基金從事某種公司股票及具股權性質之衍生性商品交易時起，至證券投資信託基金不再持有該公司股票及具股權性質之衍生性商品時止，不得從事該公司股票及具股權性質之衍生性商品交易。但主管機關另有規定者，不在此限。

證券投資信託事業之負責人、部門主管、分支機構經理人、基金經理人及其關係人從事公司股票及具股權性質之衍生性商品交易，應依主管機關之規定，向所屬證券投資信託事業申報交易情形。

前項關係人之範圍，由主管機關定之。

第 78 條　證券投資信託事業之負責人、部門主管、分支機構經理人或基金經理人本人或其配偶，有擔任證券發行公司之董事、監察人、經理人或持有已發行股份總數百分之五以上股東者，於證券投資信託事業運用證券投資信託基金買賣該發行公司所發行之證券時，不得參與買賣之決定。

證券投資信託事業及其負責人、部門主管、分支機構經理人、基金經理人或證券投資信託事業於其購入股票發行公司之股東代表人，均不得擔任證券投資信託基金所購入股票發行公司之董事、監察人或經理人。但主管機關另有規定者，不在此限。

證券投資信託事業之負責人、部門主管或分支機構經理人不得投資於其他證券投資信託事業，或兼為其他證券投資信託事業、證券投資顧問事業或證券商之董事、監察人或經理人。但主管機關另有規定者，不在此限。

第一項持有已發行股份總數百分之五以上股東，其股份之計算，準用第七十三條第四項規定。

第 79 條　證券投資信託事業之董事或監察人為法人股東者，其代表人或指定代表行使職務時，準用本法關於董事、監察人之規定。

證券投資信託事業之董事或監察人以法人股東之代表人身分擔任者，本法關於董事、監察人之規定，於法人股東，準用之。

第 80 條　主管機關基於保護公益或受益人權益之必要，得命令證券投資信託事業或其經理之證券投資信託基金，應委託主管機關核准或認可之信用評等機構進行評等。

主管機關基於保護公益或受益人權益之必要，得命令符合一定條件之證券投資信託事業應提存營業保證金；其一定條件、營業保證金之提存方法、提存比率、停止提存之條件及其保管、運用之方法，由主管機關定之。

第 81 條　證券投資信託事業應將重大影響受益人權益之事項，於事實發生之日起二日內，公告並申報主管機關。

前項重大影響受益人權益之事項，由主管機關定之。

第 82 條　其他事業兼營證券投資信託事業，除主管機關為保障公共利益或維護市場秩序另有規定外，不適用第七十三條至第七十六條規定。

第三節　證券投資顧問事業

第 83 條　證券投資顧問事業接受客戶委任，對證券投資或交易有關事項提供分析意見或推介建議時，應訂定書面證券投資顧問契約，載明雙方權利義務。

於前項情形，客戶得自收受書面契約之日起七日內，以書面終止契約。

前項契約終止之意思表示，於到達證券投資顧問事業時生效。

證券投資顧問事業因第二項規定而為契約之終止時，得對客戶請求終止契約前所提供服務之相當報酬。但不得請求契約終止之損害賠償或違約金。

第一項證券投資顧問契約應行記載事項，由主管機關定之；其契約範本，由同業公會擬訂，報經主管機關核定，修正時，亦同。

第五章　自律機構

第 84 條　證券投資信託事業及證券投資顧問事業非加入同業公會，不得開業；同業公會非有正當理由，不得拒絕其加入，或就其加入附加不當之條件。

前項同業公會之設立、組織及監督，除本法另有規定外，適用商業團體法之規定。

第 85 條　同業公會至少置理事三人，監事一人，均依章程之規定，由會員大會就會員代表中選任。

但理事、監事中，至少各應有四分之一由有關專家擔任，其中半數以上由主管機關指派，餘由理、監事會遴選，經主管機關核定後擔任；其遴選辦法，由主管機關定之。

理事、監事之任期均為三年。連選連任者，不得超過二分之一；如連任者超過二分之一，以得票數多寡取捨，缺額依其他非連任之會員代表得票數多寡為序，順次遞補。理事長之連任，以一次為限。

第 86 條　主管機關對同業公會業務之規範與監督事項、同業公會章程應記載事項、同業公會負責人與業務人員之資格條件、財務、業務及其他應遵行事項之規則，由主管機關定之。

第 87 條　同業公會為發揮自律功能及配合證券投資信託及顧問業務之發展，得向其會員收取商業團體法所規定經費以外之必要費用；其種類及費率，由同業公會擬訂，報經主管機關核定。

第 88 條　同業公會之任務，除依商業團體法第五條規定辦理外，包括下列事項：

一、訂定自律規範，並督促會員自律。

二、辦理主管機關授權處理之事項。

三、對違反法令或自律規範之會員予以停權、課予違約金、警告、命其限期改善等處置；或要求會員對其從業人員予以暫停執行業務一個月至六個月之處置。

四、檢查會員是否遵守法令及自律規範。

五、對於業務經營顯然不善，重大損害投資人權益之會員，協調其他會員協助處理該會員之業務，或報請主管機關為適當之處分。

六、對於破產會員之財產進行管理。

七、對於違反本法規定之會員為撤銷或暫停會員資格之處置。

同業公會為前項第三款要求會員對其從業人員暫停執行業務或第七款之處置，應報請主管機關備查。

同業公會為第一項任務之需要，得向會員查詢及調閱有關資料或通知提出說明，會員不得拒絕。

第 89 條　同業公會應訂立會員自律公約及違規處置申復辦法，提經會員大會通過後，報請主管機關核定後實施；修正時，亦同。

第 90 條　主管機關基於保護公益或受益人權益，認有必要時，得命令同業公會變更其章程、規則、決議，或提供參考、報告之資料，或為其他一定之行為。

第 91 條　同業公會之理事、監事有違反法令，怠於遵守該會章程、規則，濫用職權或違背誠實信用原則之行為者，主管機關得予糾正，或命令同業公會予以解任。

第 92 條　同業公會得依章程之規定，對會員及其會員代表違反章程、規章、自律公約或相關業務自律規範、會員大會或理事會決議等事項時，為必要之處置。

第六章　行政監督

第 93 條　證券投資信託事業及經營接受客戶全權委託投資業務之證券投資顧問事業，應建立內部控制制度；其準則，由主管機關定之。

第 94 條　依本法或其他法律規定，經主管機關核准，證券投資信託事業或證券投資顧問事業互相兼營、兼營他事業或由他事業兼營者，其負責人與業務人員之兼任及行為規範、資訊交互運用、營業設備或營業場所之共用，或為廣告、公開說明會及其他營業促銷活動，不得與受益人或客戶利益衝突或有損害其權益之行為；其辦法，由主管機關定之。

第 95 條　證券投資信託事業、證券投資顧問事業之合併或與其他金融機構或事業合併，除金融機構合併法、企業併購法或其他法律另有規定外，其資格條件、合併程序及其他應遵行事項之辦法，

由主管機關定之。

第 96 條 證券投資信託事業因解散、停業、歇業、撤銷或廢止許可事由，致不能繼續從事證券投資信託基金有關業務者，應洽由其他證券投資信託事業承受其證券投資信託基金有關業務，並經主管機關核准。

證券投資信託事業不能依前項規定辦理者，由主管機關指定其他證券投資信託事業承受；受指定之證券投資信託事業，除有正當理由，報經主管機關核准者外，不得拒絕。

證券投資信託事業經理證券投資信託基金顯然不善者，主管機關得命其將該證券投資信託基金移轉於經主管機關指定之其他證券投資信託事業經理。

前三項之承受或移轉事項，應由承受之證券投資信託事業公告之。

基金保管機構因解散、停業、歇業、撤銷或廢止許可事由，致不能繼續從事基金保管業務者，準用第一項至第三項規定；其承受或移轉事項，應由證券投資信託事業公告之。

第 97 條 證券投資信託事業或證券投資顧問事業因解散、撤銷或廢止許可事由，致不能繼續經營全權委託投資業務者，其全權委託投資契約應予終止。

證券投資信託事業或證券投資顧問事業，因停業、歇業或顯然經營不善，主管機關得命其將全權委託投資契約移轉於經主管機關指定之其他證券投資信託事業或證券投資顧問事業經理。

於前項情形，證券投資信託事業或證券投資顧問事業應徵詢客戶之意見，客戶不同意或不為意思表示者，其全權委託投資契約視為終止。

第 98 條 證券投資信託事業或證券投資顧問事業因撤銷、廢止許可、命令停業或自行歇業者，該事業應了結其被撤銷、廢止、停業或歇業前所為之證券投資信託或證券投資顧問業務。

經撤銷或廢止證券投資信託或證券投資顧問業務許可之證券投資信託事業或證券投資顧問事業，就其了結前項之證券投資信託或證券投資顧問業務範圍內，仍視為證券投資信託事業或證券投資顧問事業；因命令停業或自行歇業之證券投資信託事業或證券投資顧問事業，於其了結停業或歇業前所為之證券投資信託或證券投資顧問業務之範圍內，視為尚未停業或歇業。

第 99 條 證券投資信託事業及證券投資顧問事業，應於每會計年度終了後三個月內，公告並向主管機關申報經會計師查核簽證、董事會通過及監察人承認之年度財務報告。

前項年度財務報告之申報，應送由同業公會彙送主管機關。

第 100 條 證券投資信託事業運用每一證券投資信託基金，應依主管機關規定之格式及內容於每會計年度終了後二個月內，編具年度財務報告；於每月終了後十日內編具月報，向主管機關申報。

前項年度財務報告，應經主管機關核准之會計師查核簽證，並經基金保管機構簽署，證券投資信託事業並應予以公告之。

第一項年度財務報告及月報之申報，應送由同業公會彙送主管機關。

第 101 條 主管機關為保障公共利益或維護市場秩序，得隨時要求證券投資信託事業、證券投資顧問事業、基金保管機構及全權委託保管機構或其關係人，於期限內提出財務、業務報告或其他相關資料，並得直接或委託適當機構，檢查其財務、業務狀況及其他相關事項，該事業、機構或

其關係人不得規避、妨礙或拒絕。

主管機關認為必要時，得隨時指定律師、會計師或其他專門職業或技術人員為前項之檢查，並向主管機關據實提出報告或表示意見，其費用由被檢查人負擔。

主管機關為保障公眾利益或維護市場秩序，對於有違反本法行為之虞者，得要求相關目的事業主管機關或金融機構提供必要資訊或紀錄。

前三項所得之資訊，除為健全監理及保護投資人之必要外，不得公布或提供他人。

第 102 條　主管機關於審查證券投資信託事業、證券投資顧問事業、基金保管機構及全權委託保管機構所申報之財務、業務報告及其他相關資料，或於檢查其財務、業務狀況時，發現有不符合法令規定之事項，除得予以糾正外，並得依法處罰之。

第 103 條　主管機關對證券投資信託事業或證券投資顧問事業違反本法或依本法所發布之命令者，除依本法處罰外，並得視情節之輕重，為下列處分：

一、警告。

二、命令該事業解除其董事、監察人或經理人職務。

三、對該事業二年以下停止其全部或一部之募集或私募證券投資信託基金或新增受託業務。

四、對公司或分支機構就其所營業務之全部或一部為六個月以下之停業。

五、對公司或分支機構營業許可之廢止。

六、其他必要之處置。

第 104 條　證券投資信託事業及證券投資顧問事業之董事、監察人、經理人或受僱人執行職務，有違反本法或其他有關法令之行為，足以影響業務之正常執行者，主管機關除得隨時命令該事業停止其一年以下執行業務或解除其職務外，並得視情節輕重，對該事業為前條所定之處分。

第七章　罰則

第 105 條　經營證券投資信託業務或基金保管業務，對公眾或受益人違反第八條第一項規定者，處三年以上十年以下有期徒刑，得併科新臺幣一千萬元以上二億元以下罰金。

經營證券投資顧問業務、全權委託投資業務、全權委託保管業務或其他本法所定業務，對公眾或客戶違反第八條第一項規定者，處一年以上七年以下有期徒刑，得併科新臺幣五千萬元以下罰金。

違反前二項規定，因犯罪所得財物或財產上利益，除應發還被害人或第三人外，不問屬於犯罪行為人與否，沒收之。如全部或一部不能沒收時，追徵其價額或以其財產抵償之。

第 106 條　證券投資信託事業、證券投資顧問事業、基金保管機構或全權委託保管機構有下列情事之一者，處一年以上七年以下有期徒刑，得併科新臺幣五千萬元以下罰金：

一、對主管機關提出之公開說明書或投資說明書之內容為虛偽或隱匿之記載。

二、對於主管機關命令提出之帳簿、表冊、文件或其他參考或報告資料之內容為虛偽或隱匿之記載。

三、於依法或主管機關基於法律所發布之命令規定之帳簿、表冊、傳票、財務報告或其他有關業務文件之內容為虛偽或隱匿之記載。

第 107 條　有下列情事之一者，處五年以下有期徒刑，併科新臺幣一百萬元以上五千萬元以下罰金：

一、未經主管機關許可，經營證券投資信託業務、證券投資顧問業務、全權委託投資業務或其他應經主管機關核准之業務。

二、違反第十六條第一項規定，在中華民國境內從事或代理募集、銷售境外基金。

第 108 條　證券投資信託事業、證券投資顧問事業之董事、監察人、經理人或受僱人，對於職務上之行為，要求、期約、收受財物或其他不正利益者，處五年以下有期徒刑、拘役或科或併科新臺幣二百四十萬元以下罰金。

前項人員對於違背職務之行為，要求、期約、收受財物或其他不正利益者，處七年以下有期徒刑，得併科新臺幣三百萬元以下罰金。

犯前二項之罪者，所收受之財物沒收之；如全部或一部不能沒收時，追徵其價額或以其財產抵償之。

第 109 條　對於前條人員關於違背職務之行為，行求、期約、交付財物或其他不正利益者，處三年以下有期徒刑、拘役或科或併科新臺幣一百八十萬元以下罰金。

犯前項之罪而自白或自首者，得減輕其刑；在偵查或審判中自白者，得減輕其刑。

第 110 條　違反第十六條第一項規定，在中華民國境內從事或代理投資顧問境外基金者，處二年以下有期徒刑、拘役或科或併科新臺幣一百八十萬元以下罰金。

第 111 條　證券投資信託事業或證券投資顧問事業有下列情事之一者，處新臺幣六十萬元以上三百萬元以下罰鍰，並責令限期改善；屆期不改善者，得按次連續處二倍至五倍罰鍰至改善為止：

一、違反第三條第四項或第四條第四項規定，經營未經主管機關核准之業務。

二、違反第十四條第一項、第十八條第一項或第五十六條第一項有關投資、交易範圍、方式或限制之規定。

三、違反主管機關依第十六條第四項所定辦法有關投資、交易範圍或限制之規定。

四、違反第十九條第一項、第五十一條第一項或第五十九條規定。

五、違反主管機關依第五十八條第二項所定有關投資標的之分散比率之規定。

六、違反第六十三條第一項規定，未經主管機關核發營業執照而營業。

七、違反主管機關依第六十九條所定規則有關行為規範或限制、禁止之規定。

八、違反主管機關依第七十條所定規則有關限制、禁止之規定。

九、違反主管機關依第七十二條第一項所定標準或規則之規定，未經主管機關核准而設立分支機構、遷移或裁撤公司或分支機構。

第 112 條　有下列情事之一者，處新臺幣三十萬元以上一百五十萬元以下罰鍰，並責令限期改善；屆期不改善者，得按次連續處二倍至五倍罰鍰至改善為止：

一、未依第十五條第一項規定交付公開說明書。

二、違反第六十三條第三項規定，使用類似證券投資信託事業或證券投資顧問事業之名稱。

第 113 條　證券投資信託事業、證券投資顧問事業、基金保管機構或全權委託保管機構有下列情事之一者，處新臺幣十二萬元以上六十萬元以下罰鍰，並責令限期改善；屆期不改善者，得按次連續處二倍至五倍罰鍰至改善為止：

一、違反第十一條第四項或第四十三條第二款有關向主管機關申報規定。

二、違反第十七條第一項或第二項規定。

三、未依第二十條規定提供查閱。

四、未依第二十六條、第四十九條、第七十四條第一項、第三項、第八十一條第一項、第九十九條第一項或第一百條第二項規定，製作、申報、公告、備置或保存帳簿、表冊、傳票、財務報告或其他有關業務之文件或事項。

五、違反第二十九條第一項、第四十三條第一款、第四十五條第四項、第九十六條第四項或第五項有關應公告規定。

六、未依第四十七條第二項規定，申報、公告、通知或報備。

七、未依第六十條第一項第二款規定，製作客戶資料表或留存相關證明文件。

八、未依第六十二條第一項、第四項或第五項規定設帳、登載、編製、送達紀錄或報告書。

九、違反主管機關依第六十九條所定規則有關應備置人員或依第七十二條第一項所定規則有關應設置部門規定。

十、違反第九十四條規定，與受益人或客戶發生利益衝突或有損害其權益之行為。

十一、違反第九十六條第二項規定，無正當理由拒絕主管機關之指定承受。

十二、違反第一百零一條第一項規定，未依限提出財務、業務報告或其他相關資料，或規避、妨礙、拒絕檢查。

第 114 條　同業公會違反主管機關依第八十六條所定規則有關對於同業公會之業務規範或監督規定者，處新臺幣十二萬元以上一百二十萬元以下罰鍰，並責令限期改善；屆期不改善者，得按次連續處二倍至五倍罰鍰至改善為止。

第 115 條　基金保管機構或其董事、監察人、經理人、受僱人違反第七條第一項、第二項、第八條第一項、第二項、第二十一條、第二十三條第一項、第二十四條第一項或第四十條第一項規定者，主管機關得視情節輕重停止其執行基金保管業務一個月以上二年以下。

第 116 條　依本法所處之罰鍰，經限期繳納而屆期不繳納者，依法移送強制執行。

第 117 條　法人違反本法有關行政法上義務應受處罰者，其負責人、業務人員或其他受僱人之故意、過失，視為該法人之故意、過失。

第 118 條　法人違反第一百零五條至第一百十條規定者，處罰其負責人。

第 119 條　犯本法之罪，所科罰金達新臺幣五千萬元以上而無力完納者，易服勞役期間為二年以下，其折算標準以罰金總額與二年之日數比例折算；所科罰金達新臺幣一億元以上而無力完納者，易服勞役期間為三年以下，其折算標準以罰金總額與三年之日數比例折算。

第 120 條　法院為審理違反本法之犯罪案件，得設立專業法庭或指定專人辦理。

第八章 附則

第 121 條　自本法施行之日起，證券交易法第十八條及第十八條之一所定證券投資信託事業及證券投資顧問事業之規定，及第十八條之二與第十八條之三規定，不再適用。

第 122 條　本法施行前，已經營證券投資信託事業或證券投資顧問事業，與本法規定不符者，應自本法施行之日起一年內，依本法之規定辦理。

第 123 條　本法施行細則，由主管機關定之。

第 124 條　本法施行日期，由行政院以命令定之。

民法系列——繼承　戴東雄／著

　　本書主要內容在說明民法繼承編重要制度之基本概念，並檢討學說與實務對法條解釋之爭議。本書共分四編：緒論、遺產繼承人、遺產繼承與遺產繼承之方法。在本書各編之重要章次之後，附以實例題，學習如何適用法條及解釋之方法，解決法律問題，並在附錄上，提出綜合性之實例題，期能以邏輯之推演方法，解決實際之法律問題。

民法系列——運送法　林一山／著

　　本書的內容係植基於廣義的「運送法」概念，以我國民法債編各論第十六節「運送」為主，並論及「承攬運送」及「倉庫」的相關部分。本書理論與實務兼具，一方面以生動活潑的案例來引發初學者的興趣，再者系統性且完整性地將相關內容做深入淺出地介紹，亦對實務工作者處理複雜的案件有所貢獻。

民法系列——遺囑　王國治／著

　　本書首先介紹中外遺囑的歷史背景與變遷過程，並針對世界各國、臺灣、香港、澳門與大陸地區的遺囑法律做比較研究；其次，從我國遺囑之相關法律、司法實務與實際案例切入，帶領讀者徹底瞭解遺囑的理論與實務；最後，為啟發法律初學者的興趣，詳盡剖析我國遺囑法律闕失之處，並提出將來遺囑修法之具體建議，實為一本值得閱讀與收藏的法律好書。

少年事件處理法　劉作揖／著

　　少年事件處理法是刑法及刑事訴訟法的特別法，也是實體法和程序法融於一爐的特別法典。目前國內有關少年事件處理法的專門著作甚少，本書可說是最具代表性及權威性的一本學術論著。全書體系完整、架構嚴謹，可供大學院校作為法律課程之教材，更是有志從事司法公職人員應考必備的第一手資料。

保險法論　鄭玉波／著、劉宗榮／修訂

　　本書以最新公布之保險法為論述對象，對本次增修重點——以保險業法為主做深入剖析。實者保險契約法之有待修正，並不亞於保險業法。保險契約法與保險業法之粲然大備，仍有待於來日。本書對於保險法詳加概述、反覆說明，以期讀者能於短期瞭解其梗概。本書可作為大專院校保險課程之良好教材及保險從業人員之重要讀物。

票據法論——兼析聯合國國際票據公約

施文森／著

　　臺灣作為世貿組織成員及經貿大國，無法自外於國際經貿大環境的變遷及他國票據法制的發展趨勢。本書論評我國現行票據法規定得失之餘，闡析國際匯票及國際本票公約及美國統一商法典第三條之相關規定，期為我國票據法制建構既能與國際票據法制接軌又能在內容上更行完整之規範體系。

公司法實例研習　曾淑瑜／著

　　本書不採傳統教科書模式，而以實例導引出各章、節重點，除可增加讀者思考，亦可作為國家考試準備之重要參考用書。在書籍編排上亦將題目列舉於目錄上，讓實務從業者在遇到相關問題時，亦可迅速從目錄中找到爭議問題之所在，翻閱解答。再版內容收錄了94年6月及95年2月公司法修正後的條文，資料最新。配合例題演練，更收綜效之功。

公司法論　梁宇賢／著

　　本書除對公司法之理論與內容加以闡述外，並多方援引司法院大法官會議之解釋、最高法院與行政法院之裁判、法院座談會之決議及法務部與經濟部之命令等。作者除介紹各家學者之見解、外國法例，並針對我國現行公司法條文之規定評其得失，提供興革意見，俾供公司法修正時之參考。

證券交易法導論　　廖大穎／著

　　本書在章節安排與內容編寫上，試圖以最基礎的市場法制體系，引領初學者一窺證券交易法，使修習證券交易法課程的同學，能在短時間內掌握我國證券市場一個簡明而完整的輪廓。本書係配合民國94年新修正的改訂版，前後共分十一章，完全依照現行證券交易法典所規範的內容，編織而成。因此，本書對於各位讀者而言，想必是一本淺顯易懂的參考書籍。

最新公證法論　　賴來焜／著

　　本書是二○○一年新公證法施行後第一本專書，其特色一則以立法者直接說明立法主觀意旨，二則以教學者建立公證法學理論體系與學說基本理論，三則以歸納法將所有實務判解令函詳加介紹；論述方式採論文體裁，為可供理論研究與實務辦案之重要文獻。

基礎國際私法學　　賴來焜／著

　　本書係以國際私法之基礎理論為中心的第一本專書，除旁徵博引中外學者見解及各國立法例，取其精要加以介紹外，行文中更適時輔以圖表說明，使讀者能有系統地理解國際私法的源起、性質、基本構造，以及各家學說的重心。而作者自國際私法立法論的角度切入，對現行涉外民事法律適用法及法規修正草案所進行的深入分析，更能彌補坊間同類書籍在此一面向上的不足。

行政法　　黃俊杰／著

　　行政法係具體化之憲法，應以人權保障作為其立法與適用之主軸，遵守依法行政係為確保達成法治國家維護人權之目的。本書係為行政法初學者撰寫之入門教科書，主要著重行政法規之分析，並儘量以實務見解為輔助案例。本書以「行政法」稱之，即係以「行政」為核心，就行政事務所及之相關法制為其討論範圍。但是，行政法幅員廣闊且變動迅速，故僅擇其要者，嘗試分析之。

刑法總論　蔡墩銘／著

　　與刑法總則之章節相配合，本書主要分為三個大體系，即
㈠刑法適用體系、㈡犯罪體系、㈢刑事處遇體系。本書之特色即對於
刑法總則之理論與實例為簡單扼要、提綱挈領的說明，以便於瞭解，
此外，中外刑法理論之發展亦在本書有所補充，而新公布之國內法與
刑法有關者，亦儘量予以引用，俾使本書之再版力求完備。

證券交易法論　吳光明／著

　　本書為作者累積多年來承辦證券交易案件之實務經驗，以及其
在臺北大學法學系授課與理論上之研究成果，彙整而成。由於證券管
理法規複雜難解，因此本書儘量捨棄外國法制、學說之介紹，而以國
內之學說、判決，及實務作法為主要之介紹範疇。其中並針對證券交
易法最新修正條文，評其得失，提出興革意見。故本書不僅可作為教
學用書，對實務界人士而言，亦應深具參考之價值。

商事法　劉渝生／著

　　本書內容涵蓋了商業登記法、公司法、票據法、海商法、保險法
及公平交易法六大部份，讀者閱讀本書時，可參照六法全書相關之法
律條文逐次研讀，則體系及內容更容易明確。在各章節後並附有問答
題，可測知讀者的瞭解程度，亦可作為參加國內各類考試之重點掌
握，而實例式問答題的設計，使您能豁然貫通！

中華民國憲法概要　陳志華／著

　　近年修憲後，考試院職權重行調整與行政院人事行政局並設，
「省」凍結不設，憲政改革幅度巨大。加上，總統改由公民直接選舉；
將內閣制政府要義「倒閣」與「解散」入憲；立法院提憲法修正案交
公民投票複決，國民大會職能或交由公民行使或移交立法院等，都對
我國憲政發展產生深遠的影響。本書旨在為學習者呈現簡要完整的
中華民國憲法架構及內涵。